ོ་བྱང་པོ་ད་ལ།
拉薩布達拉宮

ལྷ་སའི་རྗོ་ཁང་གི་གསེར་གྱི་རྒྱ་ཕིབས།
拉薩大昭寺金頂

མངའ་རིས་ཀྱི་གུ་གེའི་རྒྱལ་རབས་དུས་ཀྱི་དགོན་སྡེ།

阿里古格王朝寺廟群

མངའ་རིས་ཀྱི་གུ་གེའི་རྒྱལ་རབས་དུས་ཀྱི་དགོན་སྡེ།

阿里古格王朝寺廟群

甘肅藏敦煌藏文文獻

②

敦煌市博物館卷

Db.t.0080 — 0191

主　編

馬　德　勘措吉

編　纂

甘肅省文物局

敦煌研究院

上海古籍出版社

上海 2018

主　編

馬　德　勘措吉

副主編

盛岩海　萬瑪項傑　張海博　完麼才讓

編　輯

勘措吉　萬瑪項傑　隆英忠　完麼才讓　索南達傑　昂卻本　斗本加
葉旦才讓　扎西拉傑　才項多傑　吳榮國　張海博　石明秀　馬　德

攝　影

盛岩海　蕭　巍　周生霞　瞿繼娟　黃立霞　陳文斌　朱　憲

責任編輯

府憲展　曾曉紅

༄༅། །གནའ་རབས་ཁྲལ་དུ་ཕྱར་བའི་དུན་ཏོང་བོད་ཡིག་ཡིག་རྙིང་།

②

 དུན་ཏོང་གྲོང་ཁྱེར་ཉེན་ཧྲས་བཀྲམས་མཛོད་ཁང་གི་སྲེགས་བམ།

Db.t.0080 — 0191

གཙོ་སྒྲིག་པ།

སུ་ཏེ། བློས་འཚོ་སྒྲིད།

སྒྲིག་སྒྱུར་སྡེ་ཁག

གནའ་རབས་ཞིབ་ཆེན་རིག་དངོས་ཙུག།

དུན་ཏོང་ཞིབ་འཇུག་སྒྲིང་།

ཧྲང་ཧེ་དཔེ་སྐྲུན་དཔེ་སྐྲུན་ཁང་།

2018 ཤོར་ཧྲང་ཧེ་ནས།

གཙོ་སྒྲིག་པ།
སྐུ་ཏེ། ཁམས་འཚོ་སྒྲིད།

གཙོ་སྒྲིག་གཞོན་པ།
ཉིན་ཡིན་ཏེ། གཡུ་རྟོག་པདྨ་དབང་རྒྱལ། ཀུང་ཏེ་པབོ། པདྨ་ཚེ་རིང་།

ཚོམ་སྒྲིག་བྱེད་མི།
ཁམས་འཚོ་སྒྲིད། གཡུ་རྟོག་པདྨ་དབང་རྒྱལ། ལྱང་གཡུང་ཏུང་། ཁ་སྐྱང་སྲག་འཕུལ་རྒྱལ།
གཡུ་སྲུས་བསོད་ནམས་དར་རྒྱས། དབང་མཆོག་འཕུལ། ཁ་སྐྱང་སྲག་འཕུལ་རྒྱལ། མགར་རྗེ་ཡི་དམ་ཚེ་རིང་།
བཀྲ་ཤིས་ལྷ་རྒྱལ། ཁྱུང་ཕུག་བློ་བཟང་དར་རྒྱས། པོཔ་རོང་གོབོ། ཀུང་ཏེ་པབོ། ཏི་མེན་ཕྱུག སྐུ་ཏེ།

པར་ལེན་པ།
ཉིན་ཡིན་ཏེ། ཁྲོ་བེལྱ། གྲིག་ཉིན་ལ། རྒྱུ་ཙའི་ཚོལ། ཏོང་ལའི་ལ། ཁྱུན་ཕུན་ཕིན། གྱོཔ་ཞན།

ཚོམ་སྒྲིག་འགགན་ཁྱུར་པ།
རྒྱུ་ཞན་ཀུག བཅུན་ཞོ་རྟོང་།

TIBETAN DOCUMENTS FROM DUNHUANG IN GANSU

②

Collected in Dunhuang Museum
Db.t.0080 — 0191

CHIEF EDITORS

Ma De   Khamsvtshoskyid

PARTICIPATING INSTITUTION

Cultural Heritage Bureau of Gansu Province

Dunhuang Academy

SHANGHAI CHINESE CLASSICS PUBLISHING HOUSE

Shanghai 2018

敦煌市博物館卷簡介

敦煌研究院　勘措吉

　　甘肅省敦煌市博物館成立於 1979 年 10 月 6 日，前身爲敦煌縣文化館文物組，1981 年縣文化館分設縣博物館；1987 年敦煌撤縣改市後，1988 年 6 月改稱敦煌市博物館。

　　敦煌市博物館藏敦煌文獻包括漢文寫經和藏文寫經。該館藏藏文寫經總計有 6062 件，收藏號從 Db.t.080——Db.t.6141。其中卷式藏文寫經 236 件，多爲《大乘無量壽宗要經》；梵筴式藏文寫經 5826 件，計 8576 葉，多爲《十萬頌般若波羅蜜多經》。這些寫經尾題多署有抄經人、校對人、再校人，還有一些雜抄和吐蕃王妃、宰相校經題記、張議潮抄經題記，具有豐富的史料價值。

　　敦煌市博物館藏敦煌藏文經卷，均係 1900 年自莫高窟藏經洞（今編第 17 窟）所出。1907、1908 年斯坦因、伯希和盜劫敦煌遺書後，莫高窟藏經洞爲世人所知，引起了我國學者的關注並開始研究。當時的甘肅省學臺、金石學家葉昌熾即建議甘肅省當局，要求將藏經洞全部文物運送蘭州保管。1920 年甘肅省教育廳便令敦煌知縣 “將該項番字經卷，悉數運送來省，交由省圖書館保存”。並派人會同敦煌縣地方政府共同對 1910 年敦煌文獻劫餘部分運往北京後所剩的藏文寫經進行清理查驗，當時從莫高窟第 17 窟內清理出藏文經卷 94 捆，重 440 餘斤；帶夾板經書 11 打，重 1744 斤。除將其中一部分，即卷式寫經 1 捆、梵筴寫經 1 打移交甘肅省公立圖書館（今甘肅省圖書館）保管外，剩餘的藏文經卷由莫高窟寺院、敦煌民衆教育館保存。

　　1950 年以來，敦煌市博物館不斷接受私人捐贈並多方訪求，陸續徵集到一部分漢、藏文經卷和經葉。其中有 200 多卷《大乘無量壽宗要經》，是 1949 年 9、10 月間由一個不知國籍和姓名的外國人匆匆離開敦煌時扔在房東殷登銘家，殷登銘發現後交給人民政府的；將近 6000 件梵筴式經葉是原敦煌民衆教育館所藏。另有十來件爲敦煌市博物館徵集、收購所藏。

　　敦煌市博物館藏藏文文獻大部分是佛經，寫經中有一批抄經生和校經師的題名。其中最引人注目的校經師雲丹，可能就是吐蕃時期的名僧宰相、公元 822 年唐蕃會盟時蕃方首席官員鉢闡布貝吉雲丹！《大乘無量壽宗要經》上就有他的校經題記。也有王妃貝吉昂楚的題記，當年他們一起在敦煌住了很長時間，組織和主持了吐蕃在敦煌以佛經翻譯、抄寫爲主要内容的佛教文化事業。同時，從衆多的抄、校經題記可以看出，敦煌當年集中了一大批藏族、漢族和西域各民族的文人，在敦煌從事佛經翻譯和抄寫。當時的敦煌是吐蕃後期的佛經翻譯和抄寫中心。另外，所抄經葉中有不少的報廢經，反映出參與吐蕃文《大乘無量壽經》特別是《十萬頌般若經》經葉的抄寫人員，除吐蕃抄經生外還有大量的漢族和其他民族的寫經生，大批報廢經葉則是吐蕃抄經、校經制度最有力的歷史證據。

　　這些吐蕃文獻中還有一部分社會文書，其内容包括吐蕃上層統治者之間書信往來的記錄、驛傳文書，佛教活動的發願文、佛教儀軌、詩文等，是關於吐蕃歷史的珍貴資料。因此，敦煌市博物館藏敦煌藏文寫本不僅數量多，内容豐富，歷史文獻價值也很高。

目　録

Db.t.0080 — 0191

彩色圖版目錄

༄༅།། ཇུན་ཏོང་སྒྲོང་བྱིར་ཆེན་སྭས་བཀམས་མཛོད་ཁང་དུ་ཉར་བའི་ཇུན་ཏོང་བོད་ཡིག་
ཡིག་རྙིང་གི་གནས་ཚུལ་མདོར་བསྟུས།

ཇུན་ཏོང་ཞིབ་འཇུག་སྐྱིང་། ཁམས་འཚོ་སྐྱིད།

ཇུན་ཏོང་སྒྲོང་བྱིར་ཆེན་སྭས་བཀམས་མཛོད་ཁང་ཕོག་མ་ ༡༩༧༽ལོའི་ ༡༠ཚེས་ ༣བཉེན་དངོས་སུ་བཙུགས། དེ་ནི་སྔོན་མར་ཇུན་ཏོང་ ཏོང་རིག་གནས་ཁང་གི་གནན་སྭས་ཚན་ཁག་ཡིན་ཞིན། ༡༩༽ལོར་ཏོང་རིག་གནས་ཁང་གི་ཆེན་སྭས་བཀམས་མཛོད་ཁང་དུ་བསྒྱུར་ བ་དང་། ༡༽༣ལོར་ཇུན་ཏོང་ཏོང་སྒྲོང་བྱིར་རིག་པར་འཐར་ཏེ། ༡༽༡ལོའི་ཟླ༦པར་ཇུན་ཏོང་སྒྲོང་བྱིར་ཆེན་སྭས་བཀམས་མཛོད་ཁང་ ཞིས་བཏགས།

གན་སུའུ་ཞིང་ཆེན་ཇུན་ཏོང་སྒྲོང་བྱིར་ཆེན་སྭས་བཀམས་མཛོད་ཁང་འདིར་ཇུན་ཏོང་བྲག་ཕུག་ནས་ཐོན་པའི་རྒྱ་ཡིག་དང་བོད་ ཡིག་གཉིས་ཀྱི་ཡིག་རྙིང་བདག་ཉར་གནང་ཡོད། བོད་ཡིག་ཡིག་རྙིང་ཁྲིན་བསྟོམས་ཨང་རྒགས་ ༧༠༢༽བཞུགས་ཤིང་ཉར་ཚགས་ཨང་ རྒགས་ནི་Db•t.༠༢ནས Db•t.༽༡༽༡བར་ཡིན་ལ། དེའི་ནང་དུ་ཤོག་དྲིལ་ཅན་ཨང་རྒགས་ ༣༡༽ བཞུགས་པ་ཐལ་ཆེ་བ་ནི་《ཚེ་དཔག་ དུ་མེད་པ་ཞེས་བྱ་བ་ཐེག་པ་ཆེན་པོའི་མདོ》ཡིན་ སྟ་རིང་ལ་ཨང་རྒགས་ ༣༽༣དང་ ༽༽༣བཞུགས་པ་ལས་ཐལ་ཆེ་བ་ནི་ 《ཤེས་རབ་ཀྱི་ཕ་རོལ་དུ་ཕྱིན་པའི་སྟོང་ཕྲག་བརྒྱ་པ》ཡིན་ ཆོས་དཔའི་བྱེས་མ་འདི་དག་གི་མཚག་ཆུང་དུ་ཊ་བཀ྄ུ་མཁན་དང་། ཞུ་དག་ པ། བསྒྱུར་ཞུ་གནང་མཁན་སོགས་ཀྱི་མཚན་གསལ་པོར་བཀོད་ཡོད་པ་མ་ཟད། བོད་བཙན་པོའི་བཙུན་མོ་དང་སློན་ཆེན། ཇུན་ཏོང་ས་ ཁུལ་གྱི་མི་སྣ་གཙོ་བོ་ཅན་འི་ཚོ་སོགས་ཀྱི་མཛད་བྱང་ཡང་མཆིས་པ་ལས་ལོ་རྒྱུས་རྒྱ་ཚའི་རིན་ཐང་ཕུན་སུམ་ཚོགས་པ་འཛོམས། ཇུན་ཏོང་ སྒྲོང་བྱིར་ཆེན་སྭས་བཀམས་མཛོད་ཁང་དུ་ཉར་བའི་ཇུན་ཏོང་བོད་ཡིག་ཡིག་རྙིང་འདི་དག་ནི་ ༡༽༠༠ལོར་ཇུན་ཏོང་མའི་གཅོ་བྲག་ ཕུག་གི་གཏེར་ཕུག་གམ་ཡང་ན་བྲག་ཕུག་ཨང་བཅུ་བདུན་པ་ནས་ཐོན་པ་འབབ་ཞིག་ཡིན་ལ། ༡༽༽དང་ ༡༽༠ལོར་རྩྭ་རན་ཤིའི་པོ་ཞེ ཊི་དང་དབྲིན་ཊིའི་སི་ཐན་དབྲིན་གཉིས་ཀྱིས་སྨ་ཁ༼ག་ཏུ་ཇུན་ཏོང་ཡིག་ཚང་འབོར་ཆེན་ཕྱི་རྒྱལ་དུ་རྐུ་འཁྱོག་བྱས་རྗེས། ཇུན་ཏོང་བྲག ཕུག་གི་གནས་ཚུལ་རྒྱལ་ཁབ་ཕྱི་ནང་གུན་གྱིས་ཤེས་པར་གྱུར་ཏེ། རང་རྒྱལ་གྱི་ཞིབ་འཇུག་པ་ཚོས་ཀྱང་དོ་སྣང་དང་ཞིབ་འཇུག་བྱེད་ མགོ་བརྩམས། སྐབས་དེའི་གན་སུའུ་ཞིང་ཆེན་གྱི་ཆེན་སྲིད་གཞུང་གི་སློབ་གསོའི་འགན་ཁྱར་བའམ་རྩ་རིང་ཞིན་འཇུག་པ་ཡི་ཁྱང་བྲི ཡིས་གན་སུའུ་སྲིད་གཞུང་ལ་ཇུན་ཏོང་བྲག་ཕུག་གི་རིག་དངོས་ཡོད་ཆོད་ལན་གྱུར་བསྐུལ་ནས་ཏོ་དག་བྱ་དགོས་པའི་རེ་འདུན་ཞུ་ ཞིང་། ༡༽༣ལོར་གན་སུའུ་ཞིང་ཆེན་སློབ་གསོ་ཐིན་གིས་ཇུན་ཏོང་ཏོང་ལ་ཇུན་ཏོང་བྲག་ཕུག་ནས་ཐོན་པའི་གནང་ཇུན་མི་རིགས་ཀྱི ཡིག་ཆ་རྣམས་ཞིང་ཆེ་པ་མཛོད་ཁང་དུ་ཉར་བསྐྱངས་ནས་ལས་དག་མཛོད་ཡིག་ཅེས་བཀའ་ཐབ། དེར་མ་ཟད་མི་སྣ་ཆེན་མང་པོ་ཡིས་ ཇུན་ཏོང་ཏོང་ས་གནས་སྲིད་གཞུང་དང་མཉམ་དུ་ཕྱི་རྒྱལ་ལས་རྐུ་འཁྱོག་བྱས་པའི་སྐར་མ་རྣམས་དག་སྐྱིག་གནས་ནས་སློར་ཞིག་པ ཅིང་དུ་བསྐྱར་བ་དང་དེའི་ཡང་སྐྱི་མའི་བོད་ཡིག་གི་ཇུན་ཏོང་ཡིག་རྙིང་རྣམས་ལ་ཞིབ་བཤེར་བྱས། རྣམས་དེར་བྲག་ཕུག་ཨང་བཅུ

བདུན་པ་ནས་བོད་ཡིག་ཡིག་རྐྱང་ཤོག་དྲིལ་ཕོན་་ཏེ་ཀྲུ་མ་་་་བླུག་ཡོད། སྐེགས་ཤིག་ཅན་གྱི་ཚོས་དཔེ་ཕོན་ཐབག་དྲ་ཡོད་པར་ཀྲུ་མ་
་་་་ཡོད། དེའི་བོད་ཀྱི་ཚོས་དཔེ་ཤོག་དྲིལ་ཕོན་གཅིག་དང་ཚོས་དཔེ་སྐེགས་བས་ཅན་ཕོན་ཐབག་གཅིག་ཀན་ཚུའུ་ཞིང་ཆེན་གྱི་དཔེ་
མཛོད་ཁང་དུ་སྦྱད་པ་ལས་གཞན་རྣམས་ནི་མའི་ཀའི་དགོན་པ་དང་ཅུན་ཏོང་དམངས་ཚོགས་སྐོབ་གསོ་ཁང་ནས་དཔ་བརྒྱ་པ་རེད།

    ་་་ནས་བཟུང་ཅུན་ཏོང་སྒྲོང་ཁྱེར་རྟེན་རྫས་བཤམས་མཛོད་ཁང་ནས་མི་སྐེར་གྱིས་ཡར་འབུལ་བ་དང་གཞན་ལག་ནས་ཉོ་
བ་སོགས་ཐབས་རྣ་ཚོགས་སྤྱད་དེ་ཅུན་ཏོང་རྒྱ་ཡིག་ཡིག་རྐྱང་དང་བོད་ཡིག་ཡིག་རྐྱང་འདི་རྣམས་འཚོལ་བསྡུ་བྱ། དེའི་གྲས་ཀྱི《ཚོས་
དཔག་ཏུ་མེད་པ་ཞེས་བྱ་བ་ཐེག་པ་ཆེན་པོའི་མདོ》བྱིས་དཔེ་ཤོག་དྲིལ་་་ལྷུག་ནི་་་་ལོའི་ཟླ་་་ཁ་ཟས་་་པའི་བར་སྐྱགས་ཤིག་ཏུ་
མིང་དང་རྒྱལ་ཁོངས་མི་ཤེས་པའི་བྱི་སྐྱིད་བ་ཞིག་ཅུན་ཏོང་ས་ཆར་ཡོན་ནས་བྱིལ་འཚོལ་ཀྱིས་ཕྱིར་ཤོག་སྐབས་མཁོན་ཁང་དུ་བསྐུར་
བ་དེ་ཁང་བདག་འབྲི་ཏེ་མེད་གྱིས་ས་གནས་སྲིད་གཞུང་ལ་ཙིས་སྤྲད་པ་ཞིག་རེད། སྟ་རིང་ཨང་ཏྲགས་་་་་་ཚམ་ནི་སྲོ་ཁ་ཀྱི་ཅུན་ཏོང་
མང་ཚོགས་སྐོབ་གསོ་ཁང་དུ་ཉར་བ་རྣམས་ཡིན། གཞན་ཡང་ཏྲགས་བཅུ་ཕྲག་ལྷག་ནི་བཤམས་སྟོན་ཁང་གིས་བླུས་པ་ཡིན།

    ཅུན་ཏོང་སྒྲོང་ཁྱེར་རྟེན་རྫས་བཤམས་མཛོད་ཁང་དུ་ཉར་བའི་བོད་ཡིག་ཡིག་རྐྱང་དཔལ་ཆེ་བ་ནི་ཚོས་དཔའི་ཡིན་ཞིང་མཇུག་བྱང་
དུ་ཏོ་བཀྲ་མཁན་དང་ཞུ་དག་པ་སོགས་བཀོད་ཡོད། དཔེར་ན་མཛོད་བྱང་ནང་གསལ་བའི་ཡོན་ཅུན་ལྷ་བྱར་མཚོན་ན། ཁོན་ནི་བོད་
བཙན་པོའི་སྐབས་སུ་ཆབ་སྲིད་ཀྱི་བཀའ་ལ་གཏོགས་ཤིང་འདོན་ཐང་པོ་མ་སྤྱད་འདུམ་ནང་ཞུགས་པའི་བན་ཆེན་མོ་བྱོན་ཀ་དཔལ་
གྱི་ཡོན་ཅུན་ཡིན་པར་ཤེས། 《ཚོ་དཔག་ཏུ་མེད་པ་ཞེས་བྱ་བ་ཐེག་པ་ཆེན་པོའི་མདོ》ཡི་མཇུག་ཏུ་བོད་ཀྱི་མཛོད་བྱང་བཀོད་ཡོད།
གཞན་ད་དུང་དཔལ་གྱི་དང་ཚལ་གྱི་མཛོད་བྱང་ཡང་ཡོད། སྐབས་དེར་ཁོན་ཆག་ཅུན་ཏོང་ས་ཆར་ཕྱོན་ཏེ་དུས་ཡུན་རིང་པོར་དམ་
ཚོས་བསྐྱུར་བཞི་གཙོར་བཟུང་ནས་བསྟན་པའི་འཕྲིན་ལས་མང་པོ་བསྐྲུངས། དེ་དང་ཆབས་ཅིག་ཚོས་གཞུང་བཞི་འགྲེ་དང་ཞུ་དག་
བྱེད་མཁན་གྱི་མི་སྣ་ལ་གཞིགས་ན། ཅུན་ཏོང་དུ་བོད་རིགས་དང་། རྒྱ་རིགས། ཡི་ཡུལ་སོགས་མི་རིགས་གཞན་གྱི་ཤེས་ལྡན་པ་རྣམས་
གཞི་གཅིག་ཏུ་འདུས་ཏེ། ནང་ཚོས་ཡིག་བསྒྱུར་དང་ཏོ་བཀྲ་ལས་གཉེར་གནང་བཞིན་པ་གསལ་ལ། བྱང་པར་དུ་བོད་བཙན་པོའི་དུས་
མཚུག་ཚམ་ལ་ཅུན་ཏོང་ནི་དམ་ཚོས་བསྐྱུར་བ་དང་བརྒྱུད་འགྲོ་བྱེད་པའི་སྟེ་གནས་གཙོ་བོ་ཞིག་ཏུ་གྱུར་ཡོད་པ་རྟོགས་ཐུབ། གཞན་ཡང་
ཚོས་དཔའི་བྱིས་མའི་བོད་དུ་རོ་ལ་བྱུང་བའང་མི་ཆུང་བ་ཞིག་མཆིས་པ་དེས《ཚོ་དཔག་ཏུ་མེད་པ་ཞེས་བྱ་བ་ཐེག་པ་ཆེན་པོའི་མདོ》
དང《ཤེས་རབ་ཀྱི་ཕ་རོལ་ཏུ་ཕྱིན་པའི་སྟོག་ཐག་བརྒྱ་བ》བརྒྱུད་འགྲོ་གནང་མཁན་གྱུངས་སུ་བོད་མི་མ་གཏོགས། རྒྱ་རིགས་དང་མི་རིགས་
གཞན་པའི་བརྒྱུད་འགྲོ་མཁན་ཡང་མང་པོ་བཤུགས་པར་སྟོང་བྱུས་ཡོད། ལར་རོ་བྱུང་བའི་ཤོག་ཐེ་འ་དི་དག་ནི་བོད་བཙན་པོའི་
སྐབས་ཀྱི་ཚོས་གཞུང་རོ་བརྒྱུའི་ལས་ལུགས་གང་དེའི་ལོ་རྒྱུས་ཀྱི་དཔང་པོ་གལ་ཆེན་ཡིན་ནོ།།

    བོད་ཡིག་ཡིག་རྐྱང་འདི་དག་གི་གྲས་སུ་སྐྱི་ཚོགས་ཡིག་ཆའང་སྐོར་ཞིག་འདུས་ཤིང་ནང་དོན་ནི་བོད་བཙན་པོའི་དཔོན་རྫ་དབར་
གྱི་འཕྲིན་ཡིག་དང་། བསྟོ་སྟོན་ཡི་གེ་ཚོས་ལུགས་ཀྱི་ཚོ་ག་སྟོན་དག་སོགས་བོད་བཙན་པོའི་ལོ་རྒྱུས་ཀྱི་རྒྱུ་ཆ་ཚེན་འབའ་ཞིག་ཡིན་
མདོར་ན། ཅུན་ཏོང་སྒྲོང་ཁྱེར་རྟེན་རྫས་བཤམས་མཛོད་ཁང་དུ་ཉར་བའི་བོད་ཡིག་ཡིག་རྐྱང་གི་གྲངས་འབོར་ཆེ་ཞིང་ནང་དོན་ཕྱུན་
སུམ་ཚོགས་པས། དེ་ལ་ལོ་རྒྱུས་ཡིག་ཚང་གི་རིན་ཐང་ཡང་གཞལ་དུ་མེད་དོ།།

དཀར་ཆག

Db.t.0080 — 0191

མཚོན་རིས་ཀྱི་དཀར་ཆག

1. གང་ལྷོར་པར་བསྐྱོན་པའི་དུན་ཏོང་སྟོང་།
2. གང་ལྷོར་པར་བསྐྱོན་པའི་དུན་ཏོང་སྟོང་།
3. གང་ལྷོར་པར་བསྐྱོན་པའི་དུན་ཏོང་གི་དགོན་པ་ཞིག
4. གང་ནུ་ལྷོར་པར་བསྐྱོན་པའི་དུན་ཏོང་སྟོང་།
5. གང་ནུ་ལྷོར་པར་བསྐྱོན་པའི་དུན་ཏོང་སྟོང་མཁར་གྱི་སྲུང་ལམ།
6. གང་ནུ་ལྷོར་པར་བསྐྱོན་པའི་དུན་ཏོང་སྟོང་མཁར་གྱི་སྲུང་ལམ།
7. གང་ནུ་ལྷོར་པར་བསྐྱོན་པའི་དུན་ཏོང་སྟོང་མཁར་གྱི་སྲུང་ལམ།
8. གང་ལྷོར་པར་བསྐྱོན་པའི་དུན་ཏོང་མའོ་གའོ་བྲག་ཕུག
9. གང་ལྷོར་པར་བསྐྱོན་པའི་མའོ་གའོ་བྲག་ཕུག་གི་སྒོ་ཁ།
10. གཀྲ་ལྷོར་པར་བསྐྱོན་པའི་མའོ་གའོ་བྲག་ཕུག (མའོ་གའོ་བྲག་ཕུག་གི་བྱང་ནས་སྟོ་རུ་ལྟ་བ།)
11. གཀྲ་ལྷོར་པར་བསྐྱོན་པའི་མའོ་གའོ་བྲག་ཕུག (མའོ་གའོ་བྲག་ཕུག་གི་སྟོ་ནས་བྱང་དུ་ལྟ་བ།)
12. གང་འ་ལྷོར་པར་བསྐྱོན་པའི་མའོ་གའོ་བྲག་ཕུག་གི་སྒོ་ཁ།
13. དུན་ཏོང་གྲོང་ཁྱེར་རྟེན་རྫས་བཀྲམས་མཛོད་ཁང་གི་ཕྱིའི་བཀོད་པ།
14. དུན་ཏོང་གྲོང་ཁྱེར་རྟེན་རྫས་བཀྲམས་མཛོད་ཁང་གི་འགྲེམ་སྟོན།
15. དུན་ཏོང་གྲོང་ཁྱེར་རྟེན་རྫས་བཀྲམས་མཛོད་ཁང་གི་འགྲེམ་སྟོན།
16. དུན་ཏོང་གྲོང་ཁྱེར་རྟེན་རྫས་བཀྲམས་མཛོད་ཁང་དུ་བཞུར་བའི་དུན་ཏོང་ཡིག་རྙིང་།
17. དུན་ཏོང་གྲོང་ཁྱེར་རྟེན་རྫས་བཀྲམས་མཛོད་ཁང་དུ་བཞུར་བའི་དུན་ཏོང་ཡིག་རྙིང་།
18. ཆེད་མཁས་པ་དང་ཞིབ་འཇུག་པ་ཚོས་དུན་ཏོང་ཡིག་རྙིང་ལ་རྟོག་ཞིབ་གནང་བཞིན་པ།
19. ཆེད་མཁས་པ་དང་ཞིབ་འཇུག་པ་རྣམས་ཀྱིས་དུན་ཏོང་ཡིག་རྙིང་ལ་རྟོག་ཞིབ་གནང་བཞིན་པ།
20. ཆེད་མཁས་པ་དང་ཞིབ་འཇུག་པ་ཚོས་དུན་ཏོང་ཡིག་རྙིང་ལ་རྟོག་ཞིབ་གནང་བཞིན་པ།
21. ཆེད་མཁས་པ་དང་ཞིབ་འཇུག་པ་ཚོས་དུན་ཏོང་ཡིག་རྙིང་ལ་རྟོག་ཞིབ་གནང་བཞིན་པ།
22. ཞིབ་འཇུག་པ་ཚོས་དུན་ཏོང་བོད་ཡིག་ཡིག་རྙིང་ལེགས་སྒྲིག་གནང་བཞིན་པ།
23. ཞིབ་འཇུག་པ་ཚོས་དུན་ཏོང་བོད་ཡིག་ཡིག་རྙིང་ལེགས་སྒྲིག་གནང་བཞིན་པ།
24. ཞིབ་འཇུག་པ་ཚོས་དུན་ཏོང་བོད་ཡིག་ཡིག་རྙིང་ལེགས་སྒྲིག་གནང་བཞིན་པ།

1. ༄།།འོར་པར་བསྐྱོན་པའི་ཧྱུན་ཏོང་ཙོང་།
敦煌縣城南門“靖遠門”（1907年斯坦因拍攝）

2. ༄།།འོར་པར་བསྐྱོན་པའི་ཧྱུན་ཏོང་ཙོང་།
敦煌縣城東門“迎恩門”內牌坊（1907年斯坦因拍攝。即現莫高窟入口處牌坊）

3. གདུན་ཧྲོར་པར་བསྐྲུན་པའི་དུན་ཆོང་གི་དགོན་པ་ཞིག

敦煌的寺院 （1907年斯坦因拍攝）

4. གདུན་འོར་པར་བསྐྱོན་པའི་རྒྱུན་གྲོང་རྫོང་།

敦煌縣城門 （1943年李約瑟拍攝）

5. གདུན་འོར་པར་བསྐྱོན་པའི་རྒྱུན་གྲོང་རྫོང་མཁར་གྱི་སྲང་ལམ།

敦煌縣城內街景 （1943年李約瑟拍攝）

6. གདན་འབྱོར་པར་བསྐྱོན་པའི་དུན་ཧོང་རྫོང་མཁར་གྱི་སྲང་ལམ།

敦煌縣城內街景（1943年李約瑟拍攝）

7. གདན་འབྱོར་པར་བསྐྱོན་པའི་དུན་ཧོང་རྫོང་མཁར་གྱི་སྲང་ལམ།

敦煌縣城內街景（1943年李約瑟拍攝）

8. ༄༅།འོར་པར་བསྐྱོན་པའི་དུན་ཆོང་མའོ་ཀའོ་བྲག་ཕུག

莫高窟全景圖（1907年斯坦因拍攝）

9. གངའ་ལོར་པར་བསྐྲུན་པའི་མའོ་གའོ་བྲག་ཕུག་གི་ལྷོ་ཁུལ།
莫高窟南區外景 （1908年伯希和考察隊拍攝　AP8206）

10. གངངལོར་པར་བསྐྲུན་པའི་མའོ་གའོ་བྲག་ཕུག（མའོ་གའོ་བྲག་ཕུག་གི་བྱང་ནས་ལྷོ་ རུ་ལྟ་བ）
從北向南望莫高窟窟前（1914年俄國奧登堡考察隊拍攝）

11. གདུང་འོར་པར་བསྐྱོན་པའི་མའོ་གའོ་བྲག་ཕུག (མའོ་གའོ་བྲག་ཕུག་གི་ལྷོ་ནས་བྱང་དུ་ལྟ་བ།)
从南向北远眺莫高窟（1914年俄国奥登堡考察队拍摄）

12. གདུང་འོར་པར་བསྐྱོན་པའི་མའོ་གའོ་བྲག་ཕུག་གི་ལྷོ་ཁུལ།
莫高窟南区全景（1908年伯希和考察队拍摄　AP8202）

13. རྒྱན་རྡོང་གྲོང་ཁྱེར་ཆེན་རྫས་བཀམས་མཛོད་ཁང་གི་ཕྱིའི་བཀོད་པ།
敦煌市博物館外景（2015年盛岩海航拍）

14. རྒྱན་རྡོང་གྲོང་ཁྱེར་ཆེན་རྫས་བཀམས་མཛོད་ཁང་གི་འགྲིམ་སྟོན།
敦煌市博物館內展覽（2017年吳榮國拍攝）

15. རྒྱན་ཏོང་གྲོང་ཁྱེར་ཆེན་རྫས་བཀྲས་མཛོད་ཁང་གི་འགྲེམས་སྟོན།
敦煌市博物館内展覽（2017年吴榮國拍攝）

16. རྒྱན་ཏོང་གྲོང་ཁྱེར་ཆེན་རྫས་བཀྲས་མཛོད་ཁང་དུ་ཉར་བའི་རྒྱན་ཏོང་ཡིག་རྙིང་།
敦煌市博物館藏（2017年盛岩海拍攝）

17. ཅུན་ཧོང་སྒྲོང་ཁྲིར་ཇེན་རྫས་བཀལམས་མཛོད་ཁང་དུ་ཉར་བའི་ཅུན་ཧོང་ཡིག་རྙིང་།
敦煌市博物館藏（2017年盛岩海拍攝）

18. ཆེད་མཁས་པ་དང་ཞིབ་འཇུག་པ་ཚོས་ཅུན་ཧོང་ཡིག་རྙིང་ལ་ཞིབ་ཞིབ་གནང་བཞིན་པ།
專家、學者考察敦煌市博物館藏敦煌藏文文獻

32

19. ཆེད་མཁས་པ་དང་ཞིབ་འཇུག་པ་རྣམས་ཀྱིས་ཏུན་ཧོང་ཡིག་རྙིང་ལ་རྟོག་ཞིབ་གནང་བཞིན་པ།
專家、學者考察敦煌市博物館藏敦煌藏文文獻

20. ཆེད་མཁས་པ་དང་ཞིབ་འཇུག་པ་ཚོས་ཏུན་ཧོང་ཡིག་རྙིང་ལ་རྟོག་ཞིབ་གནང་བཞིན་པ།
專家、學者考察敦煌市博物館藏敦煌藏文文獻

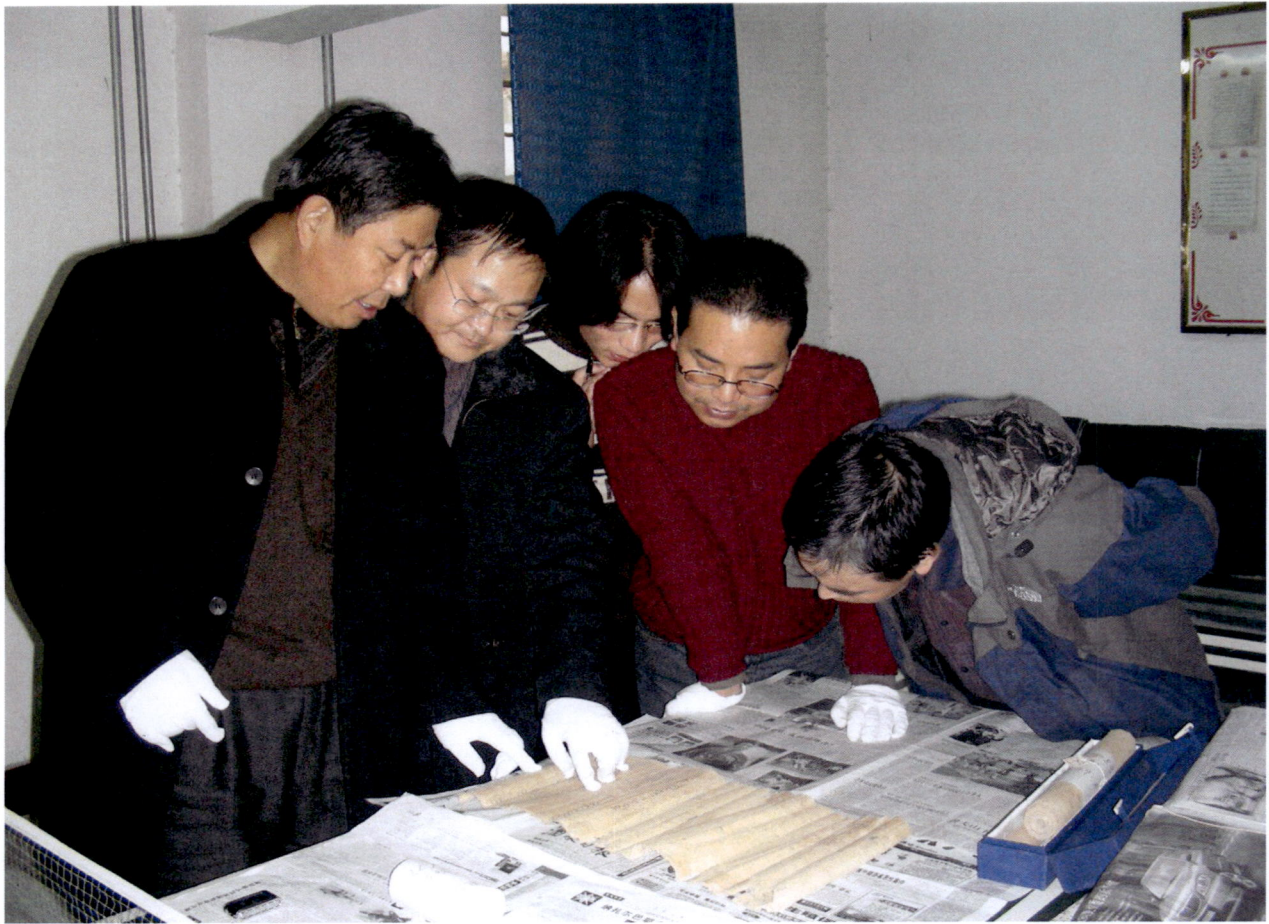

21. ཆེད་མཁས་པ་དང་ཞིབ་འཇུག་པ་ཚོས་ཏུན་ཧོང་ཡིག་རྙིང་ལ་རྟོག་ཞིབ་གནང་བཞིན་པ།
專家、學者考察敦煌市博物館藏敦煌藏文文獻

22. ཞིབ་འཇུག་པ་ཚོས་ཏུན་ཧོང་བོད་ཡིག་ཡིག་རྙིང་ལེགས་སྒྲིག་གནང་བཞིན་པ།
研究人員在敦煌市博物館整理敦煌藏文文獻

23. ཞིབ་འཇུག་པ་ཚོས་དུན་ཧོང་བོད་ཡིག་ཡིག་རྙིང་ལེགས་སྒྲིག་གནང་བཞིན་པ།

研究人員在敦煌市博物館整理敦煌藏文文獻

24. ཞིབ་འཇུག་པ་ཚོས་དུན་ཧོང་བོད་ཡིག་ཡིག་རྙིང་ལེགས་སྒྲིག་གནང་བཞིན་པ།

研究人員在敦煌市博物館整理敦煌藏文文獻

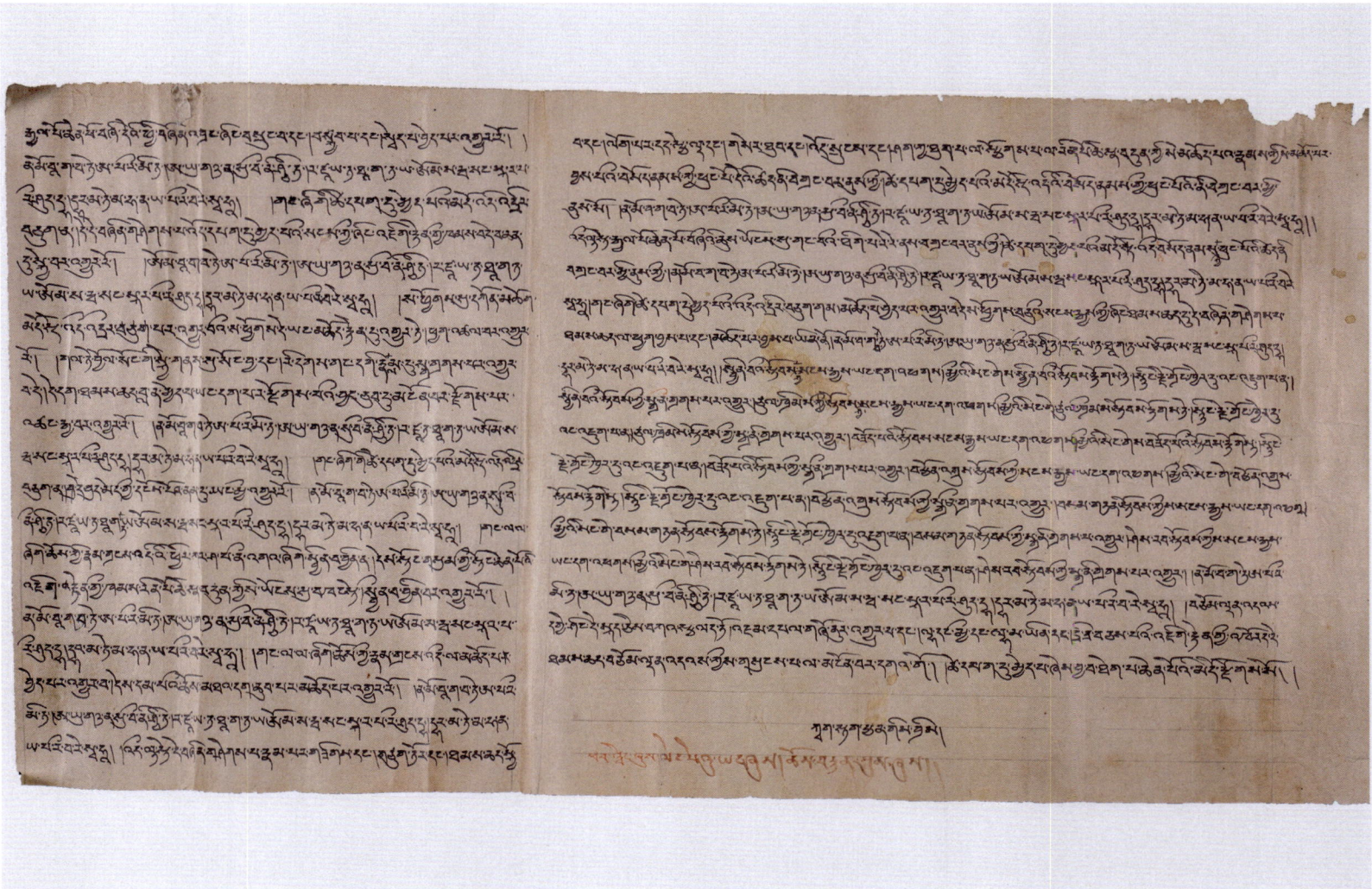

敦博 Db.t.0080　ཚེ་དཔག་ཏུ་མྱེད་པ་ཞེས་བྱ་བ་ཐེག་པ་ཆེན་པོའི་མདོ།།
　　　　大乘無量壽宗要經　（3—1）

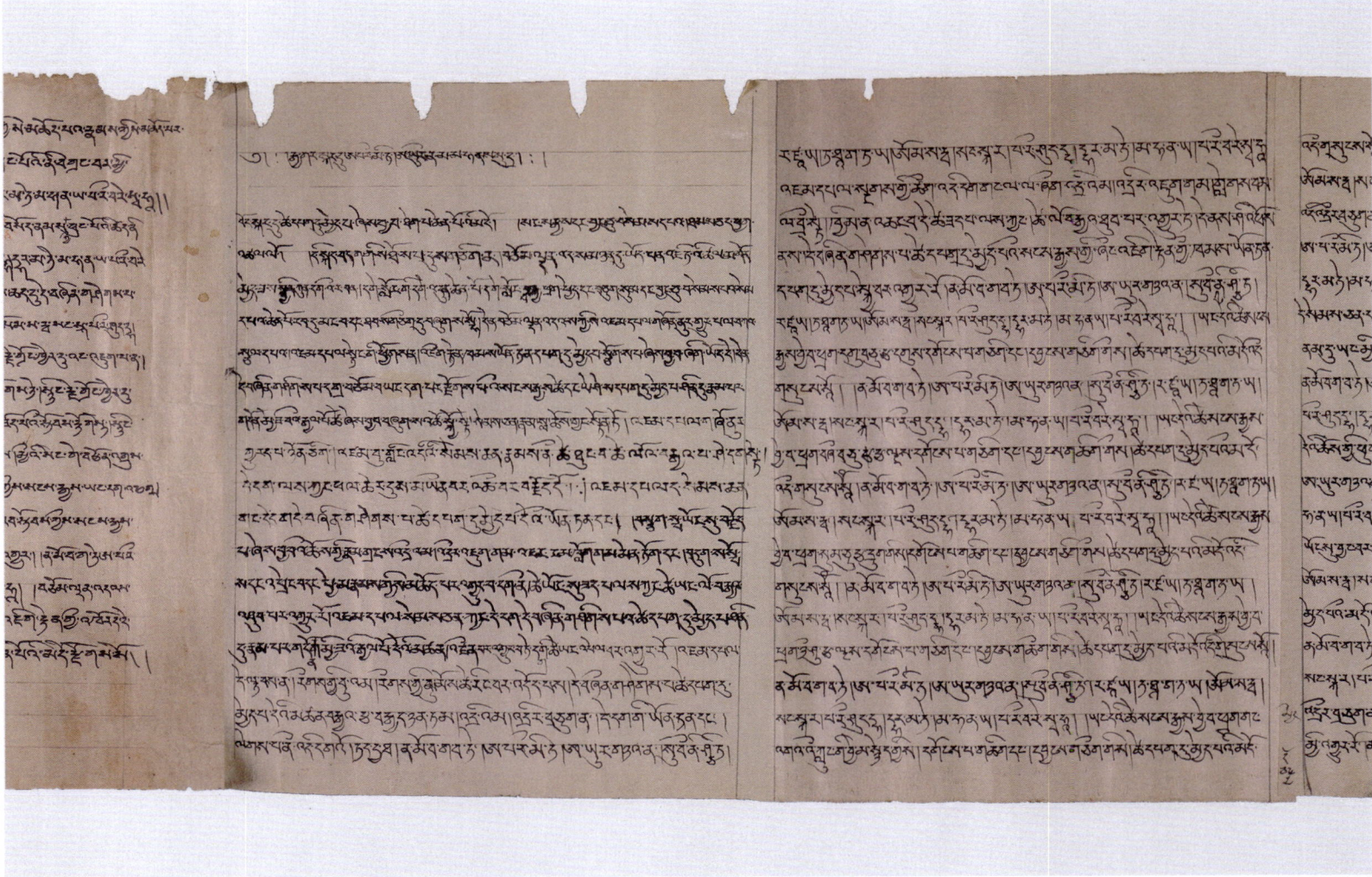

敦博 Db.t.0080　ཚེ་དཔག་ཏུ་མྱེད་པ་ཞེས་བྱ་བ་ཐེག་པ་ཆེན་པོའི་མདོ།།
　　　　大乘無量壽宗要經　（3—2）

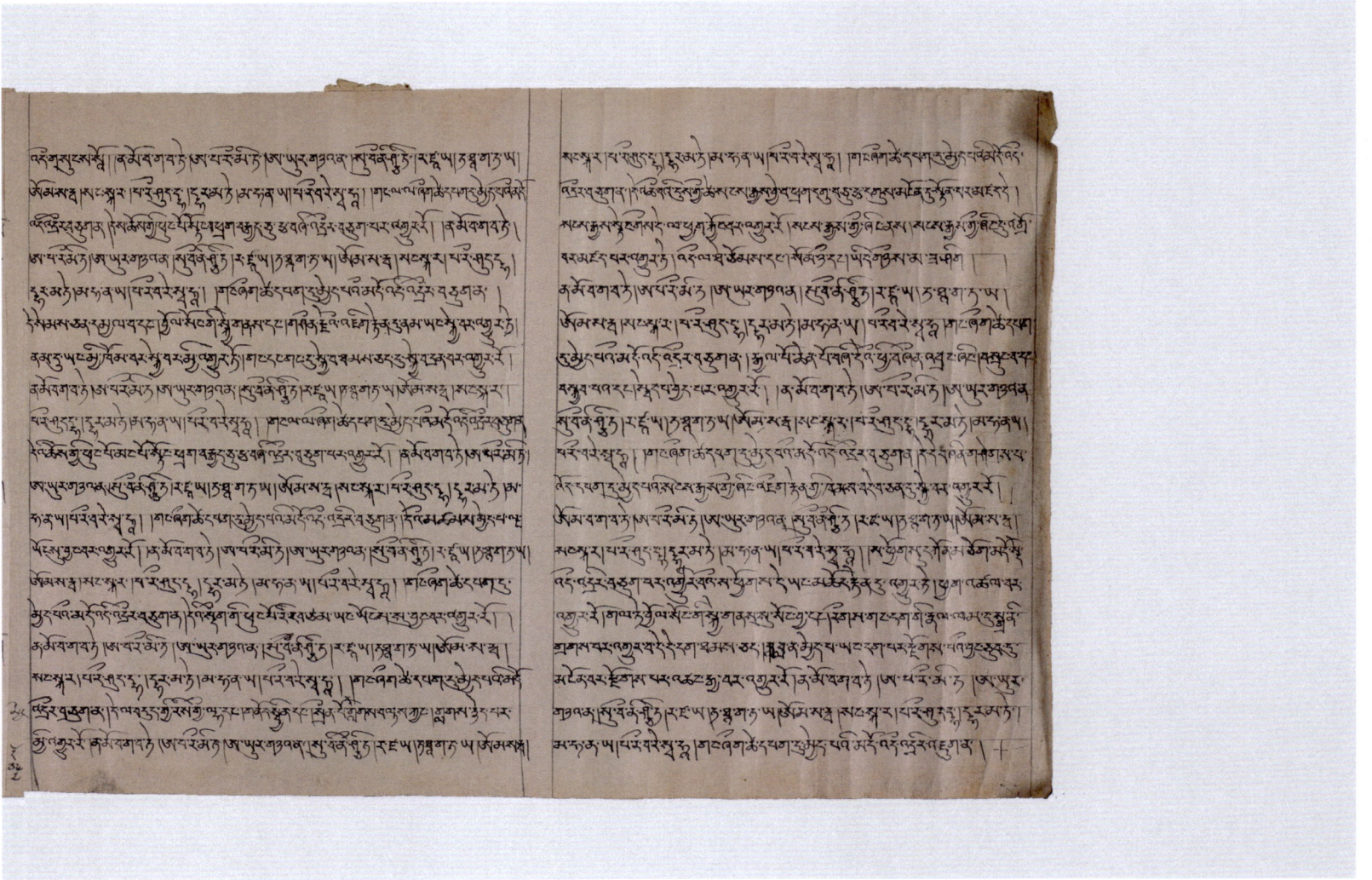

敦博 Db.t.0080 ཚེ་དཔག་དུ་མྱེད་པ་ཞེས་བྱ་བ་ཐེག་པ་ཆེན་པོ་འི་མདོ།།
大乘無量壽宗要經 （3—3）

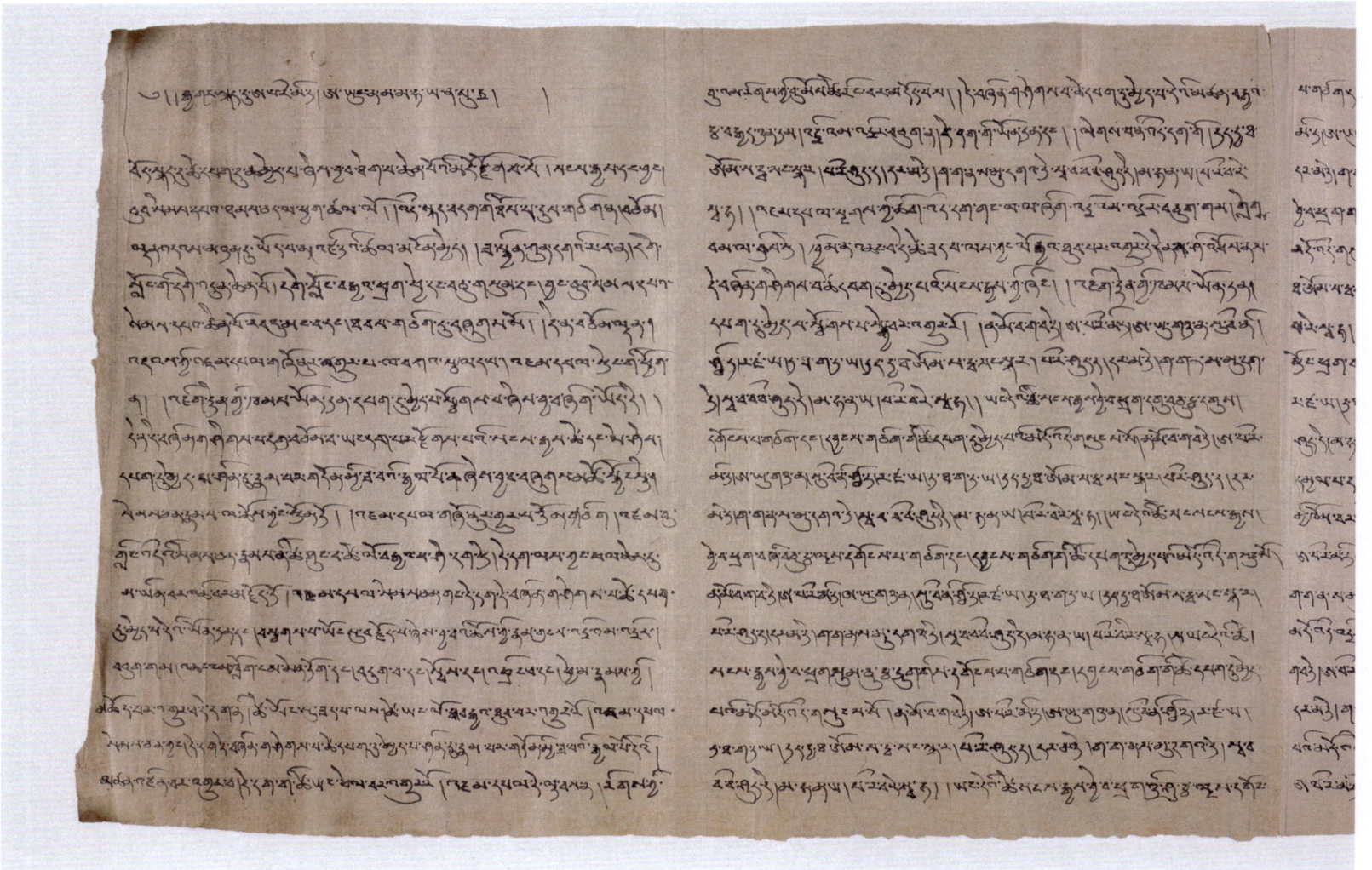

敦博 Db.t.0081 ཚེ་དཔག་དུ་མྱེད་པ་ཞེས་བྱ་བ་ཐེག་པ་ཆེན་པོའི་མདོ།།
大乘無量壽宗要經 （6—1）

敦博 Db.t.0081 ཚེ་དཔག་དུ་མྱེད་པ་ཞེས་བྱ་བ་ཐེག་པ་ཆེན་པོའི་མདོ།།

大乘無量壽宗要經 （6—2）

敦博 Db.t.0081 ཚེ་དཔག་དུ་མྱེད་པ་ཞེས་བྱ་བ་ཐེག་པ་ཆེན་པོའི་མདོ།།

大乘無量壽宗要經 （6—3）

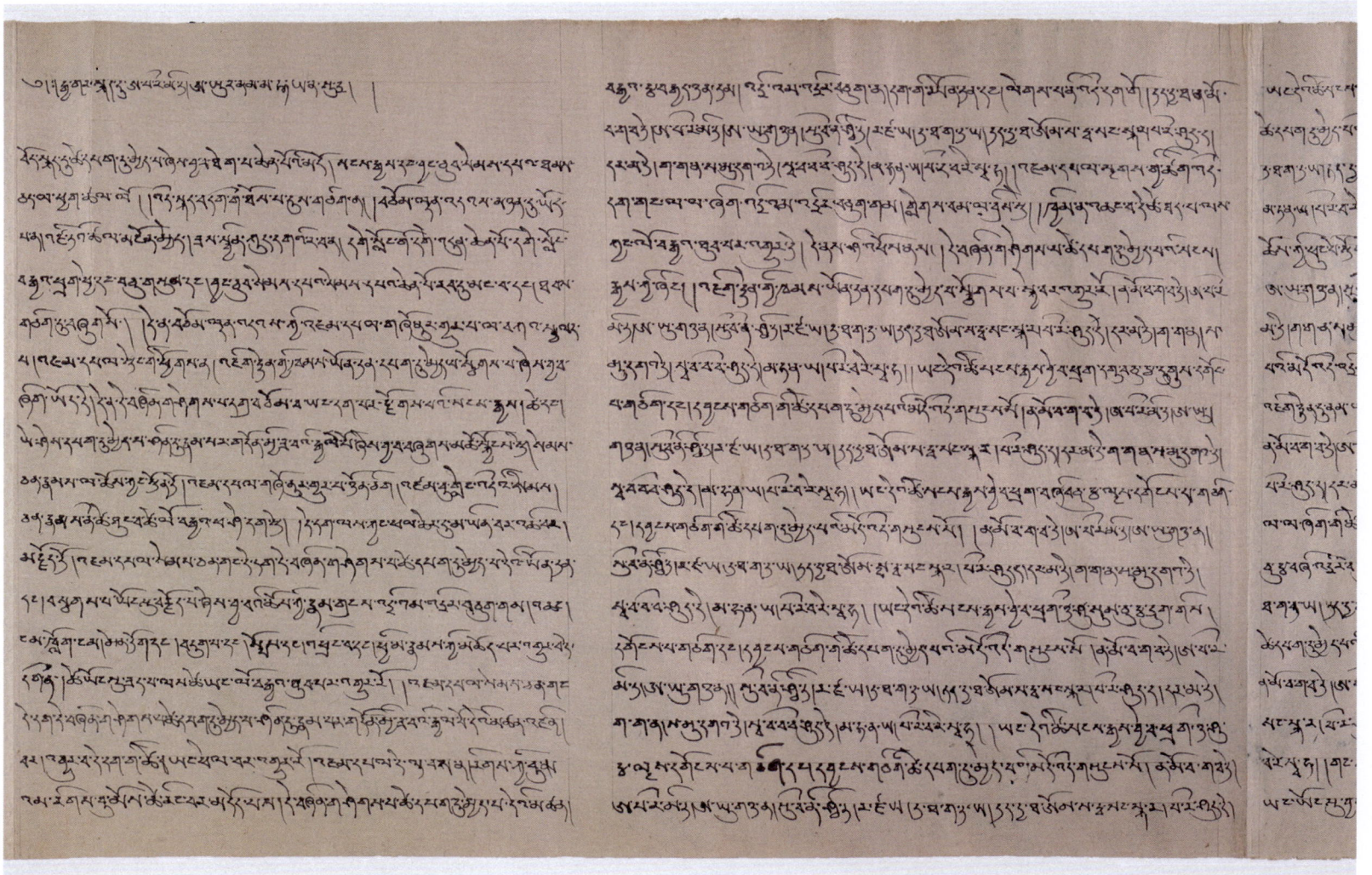

敦博 Db.t.0081 ཚེ་དཔག་དུ་མྱེད་པ་ཞེས་བྱ་བ་ཐེག་པ་ཆེན་པོའི་མདོ།།
大乘無量壽宗要經 （6—4）

敦博 Db.t.0081 ཚེ་དཔག་དུ་མྱེད་པ་ཞེས་བྱ་བ་ཐེག་པ་ཆེན་པོའི་མདོ།།
大乘無量壽宗要經 （6—5）

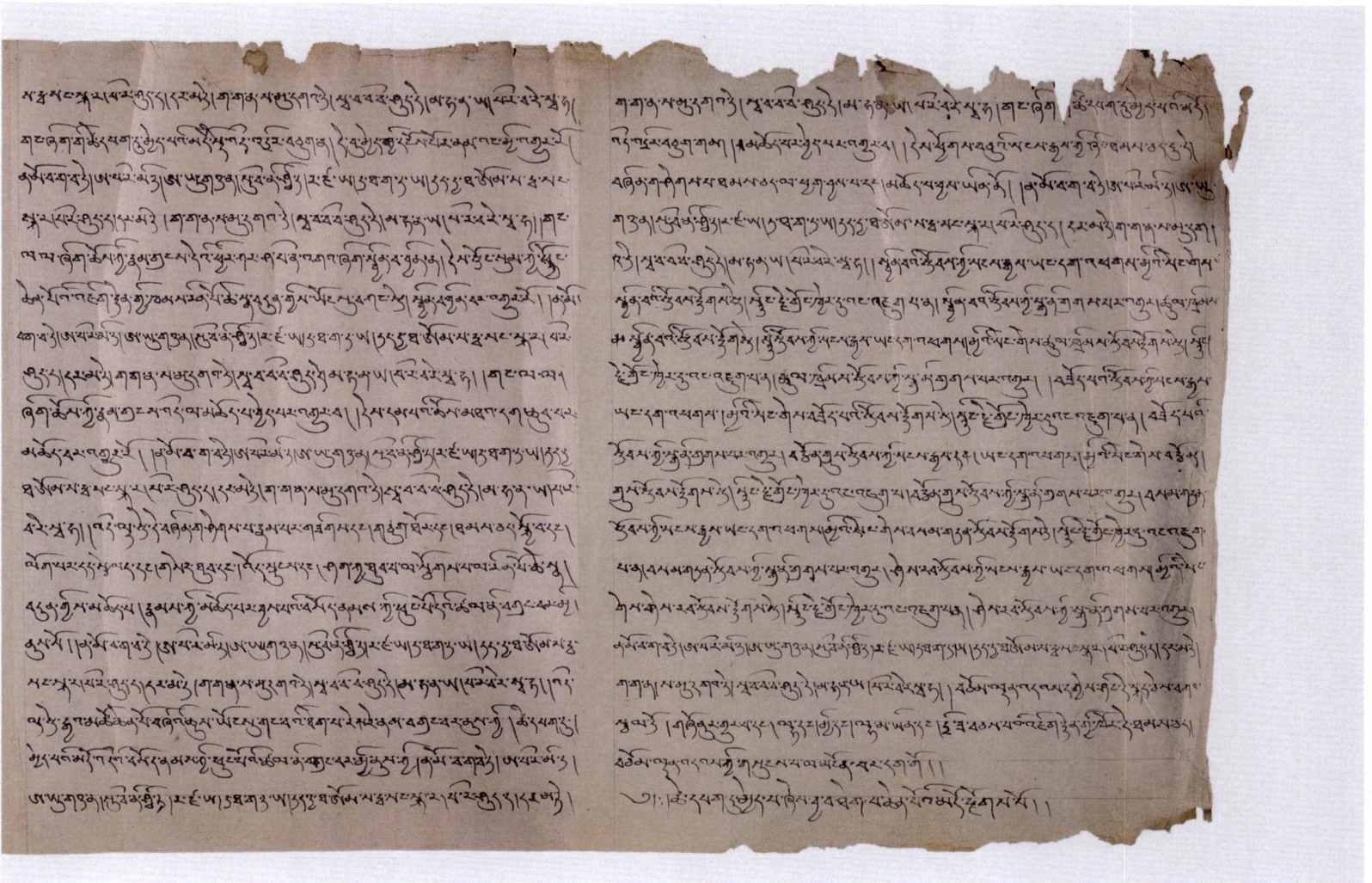

敦博 Db.t.0081 ཚེ་དཔག་དུ་མྱེད་པ་ཞེས་བྱ་བ་ཐེག་པ་ཆེན་པོའི་མདོ༎
大乘無量壽宗要經 （6—6）

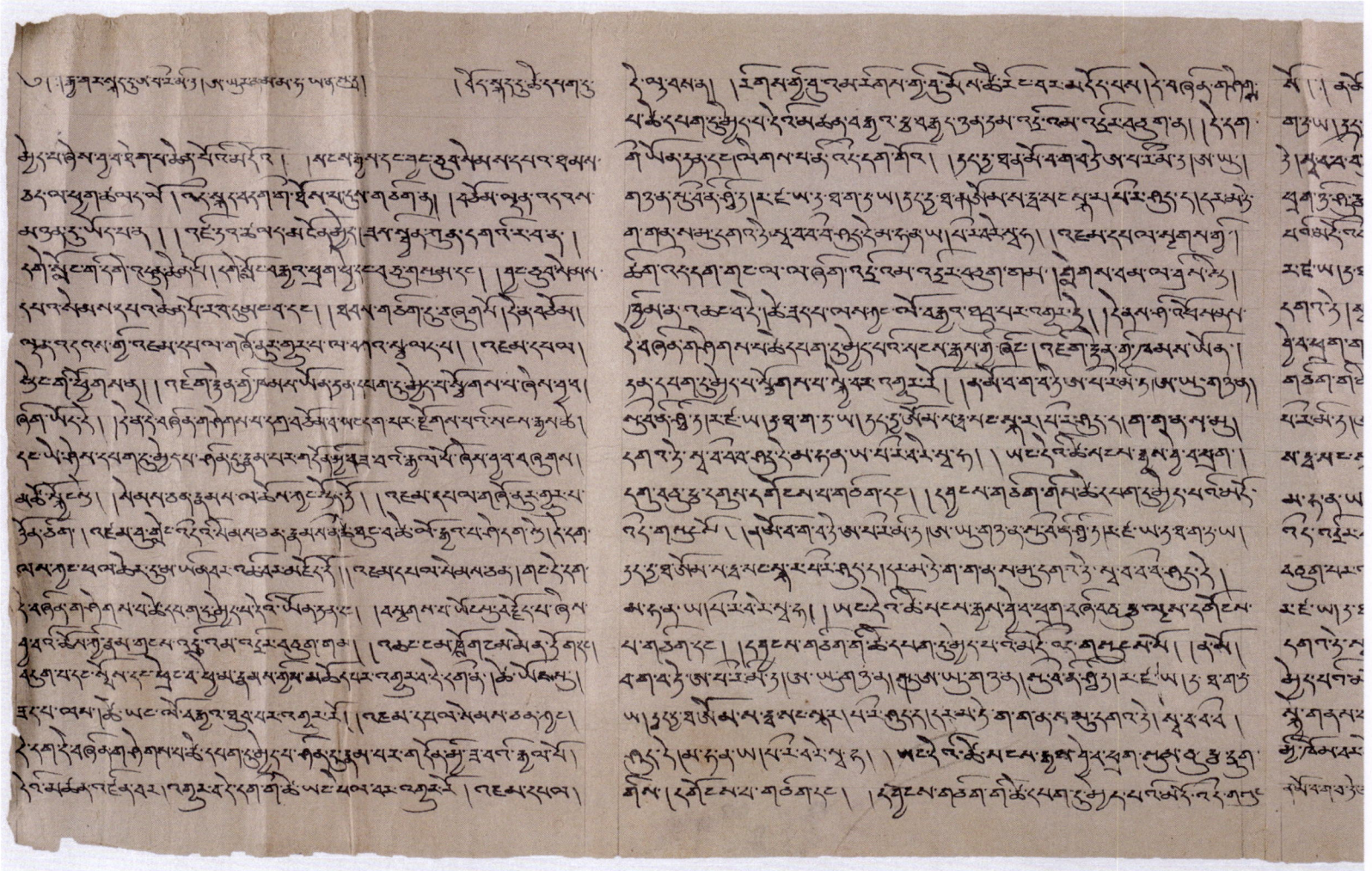

敦博 Db.t.0082 ཚེ་དཔག་དུ་མྱེད་པ་ཞེས་བྱ་བ་ཐེག་པ་ཆེན་པོའི་མདོ།
大乘無量壽宗要經 （4—1）

敦博 Db.t.0082 ཚེ་དཔག་དུ་མྱེད་པ་ཞེས་བྱ་བ་ཐེག་པ་ཆེན་པོའི་མདོ།
大乘無量壽宗要經 （4—2）

敦博 Db.t.0082 ཚེ་དཔག་དུ་མྱེད་པ་ཞེས་བྱ་བ་ཐེག་པ་ཆེན་པོའི་མདོ།
大乘無量壽宗要經 （4—3）

敦博 Db.t.0082 ཚེ་དཔག་དུ་མྱེད་པ་ཞེས་བྱ་བ་ཐེག་པ་ཆེན་པོའི་མདོ། །
大乘無量壽宗要經 （4—4）

敦博 Db.t.0083 ཚེ་དཔག་དུ་མྱེད་པ་ཞེས་བྱ་བ་ཐེག་ཆེན་པོའི་མདོ།།
大乘無量壽宗要經 （14—1）

敦博 Db.t.0083 ཚེ་དཔག་དུ་མྱེད་པ་ཞེས་བྱ་བ་ཐེག་ཆེད་ཕོའི་མདོ།།

大乘無量壽宗要經 （14—2）

敦博 Db.t.0083 ཚེ་དཔག་དུ་མྱེད་པ་ཞེས་བྱ་བ་ཐེག་ཆེད་ཕོའི་མདོ།།

大乘無量壽宗要經 （14—3）

敦博 Db.t.0083 ཚེ་དཔག་དུ་མྱུད་པ་ཞེས་བྱ་བ་ཐེག་པ་ཆེན་པོའི་མདོ༎
大乘無量壽宗要經 （14—4）

敦博 Db.t.0083 ཚེ་དཔག་དུ་མྱུད་པ་ཞེས་བྱ་བ་ཐེག་པ་ཆེན་པོའི་མདོ༎
大乘無量壽宗要經 （14—5）

敦博 Db.t.0083 ཚེ་དཔག་དུ་མྱེད་པ་ཞེས་བྱ་བ་ཐེག་པ་ཆེན་པོའི་མདོ།།
大乘無量壽宗要經 （14—6）

敦博 Db.t.0083 ཚེ་དཔག་དུ་མྱེད་པའི་ཞེས་བྱ་བ་ཐེག་པ་ཆེན་པོའི་མདོ།།
大乘無量壽宗要經 （14—7）

敦博 Db.t.0083　ཚེ་དཔག་དུ་མྱེད་པ་ཞེས་བྱ་བ་ཐེག་པ་ཆེན་པོའི་མདོ།།

大乘無量壽宗要經　（14—8）

敦博 Db.t.0083　ཚེ་དཔག་དུ་མྱེད་པ་ཞེས་བྱ་བ་ཐེག་པ་ཆེན་པོའི་མདོ།།

大乘無量壽宗要經　（14—9）

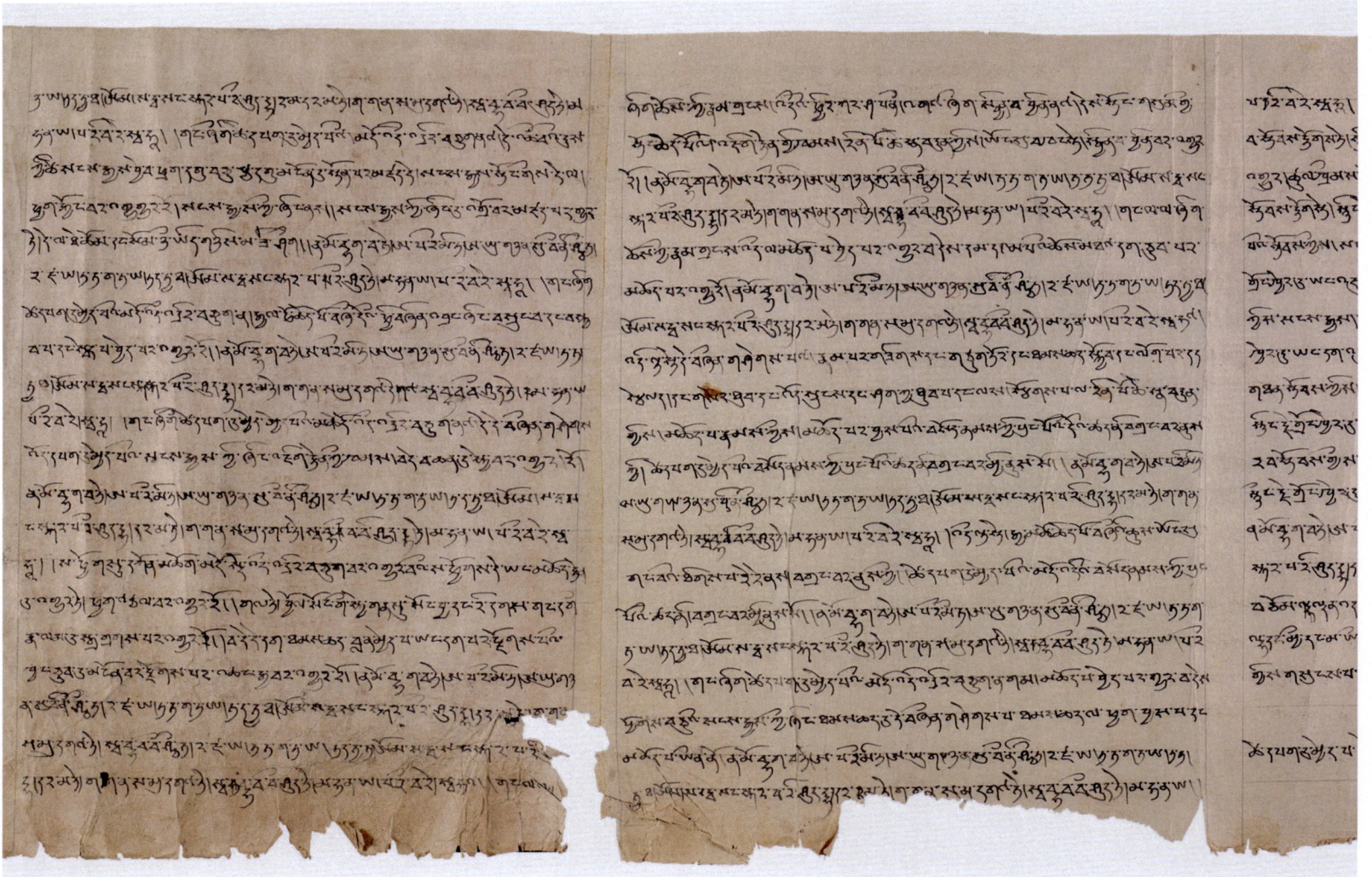

敦博 Db.t.0083 ཚེ་དཔག་དུ་མྱེད་པ་ཞེས་བྱ་བ་ཐེག་པ་ཆེན་པོའི་མདོ།།
大乘無量壽宗要經 （14—10）

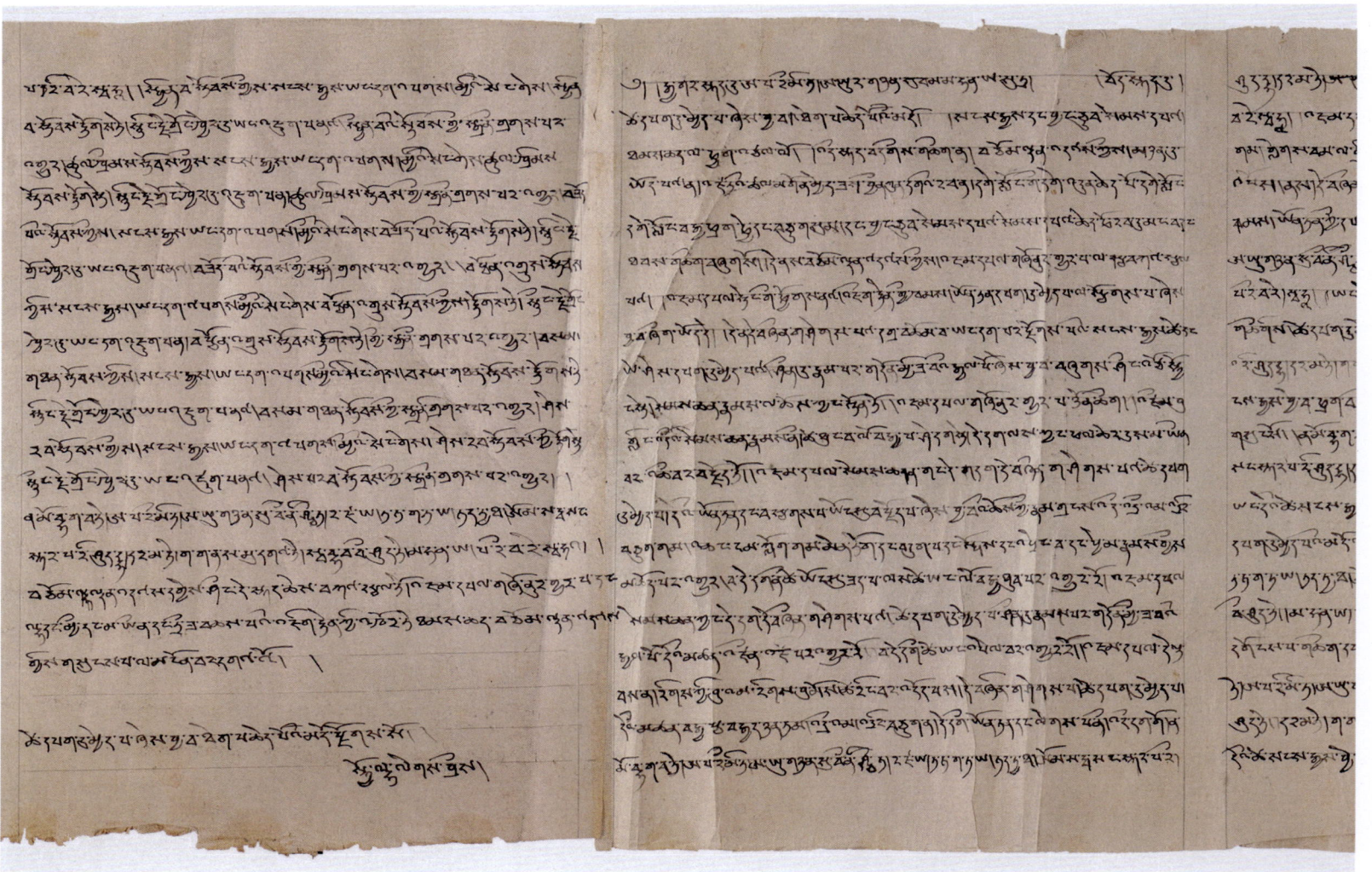

敦博 Db.t.0083 ཚེ་དཔག་དུ་མྱེད་པ་ཞེས་བྱ་བ་ཐེག་པ་ཆེན་པོའི་མདོ།།
大乘無量壽宗要經 （14—11）

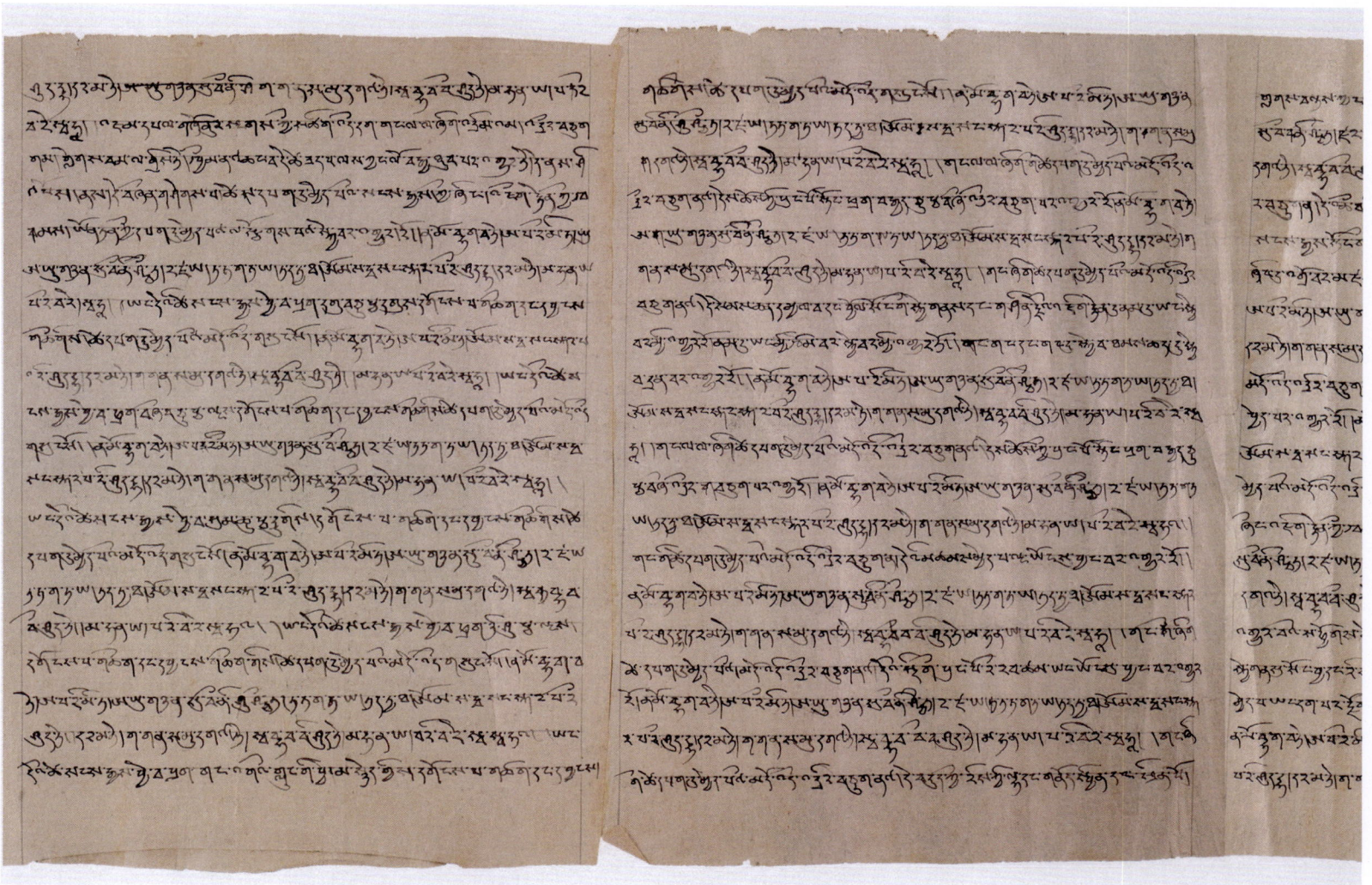

敦博 Db.t.0083　ཚེ་དཔག་དུ་མྱེད་པ་ཞེས་བྱ་བ་ཐེག་པ་ཆེན་པོའི་མདོ།།
大乘無量壽宗要經　（14—12）

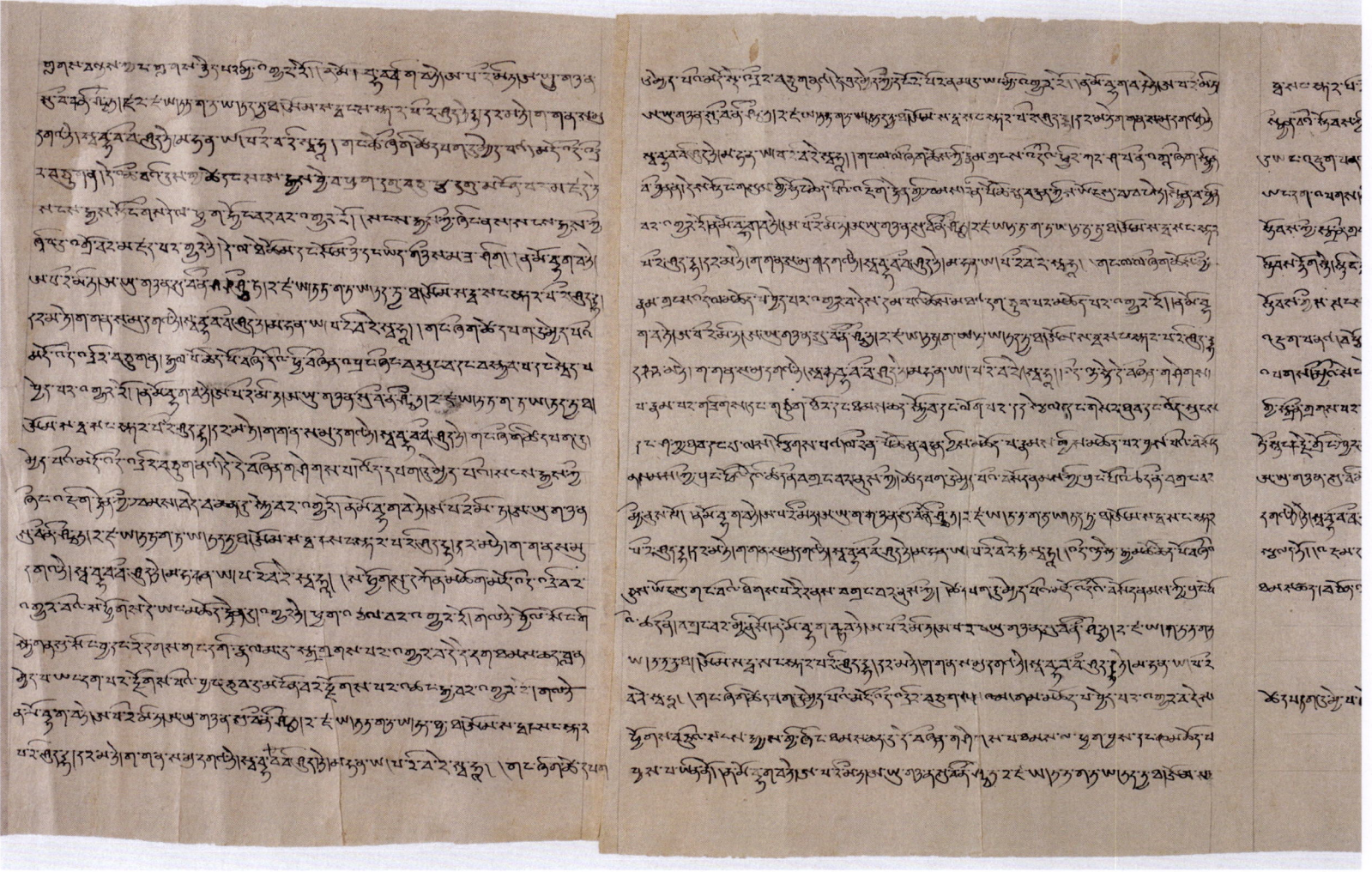

敦博 Db.t.0083　ཚེ་དཔག་དུ་མྱེད་པ་ཞེས་བྱ་བ་ཐེག་པ་ཆེན་པོའི་མདོ།།
大乘無量壽宗要經　（14—13）

敦博 Db.t.0083　ཚེ་དཔག་དུ་མྱེད་པ་ཞེས་བྱ་བ་ཐེག་པ་ཆེན་པོའི་མདོ།།

大乘無量壽宗要經　（14—14）

敦博 Db.t.0084　ཚེ་དཔག་དུ་མྱེད་པ་ཞེས་བྱ་བ་ཐེག་པ་ཆེན་པོའི་མདོ་།:།

大乘無量壽宗要經　（18—1）

敦博 Db.t.0084 ཚེ་དཔག་དུ་མྱེད་པ་ཞེས་བྱ་བ་ཐེག་པ་ཆེན་པོའི་མདོ༎
大乘無量壽宗要經 （18—2）

敦博 Db.t.0084 ཚེ་དཔག་དུ་མྱེད་པ་ཞེས་བྱ་བ་ཐེག་པ་ཆེན་པོའི་མདོ༎
大乘無量壽宗要經 （18—3）

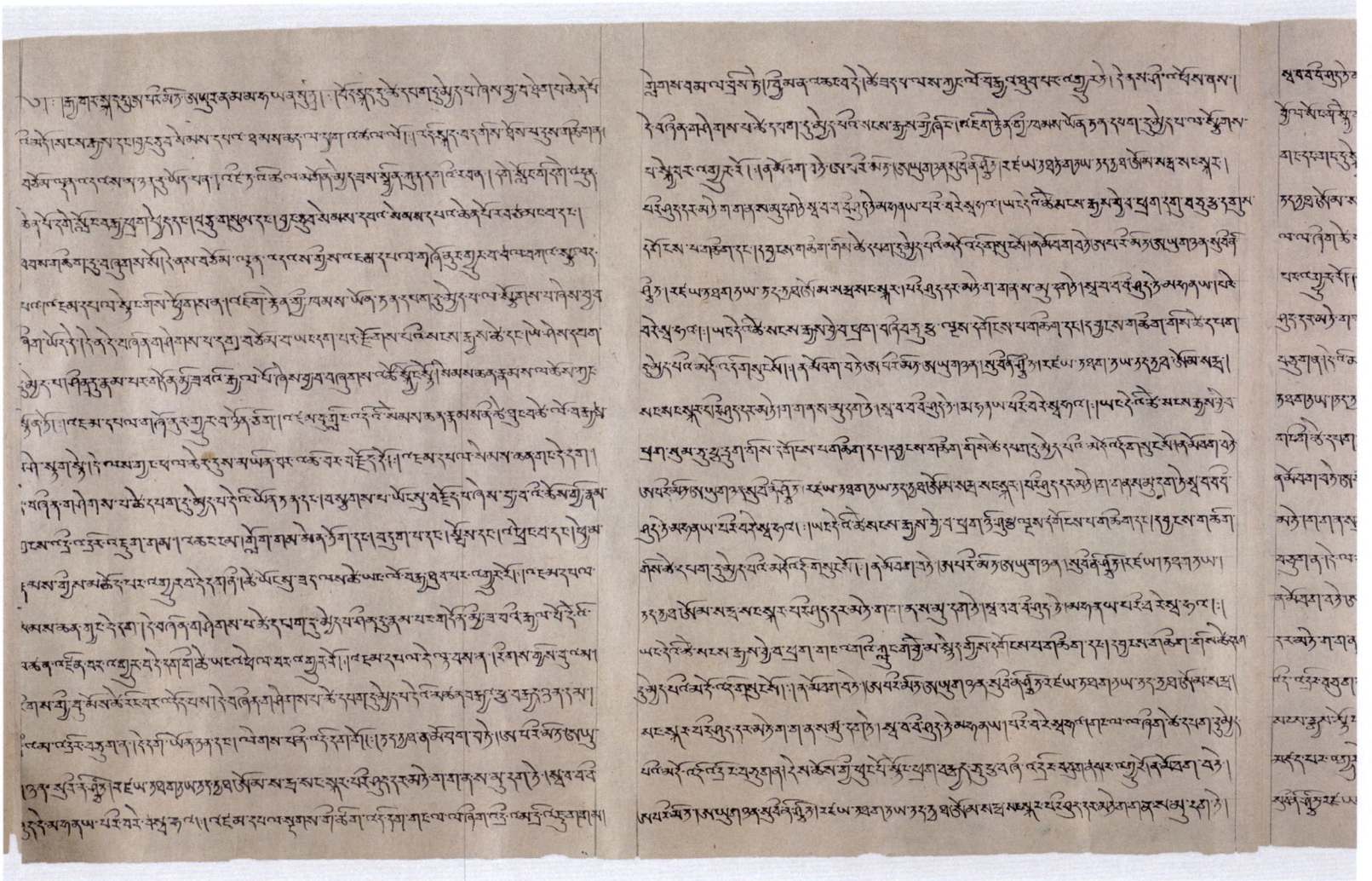

敦博 Db.t.0084 ཚེ་དཔག་དུ་མྱེད་པ་ཞེས་བྱ་བ་ཐེག་པ་ཆེན་པོའི་མདོ།།

大乘無量壽宗要經 （18—4）

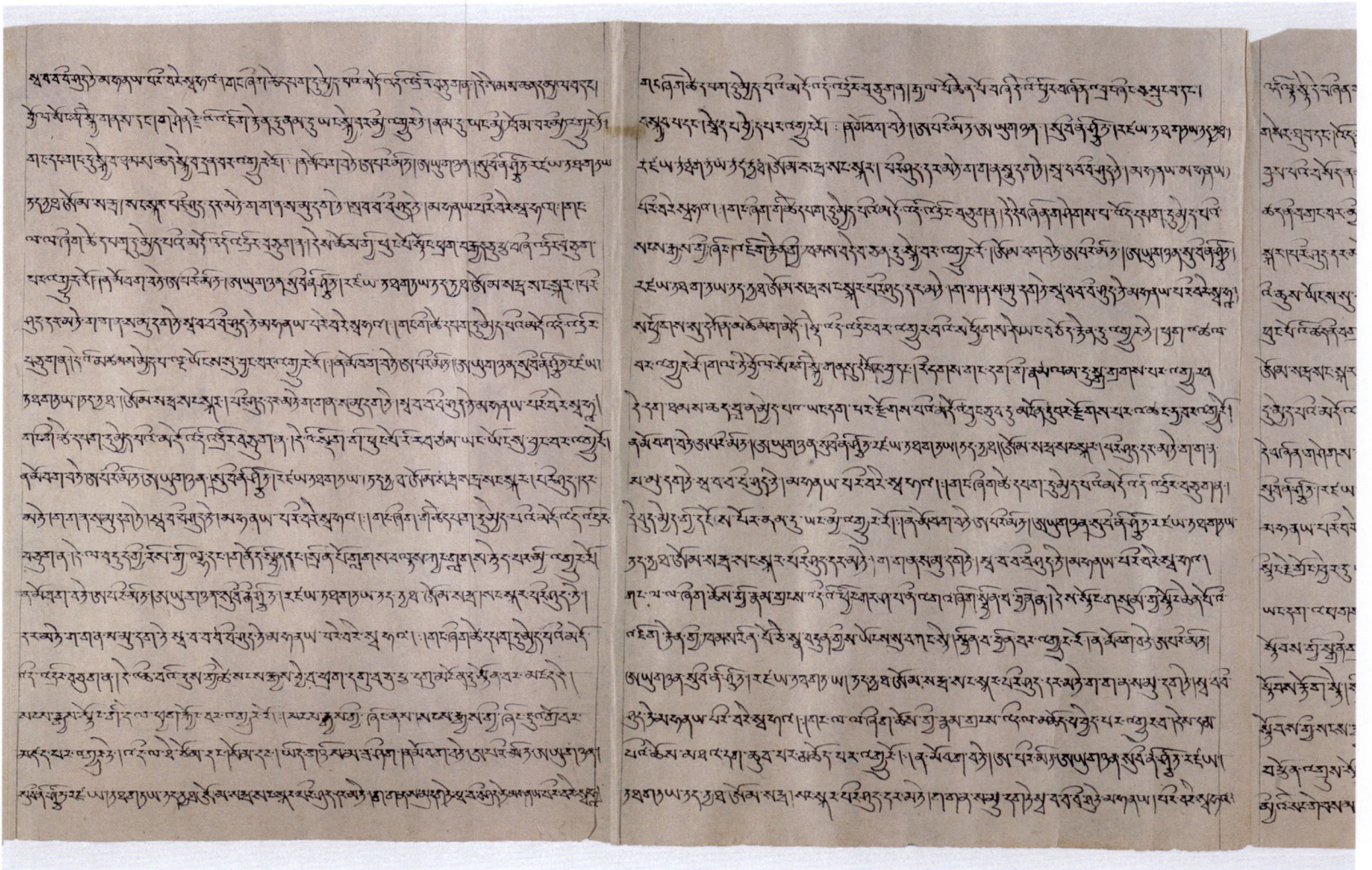

敦博 Db.t.0084 ཚེ་དཔག་དུ་མྱེད་པ་ཞེས་བྱ་བ་ཐེག་པ་ཆེན་པོའི་མདོ།།

大乘無量壽宗要經 （18—5）

敦博 Db.t.0084 ཚེ་དཔག་དུ་མྱེད་པ་ཞེས་བྱ་བ་ཐེག་པ་ཆེན་པོའི་མདོ།།

大乘無量壽宗要經 （18—6）

敦博 Db.t.0084 ཚེ་དཔག་དུ་མྱེད་པ་ཞེས་བྱ་བ་ཐེག་པ་ཆེན་པོའི་མདོ།།

大乘無量壽宗要經 （18—7）

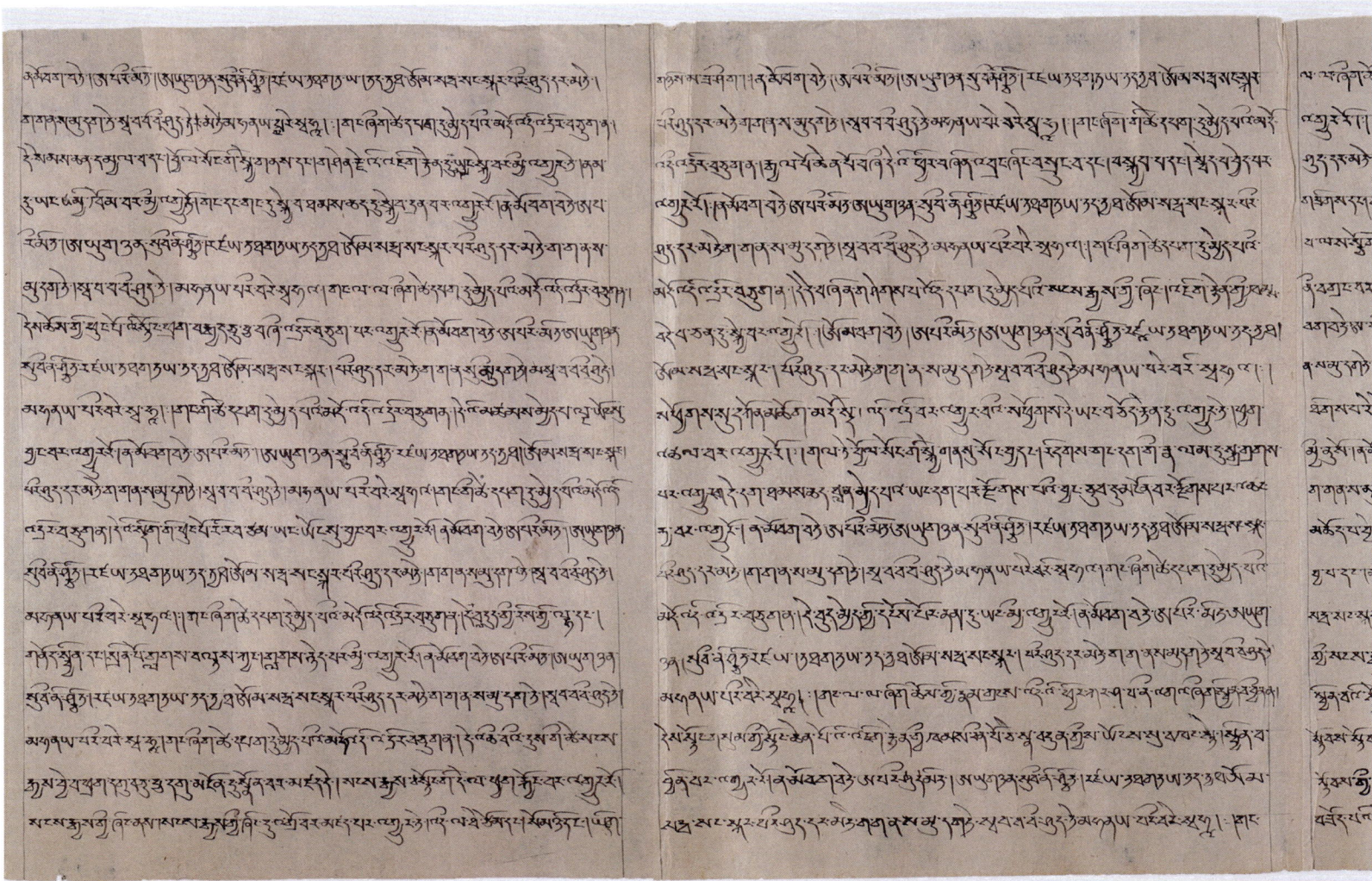

敦博 Db.t.0084 ཚེ་དཔག་དུ་མྱེད་པ་ཞེས་བྱ་བ་ཐེག་པ་ཆེན་པོའི་མདོ།།
大乘無量壽宗要經 （18—8）

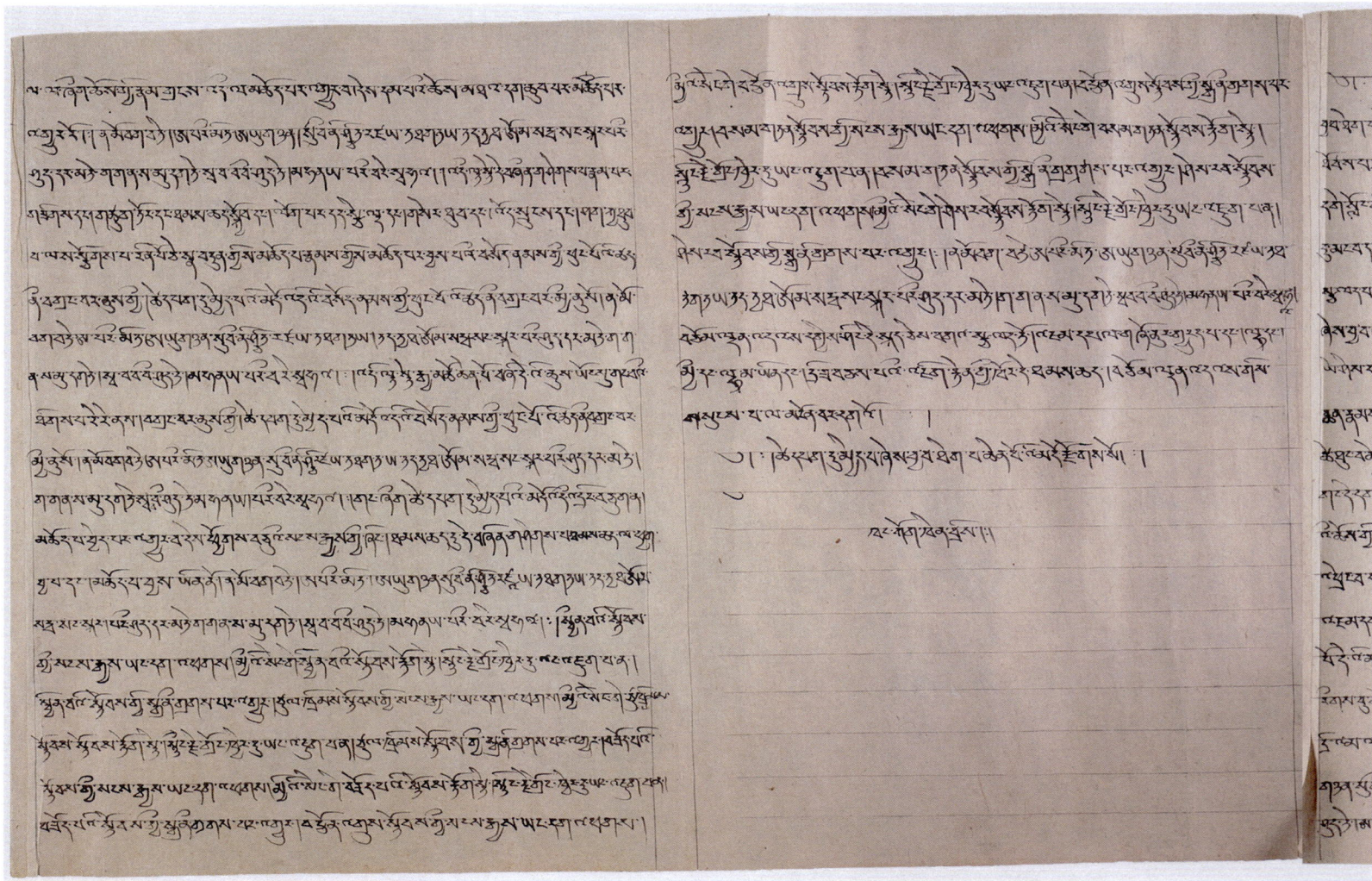

敦博 Db.t.0084 ཚེ་དཔག་དུ་མྱེད་པ་ཞེས་བྱ་བ་ཐེག་པ་ཆེན་པོའི་མདོ།།
大乘無量壽宗要經 （18—9）

敦博 Db.t.0084 ཚེ་དཔག་དུ་མྱེད་པ་ཞེས་བྱ་བ་ཐེག་པ་ཆེན་པོ་འི་མདོ།།

大乘無量壽宗要經 （18—10）

敦博 Db.t.0084 ཚེ་དཔག་དུ་མྱེད་པ་ཞེས་བྱ་བ་ཐེག་པ་ཆེན་པོ་འི་མདོ།།

大乘無量壽宗要經 （18—11）

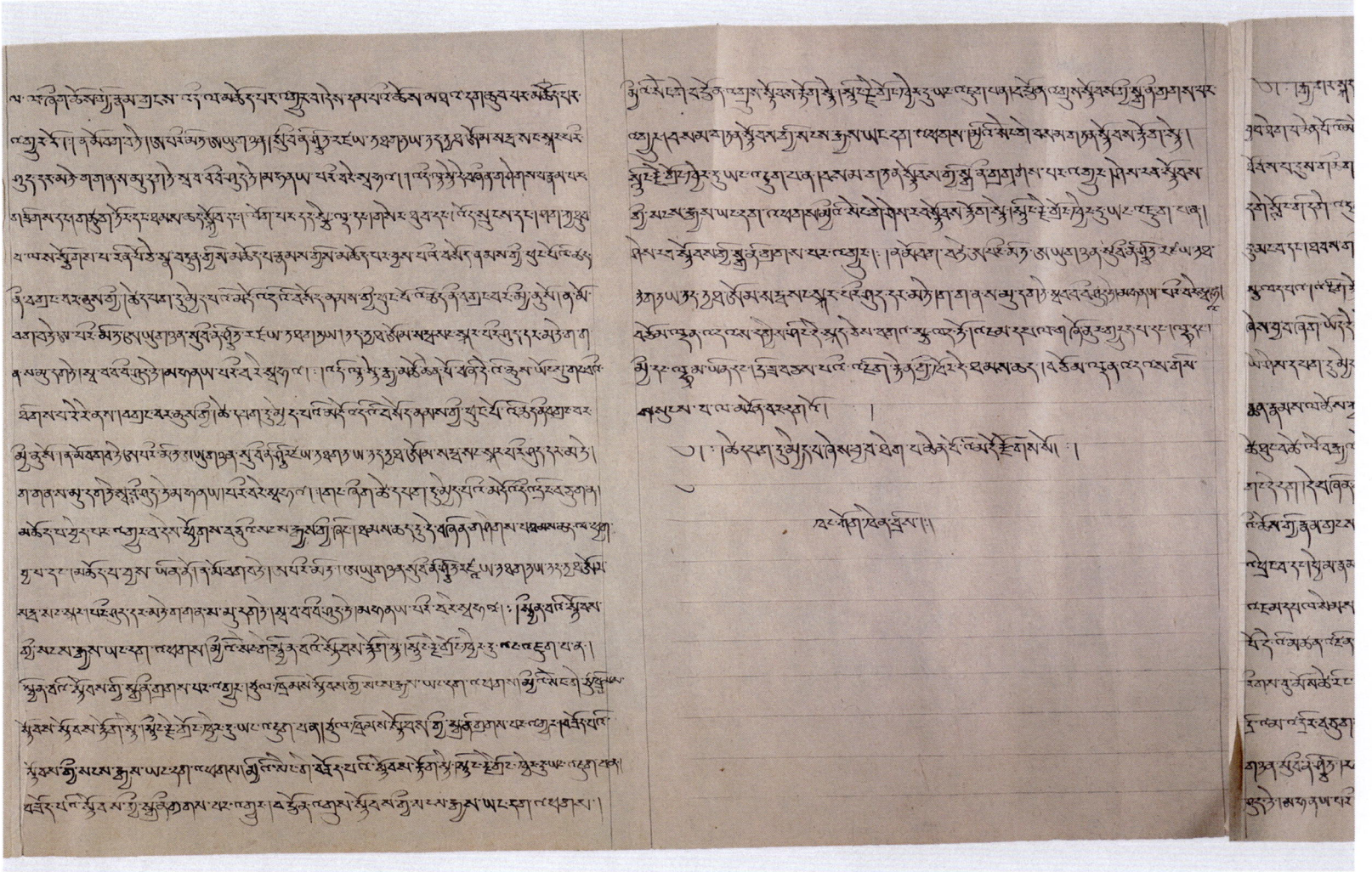

敦博 Db.t.0084 ཚེ་དཔག་དུ་མྱེད་པ་ཞེས་བྱ་བ་ཐེག་པ་ཆེན་པོ་འི་མདོ།།
大乘無量壽宗要經 （18—12）

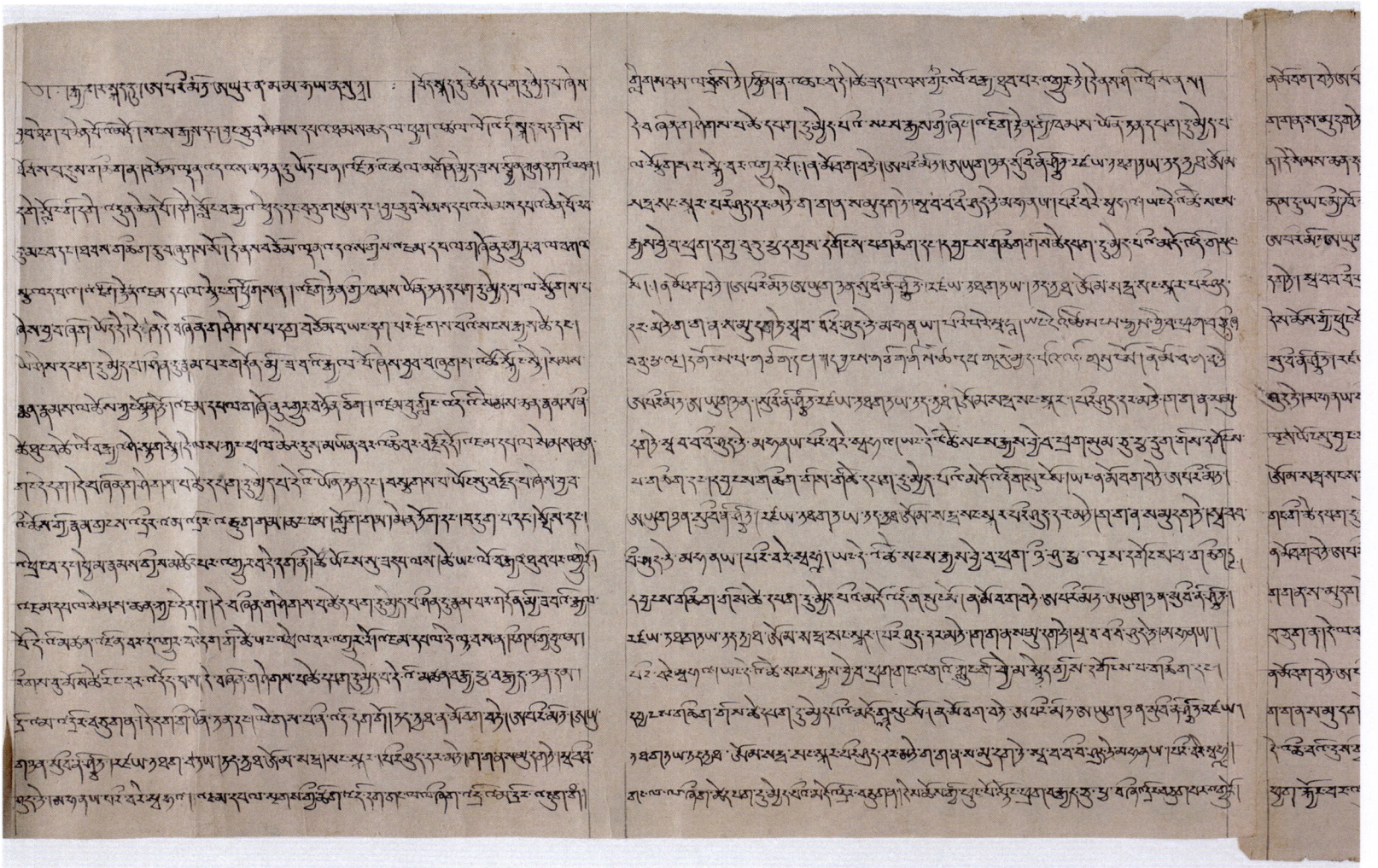

敦博 Db.t.0084 ཚེ་དཔག་དུ་མྱེད་པ་ཞེས་བྱ་བ་ཐེག་པ་ཆེན་པོ་འི་མདོ།།
大乘無量壽宗要經 （18—13）

敦博 Db.t.0084 ཚེ་དཔག་དུ་མྱེད་པ་ཞེས་བྱ་བ་ཐེག་པ་ཆེན་པོའི་མདོ།།
大乘無量壽宗要經 （18—14）

敦博 Db.t.0084 ཚེ་དཔག་དུ་མྱེད་པ་ཞེས་བྱ་བ་ཐེག་པ་ཆེན་པོའི་མདོ།།
大乘無量壽宗要經 （18—15）

敦博 Db.t.0084 ཚེ་དཔག་ཏུ་མྱེད་པ་ཞེས་བྱ་བ་ཐེག་པ་ཆེན་པོ་འི་མདོ།།
大乘無量壽宗要經 （18—16）

敦博 Db.t.0084 ཚེ་དཔག་ཏུ་མྱེད་པ་ཞེས་བྱ་བ་ཐེག་པ་ཆེན་པོ་འི་མདོ།།
大乘無量壽宗要經 （18—17）

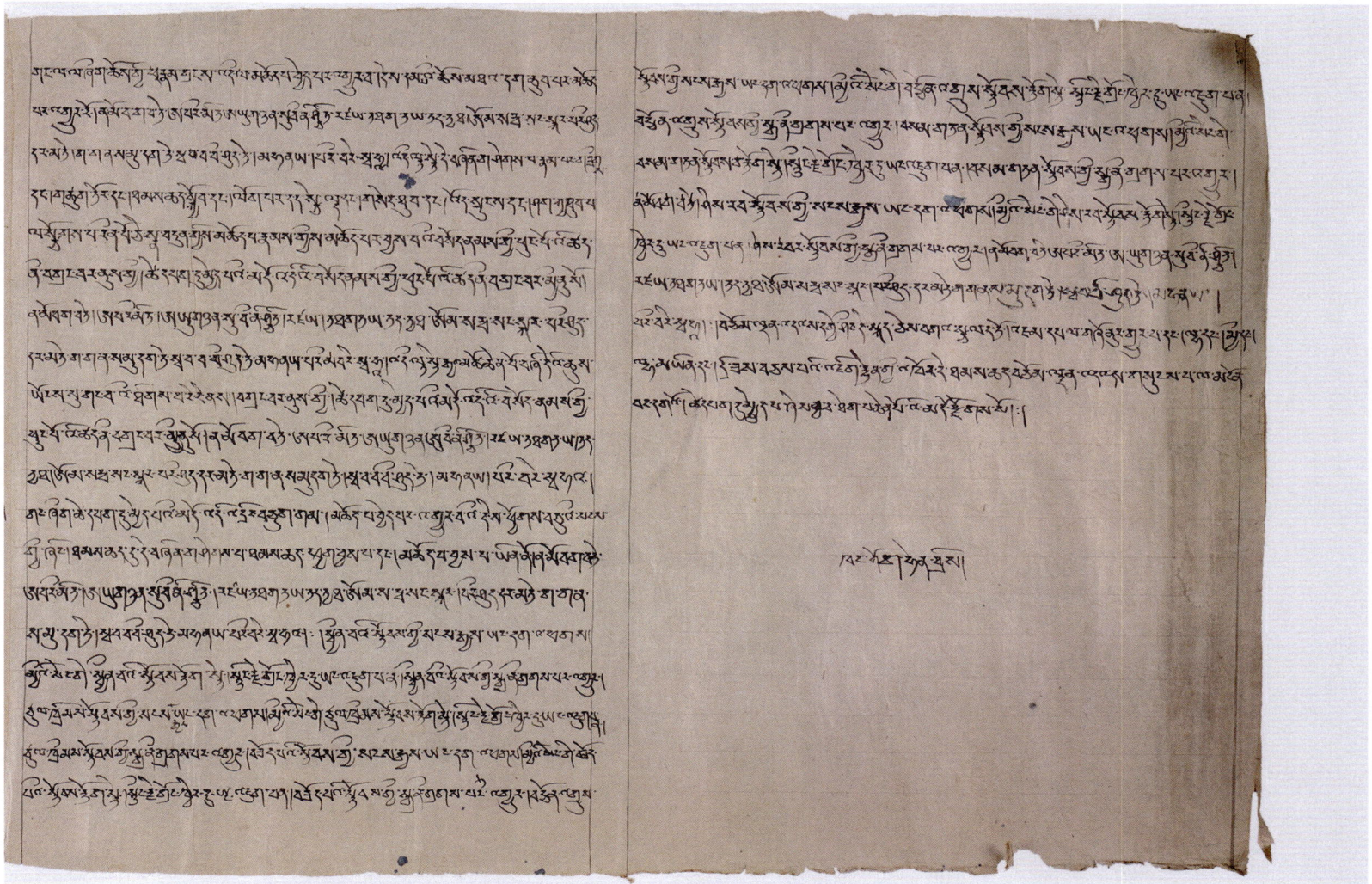

敦博 Db.t.0084 ཚེ་དཔག་དུ་མྱེད་པ་ཞེས་བྱ་བ་ཐེག་པ་ཆེན་པོ་འི་མདོ།།

大乘無量壽宗要經 （18—18）

敦博 Db.t.0085 ཚེ་དཔག་དུ་མྱེད་པ་ཞེས་བྱི་བ་ཐེག་པ་ཆེན་པོ་འི་མདོ།།

大乘無量壽宗要經 （3—1）

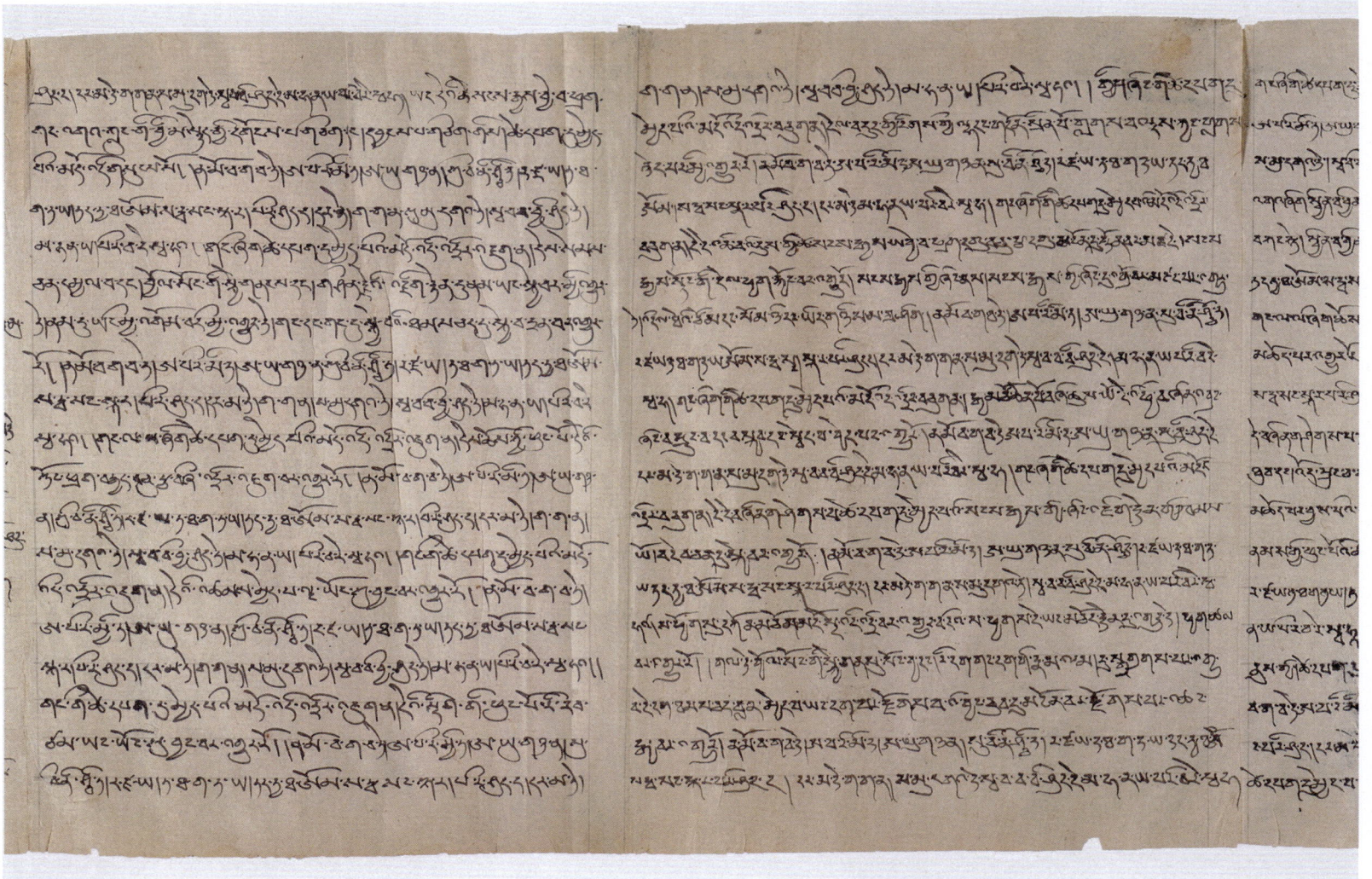

敦博 Db.t.0085 ཚེ་དཔག་དུ་མྱེད་པ་ཞེས་བྱེ་བ་ཐེག་པ་ཆེན་པོའི་མདོ།།
大乘無量壽宗要經 （3—2）

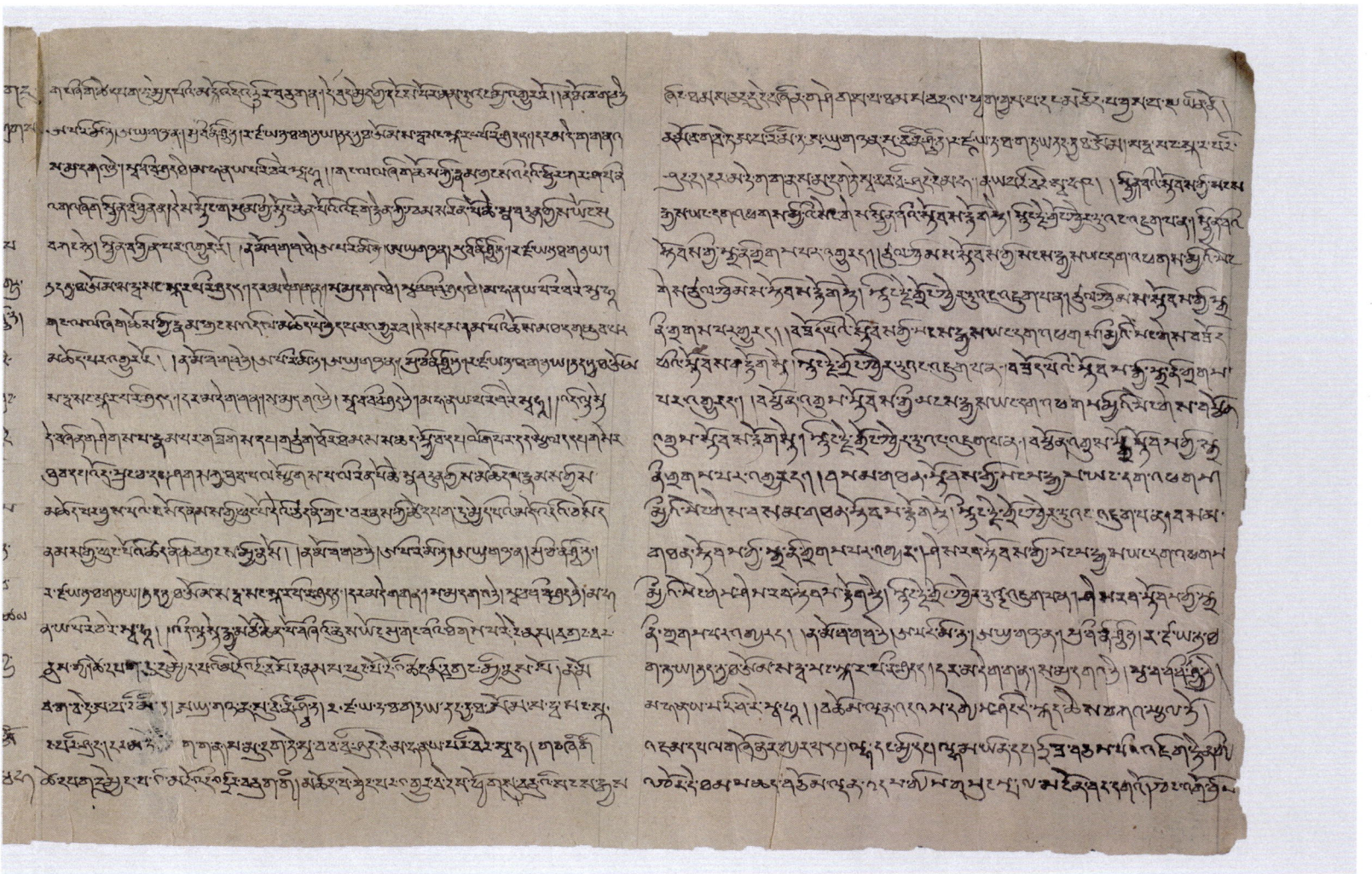

敦博 Db.t.0085 ཚེ་དཔག་དུ་མྱེད་པ་ཞེས་བྱེ་བ་ཐེག་པ་ཆེན་པོའི་མདོ།།
大乘無量壽宗要經 （3—3）

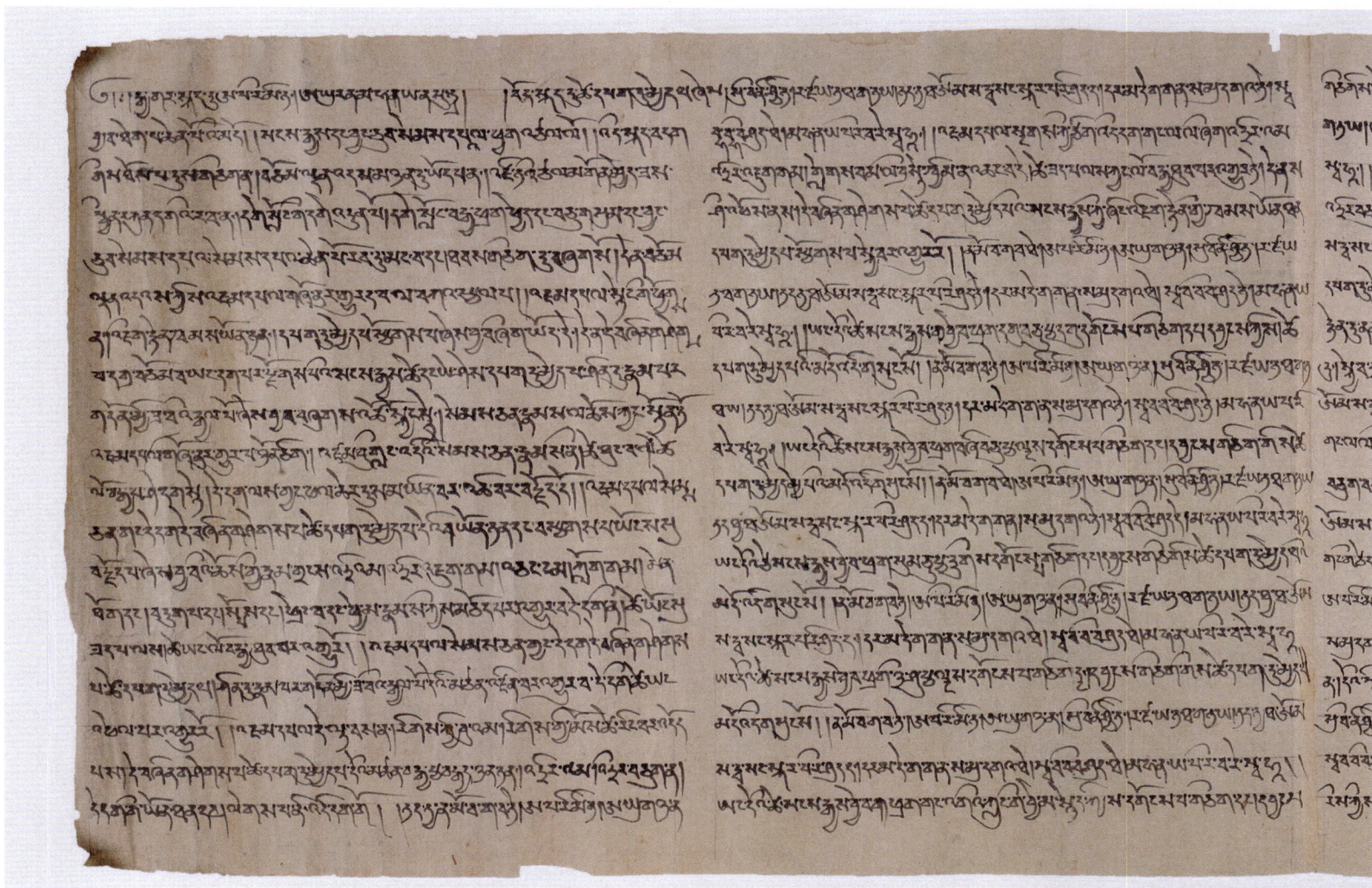

敦博 Db.t.0086 ཚེ་དཔག་དུ་མྱེད་པ་ཞེས་བྱ་བ་ཐེག་པ་ཆེན་པོ་འི་མདོ།།

大乘無量壽宗要經 （15—1）

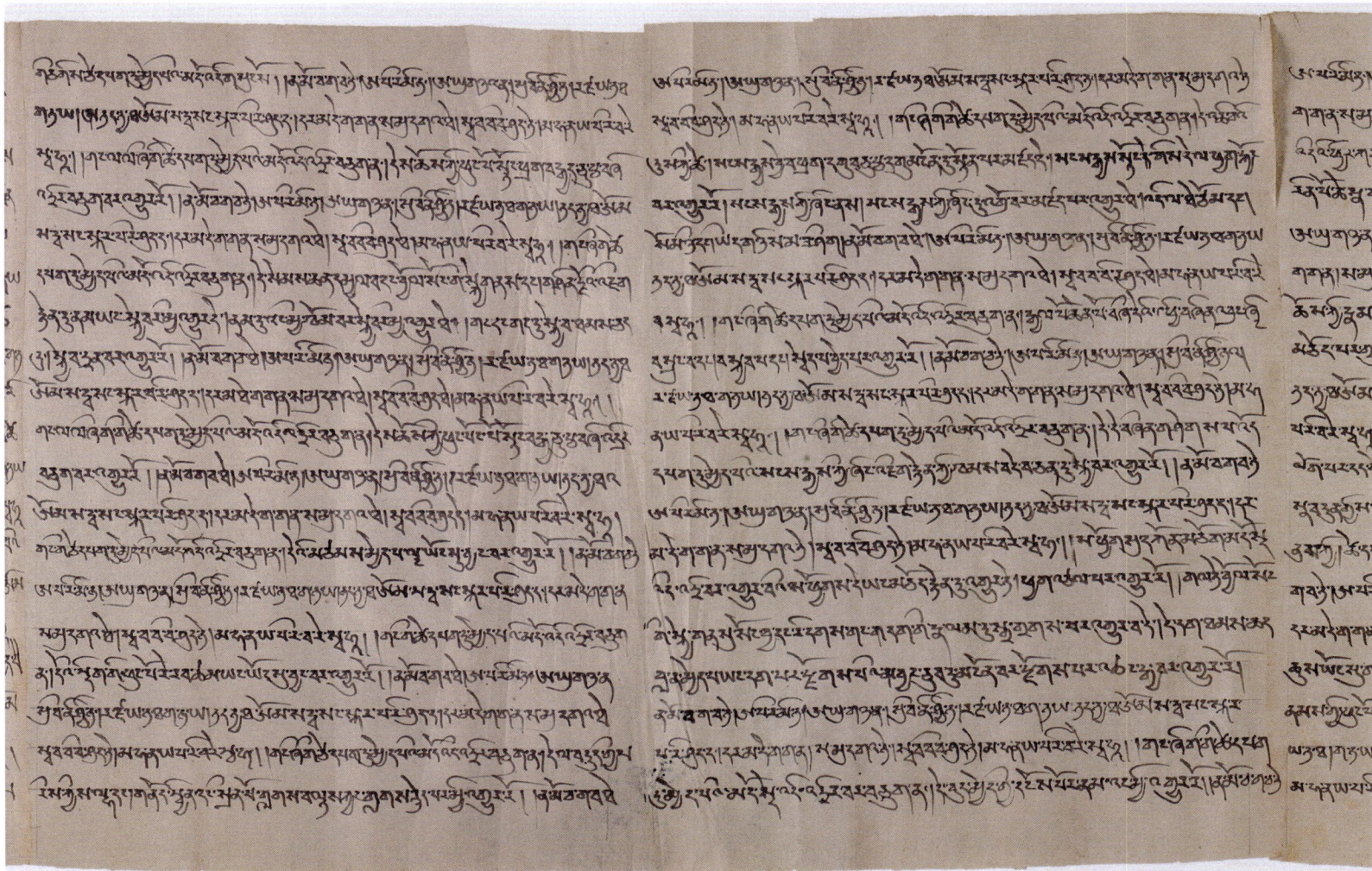

敦博 Db.t.0086 ཚེ་དཔག་དུ་མྱེད་པ་ཞེས་བྱ་བ་ཐེག་པ་ཆེན་པོ་འི་མདོ།།

大乘無量壽宗要經 （15—2）

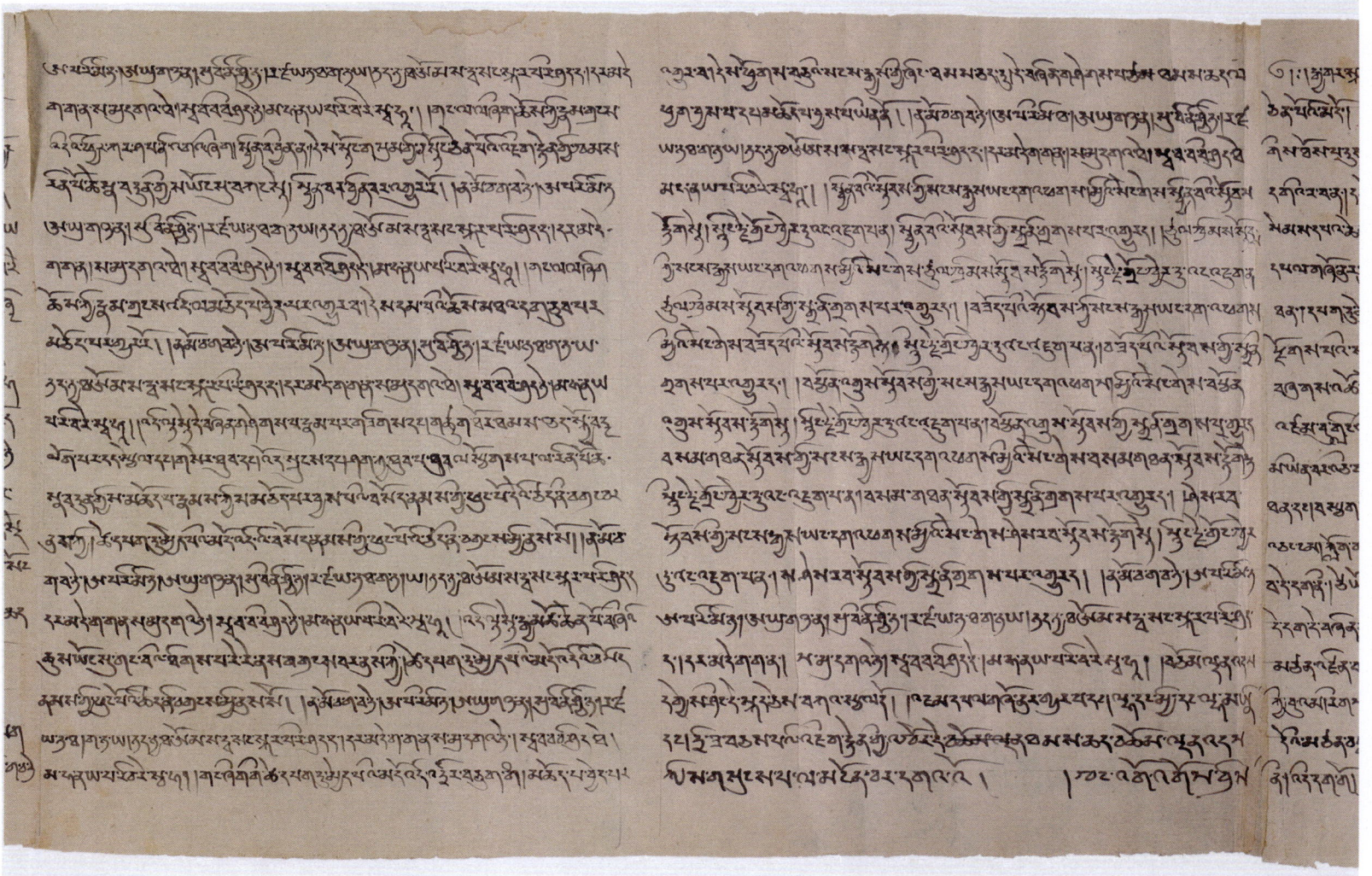

敦博 Db.t.0086 ཚེ་དཔག་དུ་མྱེད་པ་ཞེས་བྱ་བ་ཐེག་པ་ཆེན་པོ་འི་མདོ།།
大乘無量壽宗要經 （15—3）

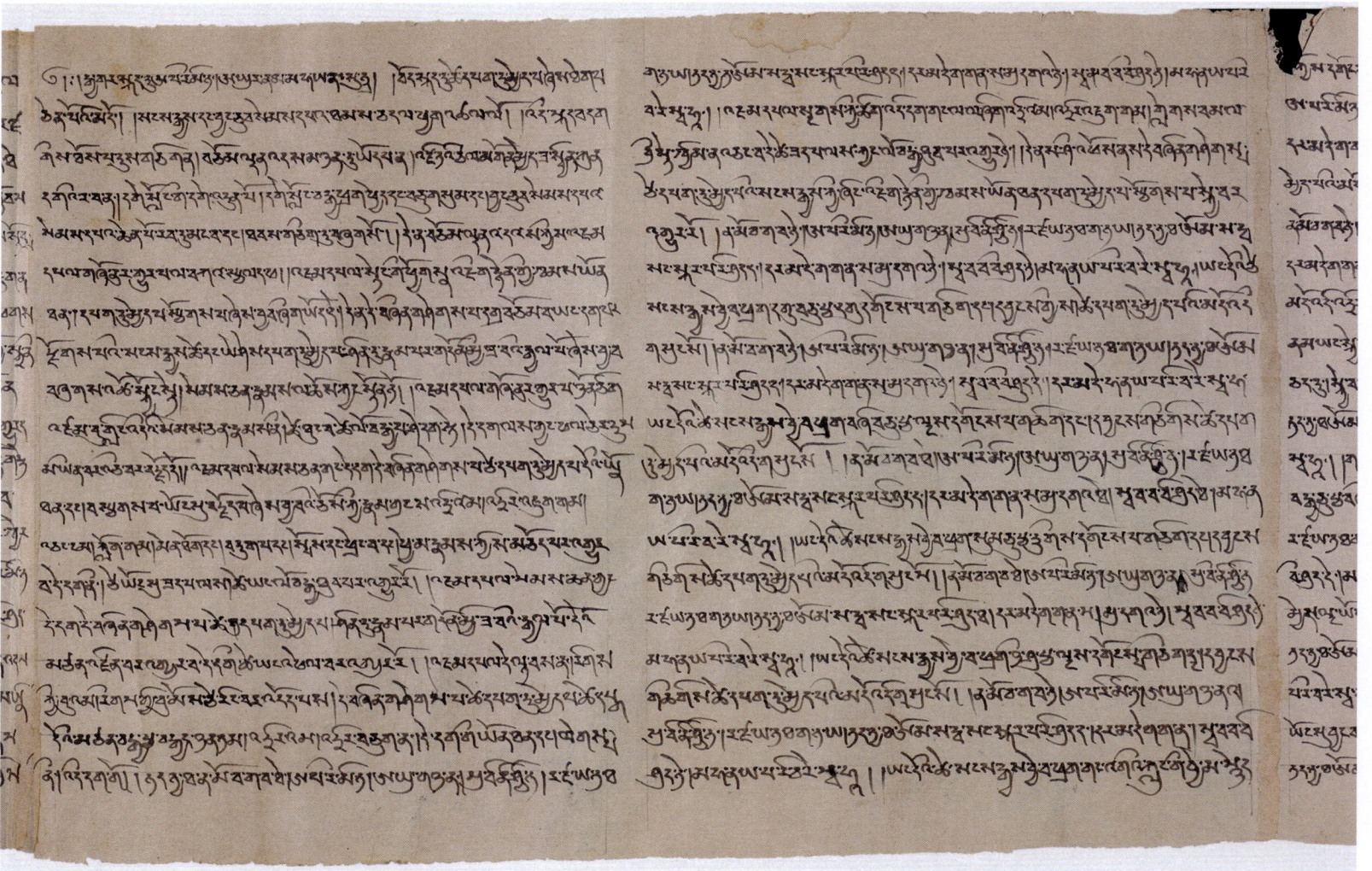

敦博 Db.t.0086 ཚེ་དཔག་དུ་མྱེད་པ་ཞེས་བྱ་བ་ཐེག་པ་ཆེན་པོ་འི་མདོ།།
大乘無量壽宗要經 （15—4）

敦博 Db.t.0086 ཚེ་དཔག་དུ་མྱེད་པ་ཞེས་བྱ་བ་ཐེག་པ་ཆེན་པོའི་མདོ།།
大乘無量壽宗要經 （15—5）

敦博 Db.t.0086 ཚེ་དཔག་དུ་མྱེད་པ་ཞེས་བྱ་བ་ཐེག་པ་ཆེན་པོའི་མདོ།།
大乘無量壽宗要經 （15—6）

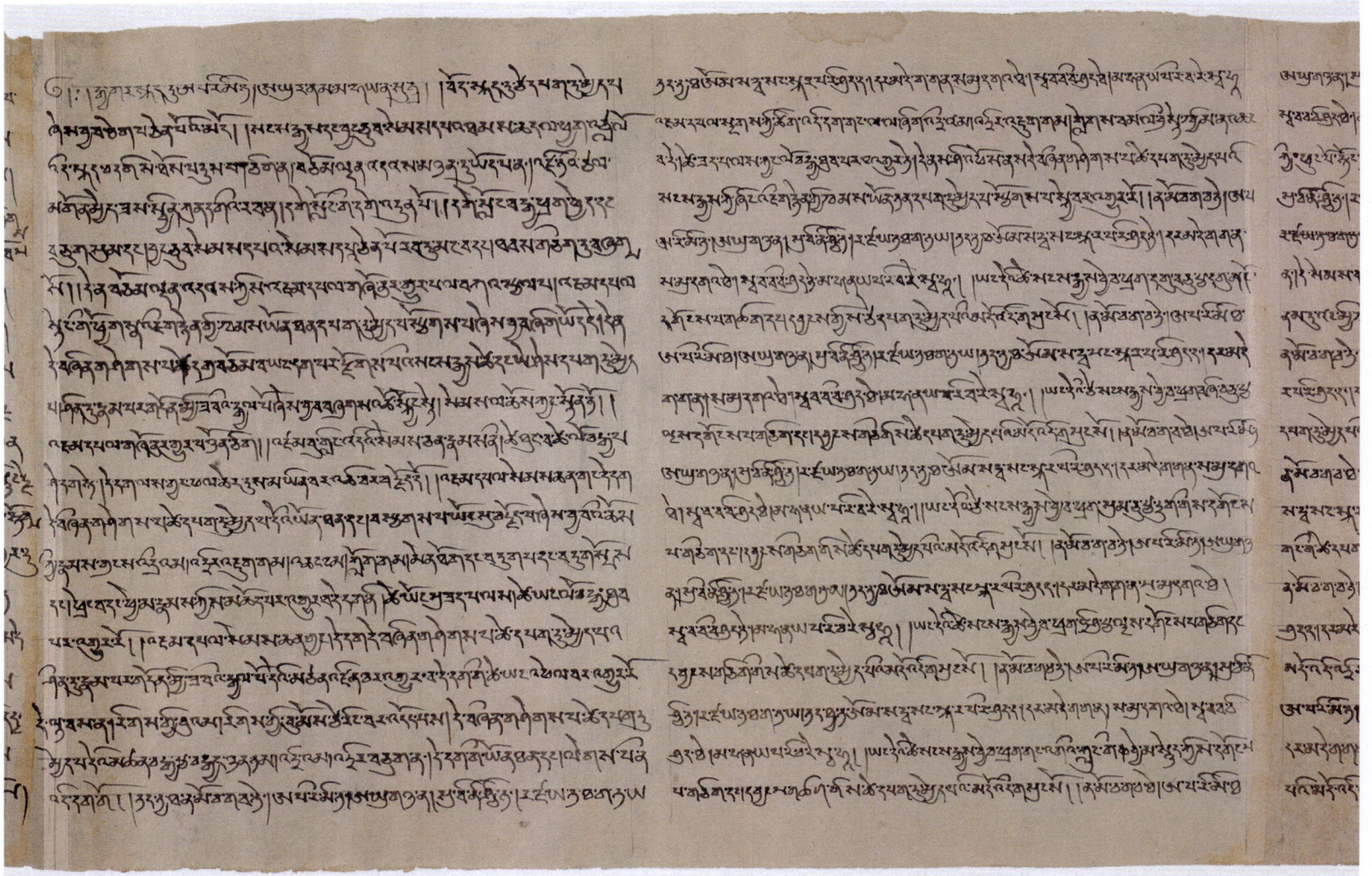

敦博 Db.t.0086 ཚེ་དཔག་དུ་མྱེད་པ་ཞེས་བྱ་བ་ཐེག་པ་ཆེན་པོའི་མདོ།།
大乘無量壽宗要經 （15—7）

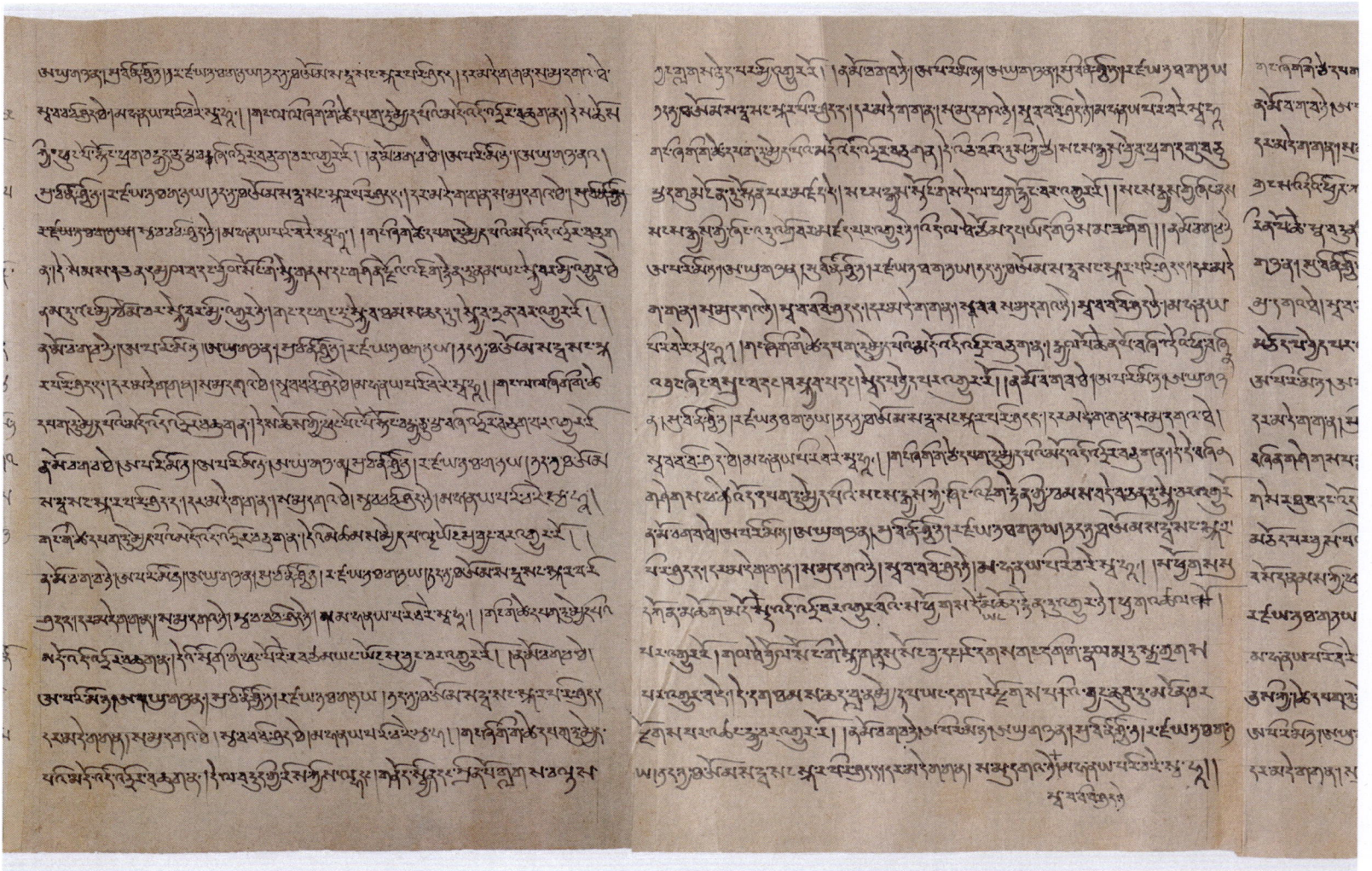

敦博 Db.t.0086 ཚེ་དཔག་དུ་མྱེད་པ་ཞེས་བྱ་བ་ཐེག་པ་ཆེན་པོའི་མདོ།།
大乘無量壽宗要經 （15—8）

敦博 Db.t.0086 ཚེ་དཔག་དུ་མྱེད་པ་ཞེས་བྱ་བ་ཐེག་པ་ཆེན་པོའི་མདོ།།
大乘無量壽宗要經 （15—9）

敦博 Db.t.0086 ཚེ་དཔག་དུ་མྱེད་པ་ཞེས་བྱ་བ་ཐེག་པ་ཆེན་པོའི་མདོ།།
大乘無量壽宗要經 （15—10）

敦博 Db.t.0086 ཚེ་དཔག་དུ་མྱེད་པ་ཞེས་བྱ་བ་ཐེག་པ་ཆེན་པོའི་མདོ།།

大乘無量壽宗要經 （15—11）

敦博 Db.t.0086 ཚེ་དཔག་དུ་མྱེད་པ་ཞེས་བྱ་བ་ཐེག་པ་ཆེན་པོའི་མདོ།།

大乘無量壽宗要經 （15—12）

敦博 Db.t.0086 ཚེ་དཔག་ཏུ་མྱེད་པའ་ཞེས་བྱ་བ་ཐེག་པ་ཆེན་པོའི་མདོ།།
大乘無量壽宗要經 （15—13）

敦博 Db.t.0086 ཚེ་དཔག་ཏུ་མྱེད་པའ་ཞེས་བྱ་བ་ཐེག་པ་ཆེན་པོའི་མདོ།།
大乘無量壽宗要經 （15—14）

敦博 Db.t.0086 ཚེ་དཔག་ཏུ་མྱེད་པའ་ཞེས་བྱ་བ་ཐེག་པ་ཅེན་པོའི་མདོ།།

大乘無量壽宗要經 （15—15）

敦博 Db.t.0087 ཚེ་དཔག་ཏུ་མྱེད་པ་ཞེས་བྱ་བ་ཐེག་པ་ཅེན་པོའི་མདོ།།

大乘無量壽宗要經 （6—1）

敦博 Db.t.0087 ཚེ་དཔག་དུ་མྱེད་པ་ཞེས་བྱ་བ་ཐེག་པ་ཆེན་པོའི་མདོ།།
大乘無量壽宗要經 （6—2）

敦博 Db.t.0087 ཚེ་དཔག་དུ་མྱེད་པ་ཞེས་བྱ་བ་ཐེག་པ་ཆེན་པོའི་མདོ།།
大乘無量壽宗要經 （6—3）

敦博 Db.t.0087 ཚེ་དཔག་དུ་མྱེད་པ་ཞེས་བྱ་བ་ཐེག་པ་ཆེན་པོའི་མདོ།།
大乘無量壽宗要經 （6—4）

敦博 Db.t.0087 ཚེ་དཔག་དུ་མྱེད་པ་ཞེས་བྱ་བ་ཐེག་པ་ཆེན་པོའི་མདོ།།
大乘無量壽宗要經 （6—5）

敦博 Db.t.0087 ཚེ་དཔག་དུ་མྱེད་པ་ཞེས་བྱ་བ་ཐེག་པ་ཆེན་པོའི་མདོ།།
大乘無量壽宗要經 （6—6）

敦博 Db.t.0088 ཚེ་དཔག་དུ་མྱེད་པ་ཞེས་བྱ་བ་ཐེག་པ་ཆེན་པོའི་མདོ།།
大乘無量壽宗要經 （9—1）

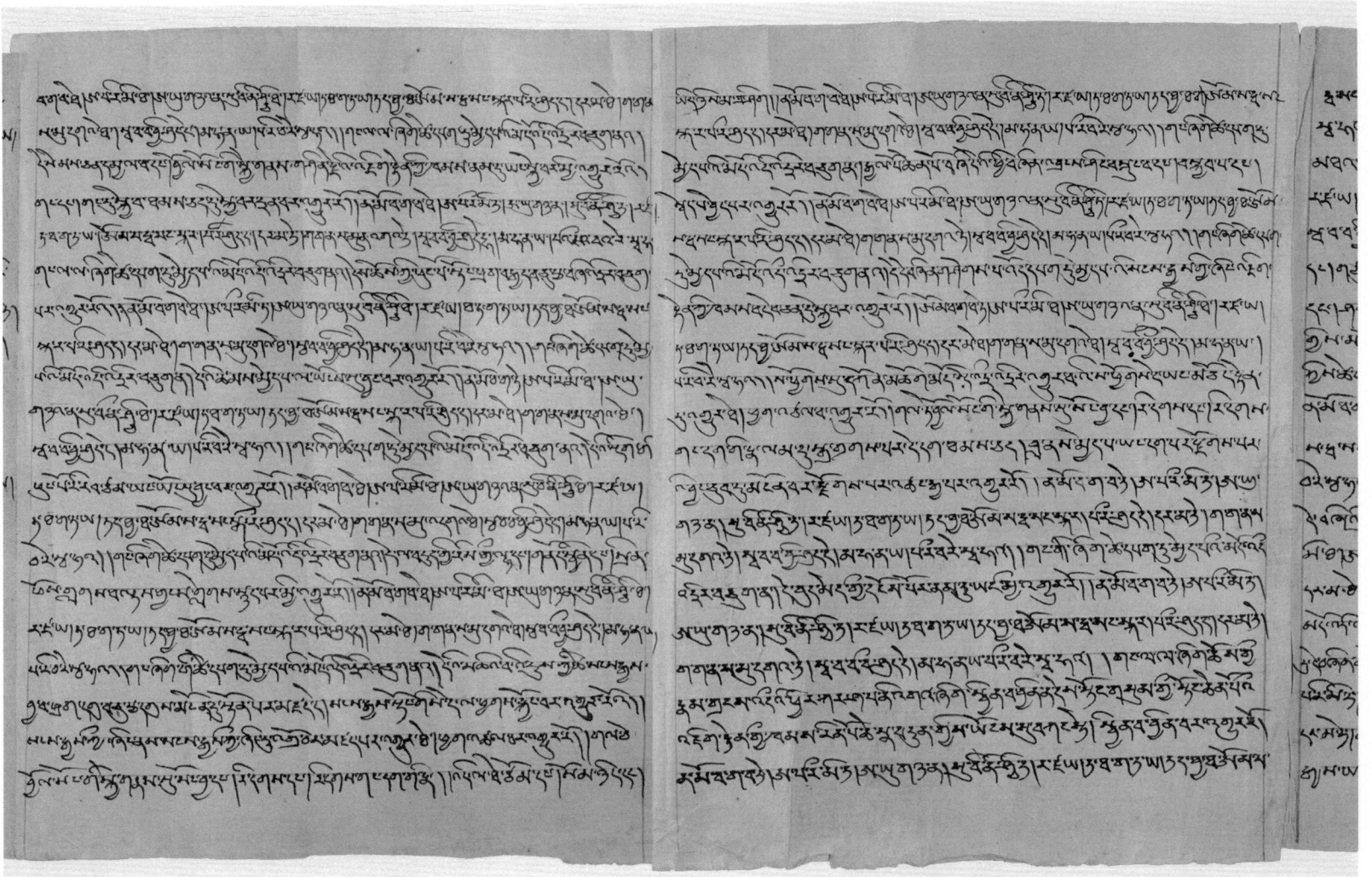

敦博 Db.t.0088 ཚེ་དཔག་དུ་མྱེད་པ་ཞེས་བྱ་བ་ཐེག་པ་ཆེན་པོ་འི་མདོ།།
大乘無量壽宗要經 （9—2）

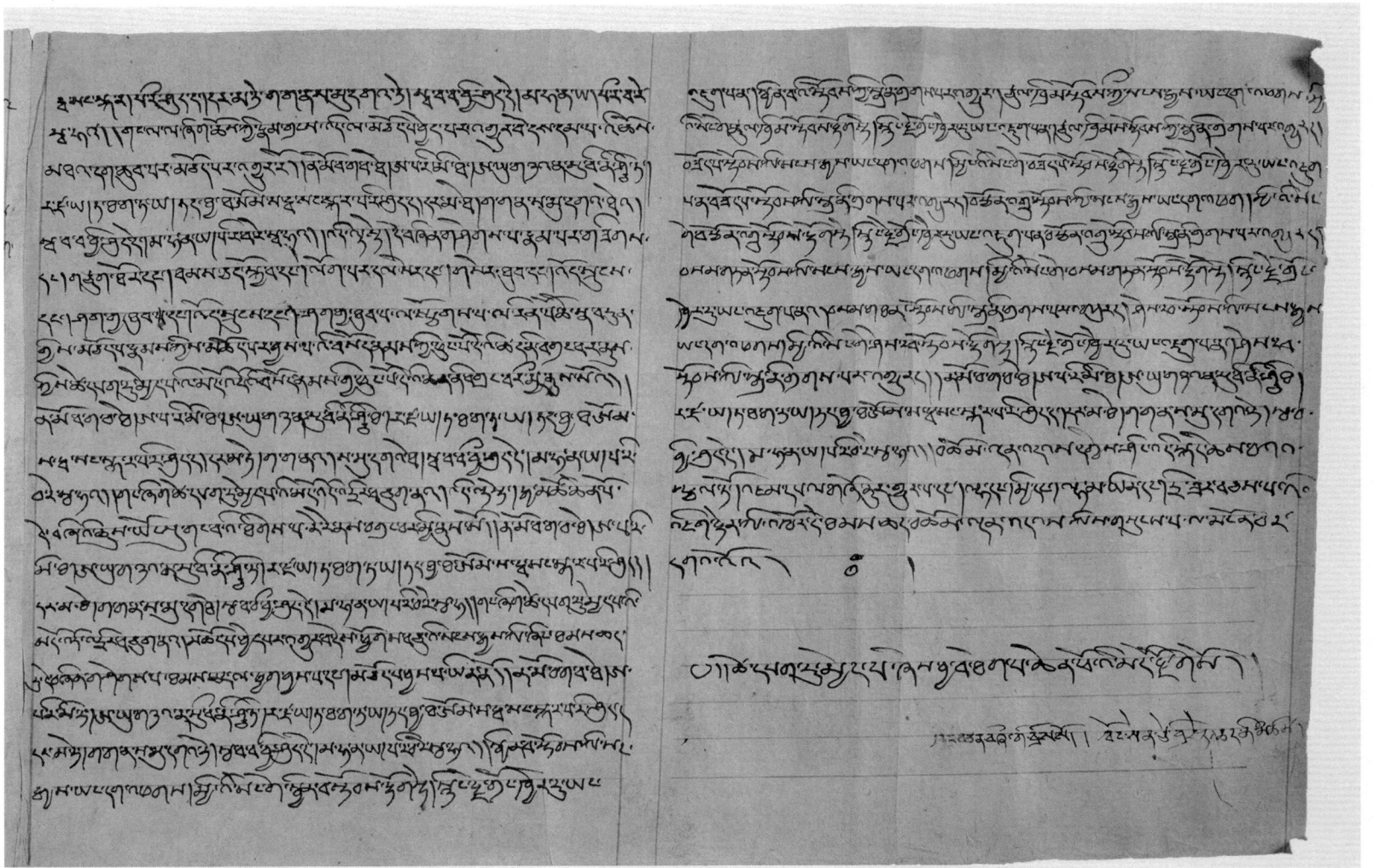

敦博 Db.t.0088 ཚེ་དཔག་དུ་མྱེད་པ་ཞེས་བྱ་བ་ཐེག་པ་ཆེན་པོ་འི་མདོ།།
大乘無量壽宗要經 （9—3）

敦博 Db.t.0088 ཚེ་དཔག་དུ་མྱེད་པ་ཞེས་བྱ་བ་ཐེག་པ་ཆེན་པོའི་མདོ།།
大乘無量壽宗要經 （9—4）

敦博 Db.t.0088 ཚེ་དཔག་དུ་མྱེད་པ་ཞེས་བྱ་བ་ཐེག་པ་ཆེན་པོའི་མདོ།།
大乘無量壽宗要經 （9—5）

敦博 Db.t.0088 ཚེ་དཔག་དུ་མྱེད་པ་ཞེས་བྱ་བ་ཐེག་པ་ཆེན་པོའི་མདོ།།
大乘無量壽宗要經 （9—6）

敦博 Db.t.0088 ཚེ་དཔག་དུ་མྱེད་པ་ཞེས་བྱ་བ་ཐེག་པ་ཆེན་པོའི་མདོ།།
大乘無量壽宗要經 （9—7）

敦博 Db.t.0088 ཚེ་དཔག་དུ་མྱེད་པ་ཞེས་བྱ་བ་ཐེག་པ་ཆེན་པོའི་མདོ།།

大乘無量壽宗要經 （9—8）

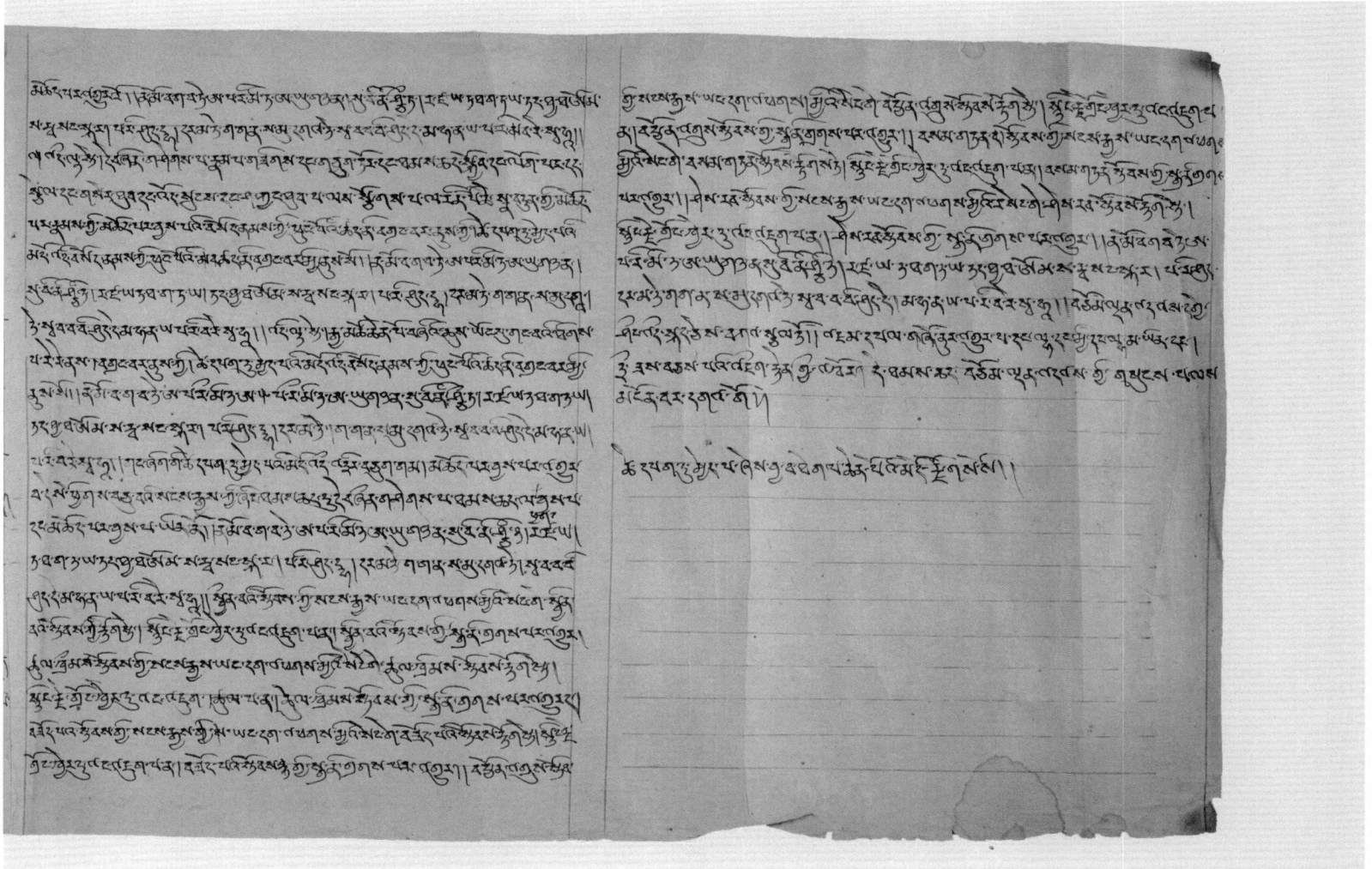

敦博 Db.t.0088 ཚེ་དཔག་དུ་མྱེད་པ་ཞེས་བྱ་བ་ཐེག་པ་ཆེན་པོའི་མདོ།།

大乘無量壽宗要經 （9—9）

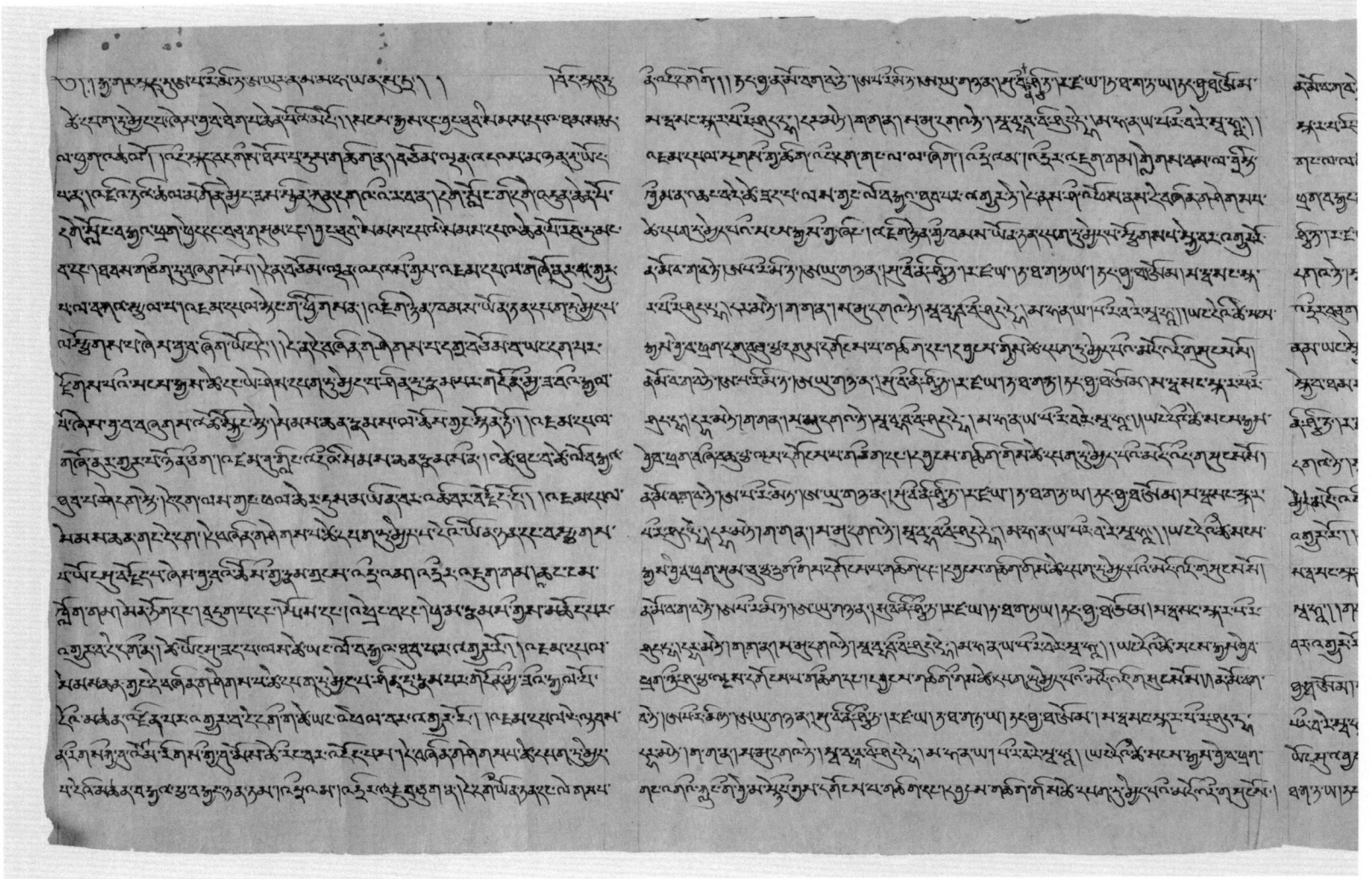

敦博 Db.t.0089 ཚེ་དཔག་དུ་མྱེད་པ་ཞེས་བྱ་བ་ཐེག་པ་ཆེན་པོའི་མདོ།།
大乘無量壽宗要經 （3—1）

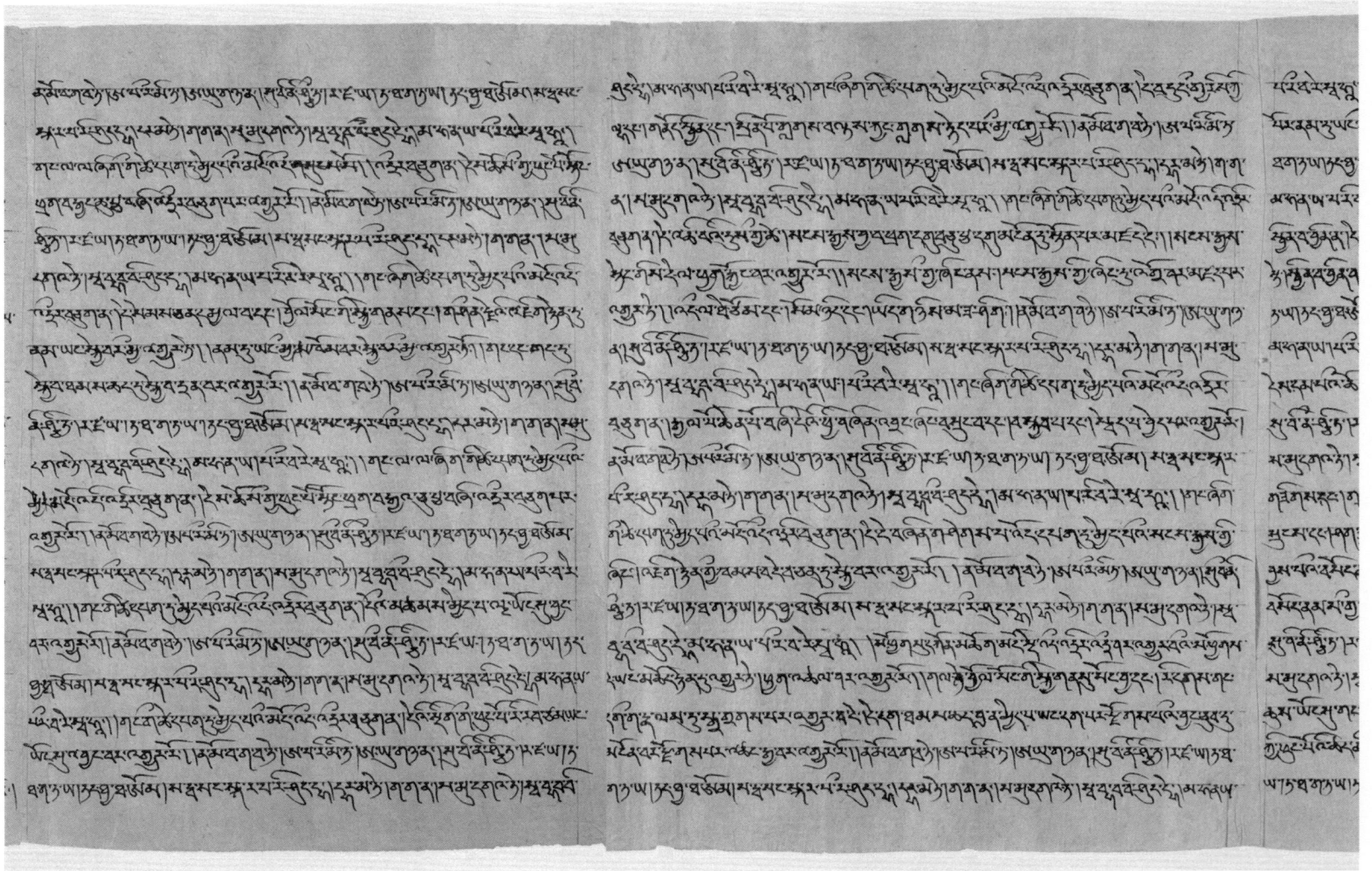

敦博 Db.t.0089 ཚེ་དཔག་དུ་མྱེད་པ་ཞེས་བྱ་བ་ཐེག་པ་ཆེན་པོའི་མདོ།།
大乘無量壽宗要經 （3—2）

敦博 Db.t.0089 ཚེ་དཔག་དུ་མྱེད་པ་ཞེས་བྱ་བ་ཐེག་པ་ཆེན་པོའི་མདོ།།
大乘無量壽宗要經 （3—3）

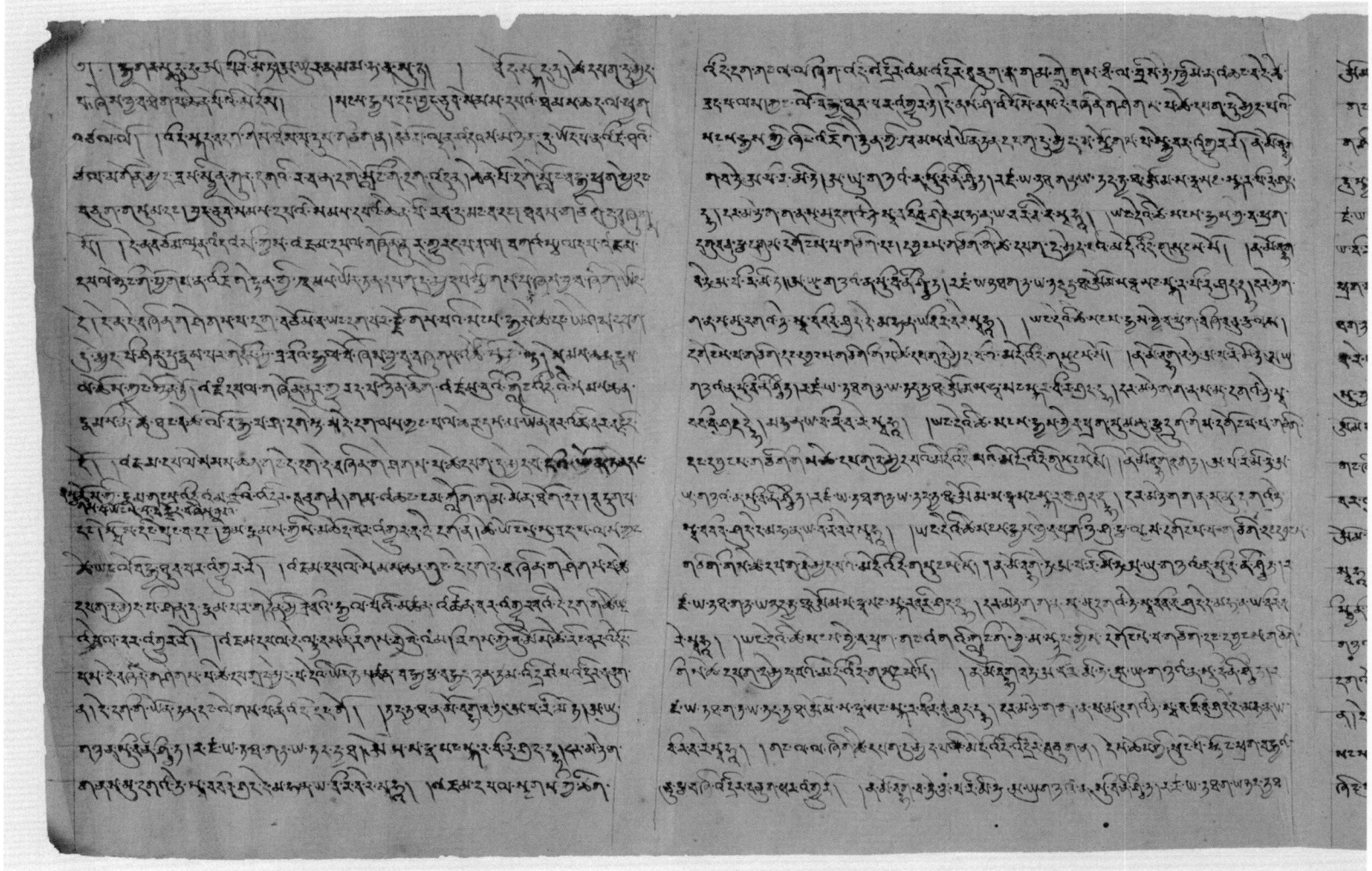

敦博 Db.t.0090 ཚེ་དཔག་དུ་མྱེད་པ་ཞེས་བྱ་བ་ཐེག་པ་ཆེན་པོ་འི་མདོས།།
大乘無量壽宗要經 （3—1）

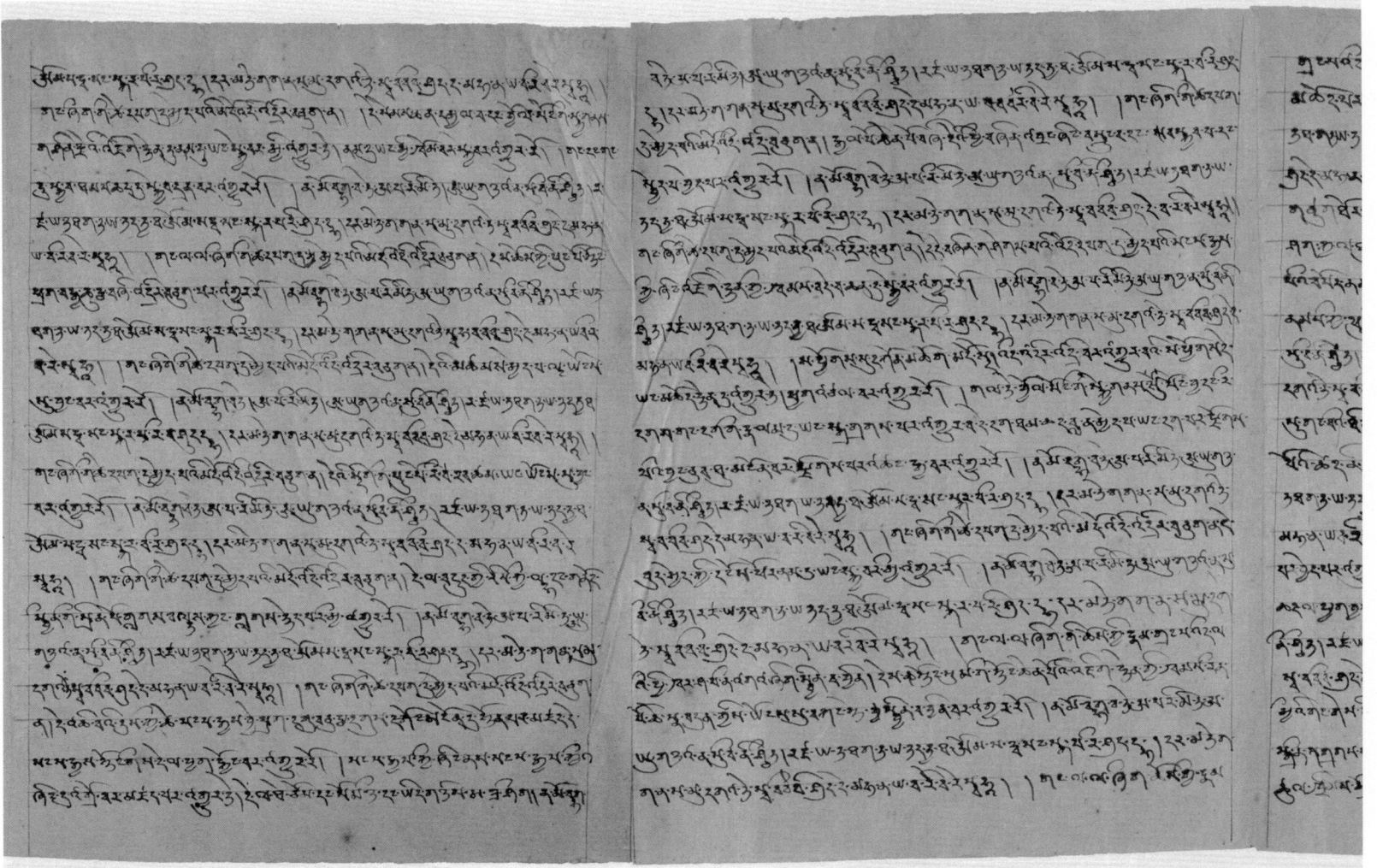

敦博 Db.t.0090 ཚེ་དཔག་དུ་མྱེད་པ་ཞེས་བྱ་བ་ཐེག་པ་ཆེན་པོའི་མདོ།།
大乘無量壽宗要經 （3—2）

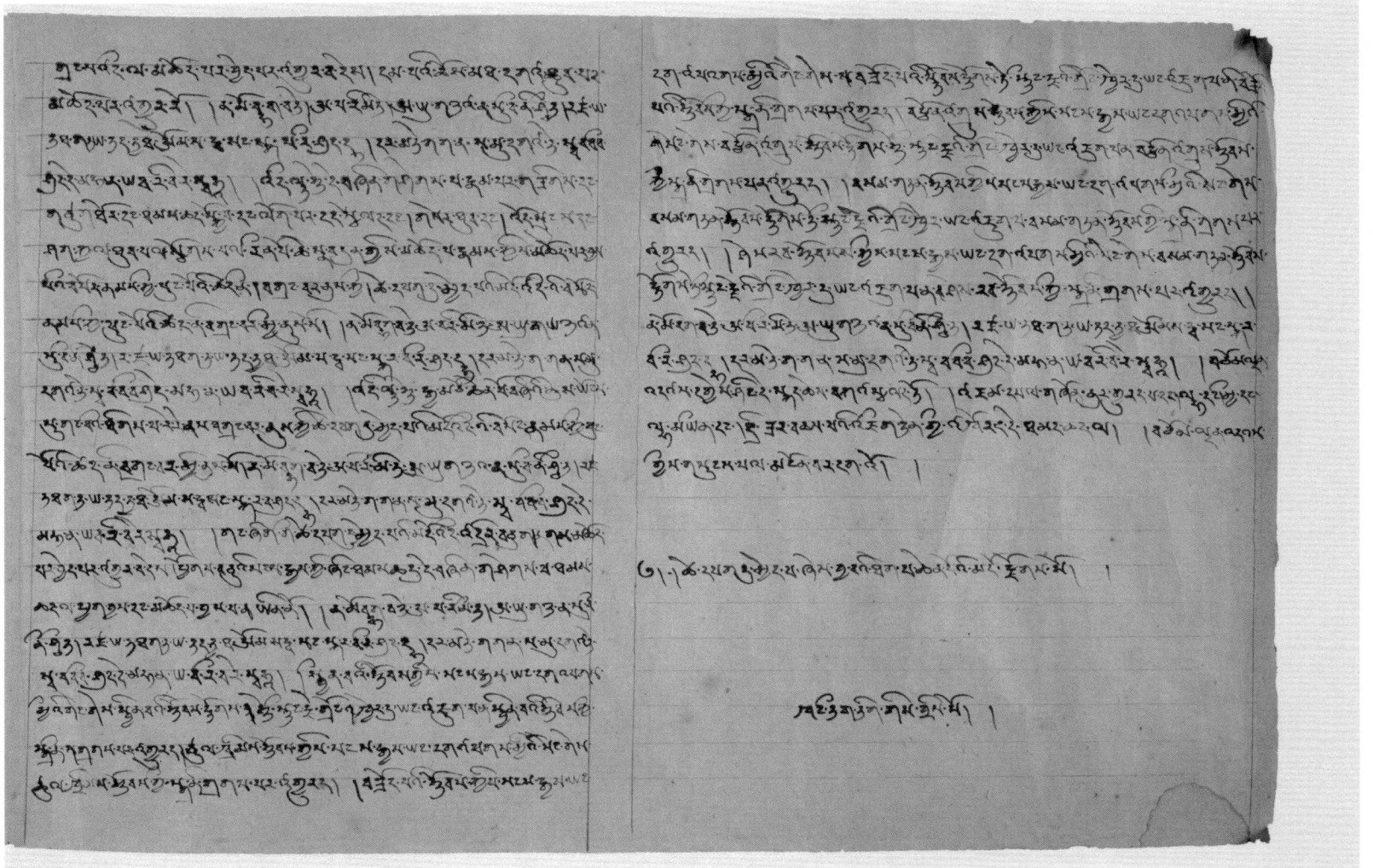

敦博 Db.t.0090 ཚེ་དཔག་དུ་མྱེད་པ་ཞེས་བྱ་བ་ཐེག་པ་ཆེན་པོའི་མདོ།།
大乘無量壽宗要經 （3—3）

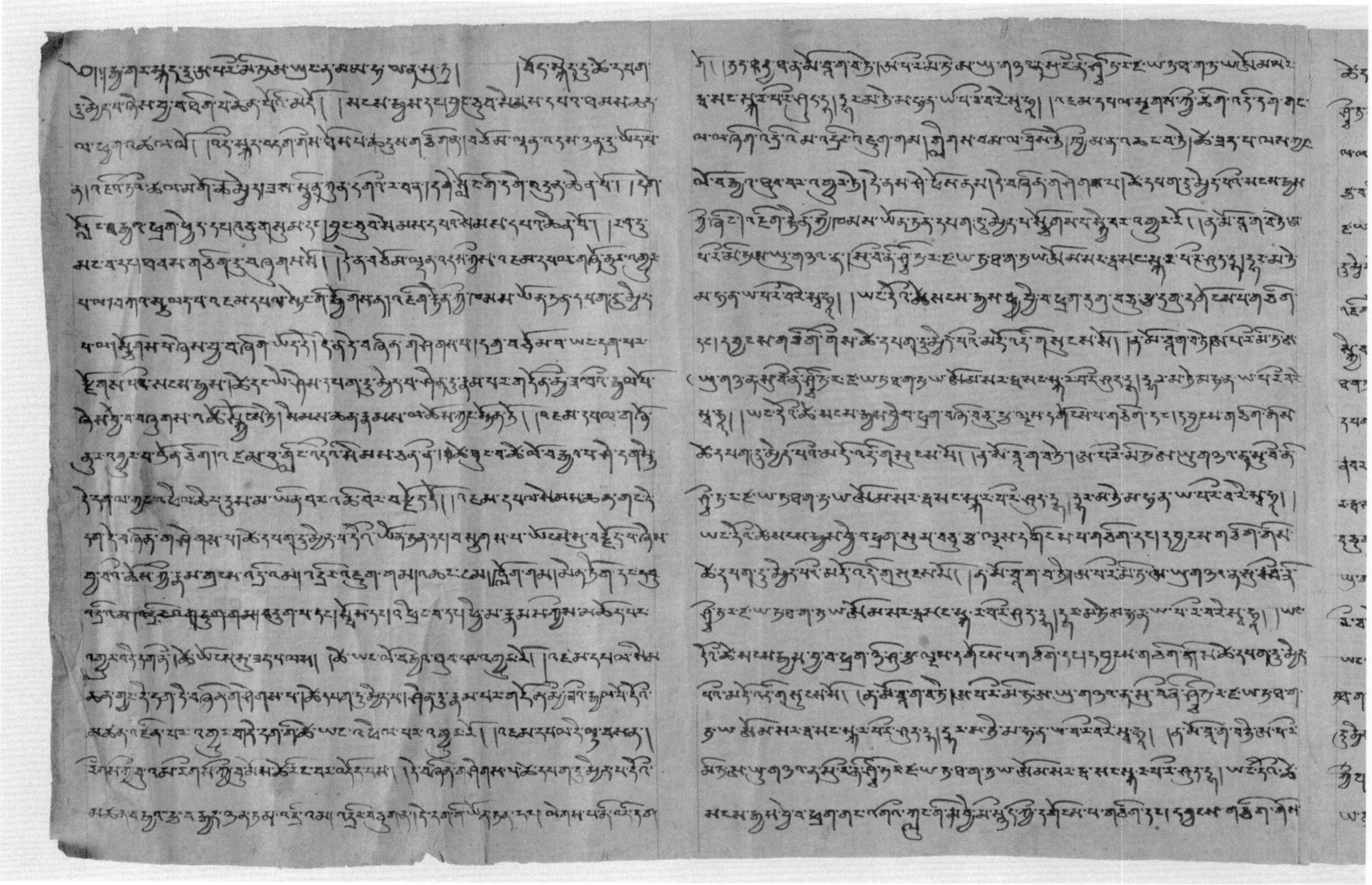

敦博 Db.t.0091 ཚེ་དཔག་ཏུ་མེད་པ་ཞེས་བྱ་བ་ཐེག་པ་ཆེན་པོའི་མདོ།།
大乘無量壽宗要經 （3—1）

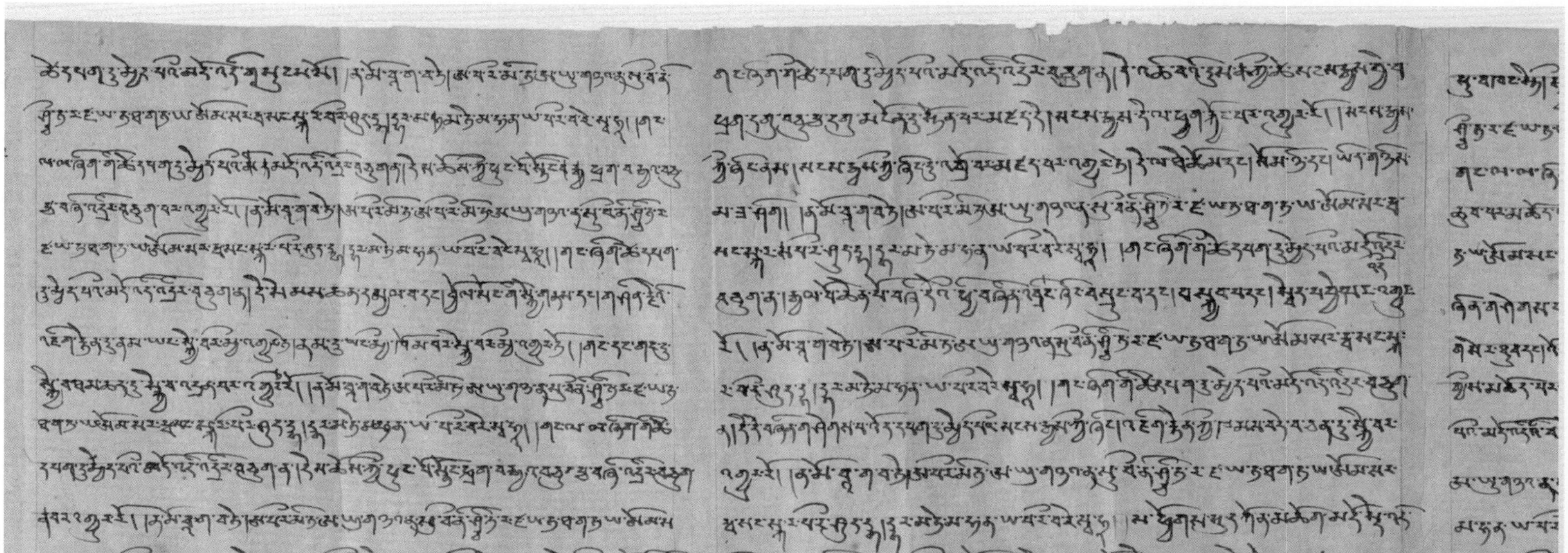

敦博 Db.t.0091 ཚེ་དཔག་ཏུ་མེད་པ་ཞེས་བྱ་བ་ཐེག་པ་ཆེན་པོའི་མདོ།།
大乘無量壽宗要經 （3—2）

敦博 Db.t.0091 ཚེ་དཔག་ཏུ་མྱེད་པ་ཞེས་བྱ་བ་ཐེག་པ་ཆེན་པོའི་མདོ།།
大乘無量壽宗要經 （3—3）

敦博 Db.t.0092 ཚེ་དཔག་ཏུ་མྱེད་པ་ཞེས་བྱ་བ་ཐེག་པ་ཆེན་པོའི་མདོ།།
大乘無量壽宗要經 （6—1）

敦博 Db.t.0092 ཚེ་དཔག་དུ་མེད་པ་ཞེས་བྱ་བ་ཐེག་པ་ཆེན་པོའི་མདོ།།

大乘無量壽宗要經 （6—2）

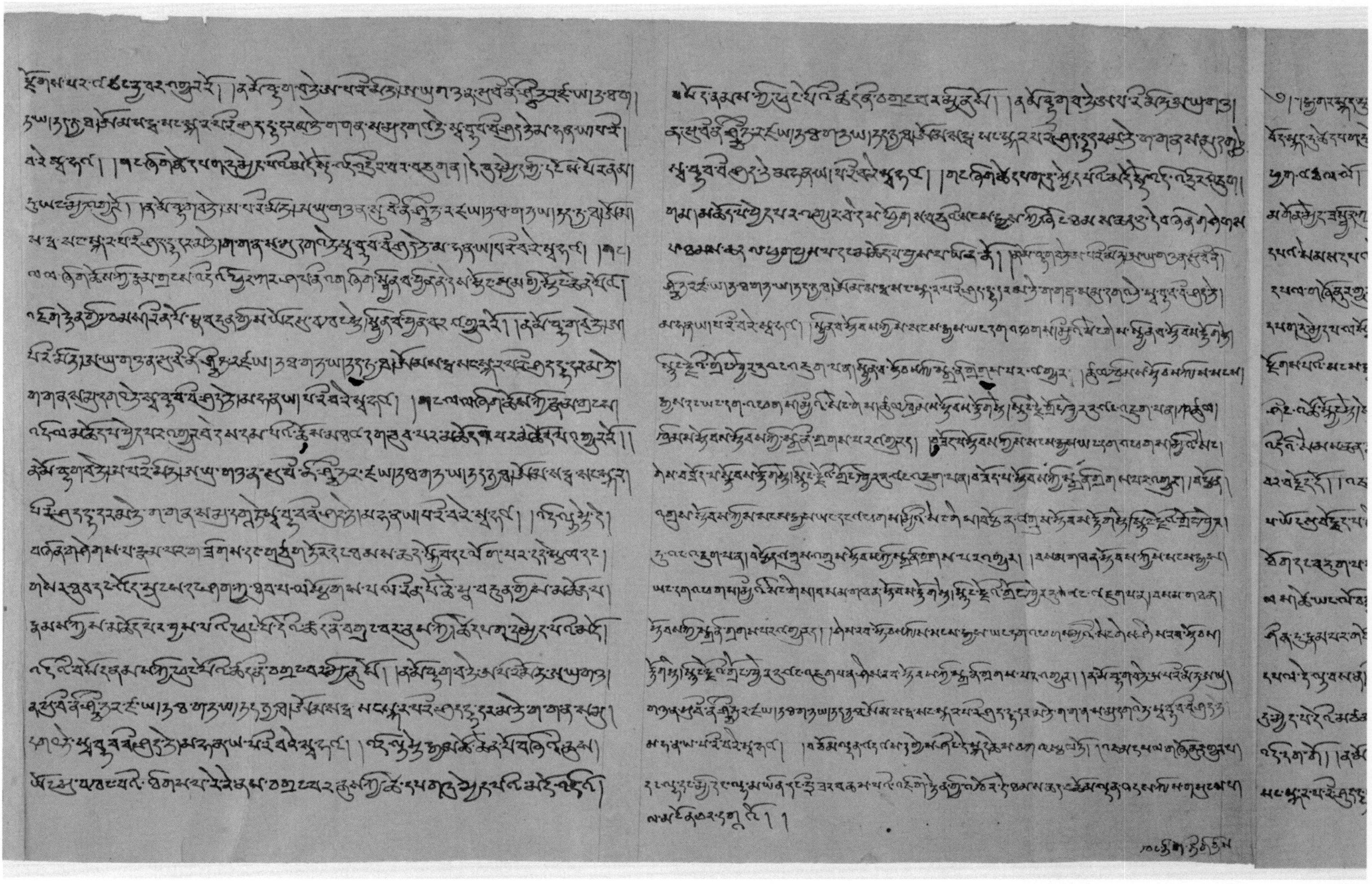

敦博 Db.t.0092 ཚེ་དཔག་དུ་མེད་པ་ཞེས་བྱ་བ་ཐེག་པ་ཆེན་པོའི་མདོ།།

大乘無量壽宗要經 （6—3）

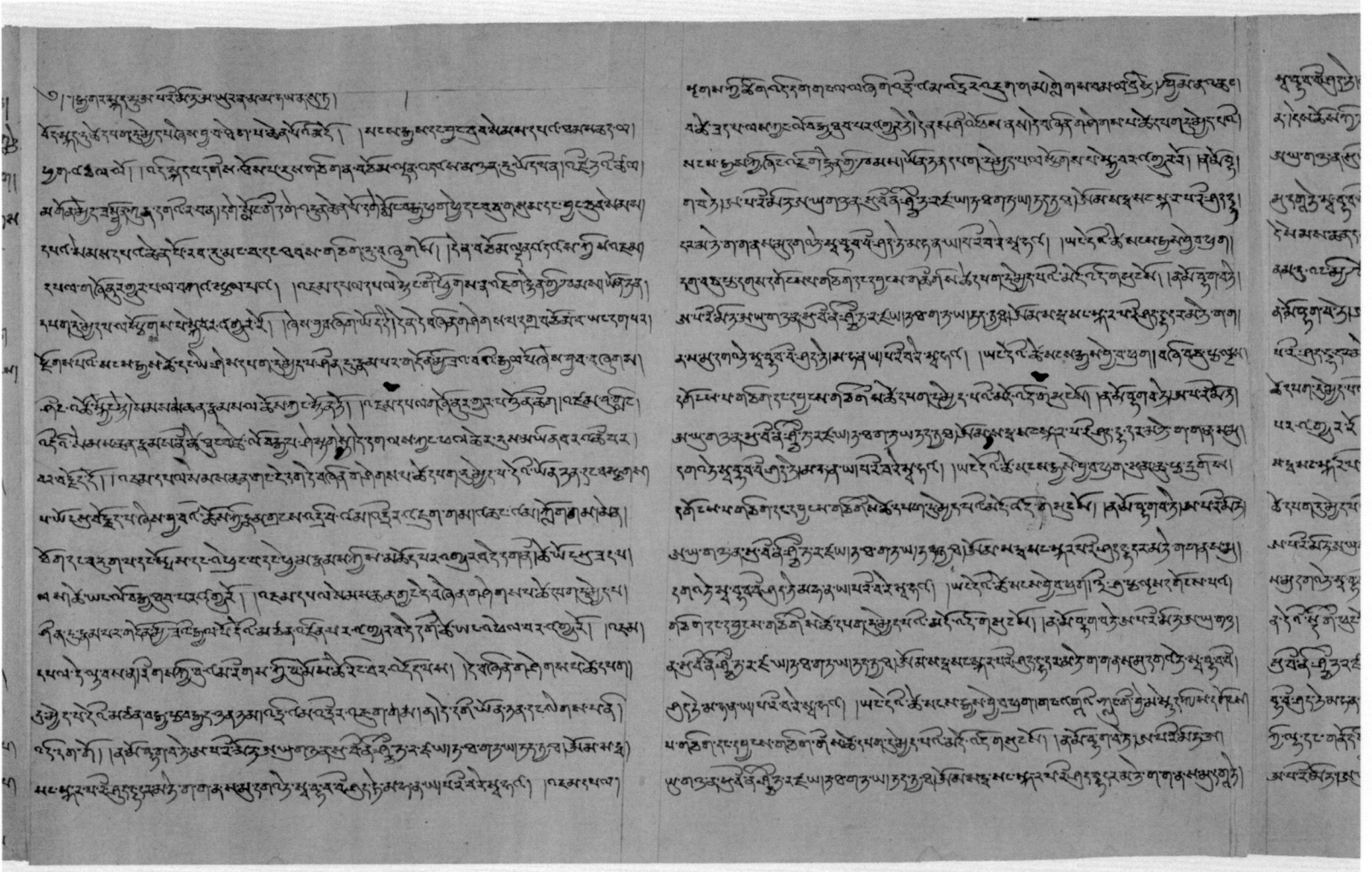

敦博 Db.t.0092 ཚེ་དཔག་དུ་མྱེད་པ་ཞེས་བྱ་བ་ཐེག་པ་ཆེན་པོའི་མདོ།།
大乘無量壽宗要經　（6—4）

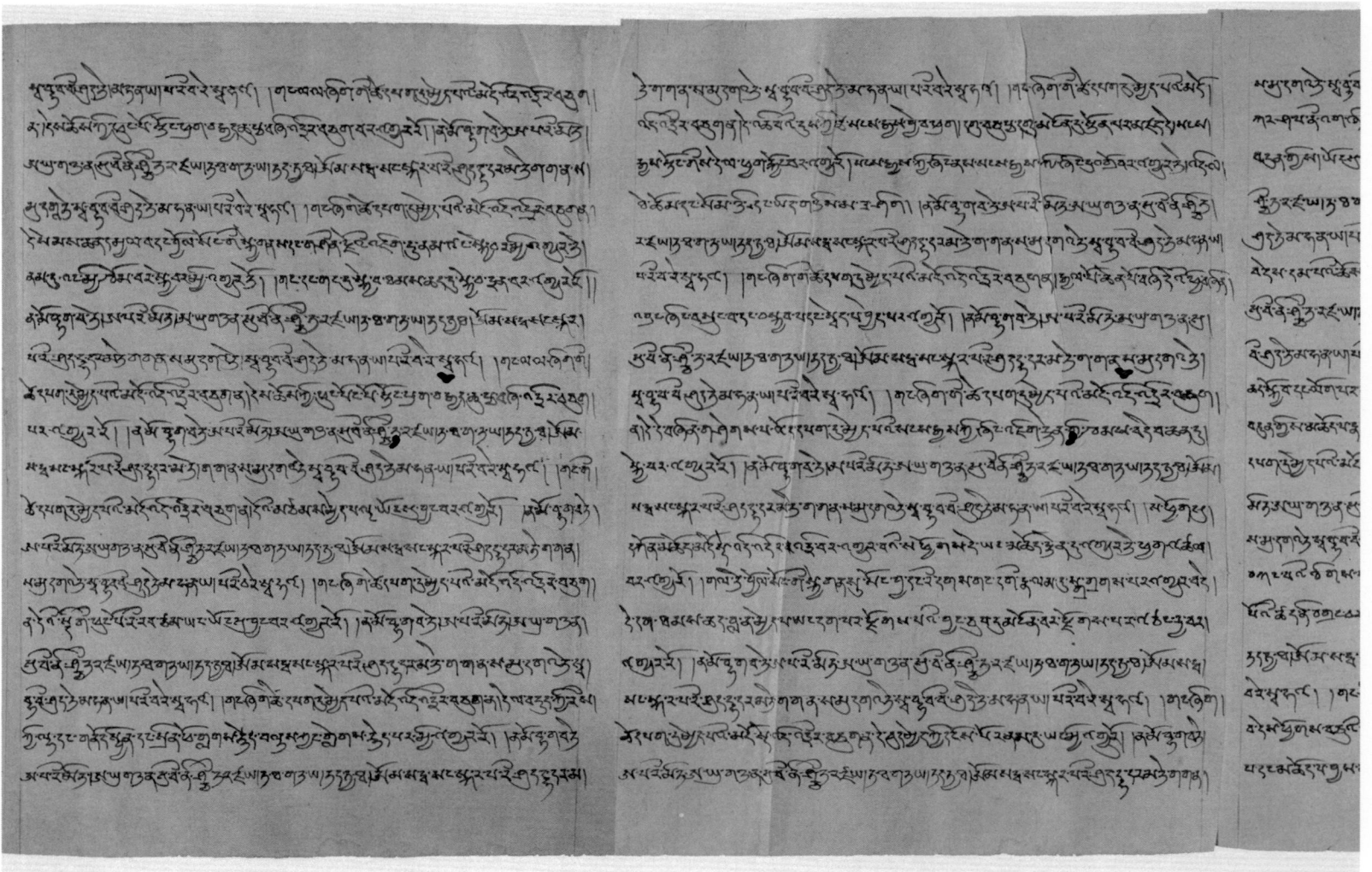

敦博 Db.t.0092 ཚེ་དཔག་དུ་མྱེད་པ་ཞེས་བྱ་བ་ཐེག་པ་ཆེན་པོའི་མདོ།།
大乘無量壽宗要經　（6—5）

敦博 Db.t.0092 ཚེ་དཔག་དུ་མྱེད་པ་ཞེས་བྱ་བ་ཐེག་པ་ཆེན་པོའི་མདོ།།
大乘無量壽宗要經 （6—6）

敦博 Db.t.0093 ཚེ་དཔག་དུ་མྱེད་པ་ཞེས་བྱ་བ་ཐེག་པ་ཆེན་པོའི་མདོ།།
大乘無量壽宗要經 （9—1）

敦博 Db.t.0093 ཚེ་དཔག་དུ་མྱེད་པ་ཞེས་བྱ་བ་ཐེག་པ་ཆེན་པོའི་མདོ།།
大乘無量壽宗要經 （9—2）

敦博 Db.t.0093 ཚེ་དཔག་དུ་མྱེད་པ་ཞེས་བྱ་བ་ཐེག་པ་ཆེན་པོའི་མདོ།།
大乘無量壽宗要經 （9—3）

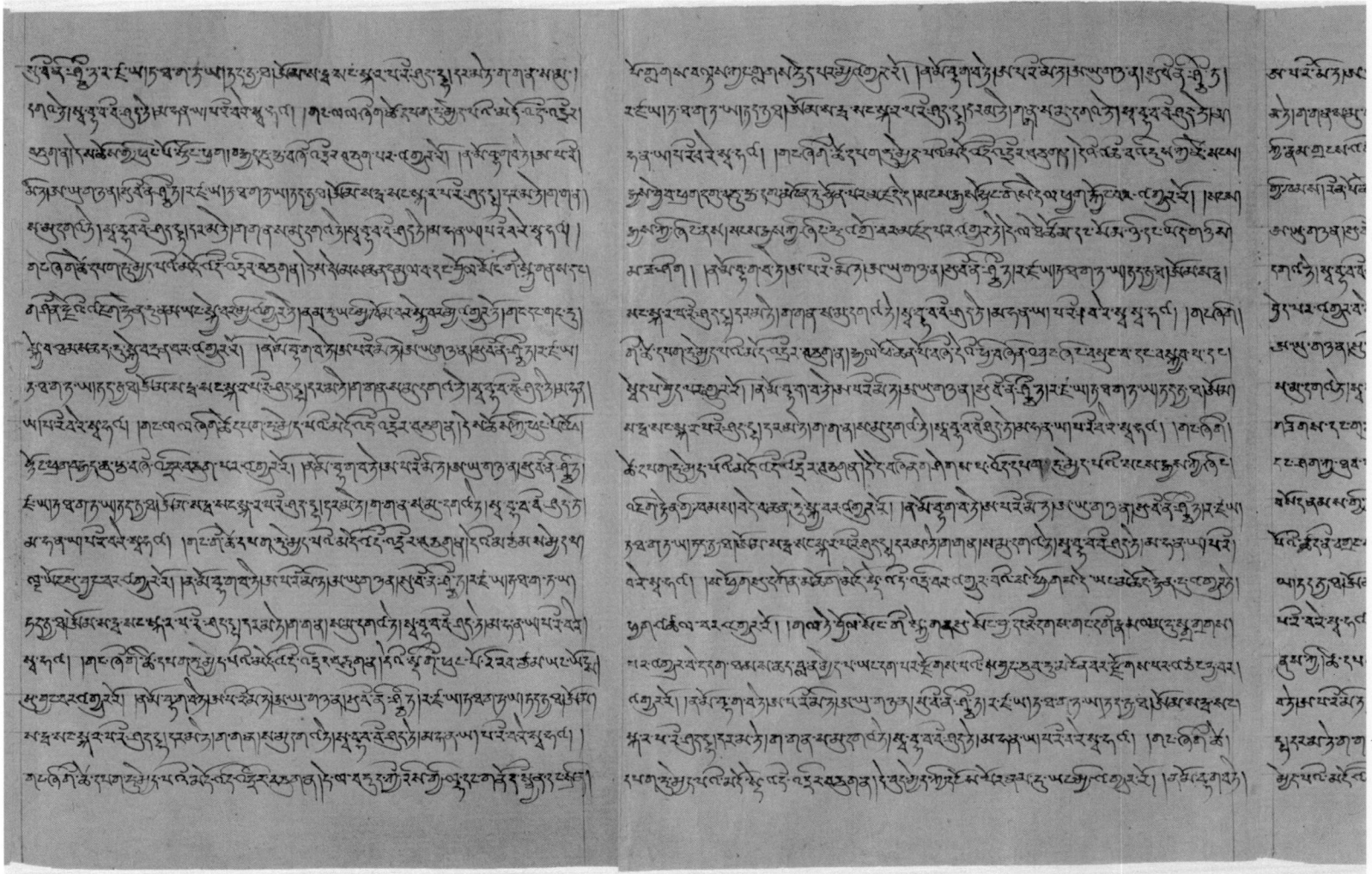

敦博 Db.t.0093 ཚེ་དཔག་དུ་མྱེད་པ་ཞེས་བྱ་བ་ཐེག་པ་ཆེན་པོའི་མདོ།།
大乘無量壽宗要經 （9—4）

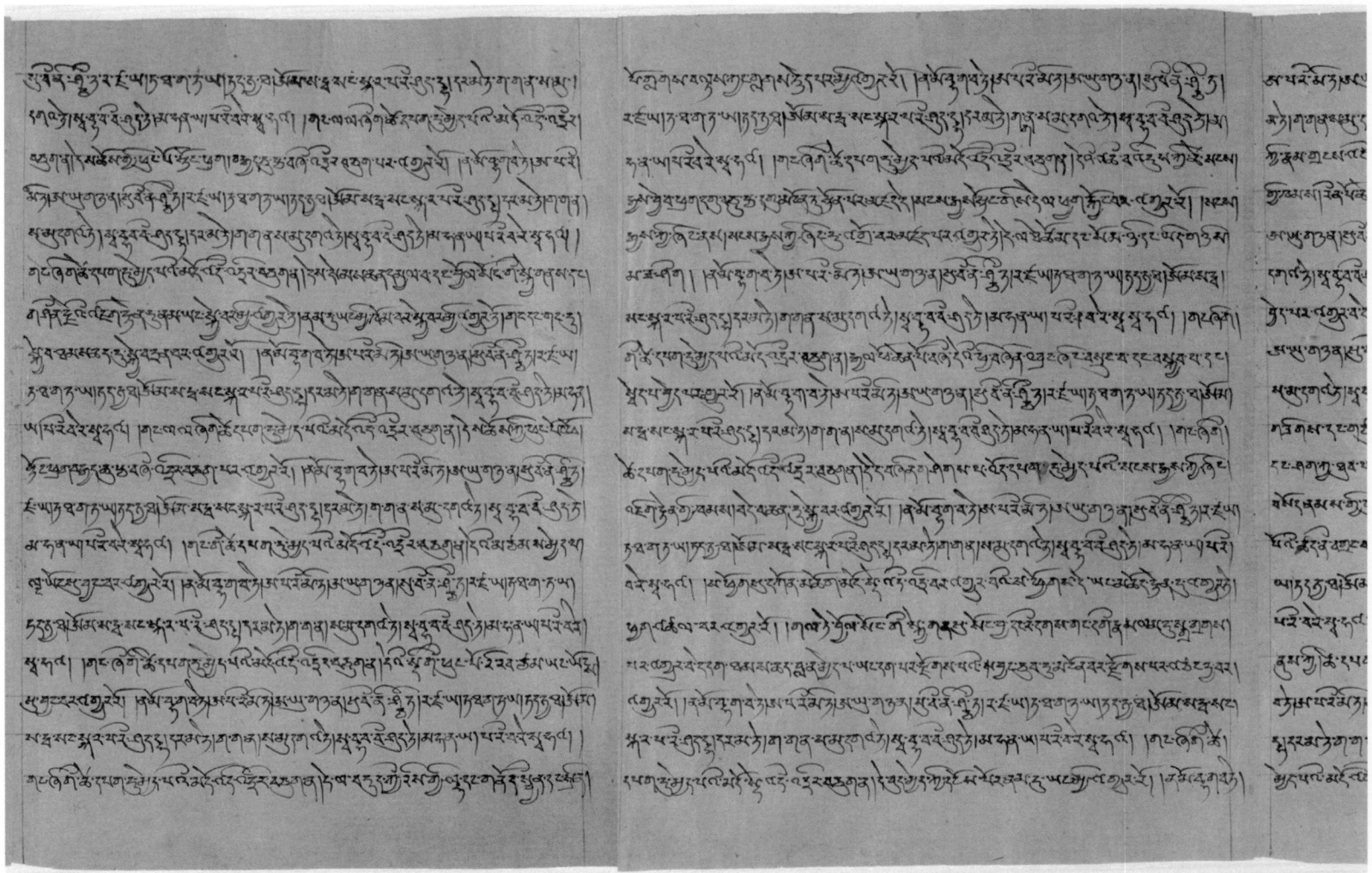

敦博 Db.t.0093 ཚེ་དཔག་དུ་མྱེད་པ་ཞེས་བྱ་བ་ཐེག་པ་ཆེན་པོའི་མདོ།།
大乘無量壽宗要經 （9—5）

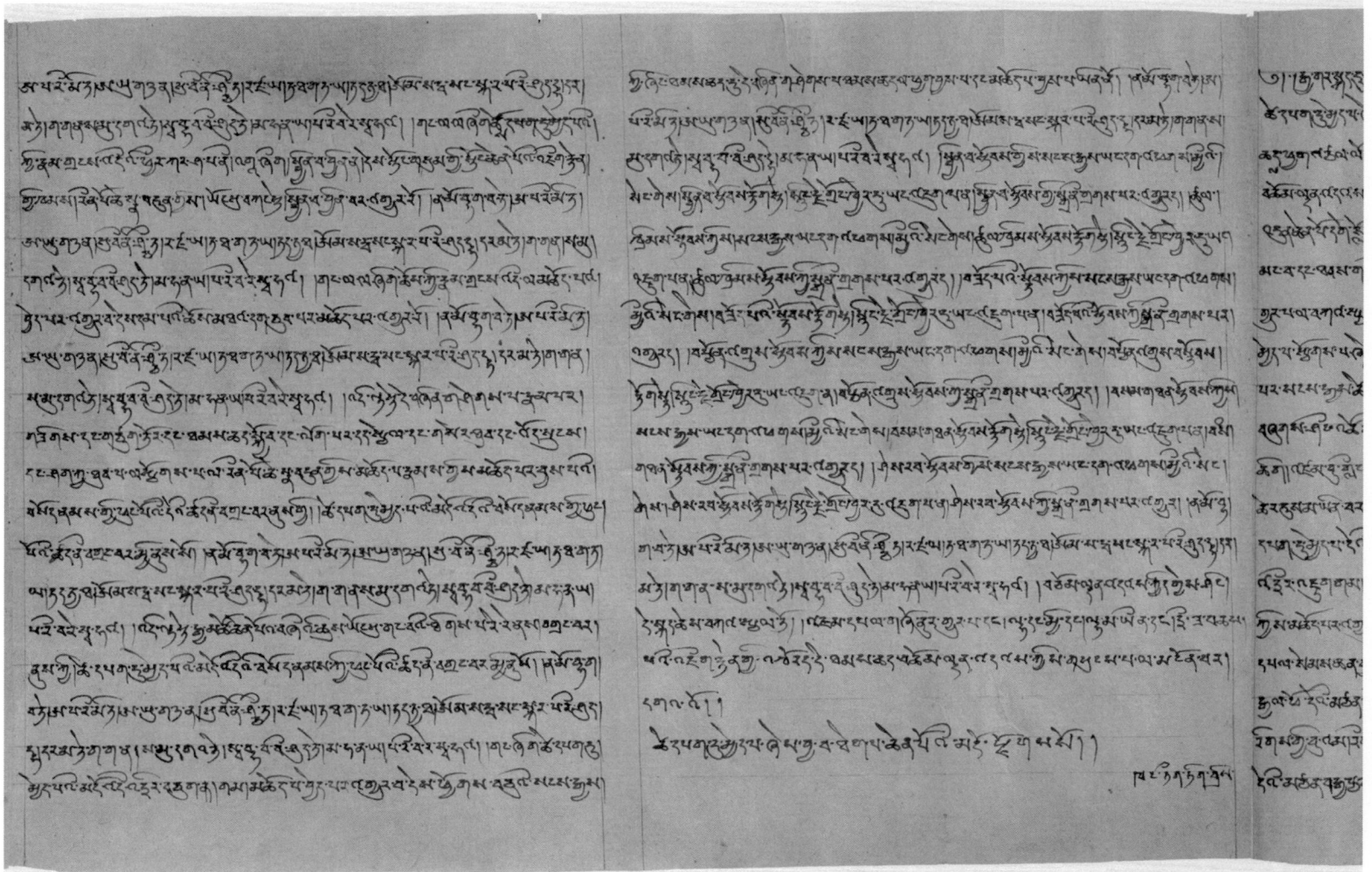

敦博 Db.t.0093 ཚེ་དཔག་དུ་མྱེད་པ་ཞེས་བྱ་བ་ཐེག་པ་ཆེན་པོའི་མདོ།།
大乘無量壽宗要經 （9—6）

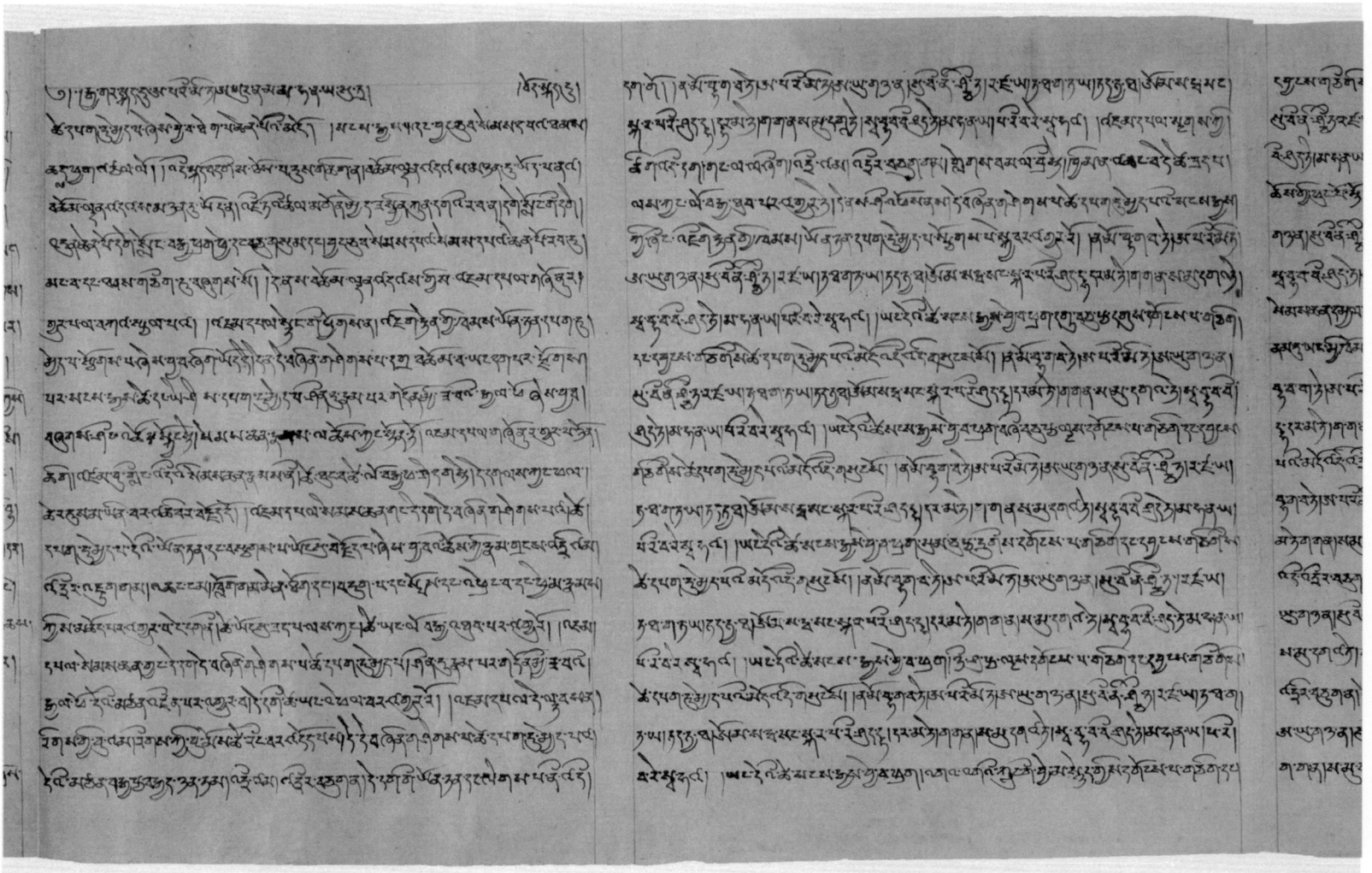

敦博 Db.t.0093 ཚེ་དཔག་དུ་མྱེད་པ་ཞེས་བྱ་བ་ཐེག་པ་ཆེན་པོའི་མདོ།།
大乘無量壽宗要經 （9—7）

敦博 Db.t.0093 ཚེ་དཔག་དུ་མྱེད་པ་ཞེས་བྱ་བ་ཐེག་པ་ཆེན་པོའི་མདོ།།

大乘無量壽宗要經 （9—8）

敦博 Db.t.0093 ཚེ་དཔག་དུ་མྱེད་པ་ཞེས་བྱ་བ་ཐེག་པ་ཆེན་པོའི་མདོ།།

大乘無量壽宗要經 （9—9）

敦博 Db.t.0094 ཚེ་དཔག་དུ་མྱེད་པ་ཞེས་བྱ་བ་ཐེག་པ་ཆེན་པོའི་མདོ།།

大乘無量壽宗要經 （18—1）

敦博 Db.t.0094 ཚེ་དཔག་དུ་མྱེད་པ་ཞེས་བྱ་བ་ཐེག་པ་ཆེན་པོའི་མདོ།།

大乘無量壽宗要經 （18—2）

敦博 Db.t.0094　ཚེ་དཔག་དུ་མྱེད་པ་ཞེས་བྱ་བ་ཐེག་པ་ཆེན་པོའི་མདོ།།
大乘無量壽宗要經　（18—3）

敦博 Db.t.0094　ཚེ་དཔག་དུ་མྱེད་པ་ཞེས་བྱ་བ་ཐེག་པ་ཆེན་པོའི་མདོ།།
大乘無量壽宗要經　（18—4）

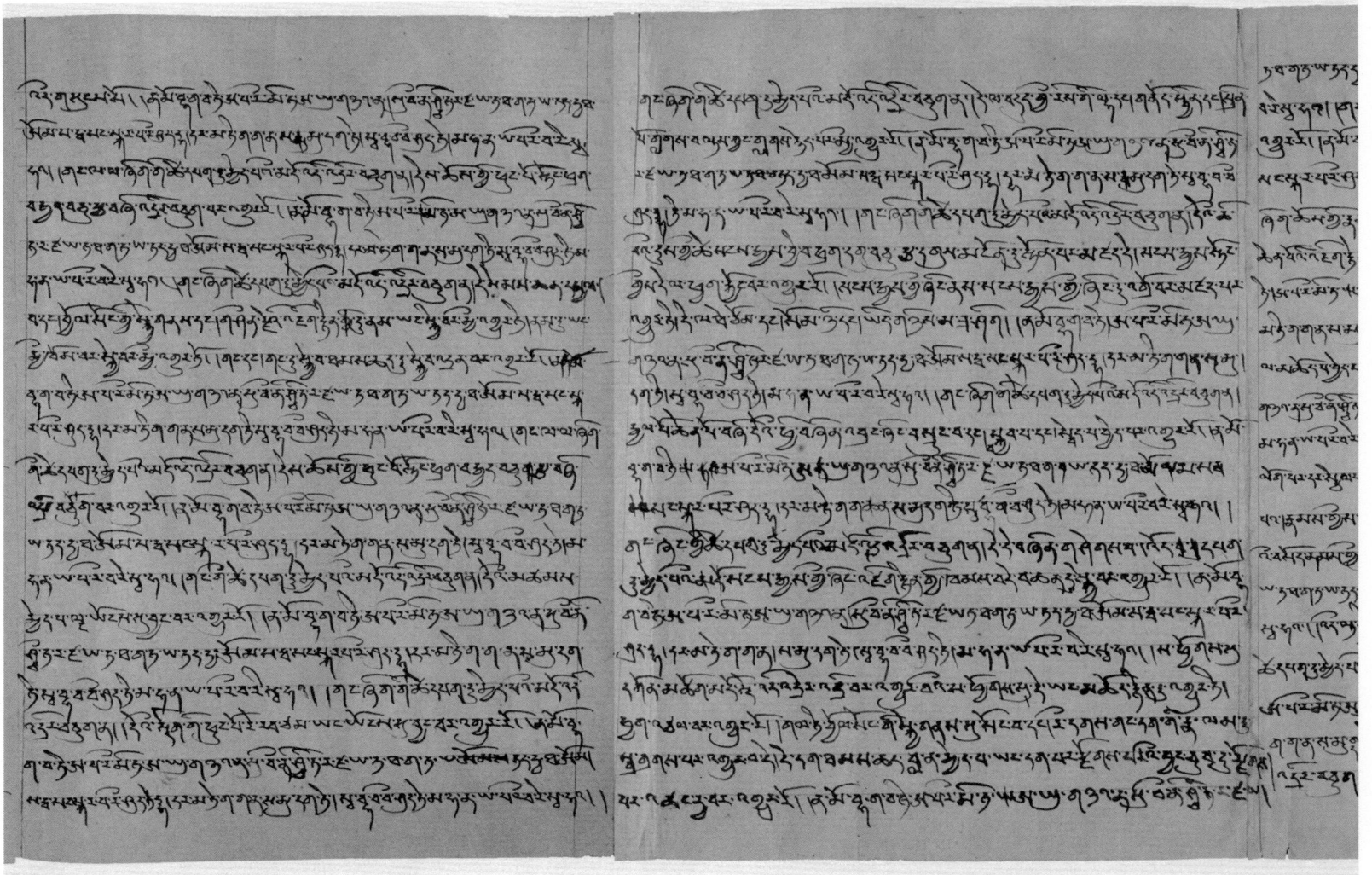

敦博 Db.t.0094 ཚེ་དཔག་དུ་མྱེད་པ་ཞེས་བྱ་བ་ཐེག་པ་ཆེན་པོའི་མདོ།།
大乘無量壽宗要經　（18—5）

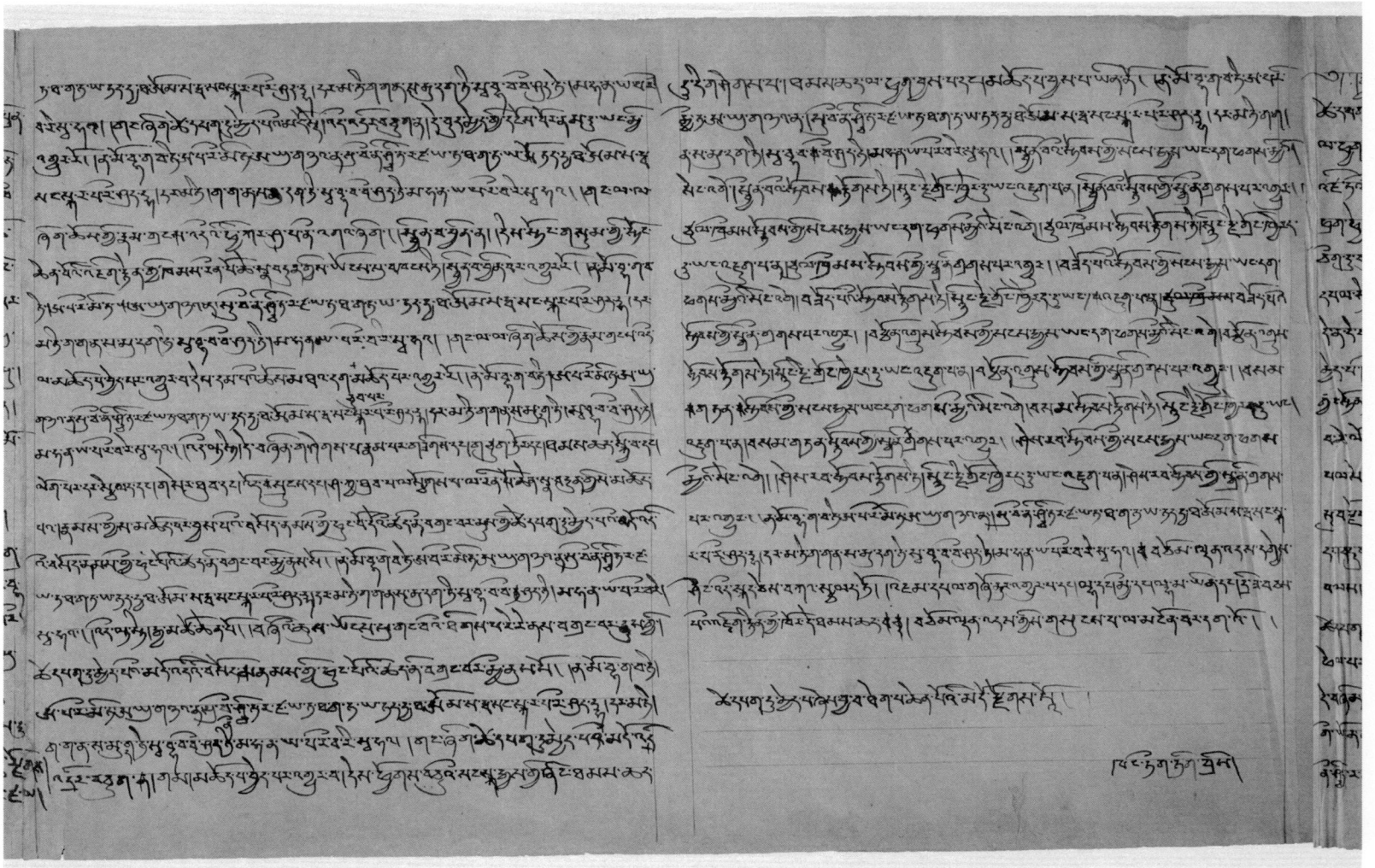

敦博 Db.t.0094 ཚེ་དཔག་དུ་མྱེད་པ་ཞེས་བྱ་བ་ཐེག་པ་ཆེན་པོའི་མདོ།།
大乘無量壽宗要經　（18—6）

54

敦博 Db.t.0094 ཚེ་དཔག་དུ་མྱེད་པ་ཞེས་བྱ་བ་ཐེག་པ་ཆེན་པའི་མདོ།།

大乘無量壽宗要經 （18—7）

敦博 Db.t.0094 ཚེ་དཔག་དུ་མྱེད་པ་ཞེས་བྱ་བ་ཐེག་པ་ཆེན་པའི་མདོ།།

大乘無量壽宗要經 （18—8）

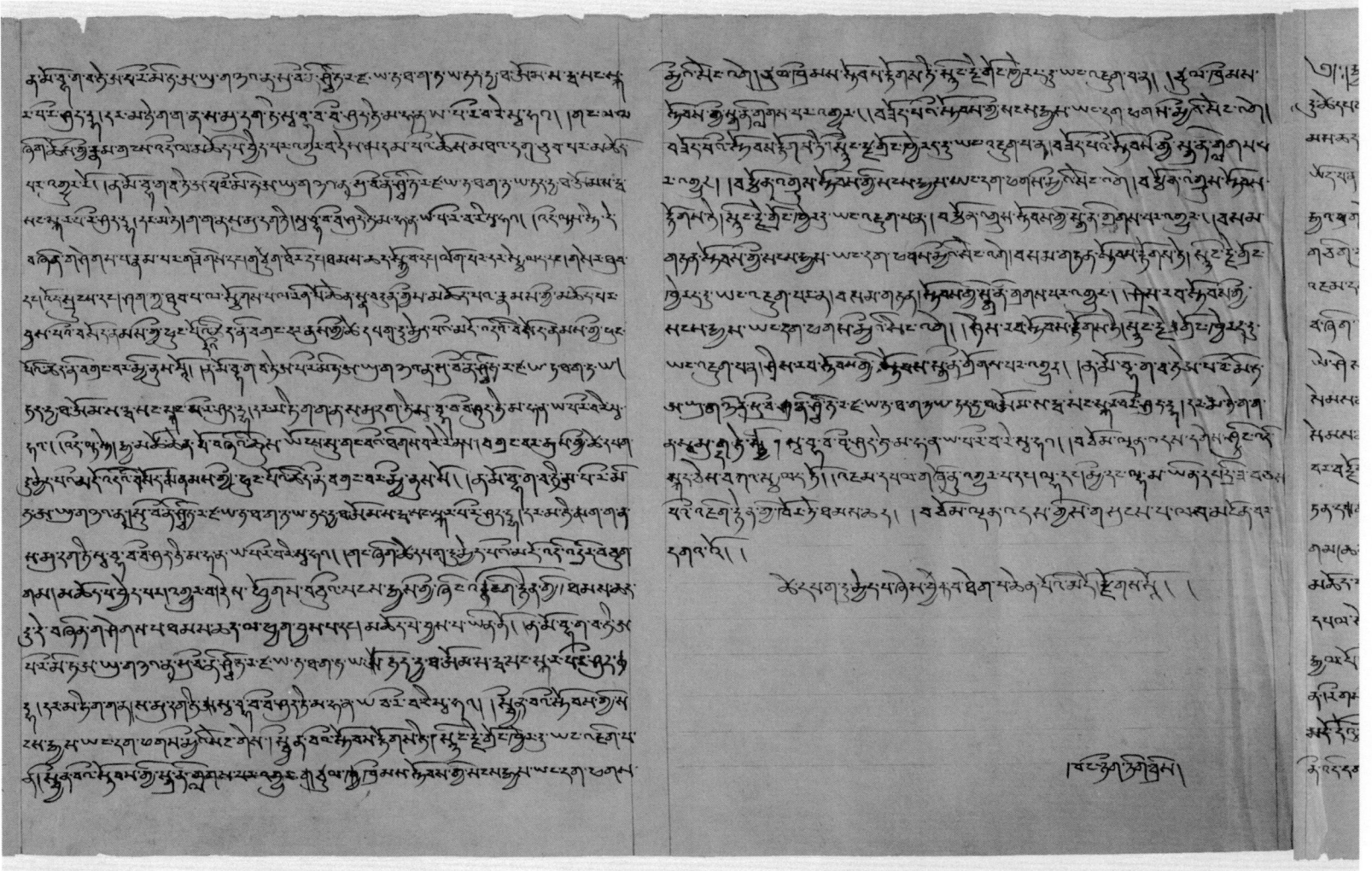

敦博 Db.t.0094 ཚེ་དཔག་དུ་མྱེད་པ་ཞེས་བྱ་བ་ཐེག་པ་ཆེན་པའི་མདོ།།
大乘無量壽宗要經 （18—9）

敦博 Db.t.0094 ཚེ་དཔག་དུ་མྱེད་པ་ཞེས་བྱ་བ་ཐེག་པ་ཆེན་པའི་མདོ།།
大乘無量壽宗要經 （18—10）

敦博 Db.t.0094 ཚེ་དཔག་དུ་མྱེད་པ་ཞེས་བྱ་བ་ཐེག་པ་ཆེན་པའི་མདོ།།

大乘無量壽宗要經 （18—11）

敦博 Db.t.0094 ཚེ་དཔག་དུ་མྱེད་པ་ཞེས་བྱ་བ་ཐེག་པ་ཆེན་པའི་མདོ།།

大乘無量壽宗要經 （18—12）

敦博 Db.t.0094 ཚེ་དཔག་ཏུ་མྱེད་པ་ཞེས་བྱ་བ་ཐེག་པ་ཆེན་པའི་མདོ།།
大乘無量壽宗要經 （18—13）

敦博 Db.t.0094 ཚེ་དཔག་ཏུ་མྱེད་པ་ཞེས་བྱ་བ་ཐེག་པ་ཆེན་པའི་མདོ།།
大乘無量壽宗要經 （18—14）

敦博 Db.t.0094 ཚེ་དཔག་དུ་མྱེད་པ་ཞེས་བྱ་བ་ཐེག་པ་ཆེན་པའི་མདོ།།
大乘無量壽宗要經 （18—15）

敦博 Db.t.0094 ཚེ་དཔག་དུ་མྱེད་པ་ཞེས་བྱ་བ་ཐེག་པ་ཆེན་པའི་མདོ།།
大乘無量壽宗要經 （18—16）

敦博 Db.t.0094 ཚེ་དཔག་དུ་མྱེད་པ་ཞེས་བྱ་བ་ཐེག་པ་ཆེན་པའི་མདོ།།
大乘無量壽宗要經 （18—17）

敦博 Db.t.0094 ཚེ་དཔག་དུ་མྱེད་པ་ཞེས་བྱ་བ་ཐེག་པ་ཆེན་པོའི་མདོ།།
大乘無量壽宗要經 （18—18）

敦博 Db.t.0095 ཚེ་དཔག་དུ་མྱེད་པའ་ཞེས་བྱ་བ་ཐེག་པ་ཆེན་པོའི་མདོ།།
大乘無量壽宗要經 （12—1）

敦博 Db.t.0095 ཚེ་དཔག་དུ་མྱེད་པའ་ཞེས་བྱ་བ་ཐེག་པ་ཆེན་པོའི་མདོ།།
大乘無量壽宗要經 （12—2）

敦博 Db.t.0095 ཚེ་དཔག་དུ་མྱེད་པར་ཞེས་བྱ་བ་ཐེག་པ་ཆེན་པོའི་མདོ།།
大乘無量壽宗要經 （12—3）

敦博 Db.t.0095 ཚེ་དཔག་དུ་མྱེད་པ་ཞེས་བྱ་བ་ཐེག་པ་ཆེན་པོའི་མདོ།།
大乘無量壽宗要經 （12—4）

敦博 Db.t.0095 ཚེ་དཔག་ཏུ་མྱེད་པ་ཞེས་བྱ་བ་ཐེག་པ་ཆེན་པོའི་མདོ།།
大乘無量壽宗要經 （12—5）

敦博 Db.t.0095 ཚེ་དཔག་ཏུ་མྱེད་པ་ཞེས་བྱ་བ་ཐེག་པ་ཆེན་པོའི་མདོ།།
大乘無量壽宗要經 （12—6）

敦博 Db.t.0095 ཚེ་དཔག་དུ་མྱེད་པ་ཞེས་བྱ་བ་ཐེག་པ་ཆེན་པོའི་མདོ།།
大乘無量壽宗要經 （12—7）

敦博 Db.t.0095 ཚེ་དཔག་དུ་མྱེད་པ་ཞེས་བྱ་བ་ཐེག་པ་ཆེན་པོའི་མདོ།།
大乘無量壽宗要經 （12—8）

敦博 Db.t.0095 ཚེ་དཔག་དུ་མྱེད་པ་ཞེས་བྱ་བ་ཐེག་པ་ཆེན་པོའི་མདོ།།
大乘無量壽宗要經 （12—9）

敦博 Db.t.0095 ཚེ་དཔག་དུ་མྱེད་པ་ཞེས་བྱ་བ་ཐེག་པ་ཆེན་པོའི་མདོ།།
大乘無量壽宗要經 （12—10）

敦博 Db.t.0095 ཚེ་དཔག་དུ་མྱེད་པ་ཞེས་བྱ་བ་ཐེག་པ་ཆེན་པོའི་མདོ།།
大乘無量壽宗要經 （12—11）

敦博 Db.t.0095 ཚེ་དཔག་དུ་མྱེད་པ་ཞེས་བྱ་བ་ཐེག་པ་ཆེན་པོའི་མདོ།།
大乘無量壽宗要經 （12—12）

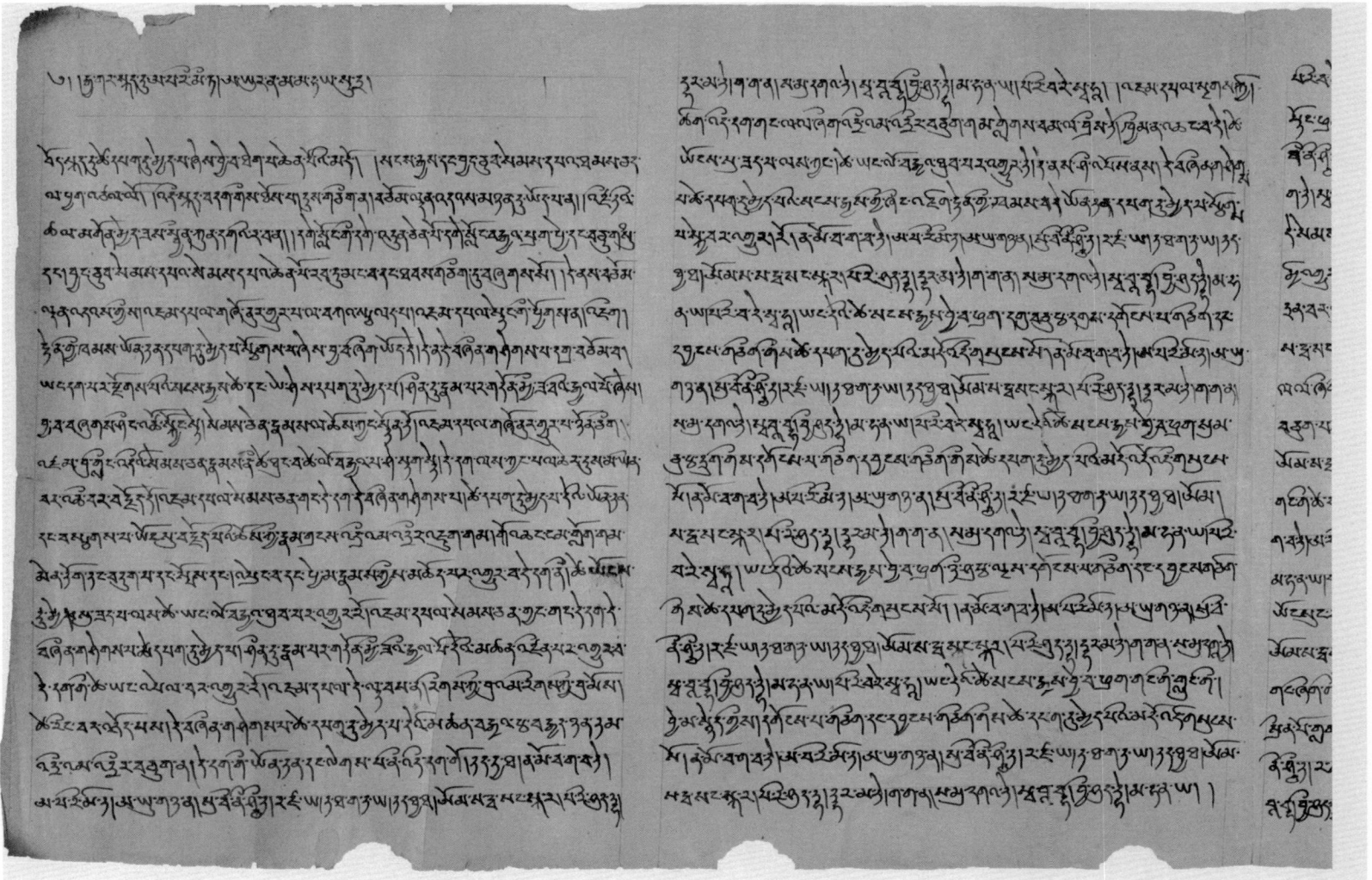

敦博 Db.t.0096 ཚེ་དཔག་ཏུ་མྱེད་པ་ཞེས་བྱེ་བ་ཐེག་པ་ཆེན་པོའི་མདོ།།
大乘無量壽宗要經 （15—1）

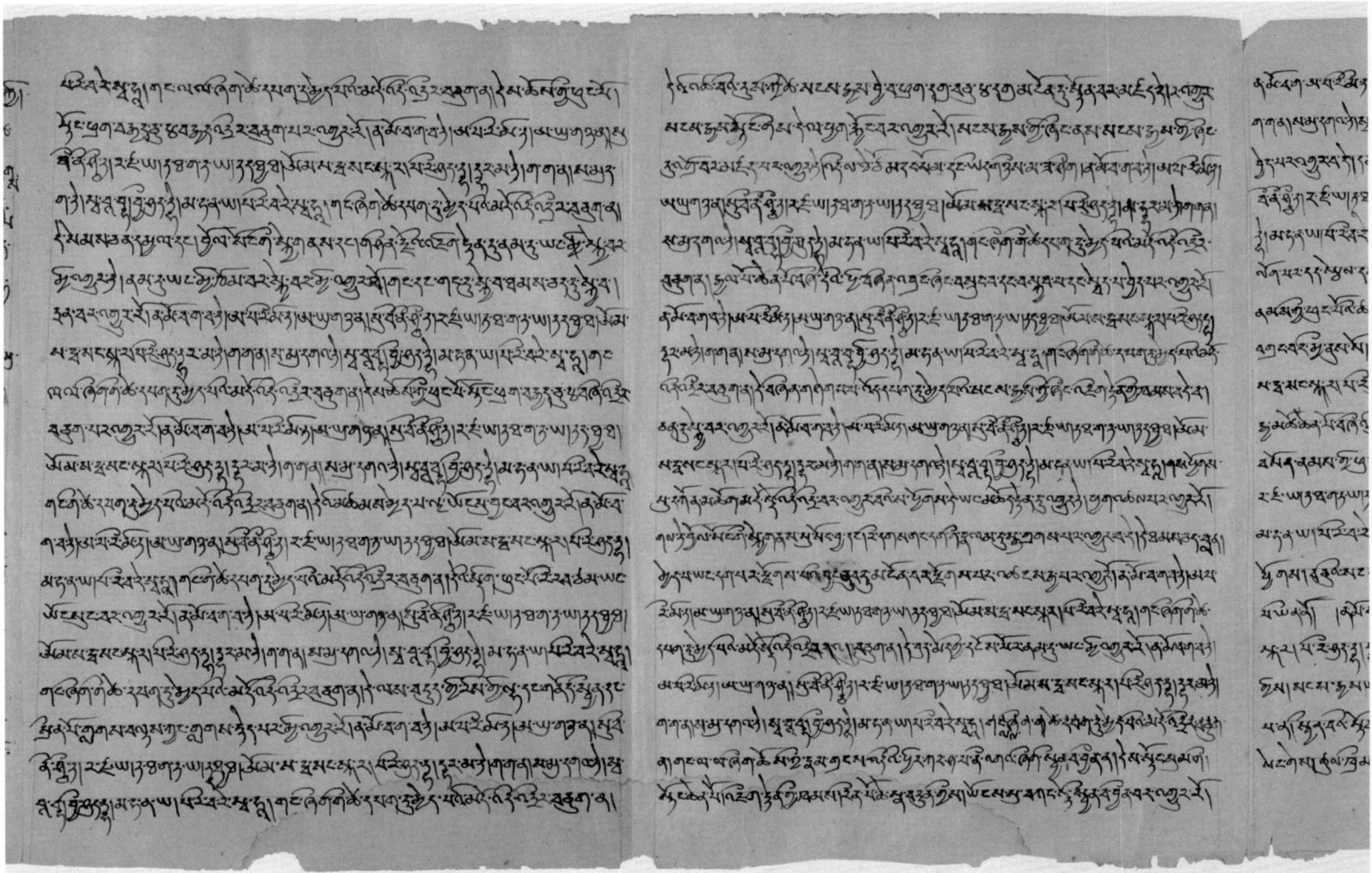

敦博 Db.t.0096 ཚེ་དཔག་ཏུ་མྱེད་པ་ཞེས་བྱེ་བ་ཐེག་པ་ཆེན་པོའི་མདོ།།
大乘無量壽宗要經 （15—2）

敦博 Db.t.0096 ཚེ་དཔག་ཏུ་མྱེད་པ་ཞེས་བྱེ་བ་ཐེག་པ་ཆེན་པོའི་མདོ།།

大乘無量壽宗要經 （15—3）

敦博 Db.t.0096 ཚེ་དཔག་ཏུ་མྱེད་པ་ཞེས་བྱ་བ་ཐེག་པ་ཆེན་པོའི་མདོ།།

大乘無量壽宗要經 （15—4）

敦博 Db.t.0096 ཚེ་དཔག་དུ་མྱེད་པ་ཞེས་བྱ་བ་ཐེག་པ་ཆེན་པོའི་མདོ༎
大乘無量壽宗要經 （15—5）

敦博 Db.t.0096 ཚེ་དཔག་དུ་མྱེད་པ་ཞེས་བྱ་བ་ཐེག་པ་ཆེན་པོའི་མདོ༎
大乘無量壽宗要經 （15—6）

敦博 Db.t.0096 ཚེ་དཔག་དུ་མྱེད་པ་ཞེས་བྱ་བ་ཐེག་པ་ཆེན་པོའི་མདོ།།

大乘無量壽宗要經 （15—7）

敦博 Db.t.0096 ཚེ་དཔག་དུ་མྱེད་པ་ཞེས་བྱ་བ་ཐེག་པ་ཆེན་པོའི་མདོ།།

大乘無量壽宗要經 （15—8）

敦博 Db.t.0096 ཚེ་དཔག་དུ་མྱེད་པ་ཞེས་བྱ་བ་ཐེག་པ་ཆེན་པོའི་མདོ།།
大乘無量壽宗要經 （15—9）

敦博 Db.t.0096 ཚེ་དཔག་དུ་མྱེད་པ་ཞེས་བྱ་བ་ཐེག་པ་ཆེན་པོའི་མདོ།།
大乘無量壽宗要經 （15—10）

敦博 Db.t.0096 ཚེ་དཔག་དུ་མྱེད་པ་ཞེས་བྱ་བ་ཐེག་པ་ཆེན་པོའི་མདོ།།
大乘無量壽宗要經 （15—11）

敦博 Db.t.0096 ཚེ་དཔག་དུ་མྱེད་པ་ཞེས་བྱ་བ་ཐེག་པ་ཆེན་པོའི་མདོ།།
大乘無量壽宗要經 （15—12）

敦博 Db.t.0096 ཚེ་དཔག་ཏུ་མྱེད་པ་ཞེས་བྱ་བ་ཐེག་པ་ཆེན་པོའི་མདོ།།
大乘無量壽宗要經 （15—13）

敦博 Db.t.0096 ཚེ་དཔག་ཏུ་མྱེད་པ་ཞེས་བྱ་བ་ཐེག་པ་ཆེན་པོའི་མདོ།།
大乘無量壽宗要經 （15—14）

敦博 Db.t.0096 ཚེ་དཔག་དུ་མྱེད་པ་ཞེས་བྱ་བ་ཐེག་པ་ཆེན་པོའི་མདོ།།
大乘無量壽宗要經 （15—15）

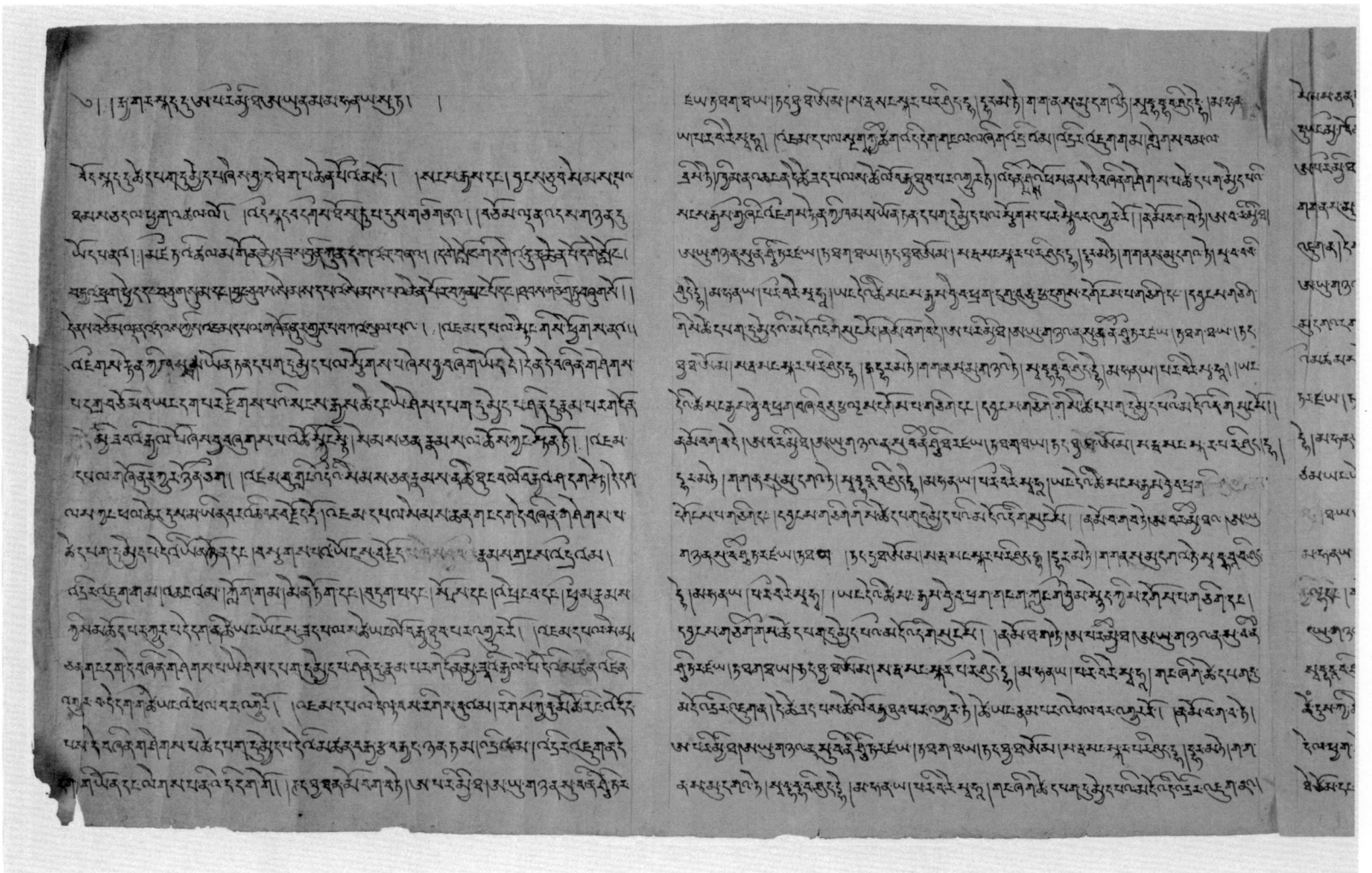

敦博 Db.t.0097 ཚེ་དཔག་དུ་མྱེད་པ་ཞེས་བྱ་བ་ཐེག་པ་ཆེན་པོའི་མདོ།།
大乘無量壽宗要經 （3—1）

敦博 Db.t.0097 ཚེ་དཔག་དུ་མྱེད་པ་ཞེས་བྱ་བ་ཐེག་པ་ཆེན་པོའི་མདོ།།
大乘無量壽宗要經 （3—2）

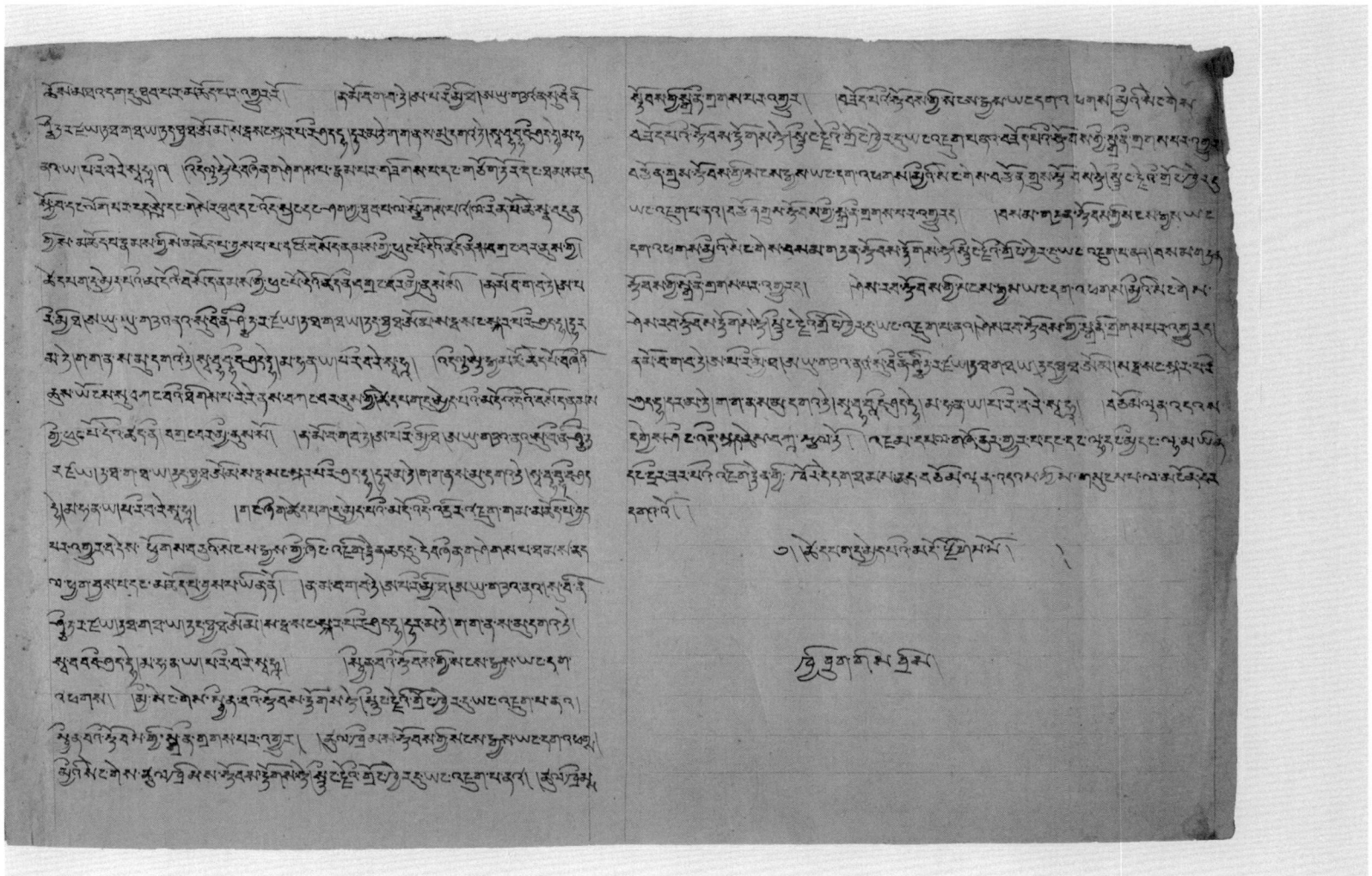

敦博 Db.t.0097 ཚེ་དཔག་དུ་མྱེད་པ་ཞེས་བྱ་བ་ཐེག་པ་ཆེན་པོའི་མདོ།།
大乘無量壽宗要經 （3—3）

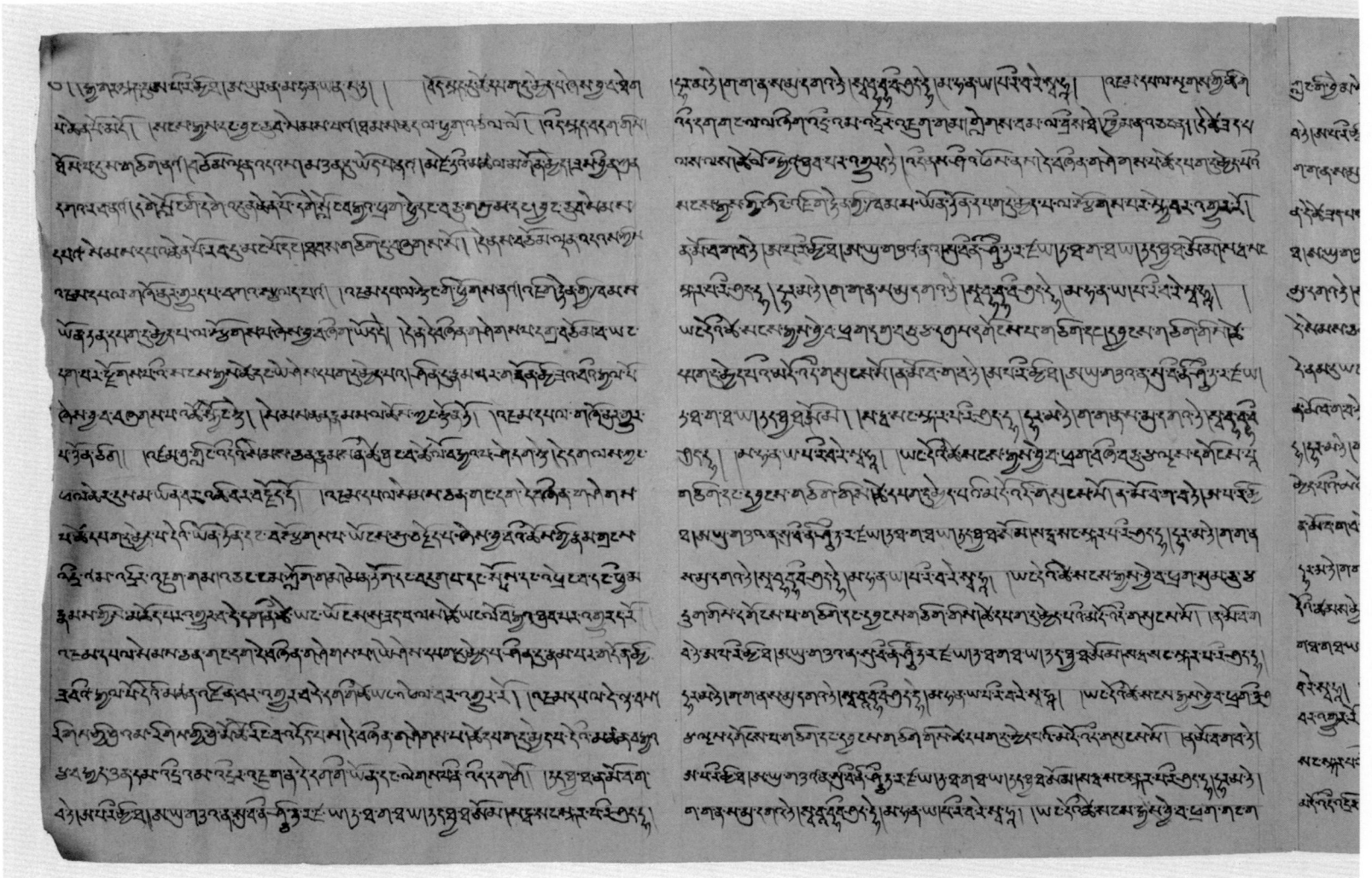

敦博 Db.t.0098 ཚེ་དཔག་དུ་མྱེད་པ་ཞེས་བྱ་བ་ཐེག་པ་ཆེན་པོ་མདོ༎
大乘無量壽宗要經 （12—1）

敦博 Db.t.0098 ཚེ་དཔག་དུ་མྱེད་པ་ཞེས་བྱ་བ་ཐེག་པ་ཆེན་པོ་མདོ༎
大乘無量壽宗要經 （12—2）

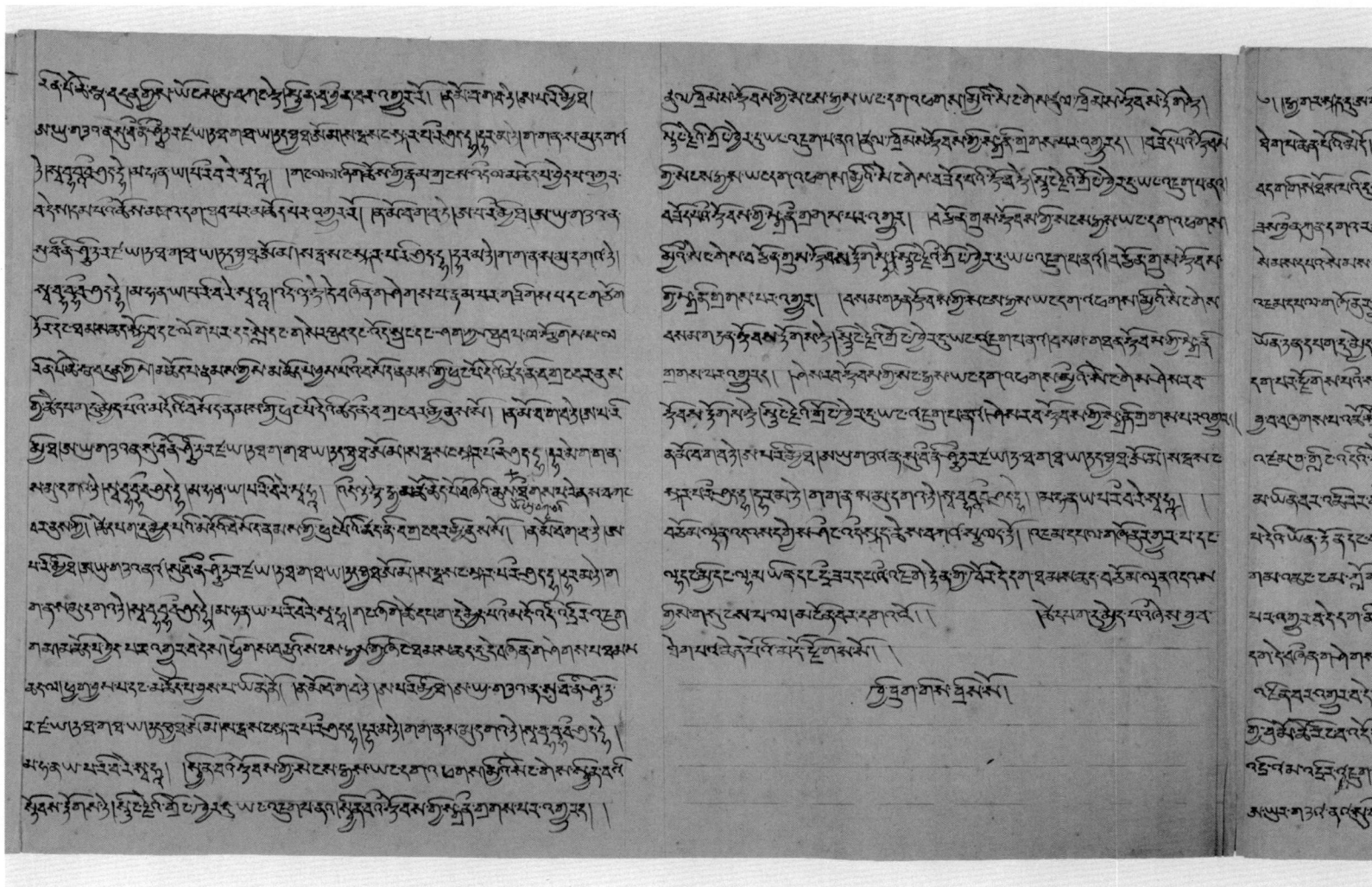

敦博 Db.t.0098　ཚེ་དཔག་དུ་མྱེད་པ་ཞེས་བྱ་བ་ཐེག་པ་ཆེན་པོ་མདོ།།
大乘無量壽宗要經　（12—3）

敦博 Db.t.0098　ཚེ་དཔག་དུ་མྱེད་པ་ཞེས་བྱ་བ་ཐེག་པ་ཆེན་པོ་མདོ།།
大乘無量壽宗要經　（12—4）

敦博 Db.t.0098 ཚེ་དཔག་དུ་མྱེད་པ་ཞེས་བྱ་བ་ཐེག་པ་ཆེན་པོའི་མདོ།།
大乘無量壽宗要經 （12—5）

敦博 Db.t.0098 ཚེ་དཔག་དུ་མྱེད་པ་ཞེས་བྱ་བ་ཐེག་པ་ཆེན་པོའི་མདོ།།
大乘無量壽宗要經 （12—6）

敦博 Db.t.0098 ཚེ་དཔག་ཏུ་མྱེད་པ་ཞེས་བྱ་བ་ཐེག་པ་ཆེན་པོའི་མདོ།།
大乘無量壽宗要經 （12—7）

敦博 Db.t.0098 ཚེ་དཔག་ཏུ་མྱེད་པ་ཞེས་བྱ་བ་ཐེག་པ་ཆེན་པོའི་མདོ།།
大乘無量壽宗要經 （12—8）

敦博 Db.t.0098 ཚེ་དཔག་དུ་མྱེད་པ་ཞེས་བྱ་བ་ཐེག་པ་ཆེན་པོའི་མདོ།།
大乘無量壽宗要經 （12—9）

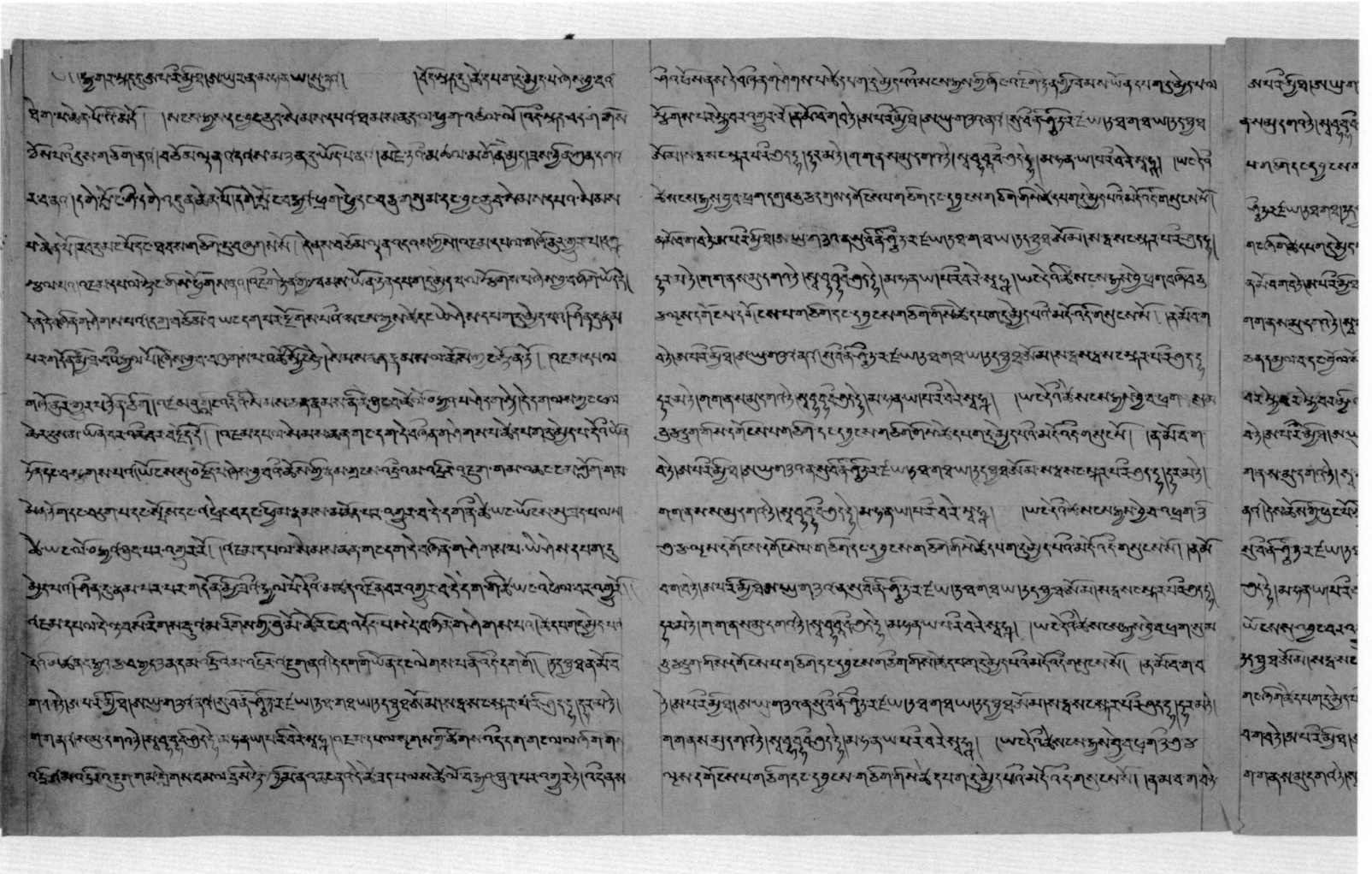

敦博 Db.t.0098 ཚེ་དཔག་དུ་མྱེད་པ་ཞེས་བྱ་བ་ཐེག་པ་ཆེན་པོའི་མདོ།།
大乘無量壽宗要經 （12—10）

敦博 Db.t.0098　ཚེ་དཔག་དུ་མྱེད་པ་ཞེས་བྱ་བའི་ཐེག་པ་ཆེན་པོའི་མདོ༎
大乘無量壽宗要經 （12—11）

敦博 Db.t.0098　ཚེ་དཔག་དུ་མྱེད་པ་ཞེས་བྱ་བའི་ཐེག་པ་ཆེན་པོའི་མདོ༎
大乘無量壽宗要經 （12—12）

敦博 Db.t.0099 ཚེ་དཔག་དུ་མྱེད་པ་ཞེས་བྱ་བ་ཐེག་པ་ཆེན་པོའི་མདོ།།
大乘無量壽宗要經 （3—1）

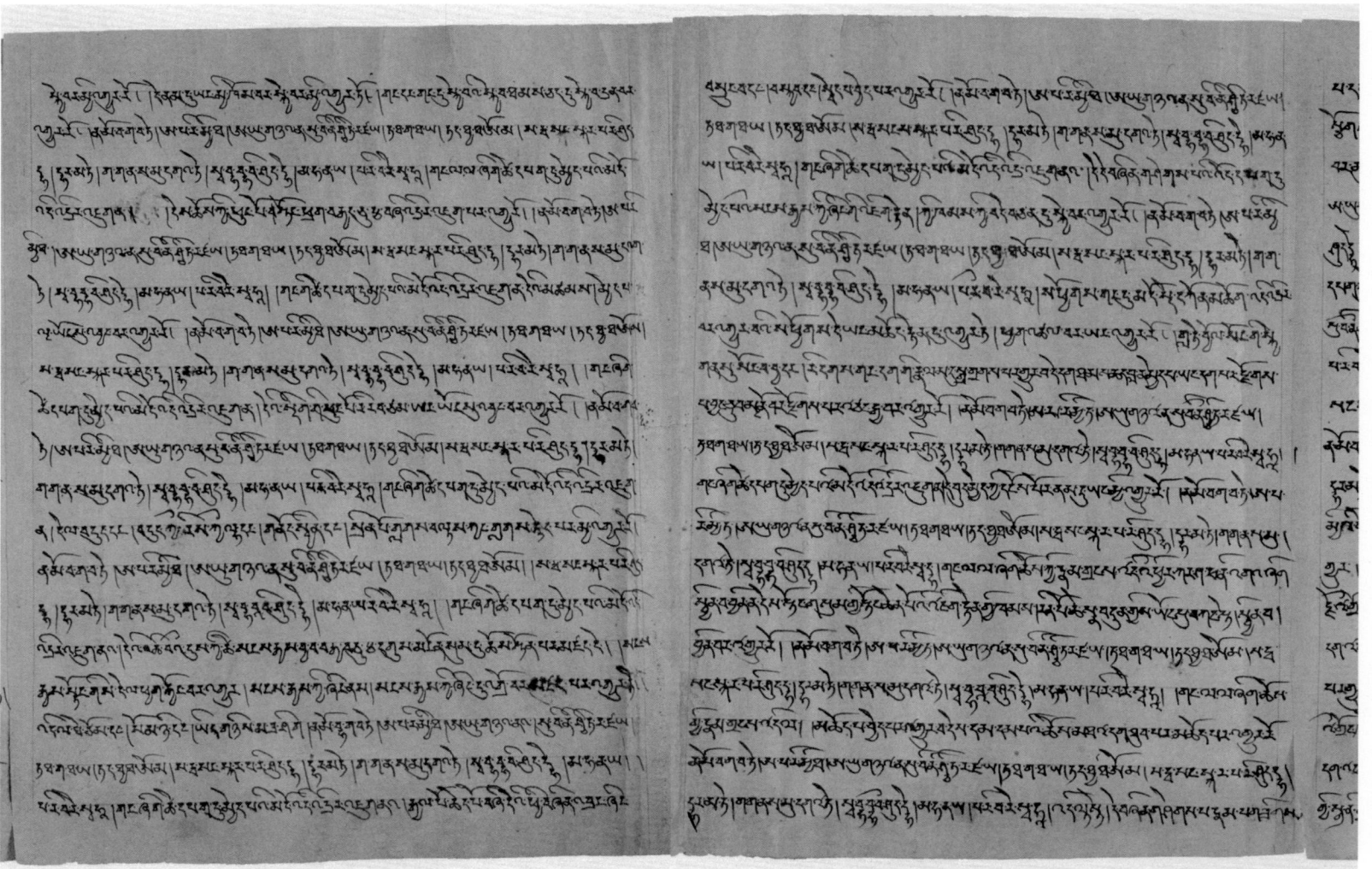

敦博 Db.t.0099 ཚེ་དཔག་དུ་མྱེད་པ་ཞེས་བྱ་བ་ཐེག་པ་ཆེན་པོའི་མདོ།།
大乘無量壽宗要經 （3—2）

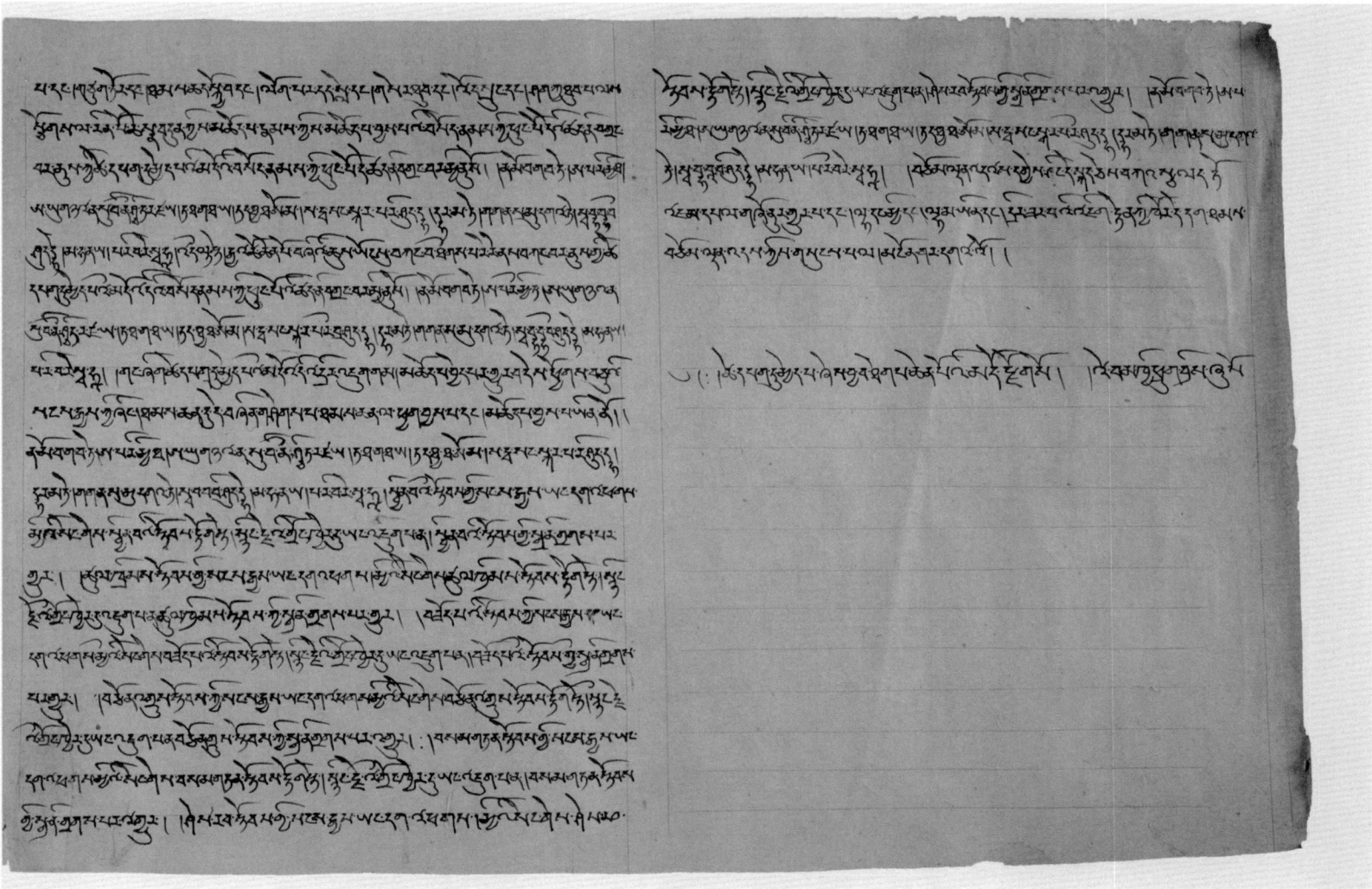

敦博 Db.t.0099 ཚེ་དཔག་དུ་མྱེད་པ་ཞེས་བྱ་བ་ཐེག་པ་ཆེན་པོའི་མདོ༎
大乘無量壽宗要經 （3—3）

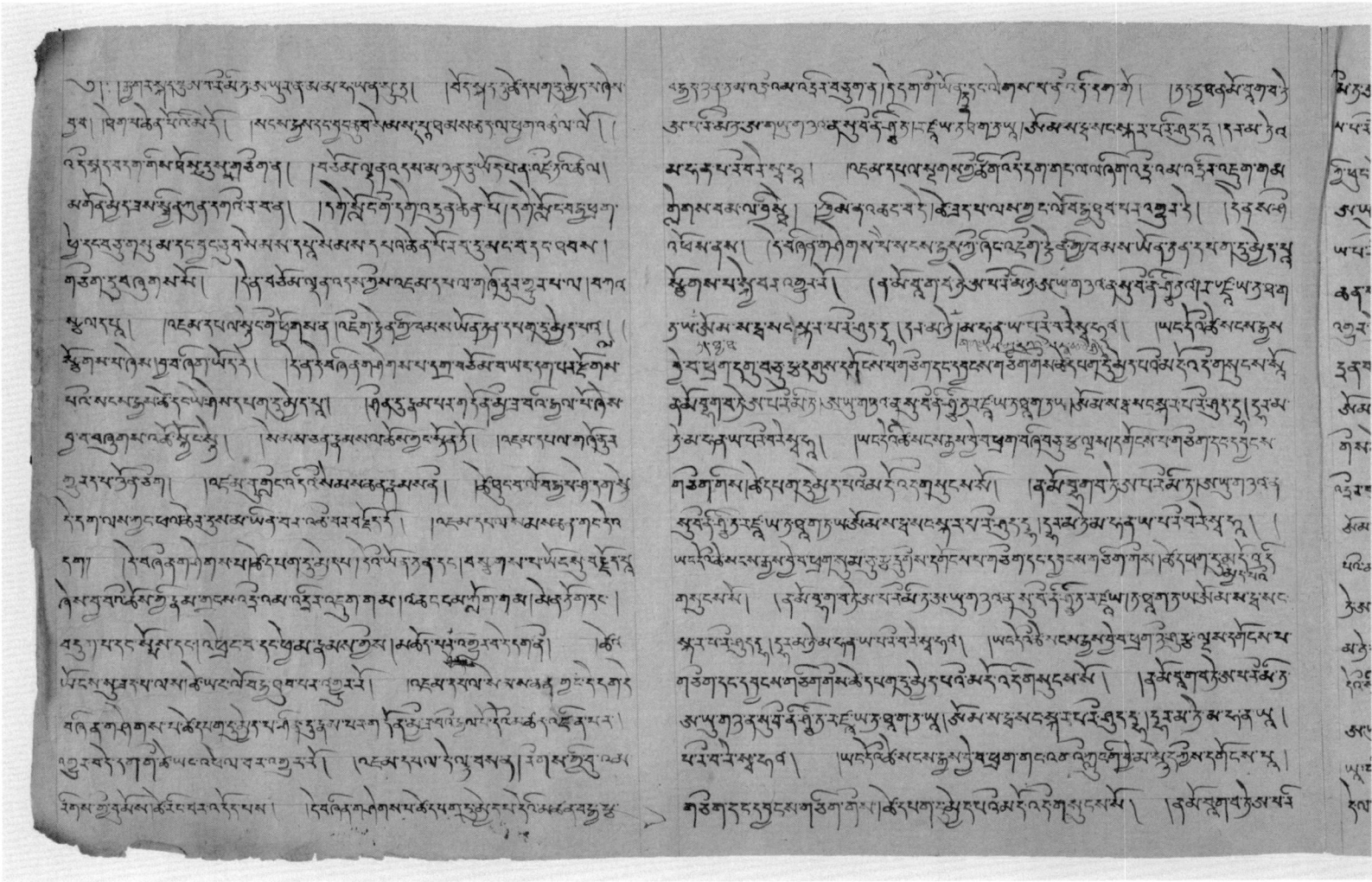

敦博 Db.t.0100 ཚེ་དཔག་དུ་མྱེད་པ་ཞེས་བྱ་བ༎ ཐེག་པ་ཆེན་པོའི་མདོ༎
大乘無量壽宗要經 （3—1）

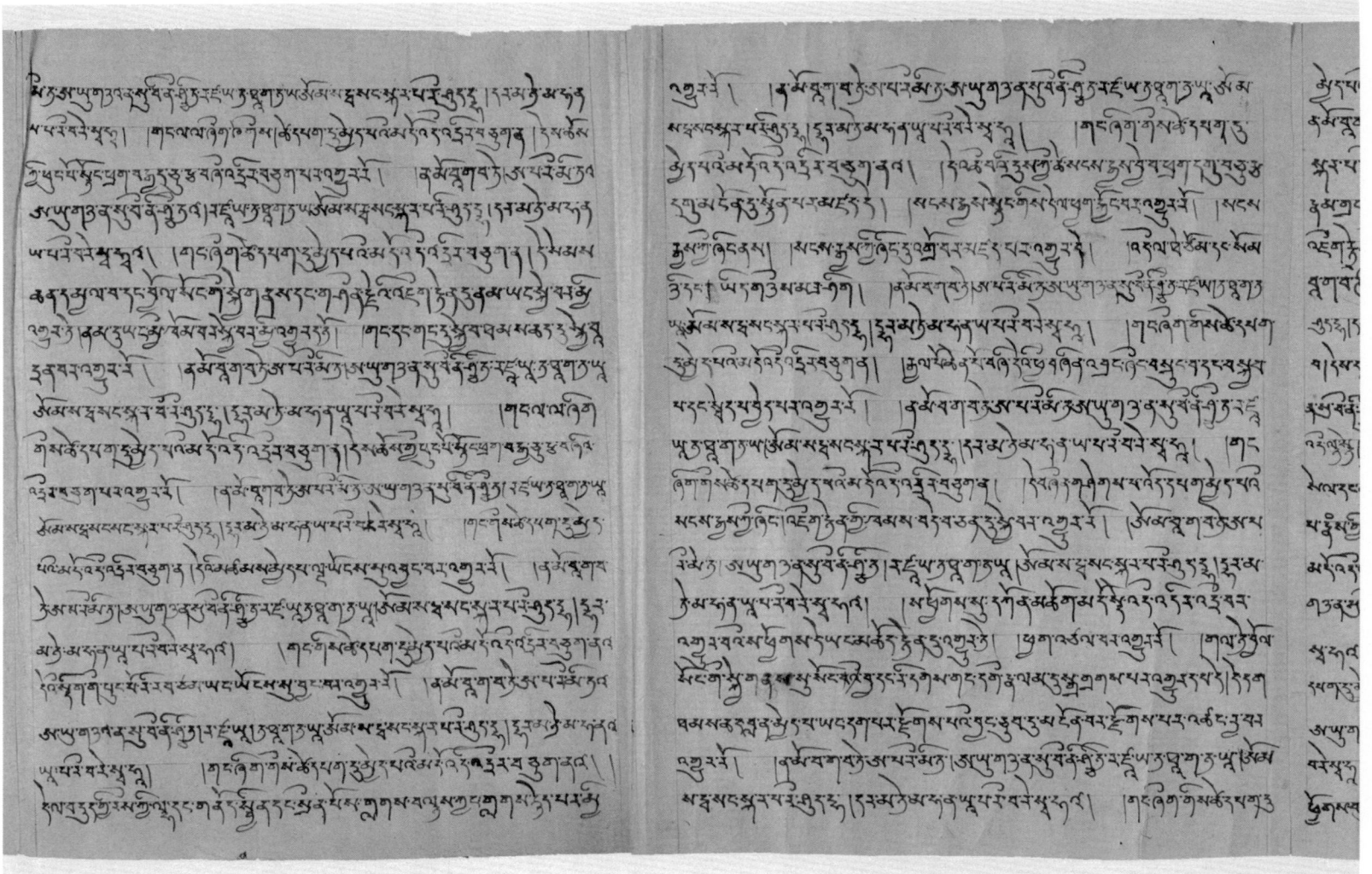

敦博 Db.t.0100 ཚེ་དཔག་དུ་མྱེད་པ་ཞེས་བྱ་བ།། ཐེག་པ་ཆེན་པོའི་མདོ།།
大乘無量壽宗要經 （3—2）

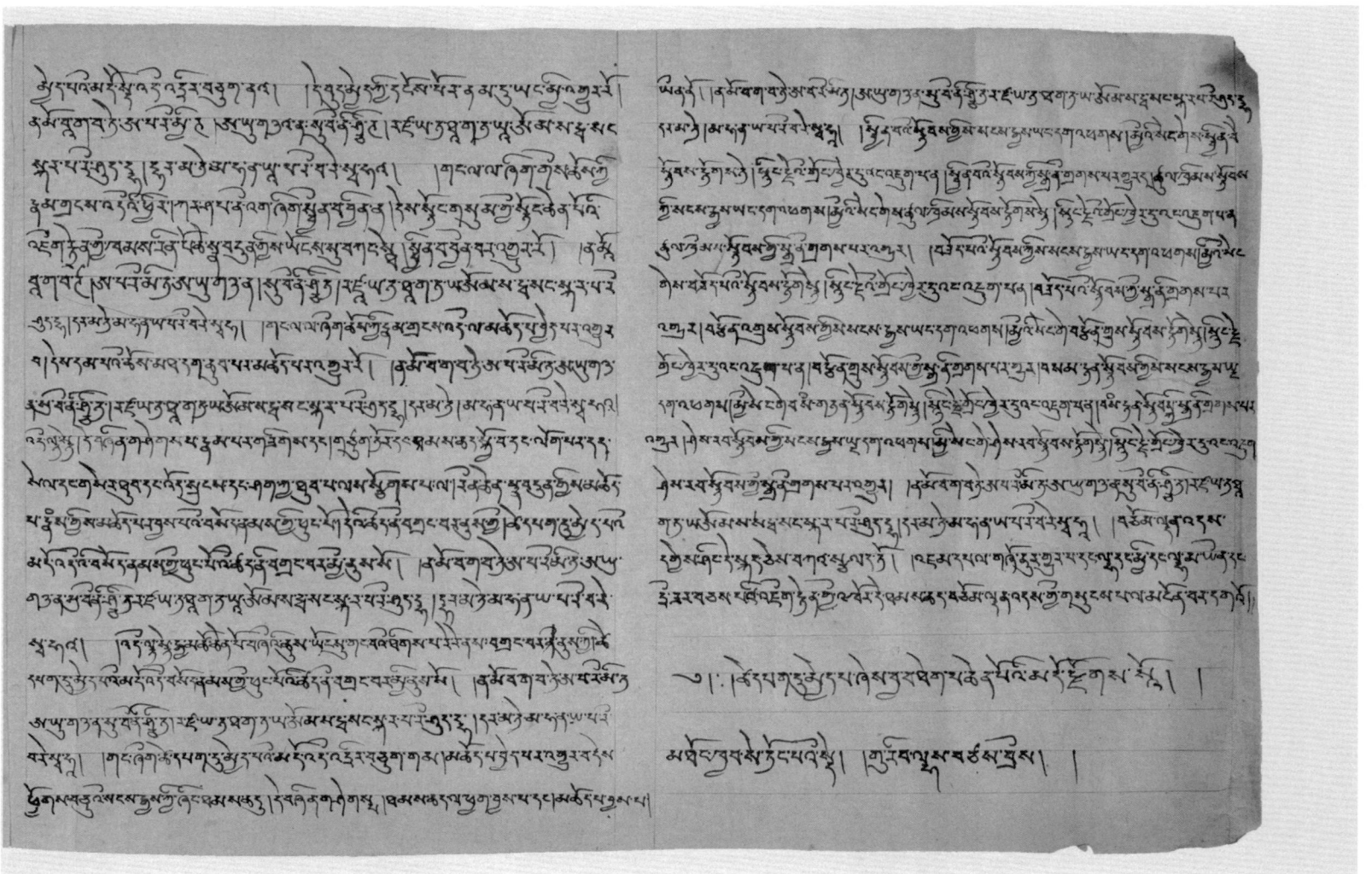

敦博 Db.t.0100 ཚེ་དཔག་དུ་མྱེད་པ་ཞེས་བྱ་བ།། ཐེག་པ་ཆེན་པོའི་མདོ།།
大乘無量壽宗要經 （3—3）

敦博 Db.t.0101 ཚེ་དཔག་དུ་མྱེད་པ་ཞེས་བྱ་བ། ཐེག་པ་ཆེན་པོའི་མདོ།།
大乘無量壽宗要經 （15—1）

敦博 Db.t.0101 ཚེ་དཔག་དུ་མྱེད་པ་ཞེས་བྱ་བ། ཐེག་པ་ཆེན་པོའི་མདོ།།
大乘無量壽宗要經 （15—2）

敦博 Db.t.0101 ཚེ་དཔག་དུ་མྱེད་པ་ཞེས་བྱ་བ། ཐེག་པ་ཆེན་པོའི་མདོ༎
大乘無量壽宗要經 （15—3）

敦博 Db.t.0101 ཚེ་དཔག་དུ་མྱེད་པ་ཞེས་བྱ་བ། ཐེག་པ་ཆེན་པོའི་མདོ༎
大乘無量壽宗要經 （15—4）

敦博 Db.t.0101 ཚོ་དཔག་ཏུ་མྱེད་པ་ཞེས་བྱ་བ། ཐེག་པ་ཆེན་པོའི་མདོ།།

大乘無量壽宗要經 （15—5）

敦博 Db.t.0101 ཚོ་དཔག་ཏུ་མྱེད་པ་ཞེས་བྱ་བ། ཐེག་པ་ཆེན་པོའི་མདོ།།

大乘無量壽宗要經 （15—6）

敦博 Db.t.0101 ཚེ་དཔག་དུ་མྱེད་པ་ཞེས་བྱ་བ། ཐེག་པ་ཆེན་པོའི་མདོ།།
大乘無量壽宗要經 （15—7）

敦博 Db.t.0101 ཚེ་དཔག་དུ་མྱེད་པ་ཞེས་བྱ་བ། ཐེག་པ་ཆེན་པོའི་མདོ།།
大乘無量壽宗要經 （15—8）

敦博 Db.t.0101 ཚེ་དཔག་དུ་མྱེད་པ་ཞེས་བྱ་བ་ཐེག་པ་ཆེན་པོའི་མདོ།།
大乘無量壽宗要經 （15—9）

敦博 Db.t.0101 ཚེ་དཔག་དུ་མྱེད་པ་ཞེས་བྱ་བ་ཐེག་པ་ཆེན་པོའི་མདོ།།
大乘無量壽宗要經 （15—10）

敦博 Db.t.0101 ཚེ་དཔག་དུ་མྱེད་པ་ཞེས་བྱ་བ་ཐེག་པ་ཆེན་པོའི་མདོ།།
大乘無量壽宗要經 （15—11）

敦博 Db.t.0101 ཚེ་དཔག་དུ་མྱེད་པ་ཞེས་བྱ་བ་ཐེག་པ་ཆེན་པོའི་མདོ།།
大乘無量壽宗要經 （15—12）

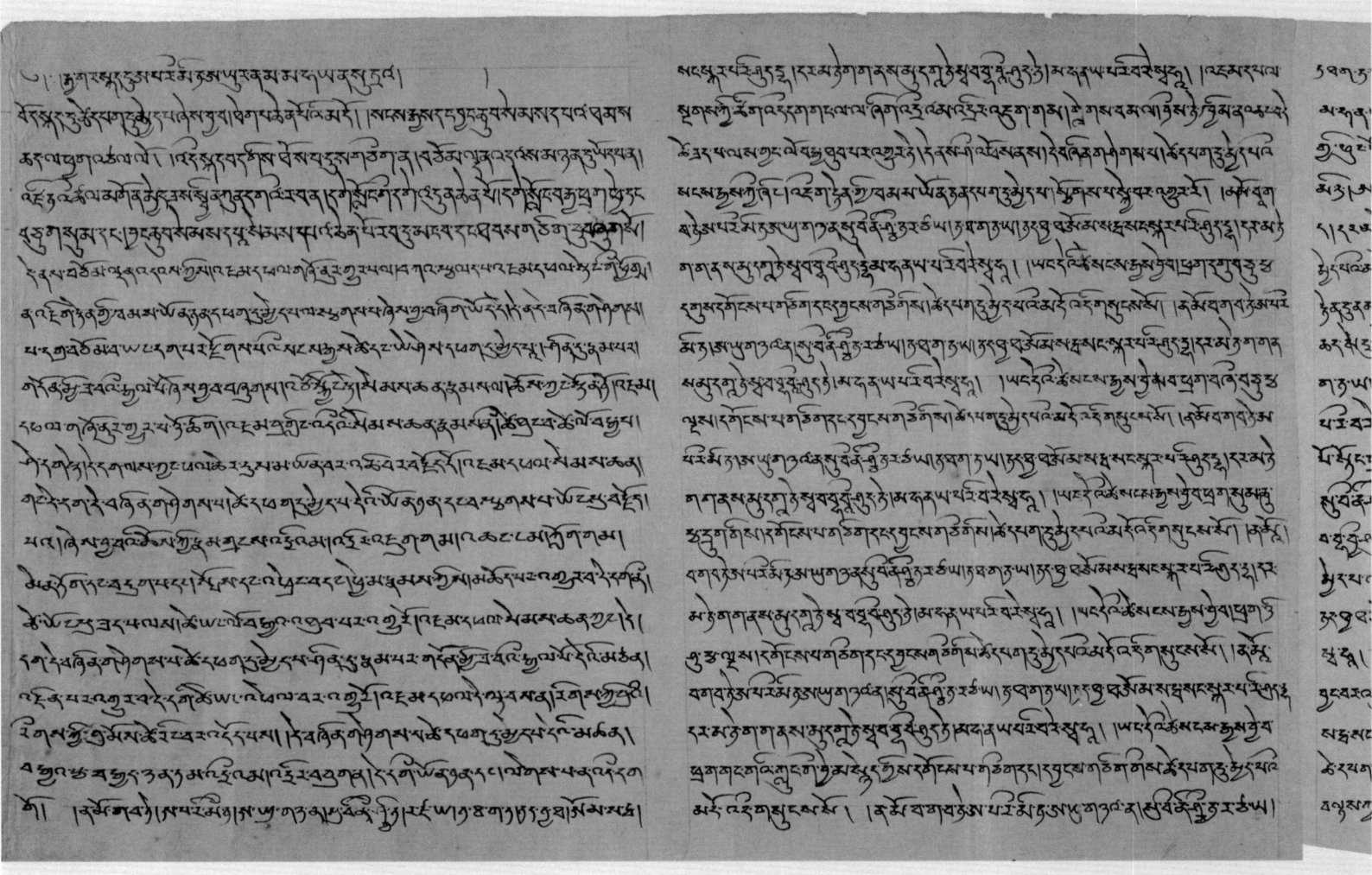

敦博 Db.t.0101 ཚེ་དཔག་དུ་མྱེད་པ་ཞེས་བྱ་བ་ཐེག་པ་ཆེན་པོའི་མདོ།།
大乘無量壽宗要經 （15—13）

敦博 Db.t.0101 ཚེ་དཔག་དུ་མྱེད་པ་ཞེས་བྱ་བ་ཐེག་པ་ཆེན་པོའི་མདོ།།
大乘無量壽宗要經 （15—14）

敦博 Db.t.0101 ཚེ་དཔག་དུ་མྱེད་པ་ཞེས་བྱ་བ། ཐེག་པ་ཆེན་པོའི་མདོ།།
大乘無量壽宗要經 （15—15）

敦博 Db.t.0102 ཚེ་དཔག་དུ་མྱེད་པ་ཞེས་བྱ་བ་ཐེག་པ་ཆེན་པོའི་མདོ་ཿ།
大乘無量壽宗要經 （4—1）

敦博 Db.t.0102 ཚེ་དཔག་དུ་མྱེད་པ་ཞེས་བྱ་བ་ཐེག་པ་ཆེན་པོའི་མདོ༔།
大乘無量壽宗要經 （4—2）

敦博 Db.t.0102 ཚེ་དཔག་དུ་མྱེད་པ་ཞེས་བྱ་བ་ཐེག་པ་ཆེན་པོའི་མདོ༔།
大乘無量壽宗要經 （4—3）

敦博 Db.t.0102 ཚེ་དཔག་དུ་མྱེད་པ་ཞེས་བྱ་བ་ཐེག་པ་ཆེན་པོའི་མདོ༔།

大乘無量壽宗要經 （4—4）

敦博 Db.t.0103 ཚེ་དཔག་དུ་མྱེད་པ་ཞེས་བྱ་བ་ཐེག་པ་ཆེན་པོའི་མདོ།།

大乘無量壽宗要經 （3—1）

敦博 Db.t.0103 ཚེ་དཔག་དུ་མྱེད་པ་ཞེས་བྱ་བ་ཐེག་པ་ཆེན་པོའི་མདོ།།
大乘無量壽宗要經 （3—2）

敦博 Db.t.0103 ཚེ་དཔག་དུ་མྱེད་པ་ཞེས་བྱ་བ་ཐེག་པ་ཆེན་པོའི་མདོ།།
大乘無量壽宗要經 （3—3）

敦博 Db.t.0104 ཚེ་དཔག་དུ་མྱེད་པ་ཞེས་བྱ་བ་ཐེག་པ་ཆེན་པོའི་མདོ།།
大乘無量壽宗要經 （4—1）

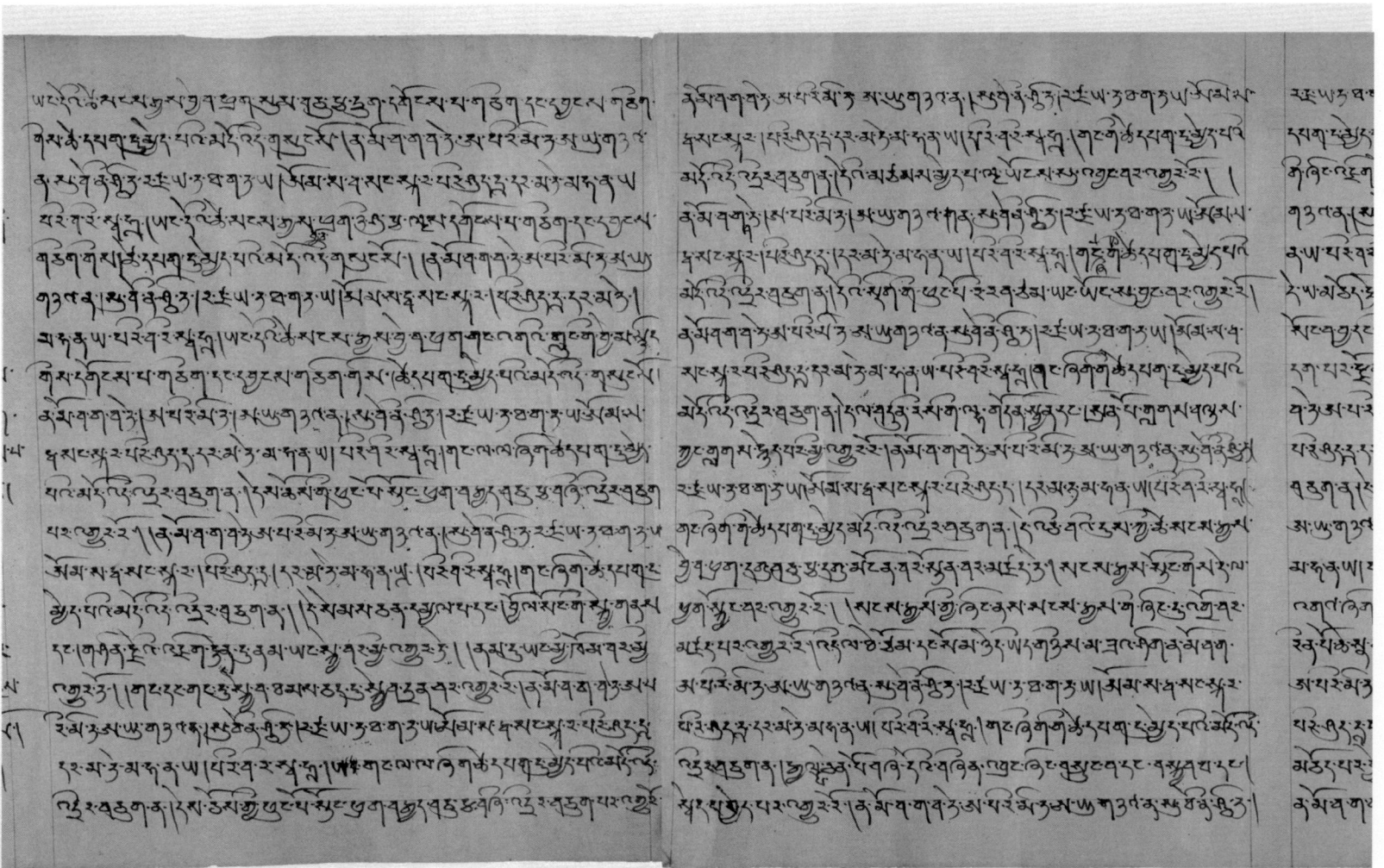

敦博 Db.t.0104 ཚེ་དཔག་དུ་མྱེད་པ་ཞེས་བྱ་བ་ཐེག་པ་ཆེན་པོའི་མདོ།།
大乘無量壽宗要經 （4—2）

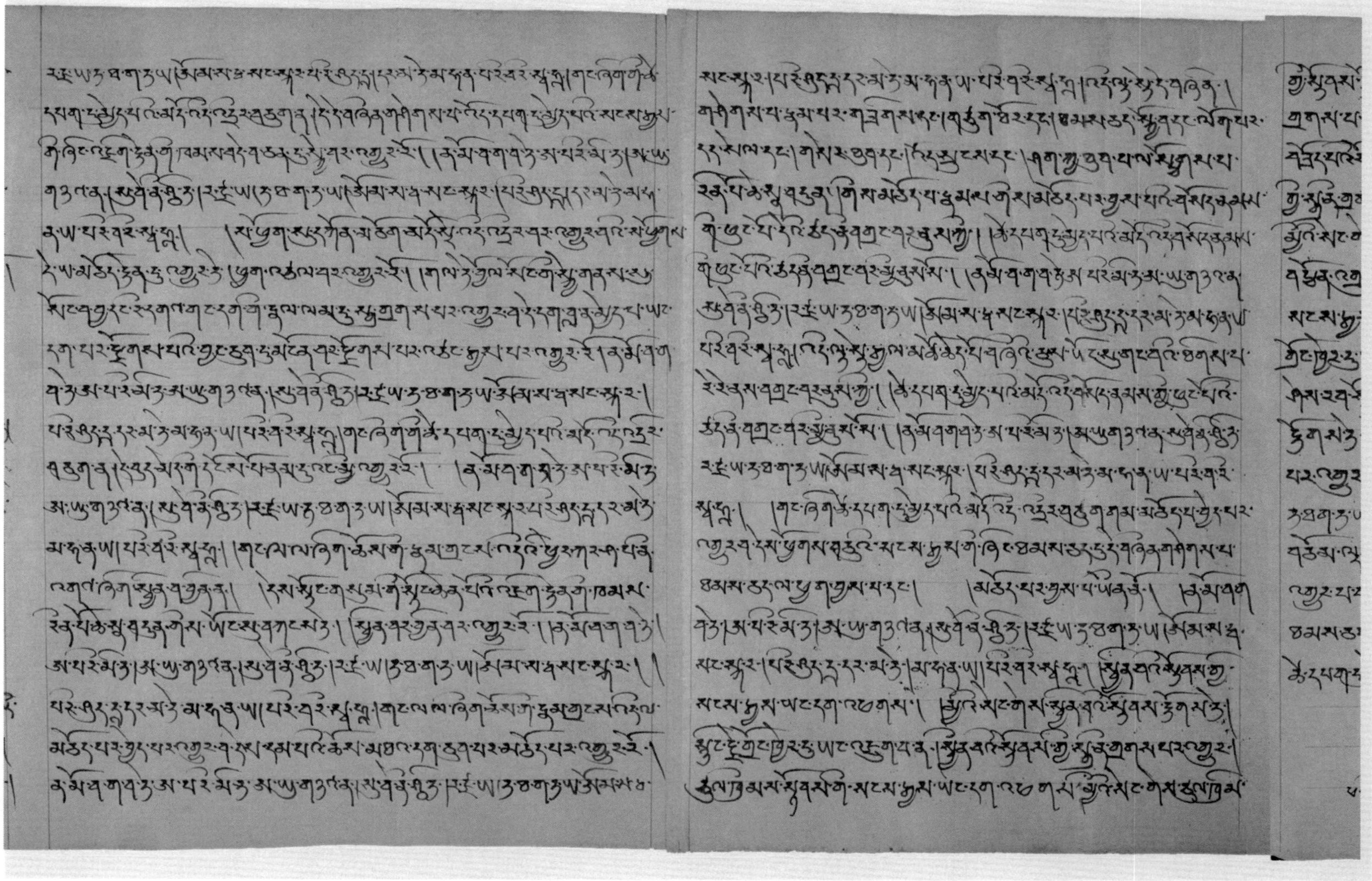

大乘無量壽宗要經 （4—3）

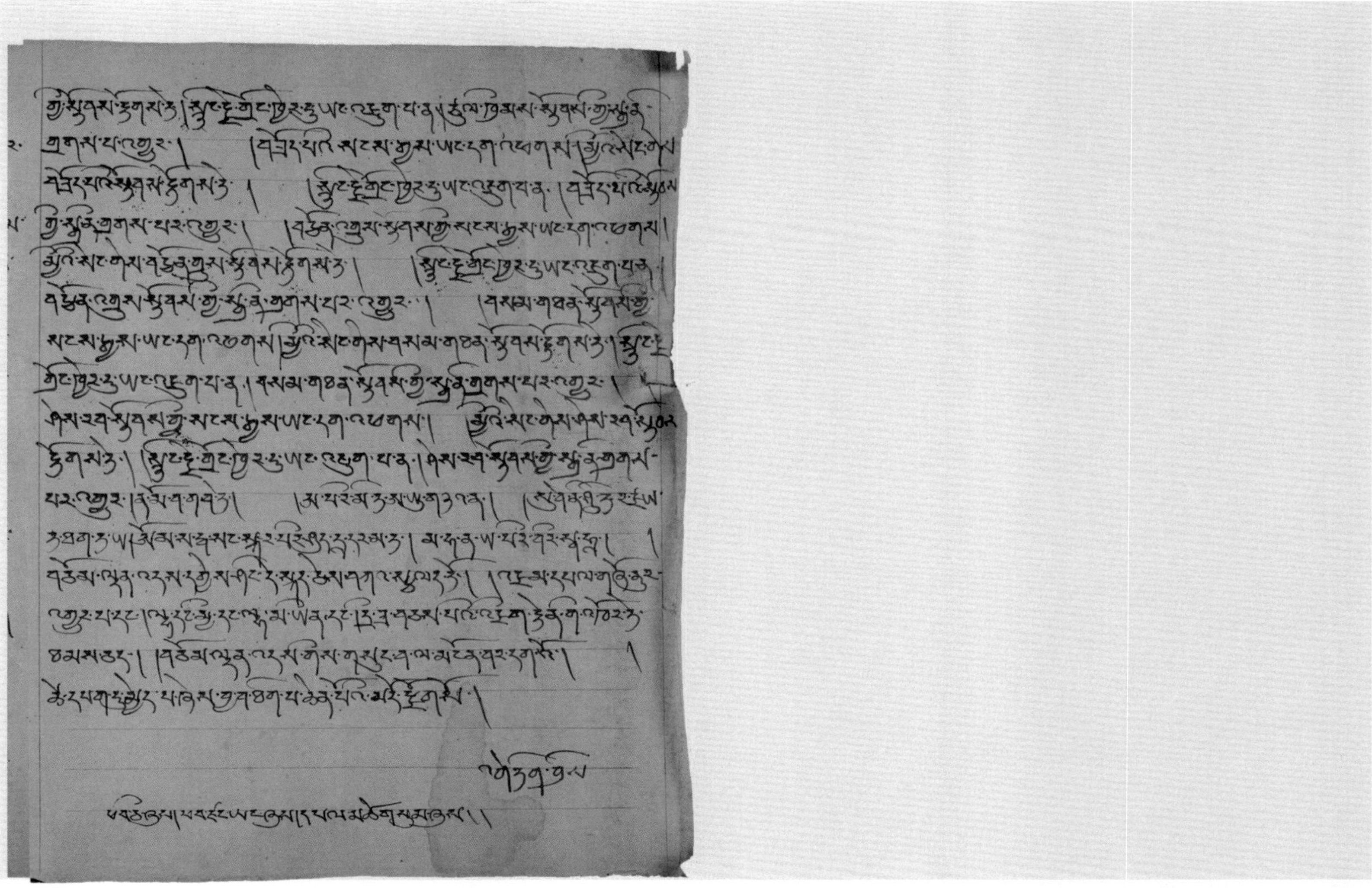

大乘無量壽宗要經 （4—4）

敦博 Db.t.0105 ཚེ་དཔག་དུ་མྱེད་པ་ཞེས་བྱ་བ། ཐེག་པ་ཆེན་པོའི་མདོ།།
大乘無量壽宗要經 （3—1）

敦博 Db.t.0105 ཚེ་དཔག་དུ་མྱེད་པ་ཞེས་བྱ་བ། ཐེག་པ་ཆེན་པོའི་མདོ།།
大乘無量壽宗要經 （3—2）

敦博 Db.t.0105 ཚེ་དཔག་དུ་མྱེད་པ་ཞེས་བྱ་བ། ཐེག་པ་ཆེན་པོའི་མདོ།།
大乘無量壽宗要經 （3—3）

敦博 Db.t.0106 ཚེ་དཔག་དུ་མྱེད་པ་ཞེས་བྱ་བ།
大乘無量壽宗要經 （4—1）

敦博 Db.t.0106 ཚེ་དཔག་དུ་མྱེད་པ་ཞེས་བྱ་བ།
大乘無量壽宗要經 （4—2）

敦博 Db.t.0106 ཚེ་དཔག་དུ་མྱེད་པ་ཞེས་བྱ་བ།
大乘無量壽宗要經 （4—3）

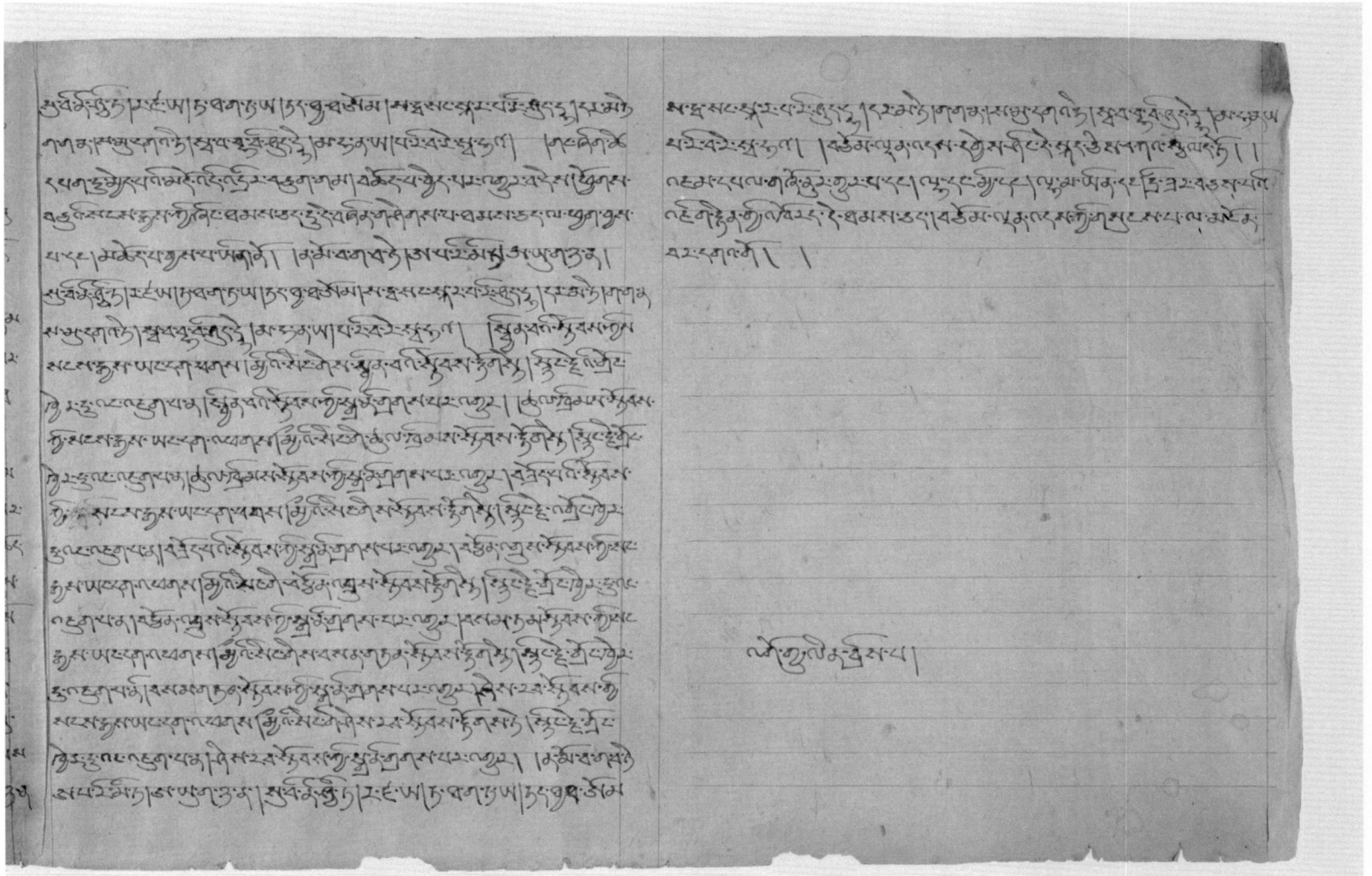

敦博 Db.t.0106 ཚེ་དཔག་དུ་མྱེད་པ་ཞེས་བྱ་བ༎
大乘無量壽宗要經 （4—4）

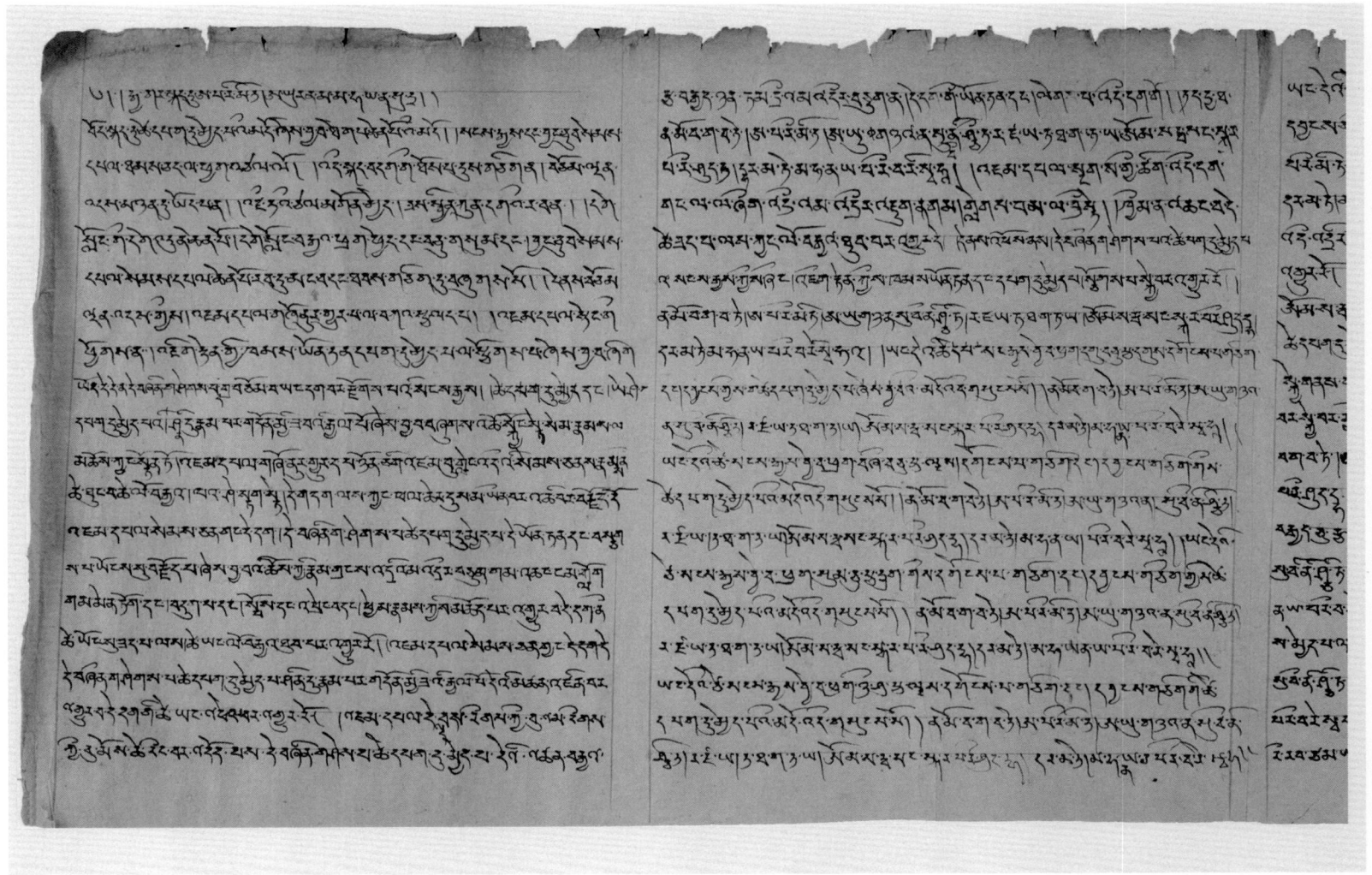

敦博 Db.t.0107 ཚེ་དཔག་དུ་མྱེད་པ་འི་མདོ་ཞེས་བྱ་བ་ཐེག་པ་ཆེན་པོ་འི་མདོ༎
大乘無量壽宗要經 （4—1）

敦博 Db.t.0107 ཚེ་དཔག་དུ་མྱེད་པ་འི་མདོ་ཞེས་བྱ་བ་ཐེག་པ་ཆེན་པོ་འི་མདོ།།

大乘無量壽宗要經 （4—2）

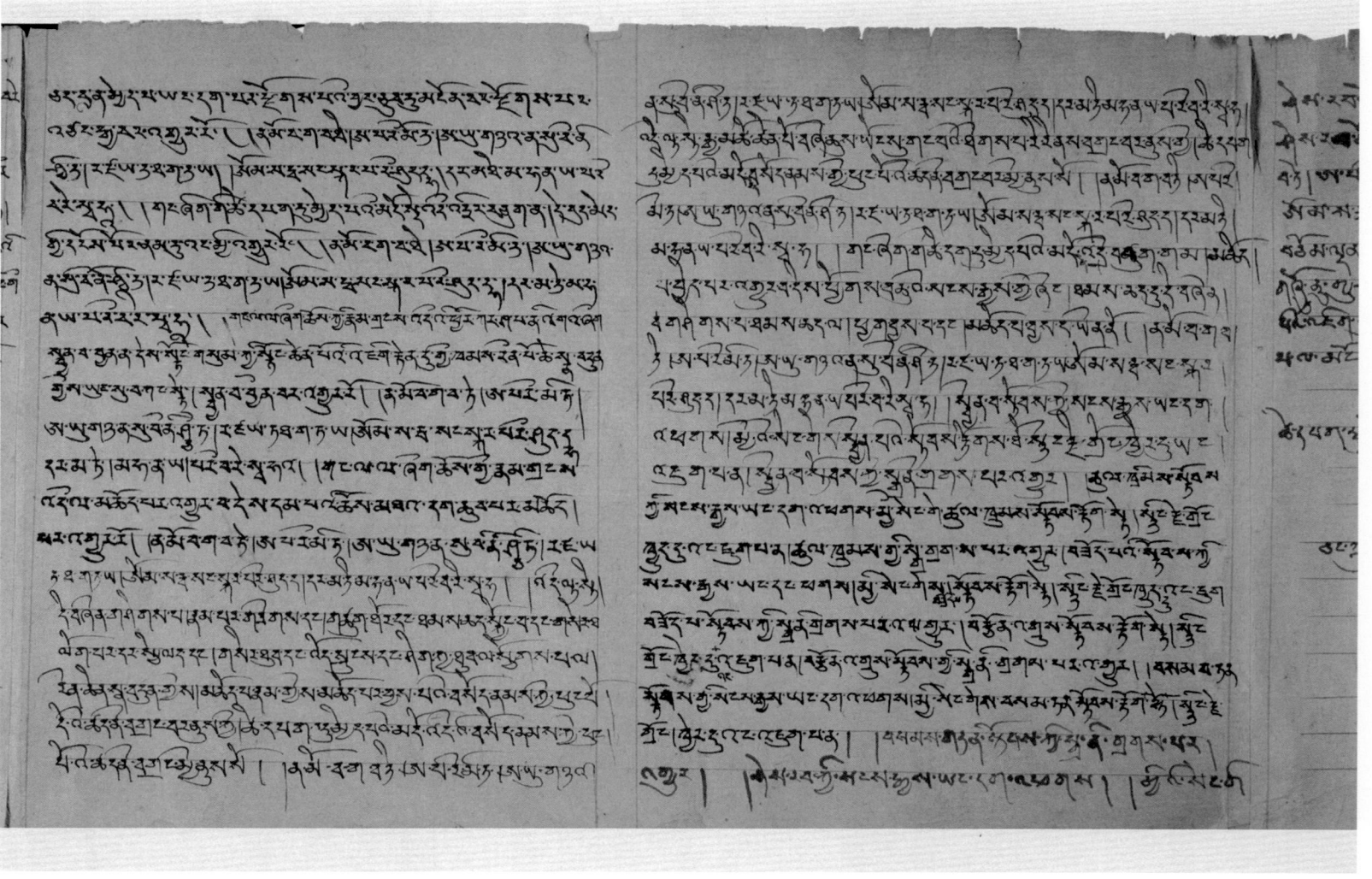

敦博 Db.t.0107 ཚེ་དཔག་དུ་མྱེད་པ་འི་མདོ་ཞེས་བྱ་བ་ཐེག་པ་ཆེན་པོ་འི་མདོ།།

大乘無量壽宗要經 （4—3）

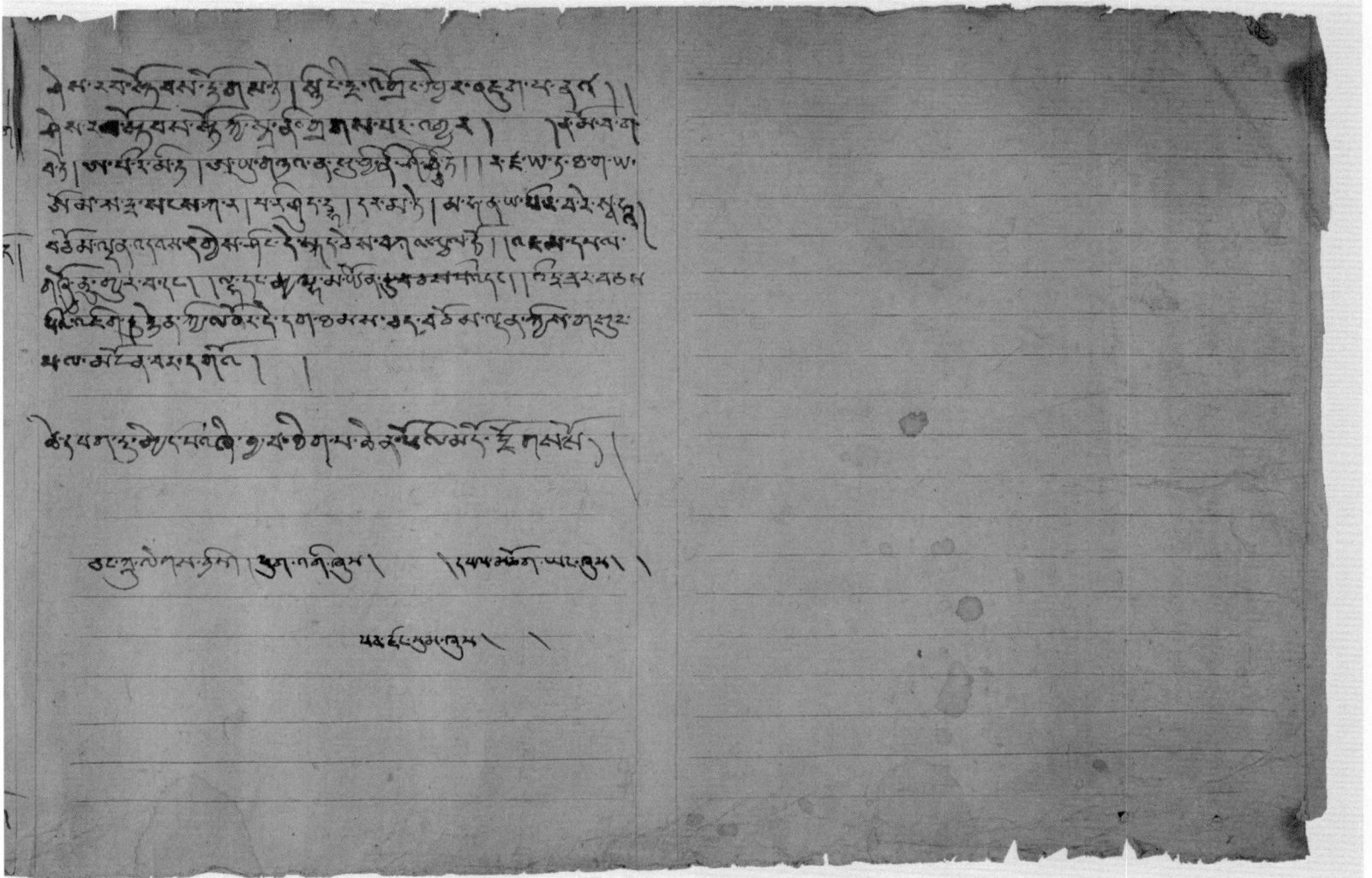

敦博 Db.t.0107 ཚེ་དཔག་དུ་མྱེད་པ་འི་མདོ་ཞེས་བྱ་བ་ཐེག་པ་ཆེན་པོ་འི་མདོ།།

大乘無量壽宗要經 （4—4）

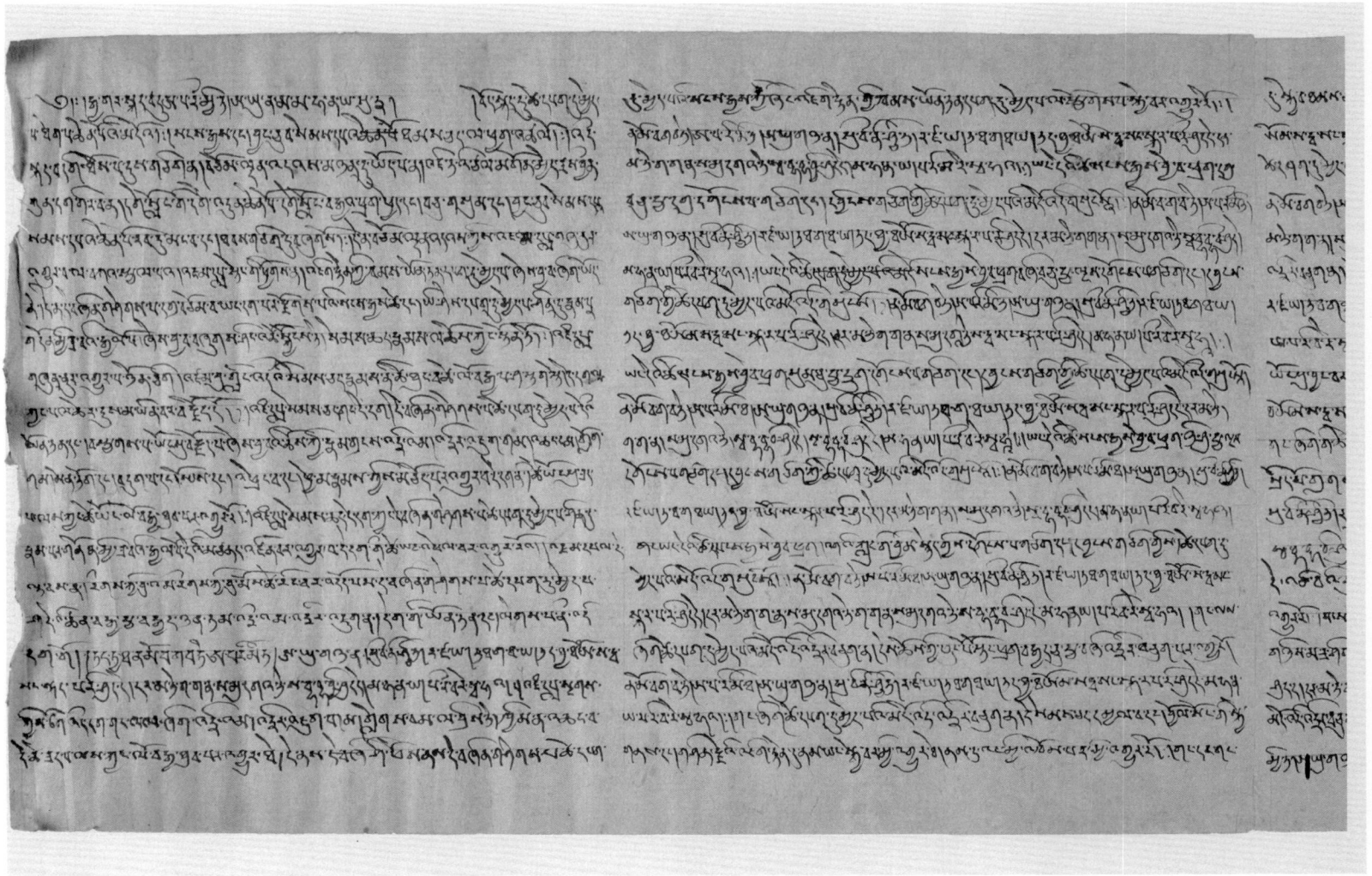

敦博 Db.t.0108 ཚེ་དཔག་དུ་མྱེད་པ་ཐེག་པ་ཆེན་པོ་འི་མདོ༔།

大乘無量壽宗要經 （3—1）

敦博 Db.t.0108 ཚེ་དཔག་དུ་མྱེད་པ་ཞེག་པ་ཆེན་པོའི་མདོ། །

大乘無量壽宗要經 （3—2）

敦博 Db.t.0108 ཚེ་དཔག་དུ་མྱེད་པ་ཞེག་པ་ཆེན་པོའི་མདོ། །

大乘無量壽宗要經 （3—3）

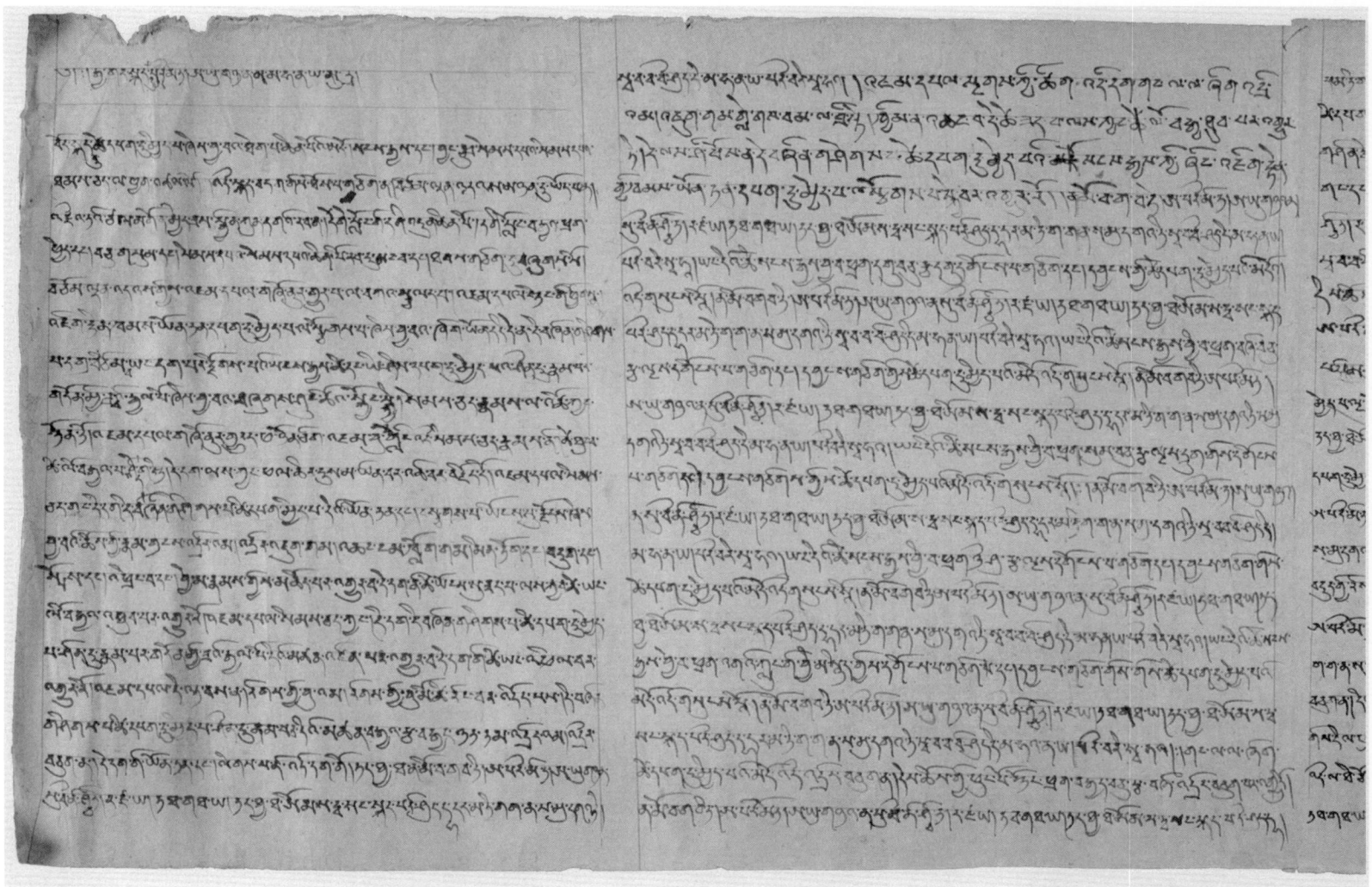

敦博 Db.t.0109　ཚེ་དཔག་དུ་མྱེད་པ་ཞེས་བྱ་བའ་ཐེག་པ་ཆེན་པོའི་མདོ༎
大乘無量壽宗要經　（9—1）

敦博 Db.t.0109　ཚེ་དཔག་དུ་མྱེད་པ་ཞེས་བྱ་བའ་ཐེག་པ་ཆེན་པོའི་མདོ༎
大乘無量壽宗要經　（9—2）

敦博 Db.t.0109 ཚེ་དཔག་ཏུ་མྱེད་པ་ཞེས་བྱ་བའ་ཐེག་པ་ཆེན་པོའི་མདོ༎

大乘無量壽宗要經 （9—3）

敦博 Db.t.0109 ཚེ་དཔག་ཏུ་མྱེད་པ་ཞེས་བྱ་བའ་ཐེག་པ་ཆེན་པོའི་མདོ༎

大乘無量壽宗要經 （9—4）

敦博 Db.t.0109 ཚེ་དཔག་དུ་མྱེད་པ་ཞེས་བྱ་བའ་ཐེག་པ་ཆེན་པོའི་མདོ༎

大乘無量壽宗要經 （9—5）

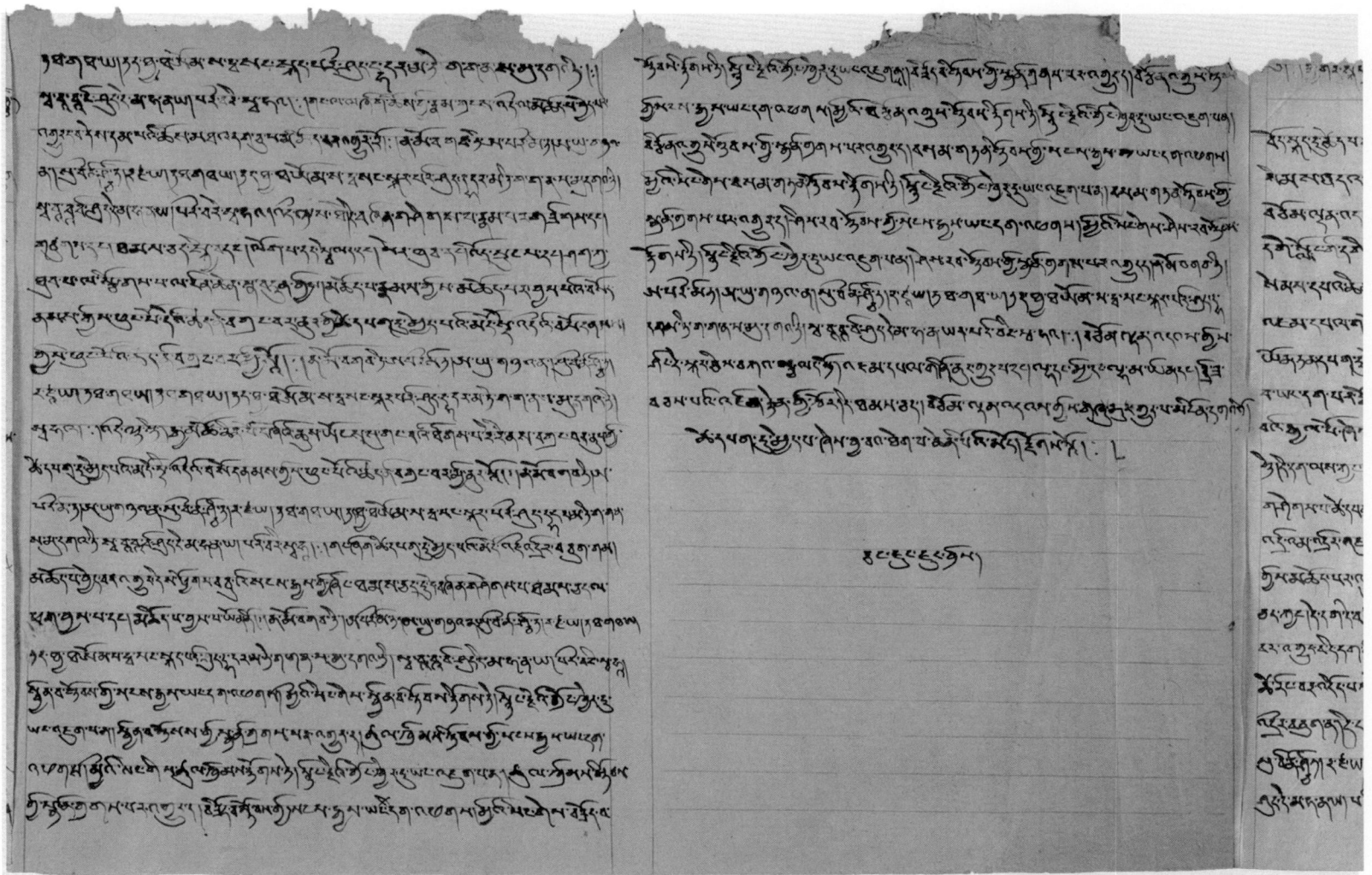

敦博 Db.t.0109 ཚེ་དཔག་དུ་མྱེད་པ་ཞེས་བྱ་བའ་ཐེག་པ་ཆེན་པོའི་མདོ༎

大乘無量壽宗要經 （9—6）

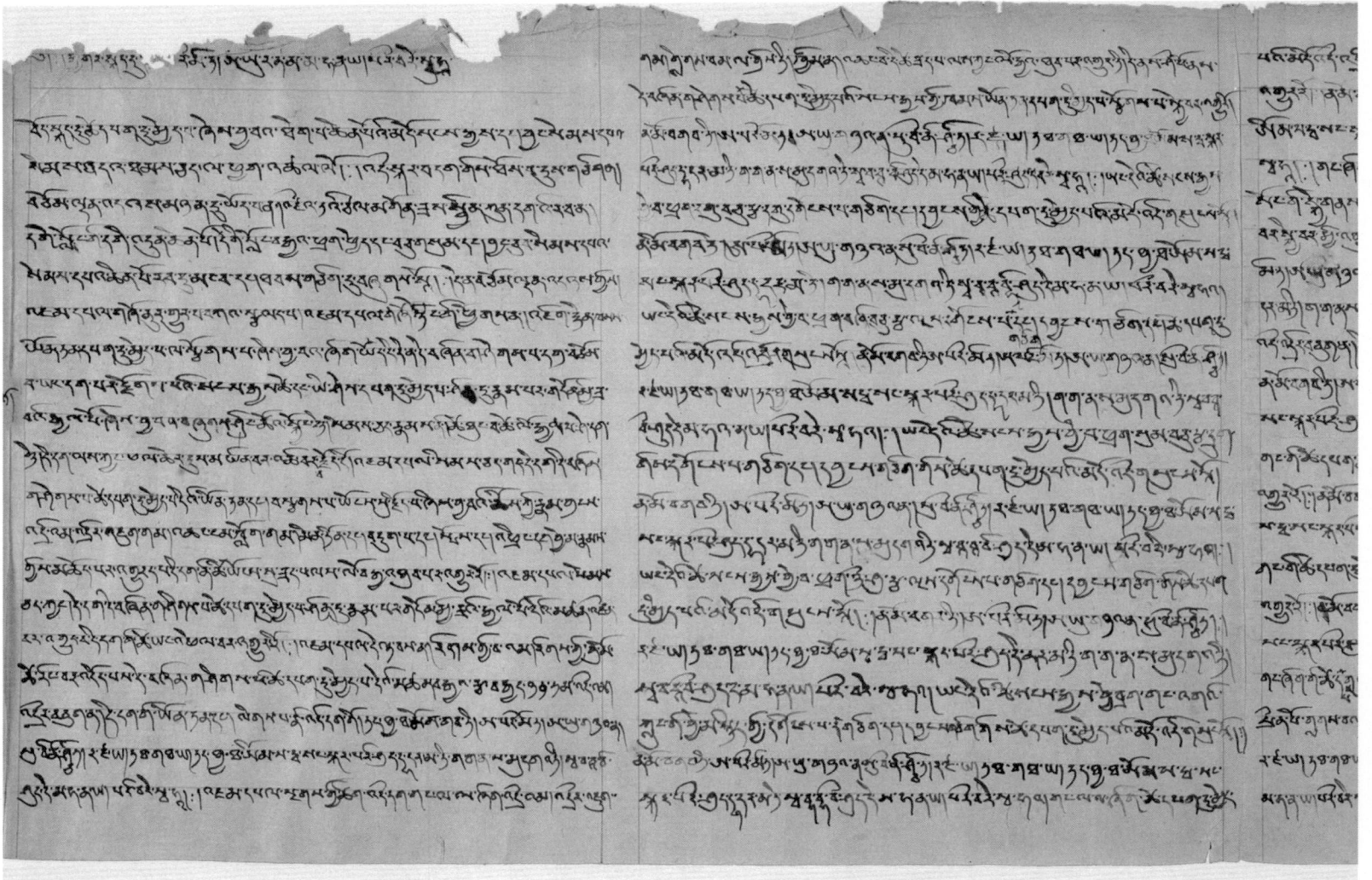

敦博 Db.t.0109 ཚེ་དཔག་དུ་མྱེད་པ་ཞེས་བྱ་བའ་ཐེག་པ་ཆེན་པོའི་མདོ༎
大乘無量壽宗要經 （9—7）

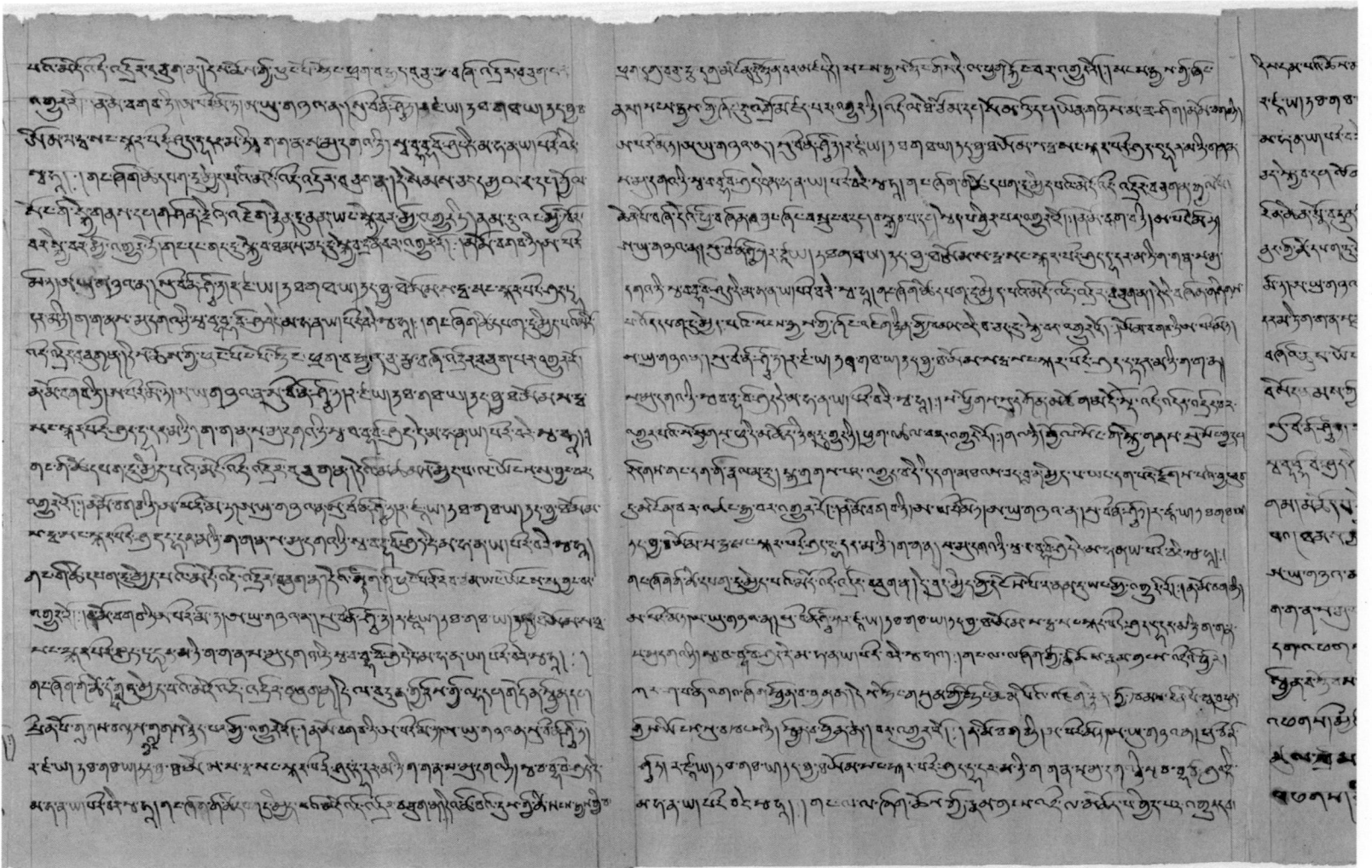

敦博 Db.t.0109 ཚེ་དཔག་དུ་མྱེད་པ་ཞེས་བྱ་བའ་ཐེག་པ་ཆེན་པོའི་མདོ༎
大乘無量壽宗要經 （9—8）

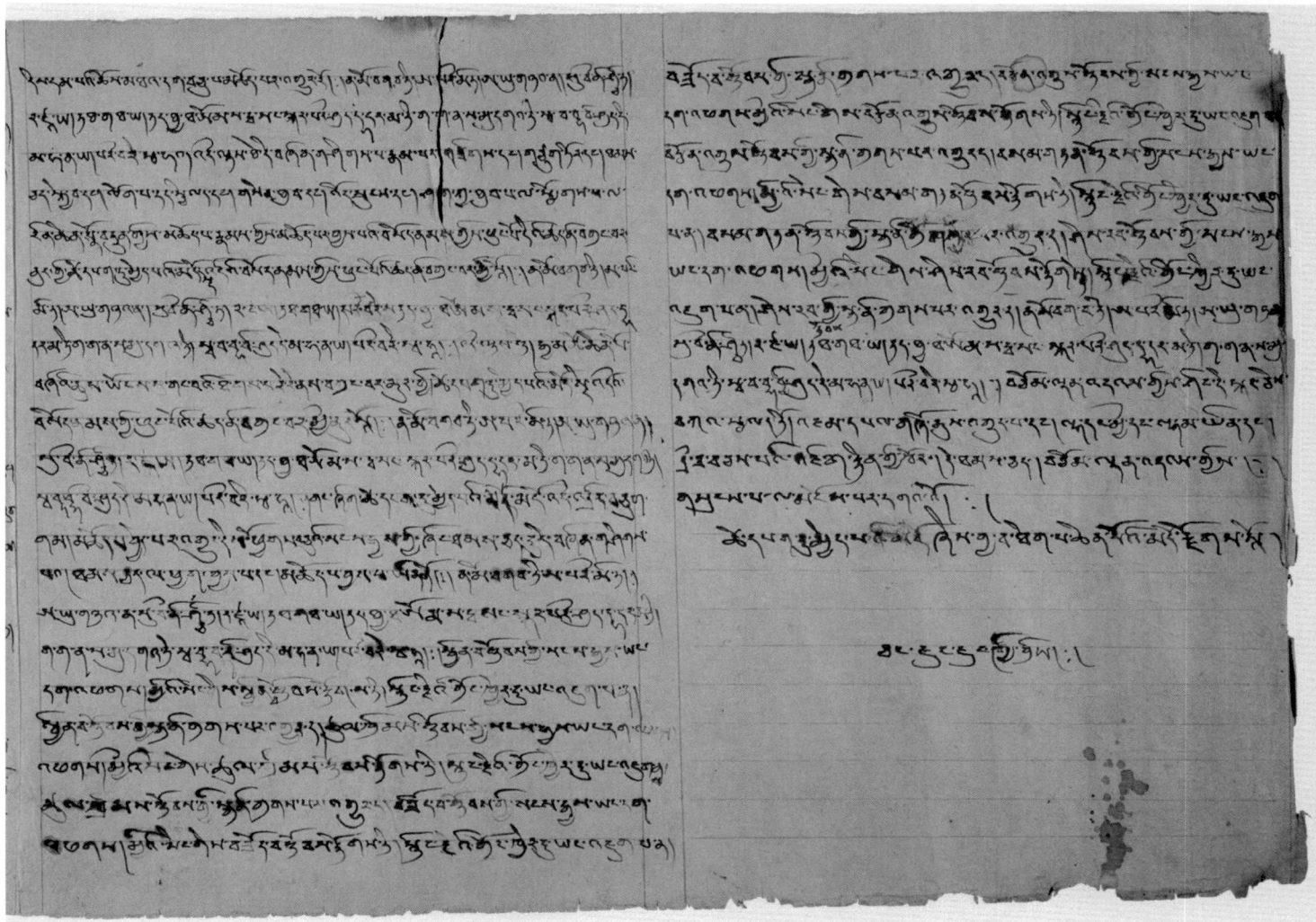

敦博 Db.t.0109 ཚེ་དཔག་དུ་མྱེད་པ་ཞེས་བྱ་བའ་ཐེག་པ་ཆེན་པོའི་མདོ།།

大乘無量壽宗要經 （9—9）

敦博 Db.t.0110 ཚེ་དཔག་དུ་མྱེད་པ་ཞེས་བྱ་བ་ཐེག་པ་ཆེན་པོའི་མདོ།།

大乘無量壽宗要經 （3—1）

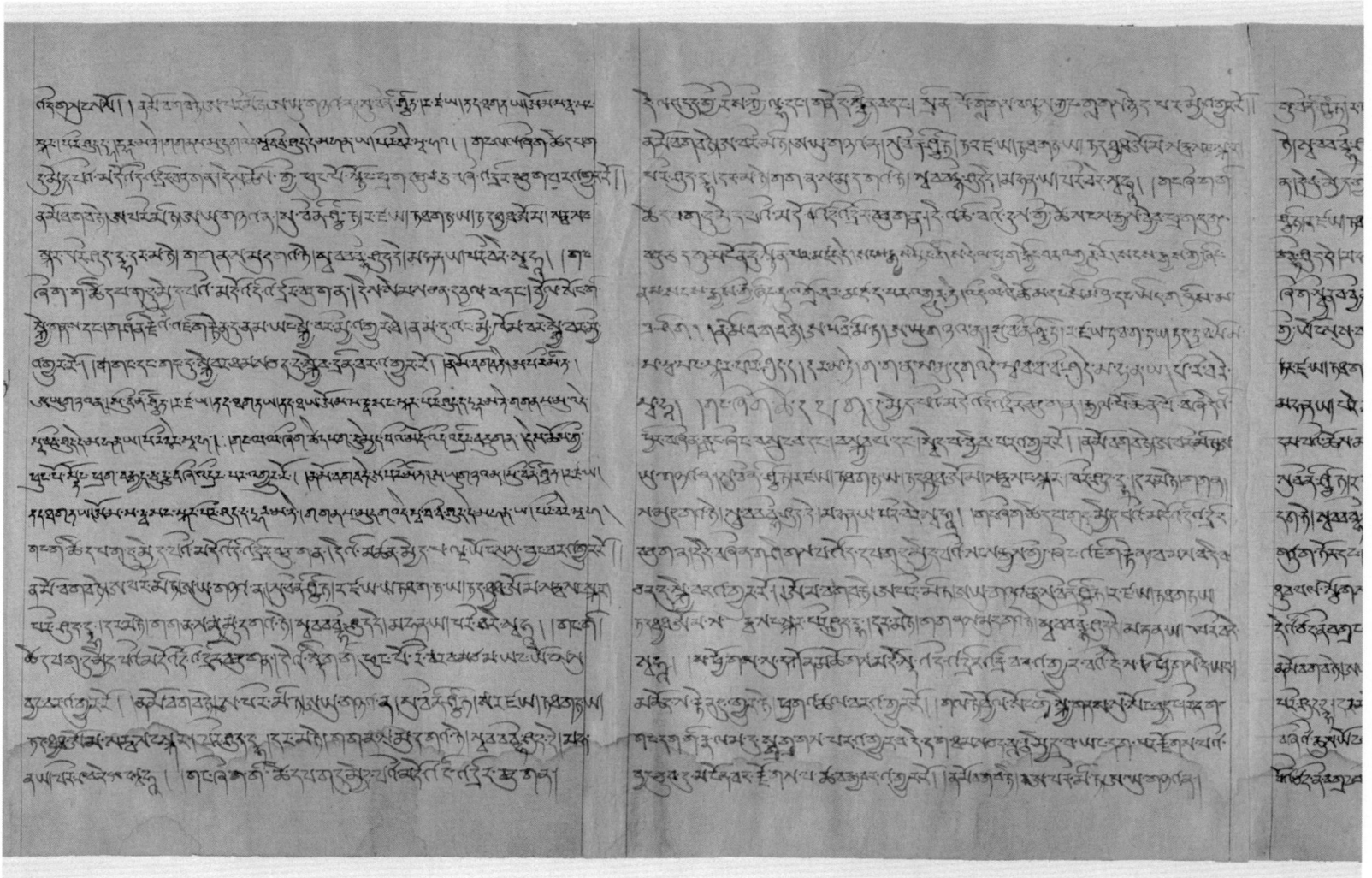

敦博 Db.t.0110 ཚེ་དཔག་དུ་མྱེད་པ་ཞེས་བྱ་བ་ཐེག་པ་ཆེན་པོའི་མདོ།།

大乘無量壽宗要經 （3—2）

敦博 Db.t.0110 ཚེ་དཔག་དུ་མྱེད་པ་ཞེས་བྱ་བ་ཐེག་པ་ཆེན་པོའི་མདོ།།

大乘無量壽宗要經 （3—3）

敦博 Db.t.0111 ཚེ་དཔག་དུ་མྱེད་པ་ཞེས་བྱ་བ་ཐེག་པ་ཆེན་པོའི་མདོ།།
大乘無量壽宗要經 （3—1）

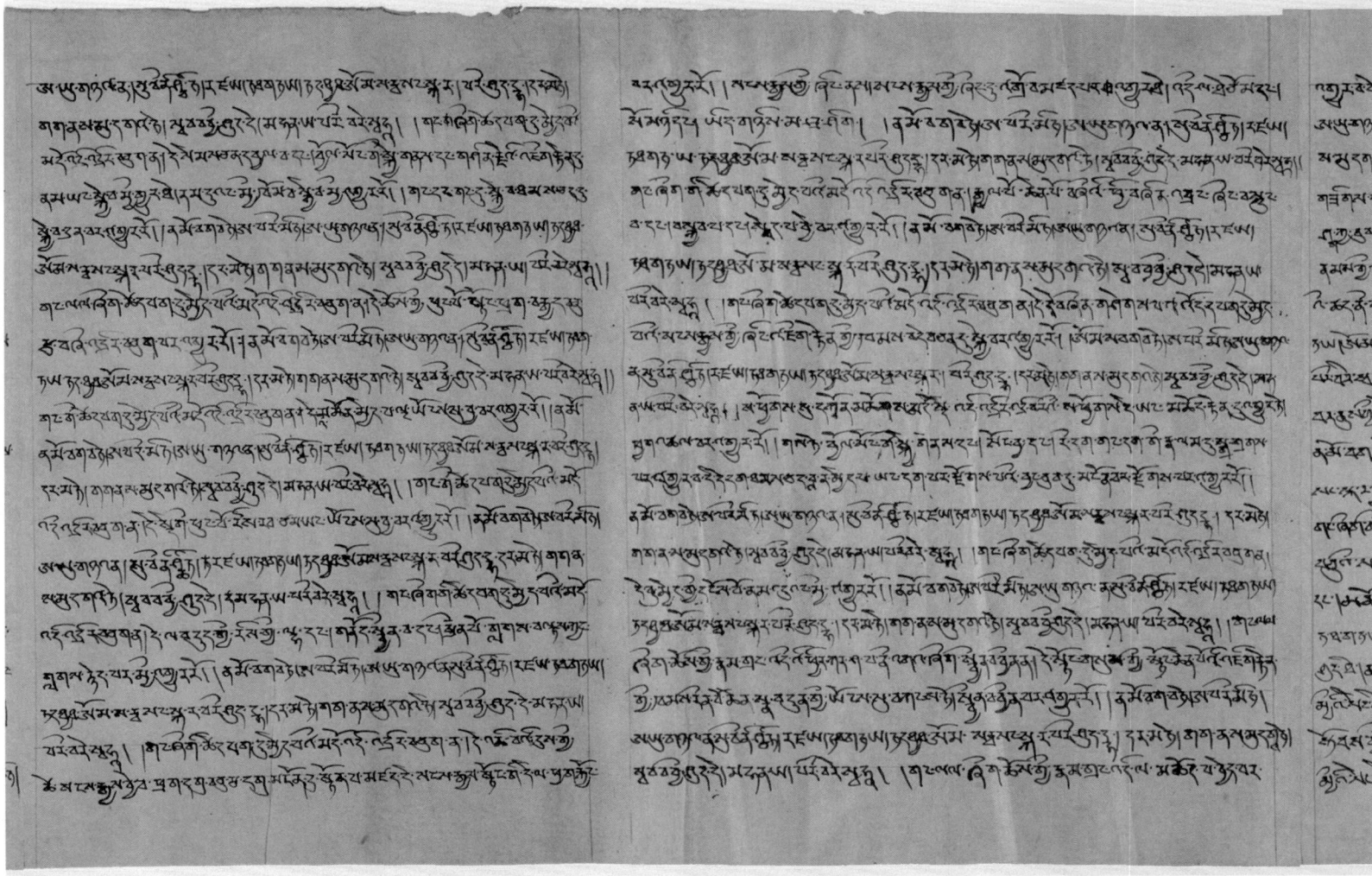

敦博 Db.t.0111 ཚེ་དཔག་དུ་མྱེད་པ་ཞེས་བྱ་བ་ཐེག་པ་ཆེན་པོའི་མདོ།།
大乘無量壽宗要經 （3—2）

敦博 Db.t.0111 ཚེ་དཔག་དུ་མྱེད་པ་ཞེས་བྱ་བ་ཐེག་པ་ཆེན་པོའི་མདོ༎

大乘無量壽宗要經 （3—3）

敦博 Db.t.0112 ཚེ་དཔག་དུ་མྱེད་པའ་ཞེས་བྱ་བ་ཐེག་པ་ཆེན་པོའི་མདོས༎

大乘無量壽宗要經 （4—1）

敦博 Db.t.0112 ཚེ་དཔག་དུ་མྱེད་པའི་ཞེས་བྱ་བ་ཐེག་པ་ཆེན་པོའི་མདོ། །
大乘無量壽宗要經 （4—2）

敦博 Db.t.0112 ཚེ་དཔག་དུ་མྱེད་པའི་ཞེས་བྱ་བ་ཐེག་པ་ཆེན་པོའི་མདོ། །
大乘無量壽宗要經 （4—3）

ཕྱིར་རོ།་འདི་ནི་རྒྱ་མཚོ་ཆེན་པོ་ལྟ་བུར་དྲག་པ་ནི་རྒྱ་མཚོ་ཆེན་པོ་ལྟ་བུ་ཞེས་བྱ་བ་འདིས་སུ་བསྟན་ཏེ། ཡང་དག་པར་གྱུར།
འདས་པ་དང་ཆོས་ཉིད་དང་རྣམས་ལ་ཆོས་ཉིས་པ་དང་འདས་པ་ཞེས་པ་མི་ཟད་པ་ཆེན་པོ་སྟེ་བྱ་བ་འདི་ཡིན་ནོ།
ཆོས་ཉིས་ཀྱི་རྡོ་རྗེ་ཡང་དག་པར་གྱུར་པ་དང་ཆགས་པ་རྣམས་མ་ལུས་པ་ཟད་པར་གྱི་ཉི་རྡོ་རྗེ་གྱུར་ལ་འགྱུར་ཏ།
ཉི་རྡོ་རྗེ་ཡང་དག་པར་གྱུར་པ་ནི་བ་དང་ཟད་པ་བདག་ཉིད་མ་ལུས་པར་ཆོས་ཉིས་པ་རྫོགས་པར་ཉི་རྡོ་རྗེ་ཡོ།
དེ་ལྟར་བདག་གིས་བསྒྱུར་པ་དང་ཆོས་ཉིས་ཀྱི་རྫོགས་པར་གྱུར་ལ་ལུས་ལག་པ་རྒྱ་མཚོར་མ་ལུས་པར་ཡོ།
པར་ཆགས་ཉིས་རྣམ་ཉི་ནགས་ལ་པར་འཛིན་པ་སྟེ། འདི་ཆོས་ཉིས་པ་དང་ཆོས་ཉིས་ཀྱི་ཉི་ནགས་མཛད།
ཤུ་ཉིས་པ་དག་འཛིན་པར་ལུ། འདི་རྟ་ཆགས་པའི་ཉི་ཉིད་ཀྱི་ཉི་ནི།
ཡིན་དང་ཉི་རྡོ་རྣམས་པ་བདག་ཉིད་ཉི་ཉི་ཉི་བ་ཞི་ན།་ཁྱེར། ་ཁ་སངས་ཆགས་ཆ་ཆིའི་ཆགས་པ་ཉ་རྣམས།
ཆ་ས་གསུམ་ལ་སན་པ་མ་ཉི་ནས་དག་ཉི།

敦博 Db.t.0112 ཚེ་དཔག་ཏུ་མྱེད་པའི་ཞེས་བྱ་བ་ཐེག་པ་ཆེན་པོའི་མདོ༎
大乘無量壽宗要經 （4—4）

敦博 Db.t.0113 ཚེ་དཔག་ཏུ་མྱེད་པ་ཞེས་བྱ་བ་ཐེག་པ་ཆེན་པོའི་མདོ༎
大乘無量壽宗要經 （4—1）

敦博 Db.t.0113 ཚེ་དཔག་དུ་མྱེད་པ་ཞེས་བྱ་བ་ཐེག་པ་ཆེན་པོ་འི་མདོས།།

大乘無量壽宗要經 （4—2）

敦博 Db.t.0113 ཚེ་དཔག་དུ་མྱེད་པ་ཞེས་བྱ་བ་ཐེག་པ་ཆེན་པོ་འི་མདོས།།

大乘無量壽宗要經 （4—3）

敦博 Db.t.0113 ཚེ་དཔག་དུ་མྱེད་པ་ཞེས་བྱ་བ་ཐེག་པ་ཆེན་པོའི་མདོས།།
大乘無量壽宗要經 （4—4）

敦博 Db.t.0114 ཚེ་དཔག་དུ་མྱེད་པ་ཞེས་བྱ་བ་ཐེག་པ་ཆེན་པོའི་མདོ།།
大乘無量壽宗要經 （9—1）

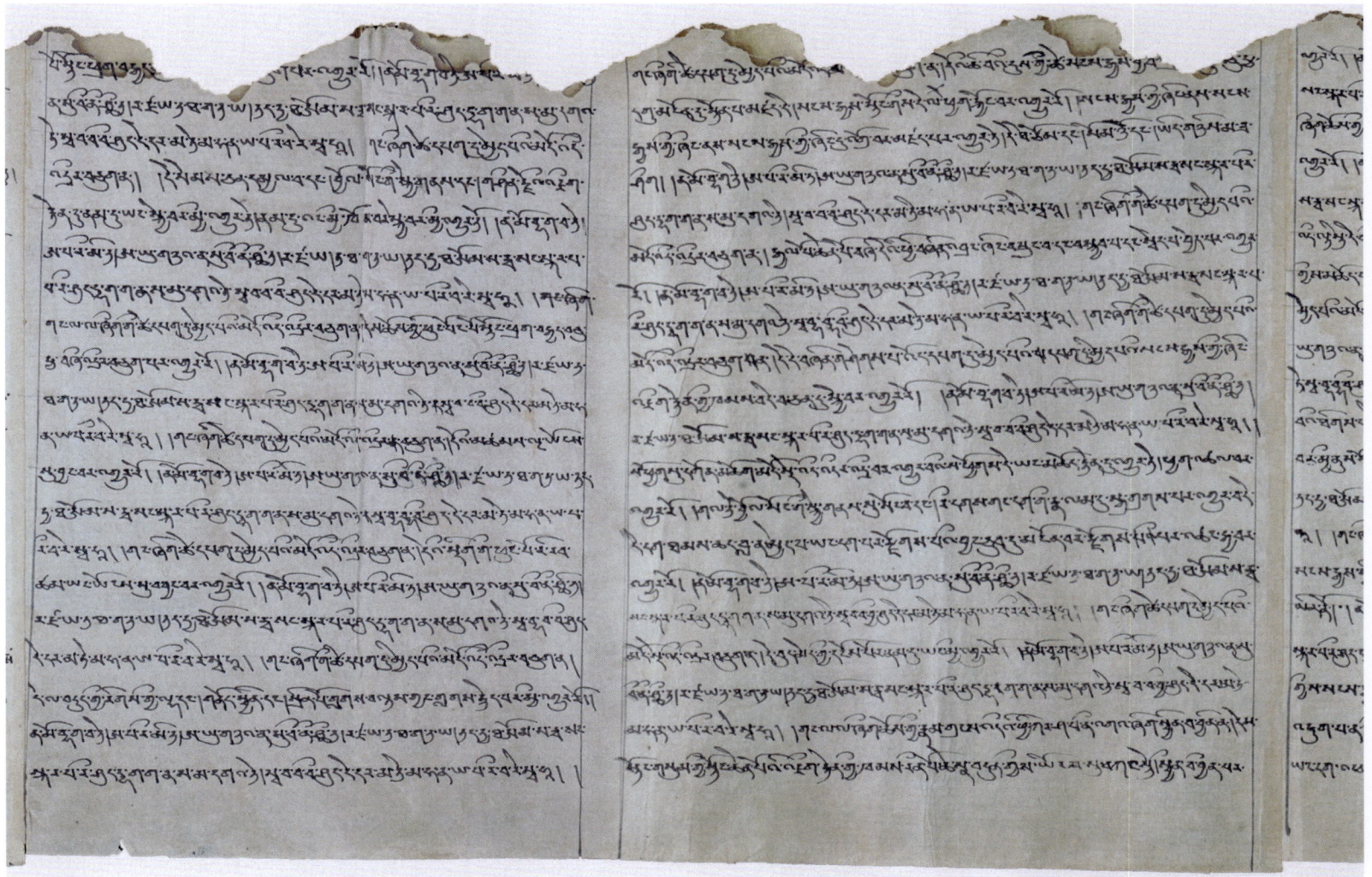

敦博 Db.t.0114 ཚེ་དཔག་དུ་མྱེད་པ་ཞེས་བྱ་བ་ཐེག་པ་ཆེན་པོའི་མདོ།།
大乘無量壽宗要經 （9—2）

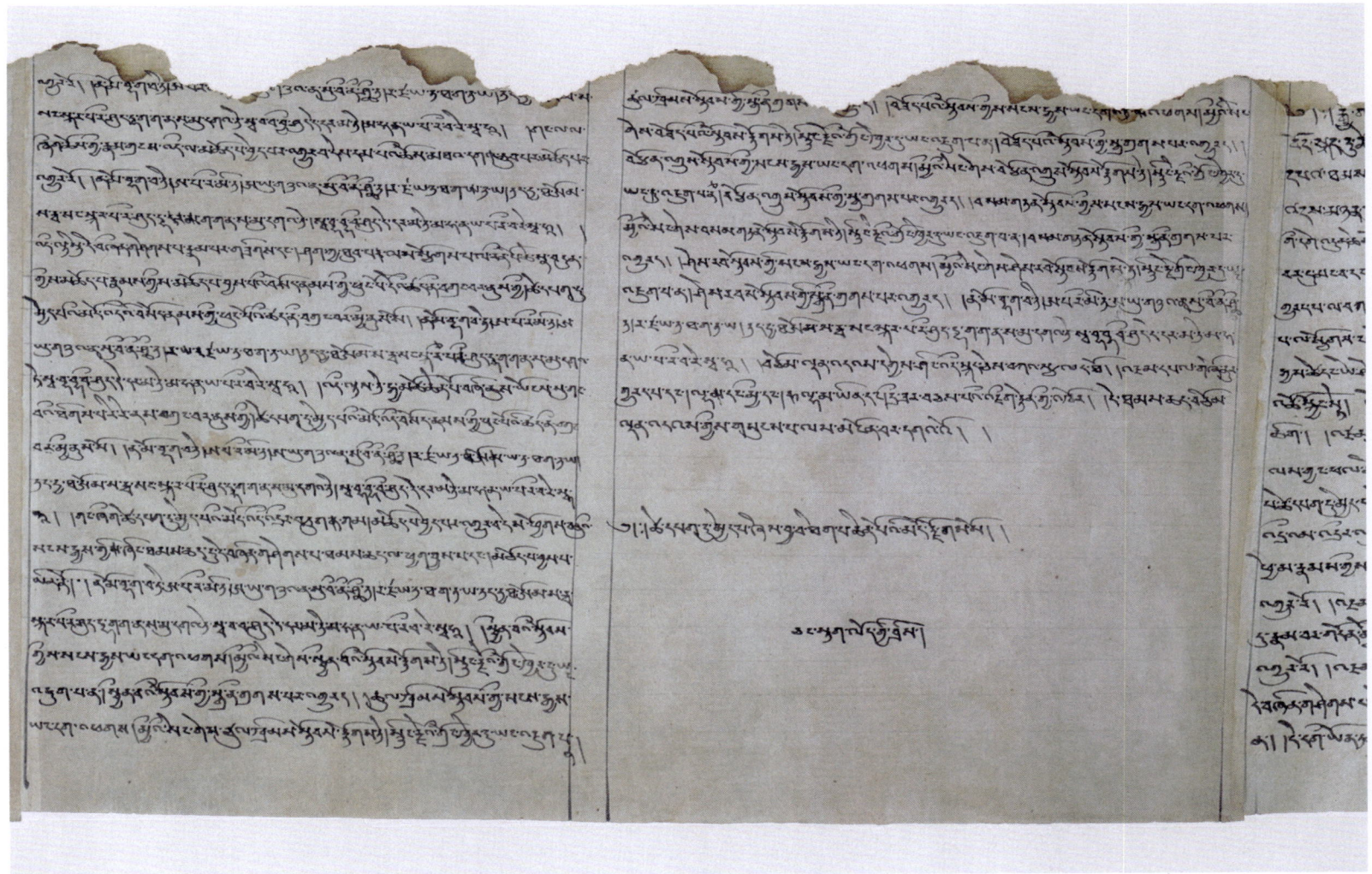

敦博 Db.t.0114 ཚེ་དཔག་དུ་མྱེད་པ་ཞེས་བྱ་བ་ཐེག་པ་ཆེན་པོའི་མདོ།།
大乘無量壽宗要經 （9—3）

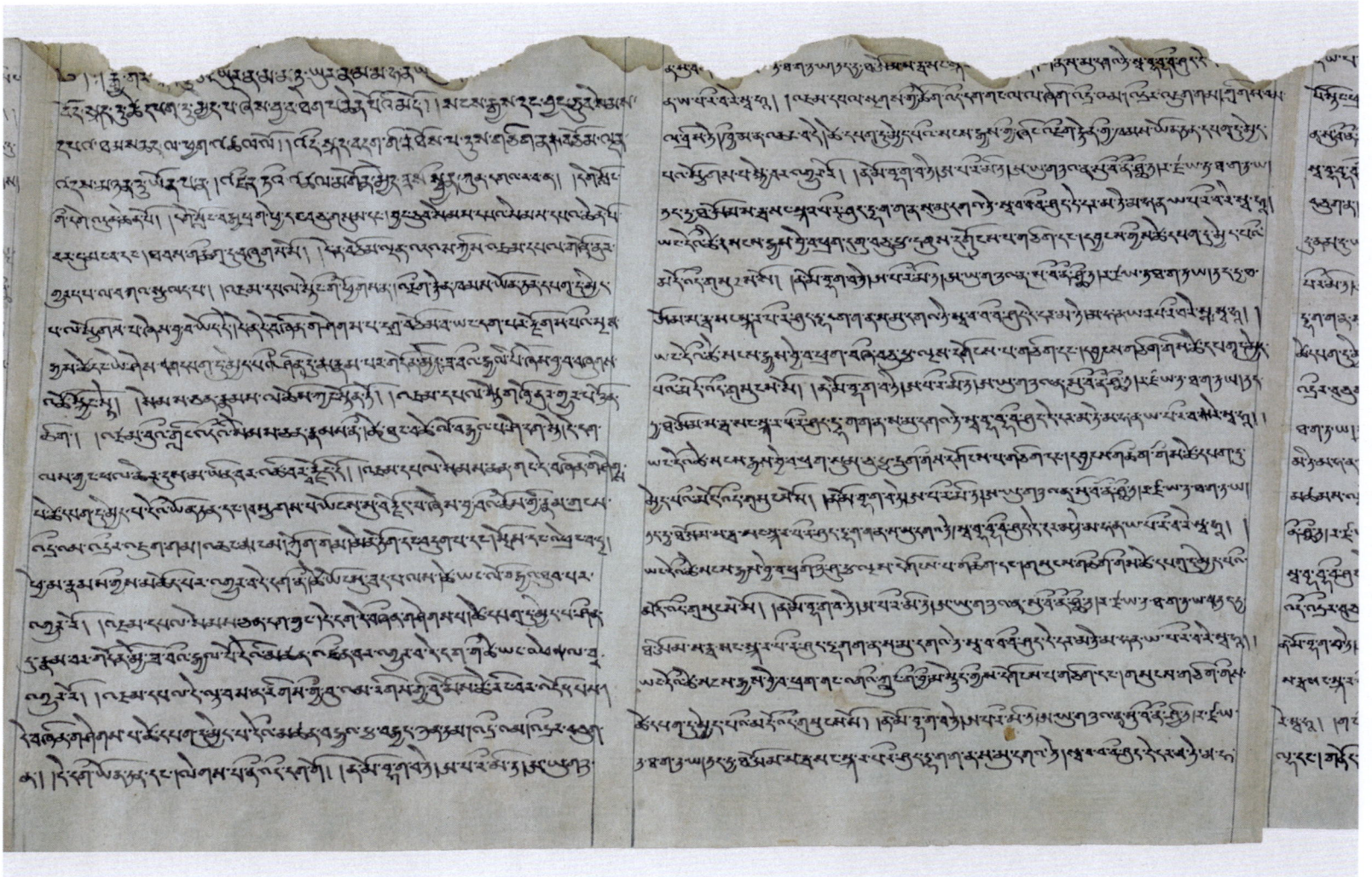

敦博 Db.t.0114 ཆོ་དཔག་དུ་མྱེད་པ་ཞེས་བྱ་བ་ཐེག་པ་ཆེན་པོའི་མདོ།།

大乘無量壽宗要經 （9—4）

敦博 Db.t.0114 ཆོ་དཔག་དུ་མྱེད་པ་ཞེས་བྱ་བ་ཐེག་པ་ཆེན་པོའི་མདོ།།

大乘無量壽宗要經 （9—5）

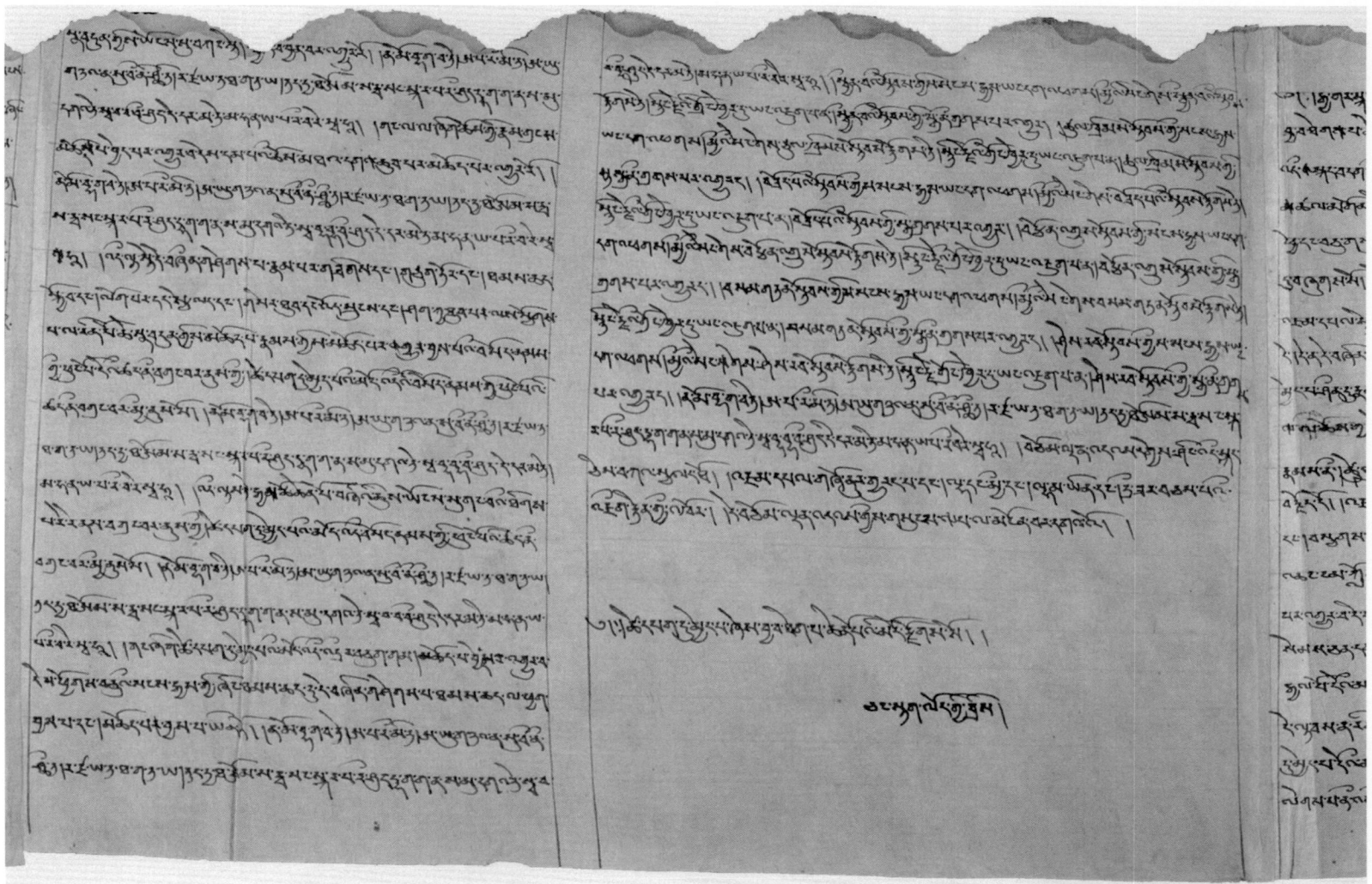

敦博 Db.t.0114 ཚེ་དཔག་དུ་མྱེད་པ་ཞེས་བྱ་བ་ཐེག་པ་ཆེན་པོའི་མདོ།།
大乘無量壽宗要經 （9—6）

敦博 Db.t.0114 ཚེ་དཔག་དུ་མྱེད་པ་ཞེས་བྱ་བ་ཐེག་པ་ཆེན་པོའི་མདོ།།
大乘無量壽宗要經 （9—7）

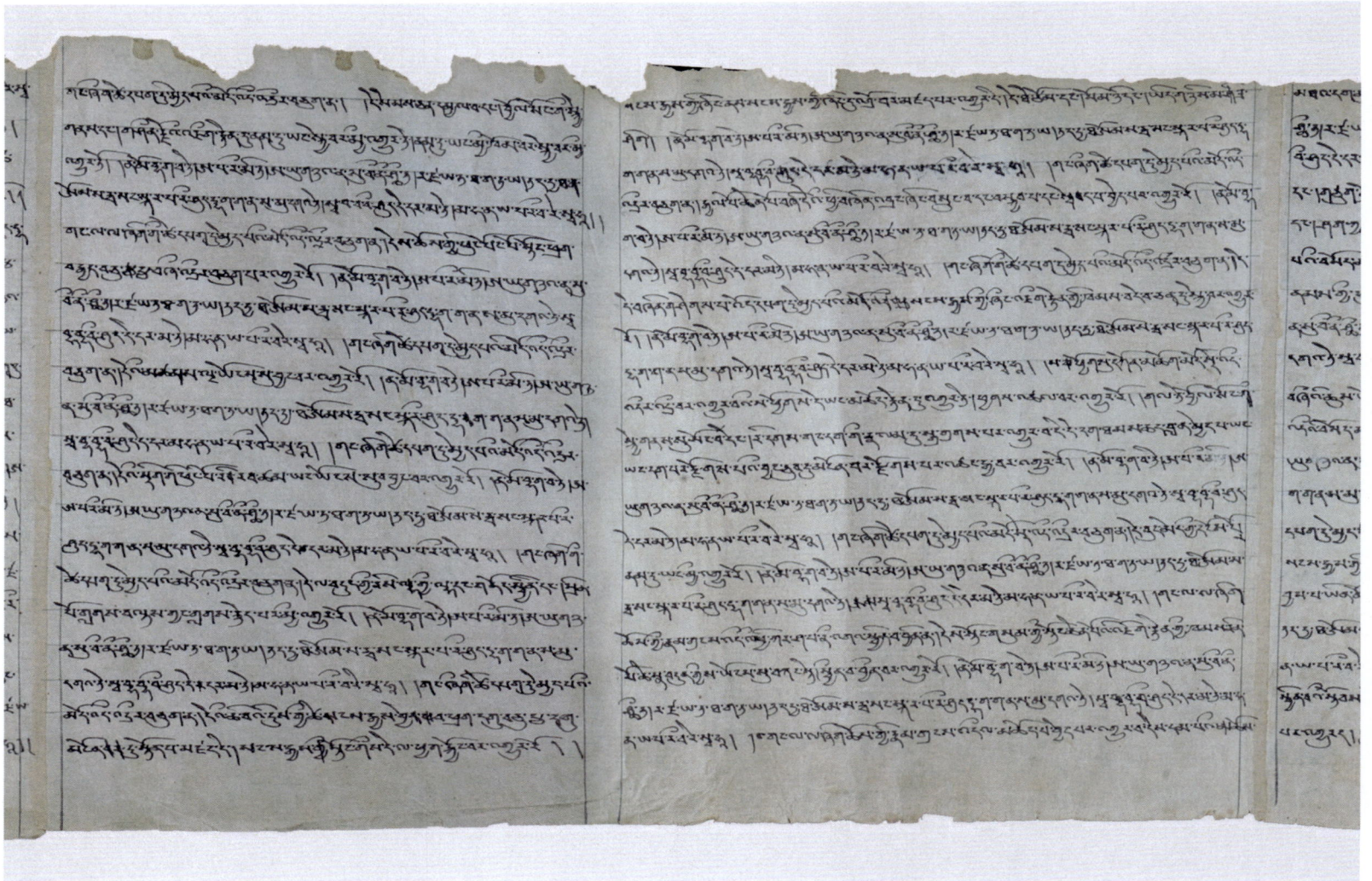

敦博 Db.t.0114 ཚེ་དཔག་དུ་མྱེད་པ་ཞེས་བྱ་བ་ཐེག་པ་ཆེན་པོའི་མདོ།།
　　　大乘無量壽宗要經　（9—8）

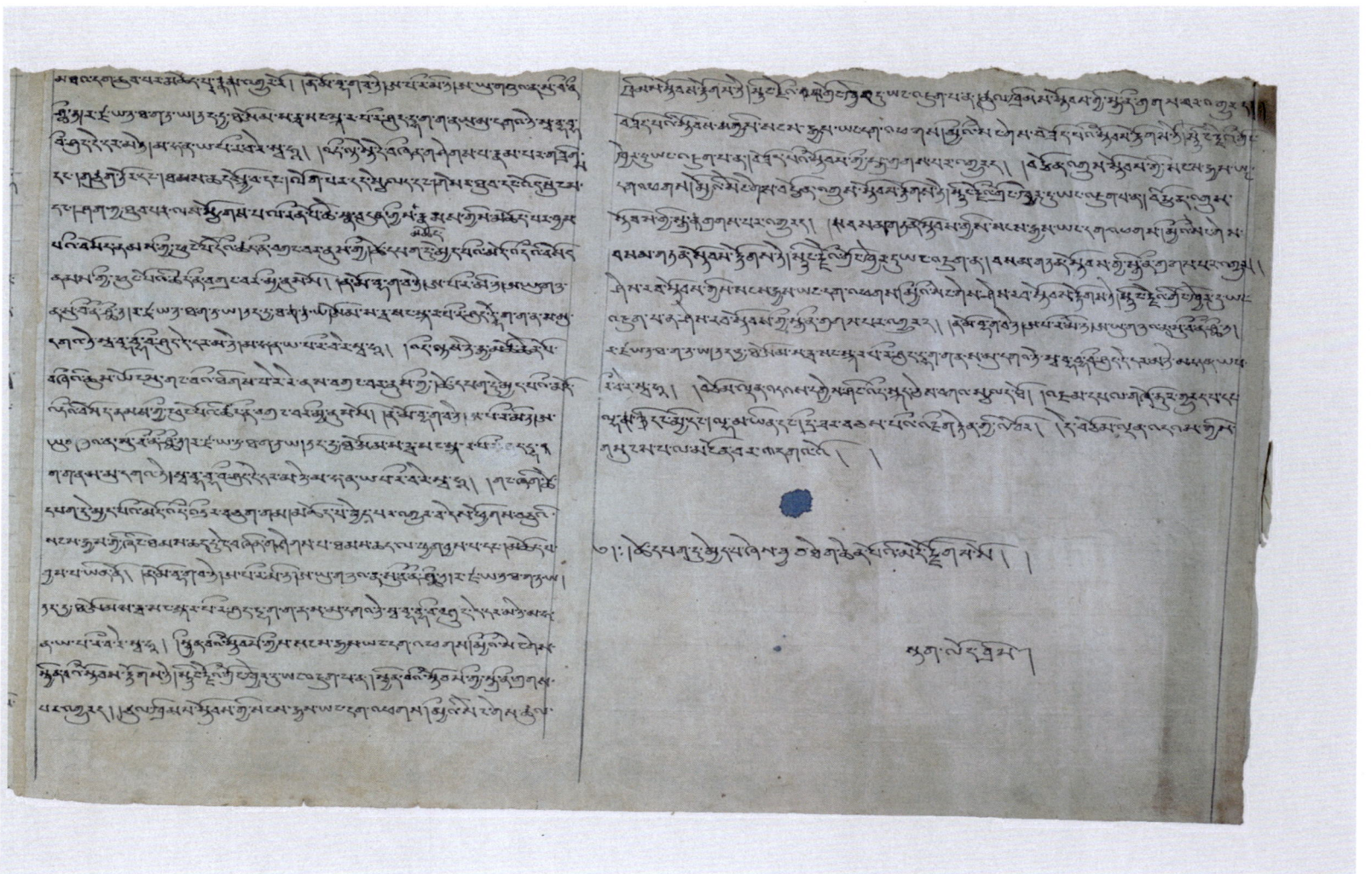

敦博 Db.t.0114 ཚེ་དཔག་དུ་མྱེད་པ་ཞེས་བྱ་བ་ཐེག་པ་ཆེན་པོའི་མདོ།།
　　　大乘無量壽宗要經　（9—9）

敦博 Db.t.0115 ཚེ་དཔག་དུ་མྱེད་པ་ཞེས་བྱ་བ་ཐེག་པ་ཆེན་པོའི་མདོ།།
大乘無量壽宗要經 （9—1）

敦博 Db.t.0115 ཚེ་དཔག་དུ་མྱེད་པ་ཞེས་བྱ་བ་ཐེག་པ་ཆེན་པོའི་མདོ།།
大乘無量壽宗要經 （9—2）

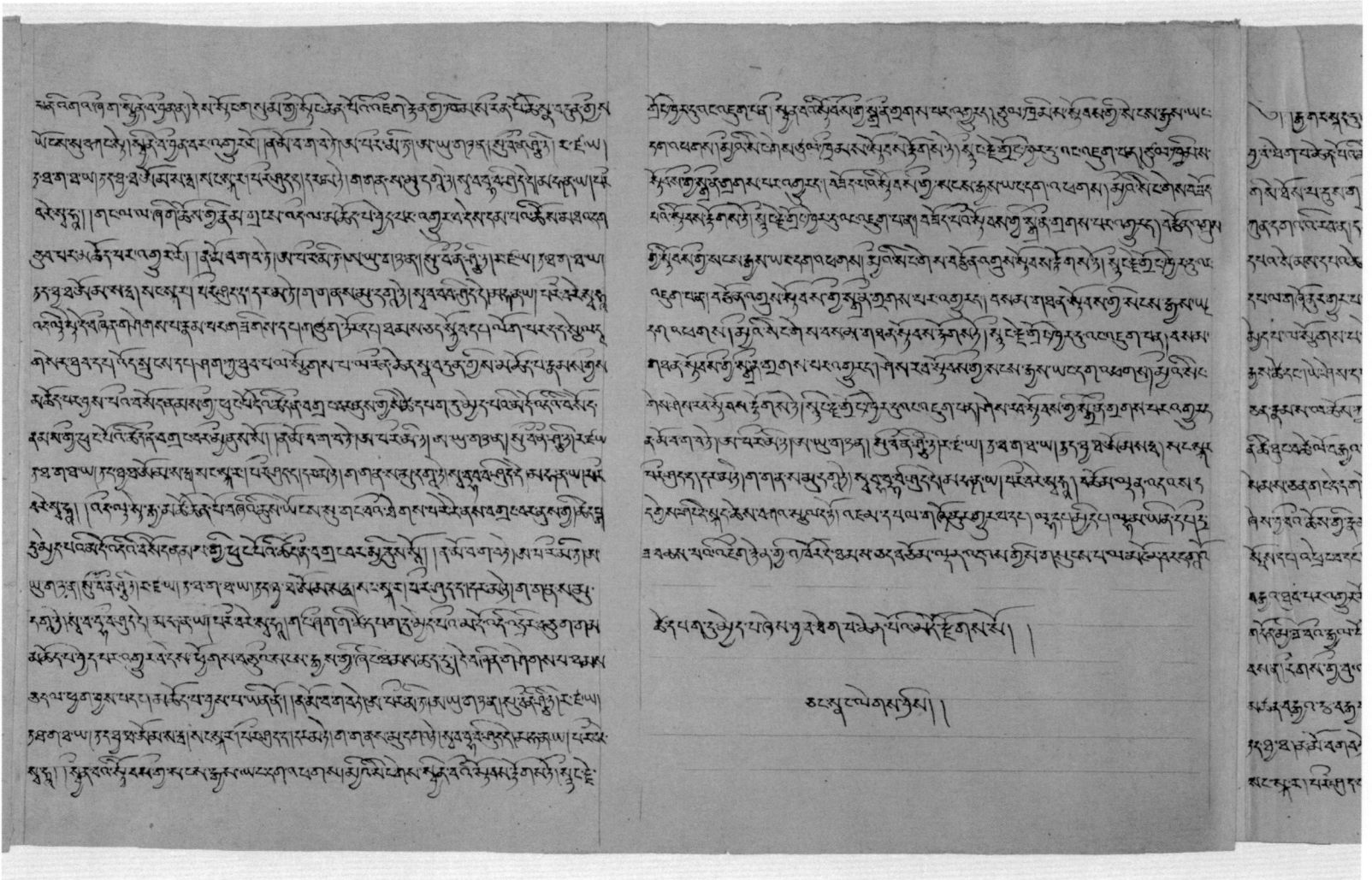

敦博 Db.t.0115 ཚེ་དཔག་ཏུ་མྱེད་པ་ཞེས་བྱ་བ་ཐེག་པ་ཆེན་པོའི་མདོ་།།
大乘無量壽宗要經 （9—3）

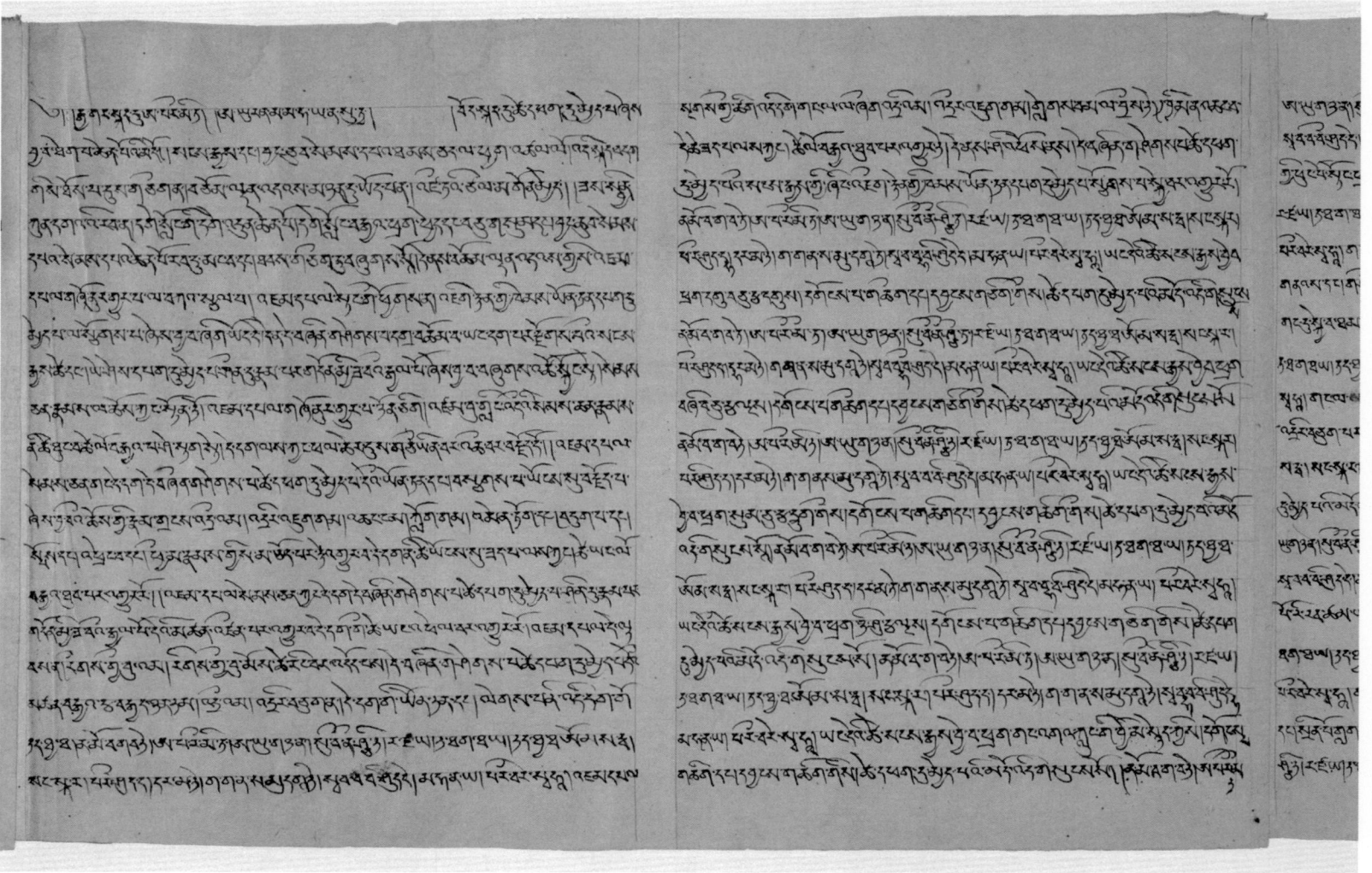

敦博 Db.t.0115 ཚེ་དཔག་ཏུ་མྱེད་པ་ཞེས་བྱ་བ་ཐེག་པ་ཆེན་པོའི་མདོ་།།
大乘無量壽宗要經 （9—4）

敦博 Db.t.0115 ཚེ་དཔག་ཏུ་མྱེད་པ་ཞེས་བྱ་བ་ཐེག་པ་ཆེན་པོའི་མདོ།།
大乘無量壽宗要經 （9—5）

敦博 Db.t.0115 ཚེ་དཔག་ཏུ་མྱེད་པ་ཞེས་བྱ་བ་ཐེག་པ་ཆེན་པོའི་མདོ།།
大乘無量壽宗要經 （9—6）

ཚེ་དཔག་ཏུ་མྱེད་པ་ཞེས་བྱ་བ་ཐེག་པ་ཆེན་པོའི་མདོ།།

敦博 Db.t.0115 大乘無量壽宗要經 （9—7）

ཚེ་དཔག་ཏུ་མྱེད་པ་ཞེས་བྱ་བ་ཐེག་པ་ཆེན་པོའི་མདོ།།

敦博 Db.t.0115 大乘無量壽宗要經 （9—8）

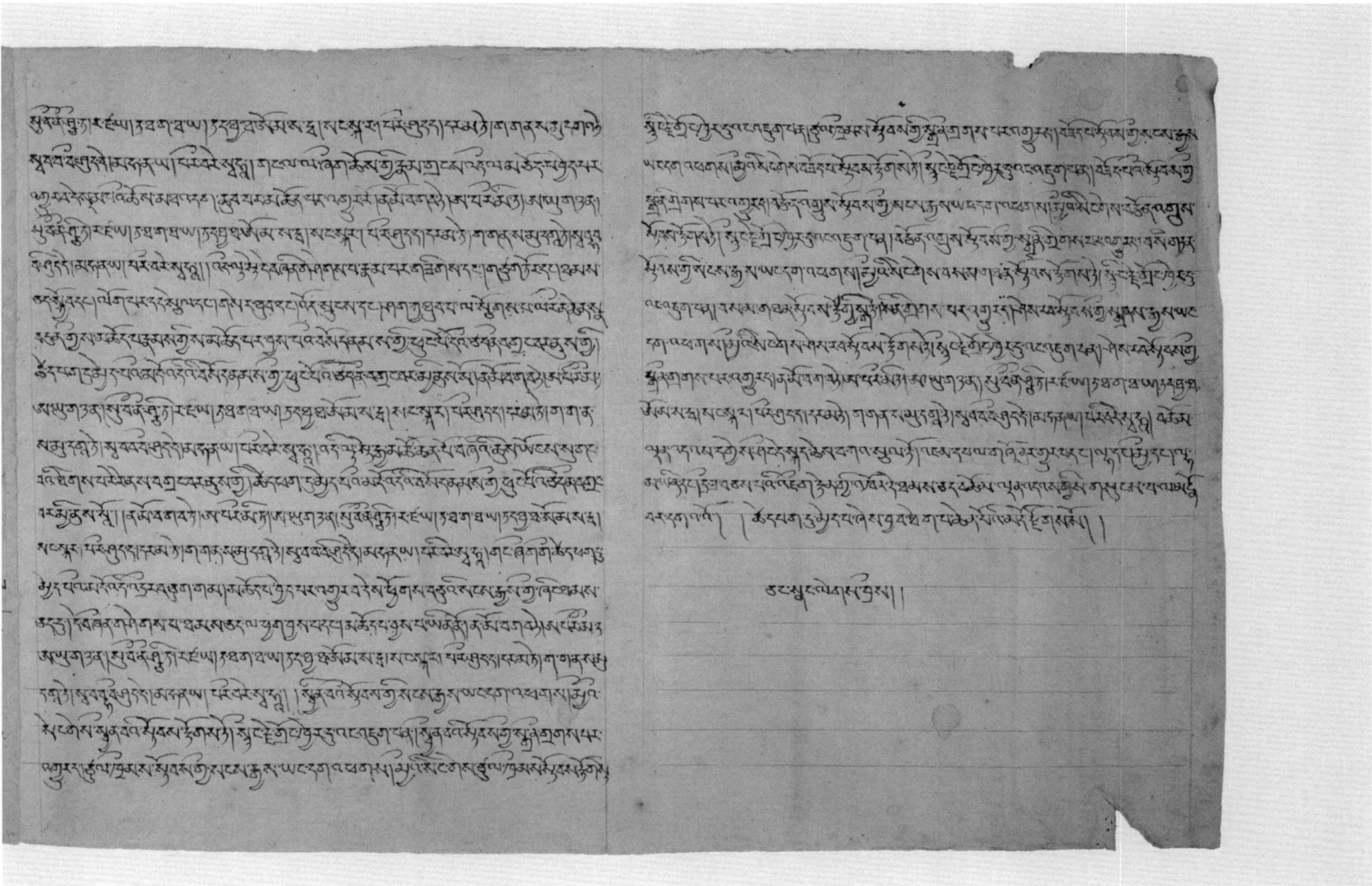

敦博 Db.t.0115 ཚེ་དཔག་དུ་མྱེད་པ་ཞེས་བྱ་བ་ཐེག་པ་ཆེན་པོའི་མདོ།།
大乘無量壽宗要經 （9—9）

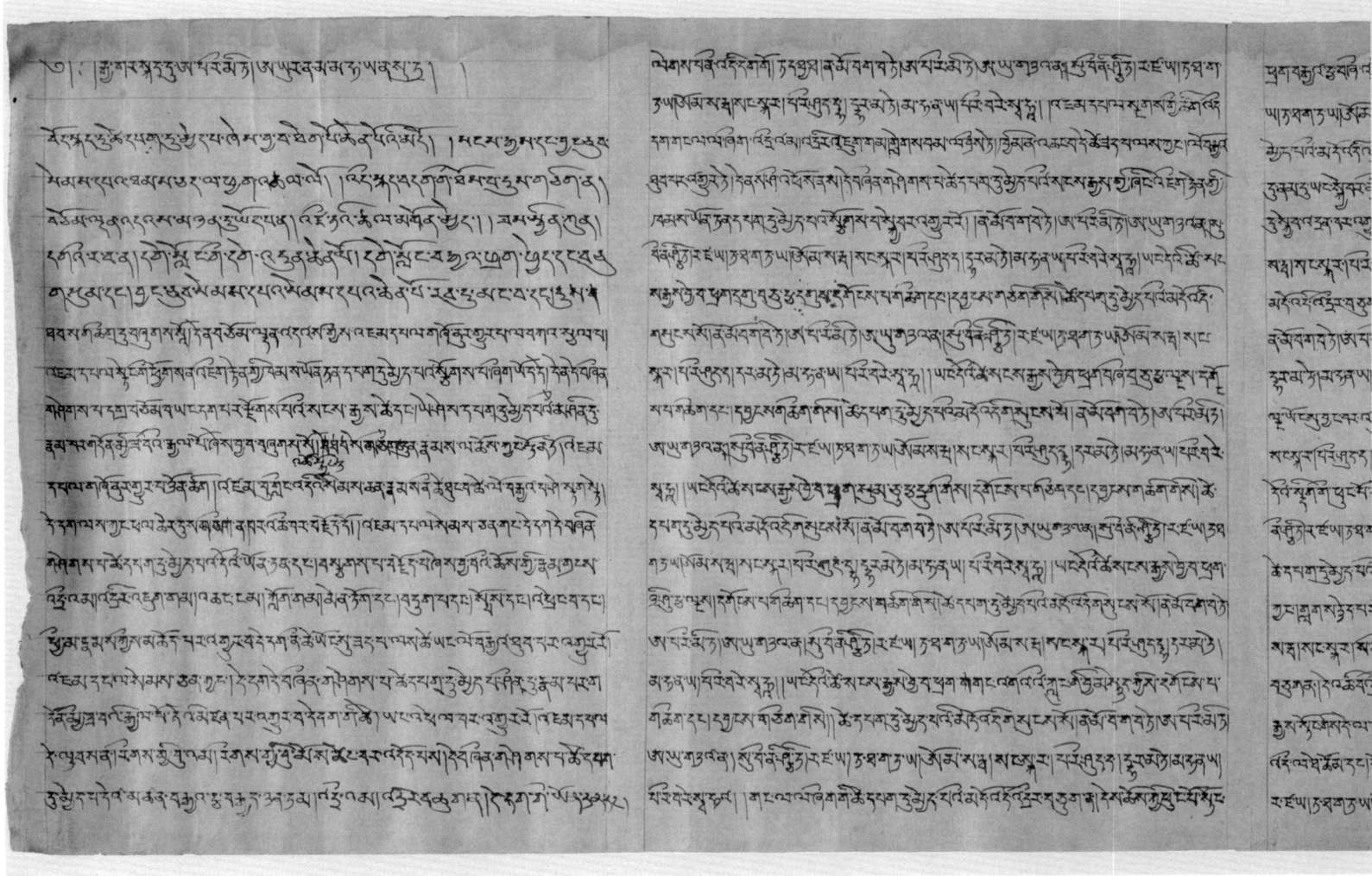

敦博 Db.t.0116 ཚེ་དཔག་དུ་མྱེད་པ་ཞེས་བྱ་བ་ཐེག་པོ་ཆེན་པོའི་མདོ།།
大乘無量壽宗要經 （3—1）

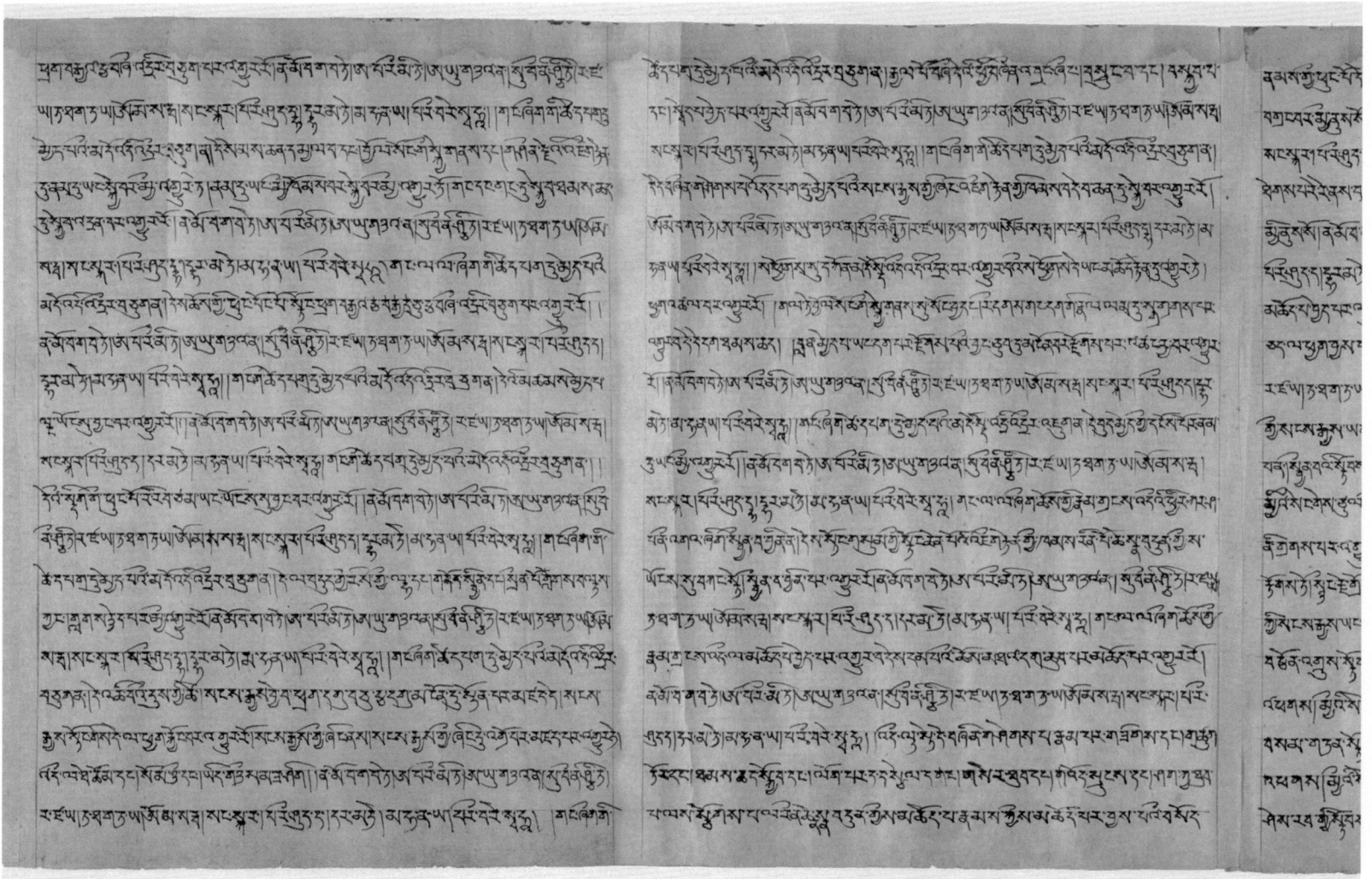

敦博 Db.t.0116 ཚེ་དཔག་དུ་མྱེད་པ་ཞེས་བྱ་བ་ཐེག་པོ་ཆེན་པོའི་མདོ།།

大乘無量壽宗要經 （3—2）

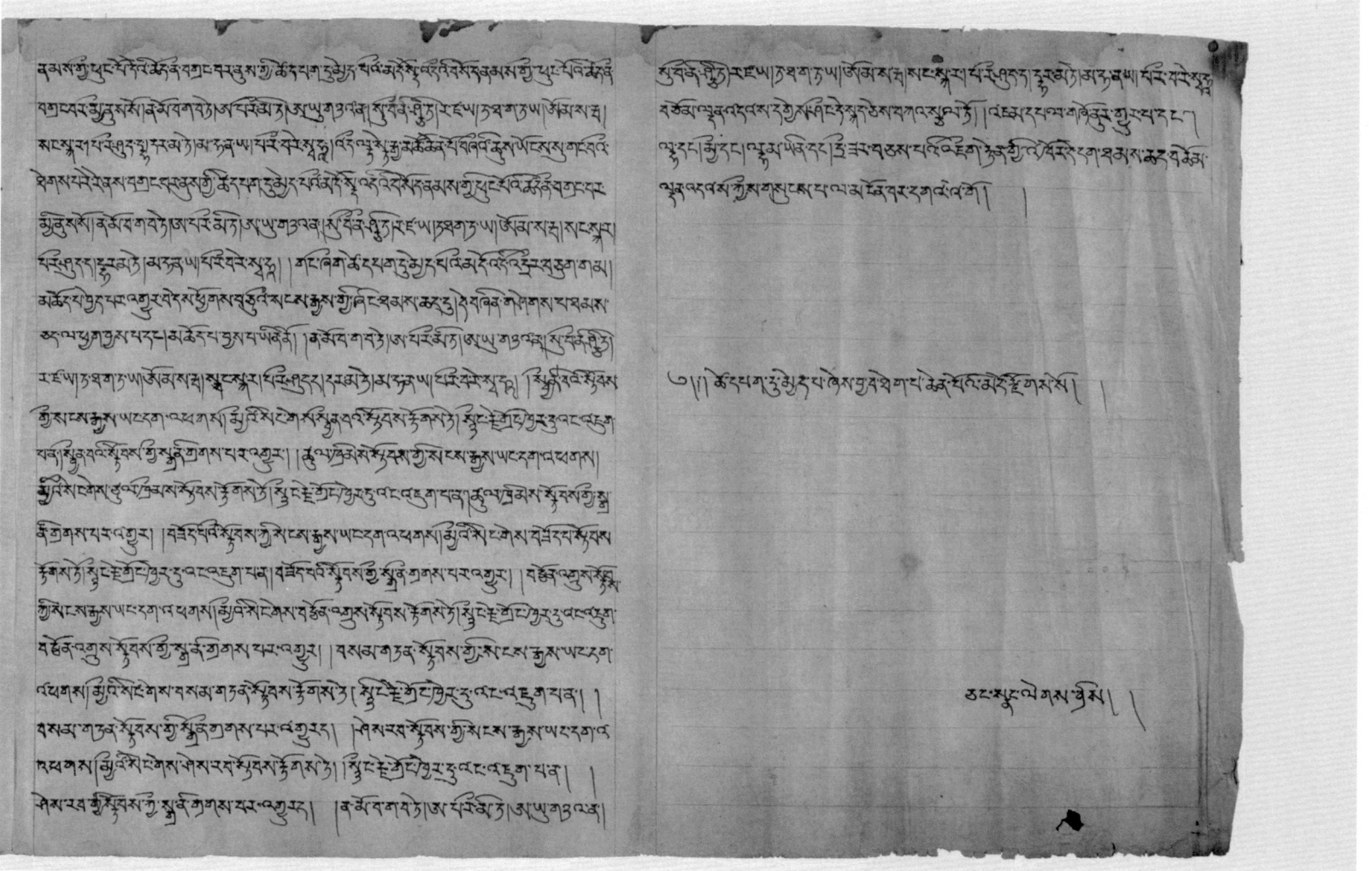

敦博 Db.t.0116 ཚེ་དཔག་དུ་མྱེད་པ་ཞེས་བྱ་བ་ཐེག་པོ་ཆེན་པོའི་མདོ།།

大乘無量壽宗要經 （3—3）

敦博 Db.t.0117 ཚེ་དཔག་དུ་མྱེད་པ་ཞེས་བྱ་བ་ཐེག་པ་ཆེན་པོའི་མདོ།།
大乘無量壽宗要經 （3—1）

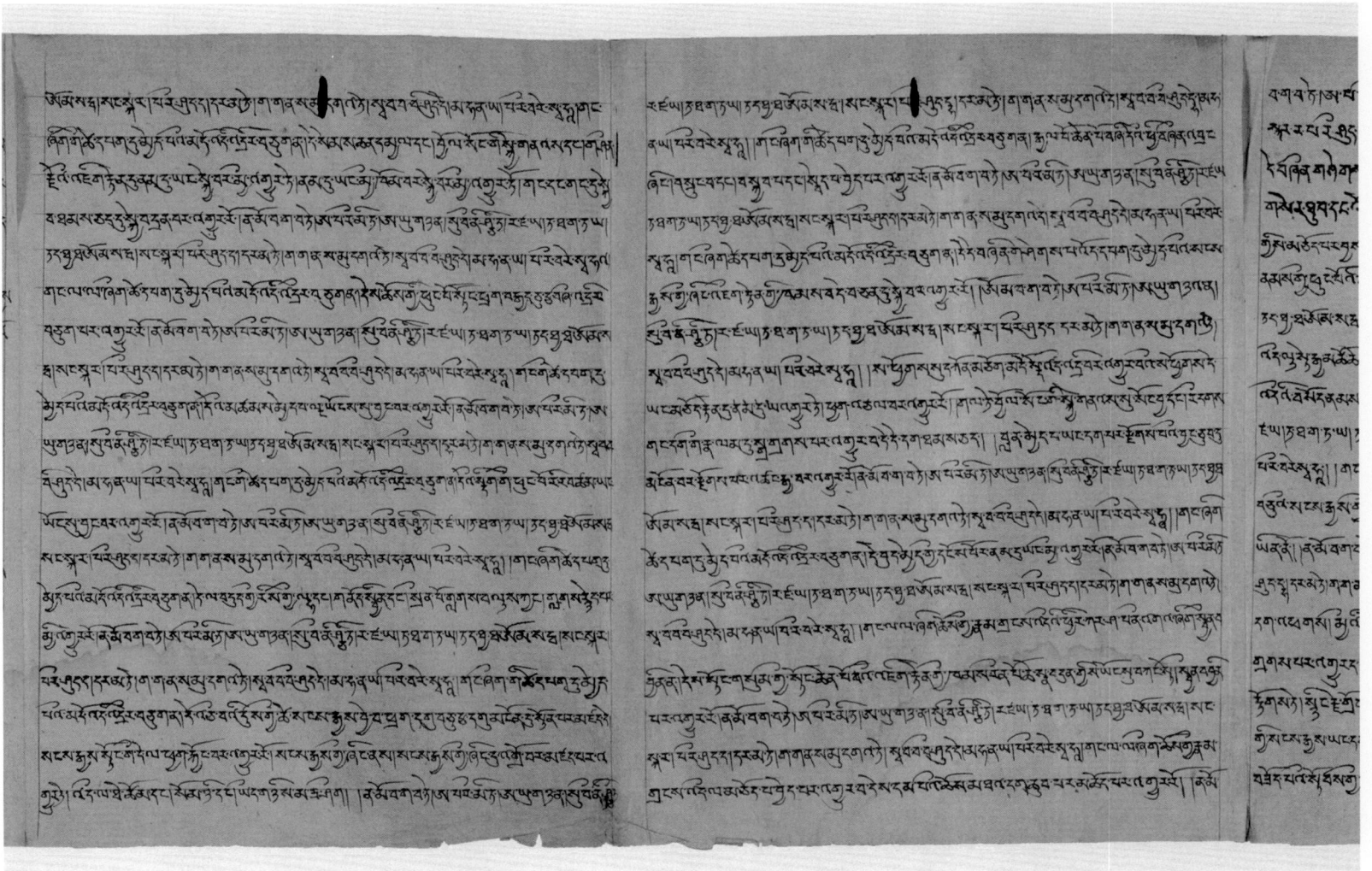

敦博 Db.t.0117 ཚེ་དཔག་དུ་མྱེད་པ་ཞེས་བྱ་བ་ཐེག་པ་ཆེན་པོའི་མདོ།།
大乘無量壽宗要經 （3—2）

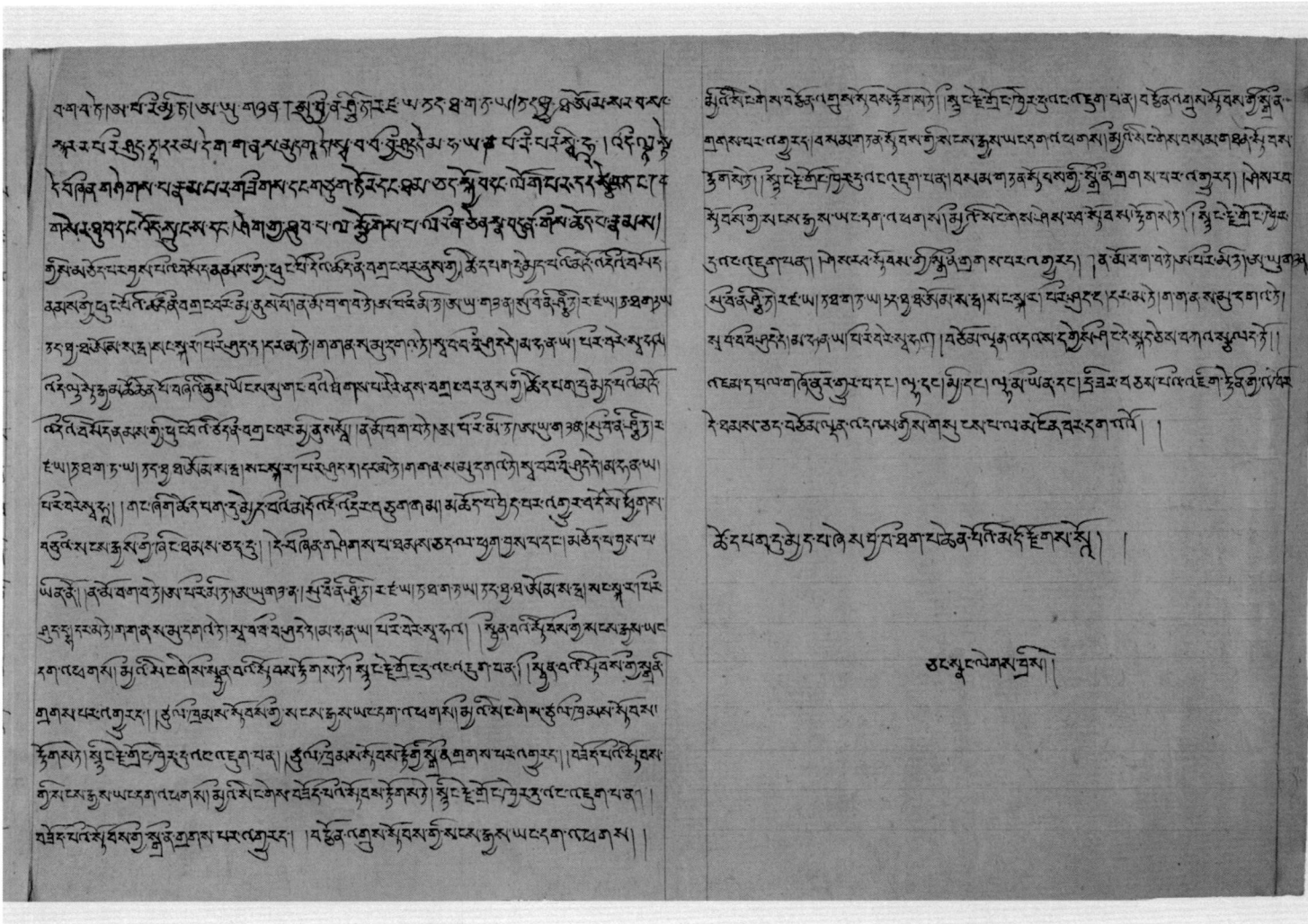

敦博 Db.t.0117 ཚེ་དཔག་དུ་མྱེད་པ་ཞེས་བྱ་བ་ཐེག་པ་ཆེན་པོའི་མདོ།།
大乘無量壽宗要經 （3—3）

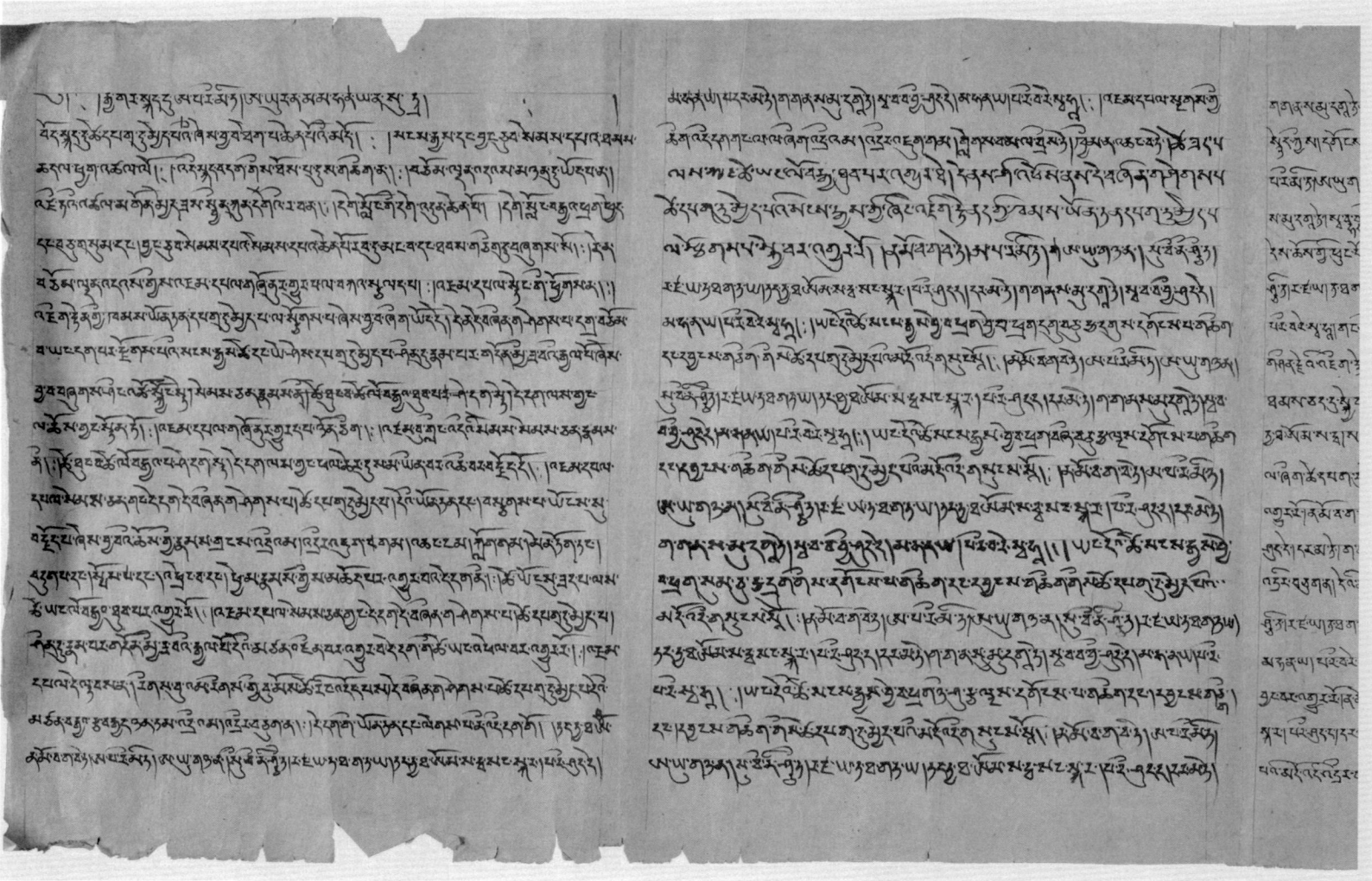

敦博 Db.t.0118 ཚེ་དཔག་དུ་མྱེད་པའ་ཞེས་བྱ་བ་ཐེག་པ་ཆེན་པོའི་མདོ།:།
大乘無量壽宗要經 （15—1）

敦博 Db.t.0118 ཚེ་དཔག་དུ་མྱེད་པའ་ཞེས་བྱ་བ་ཐེག་པ་ཆེན་པོའི་མདོ༎
大乘無量壽宗要經 （15—2）

敦博 Db.t.0118 ཚེ་དཔག་དུ་མྱེད་པའ་ཞེས་བྱ་བ་ཐེག་པ་ཆེན་པོའི་མདོ༎
大乘無量壽宗要經 （15—3）

敦博 Db.t.0118 ཚེ་དཔག་དུ་མྱེད་པའ་ཞེས་བྱ་བ་ཐེག་པ་ཆེན་པོའི་མདོ། །:།
大乘無量壽宗要經 （15—4）

敦博 Db.t.0118 ཚེ་དཔག་དུ་མྱེད་པ་ཞེས་བྱ་བ་ཐེག་པ་ཆེན་པོའི་མདོ།།
大乘無量壽宗要經 （15—5）

敦博 Db.t.0118 ཚེ་དཔག་དུ་མྱེད་པ་ཞེས་བྱ་བ་ཐེག་པ་ཆེན་པོའི་མདོ།།

大乘無量壽宗要經 （15—6）

敦博 Db.t.0118 ཚེ་དཔག་དུ་མྱེད་པ་ཞེས་བྱ་བ་ཐེག་པ་ཆེན་པོའི་མདོ།།

大乘無量壽宗要經 （15—7）

敦博 Db.t.0118 ཚེ་དཔག་ཏུ་མྱེད་པ་ཞེས་བྱ་བ་ཐེག་པ་ཆེན་པོའི་མདོ།།
大乘無量壽宗要經 （15—8）

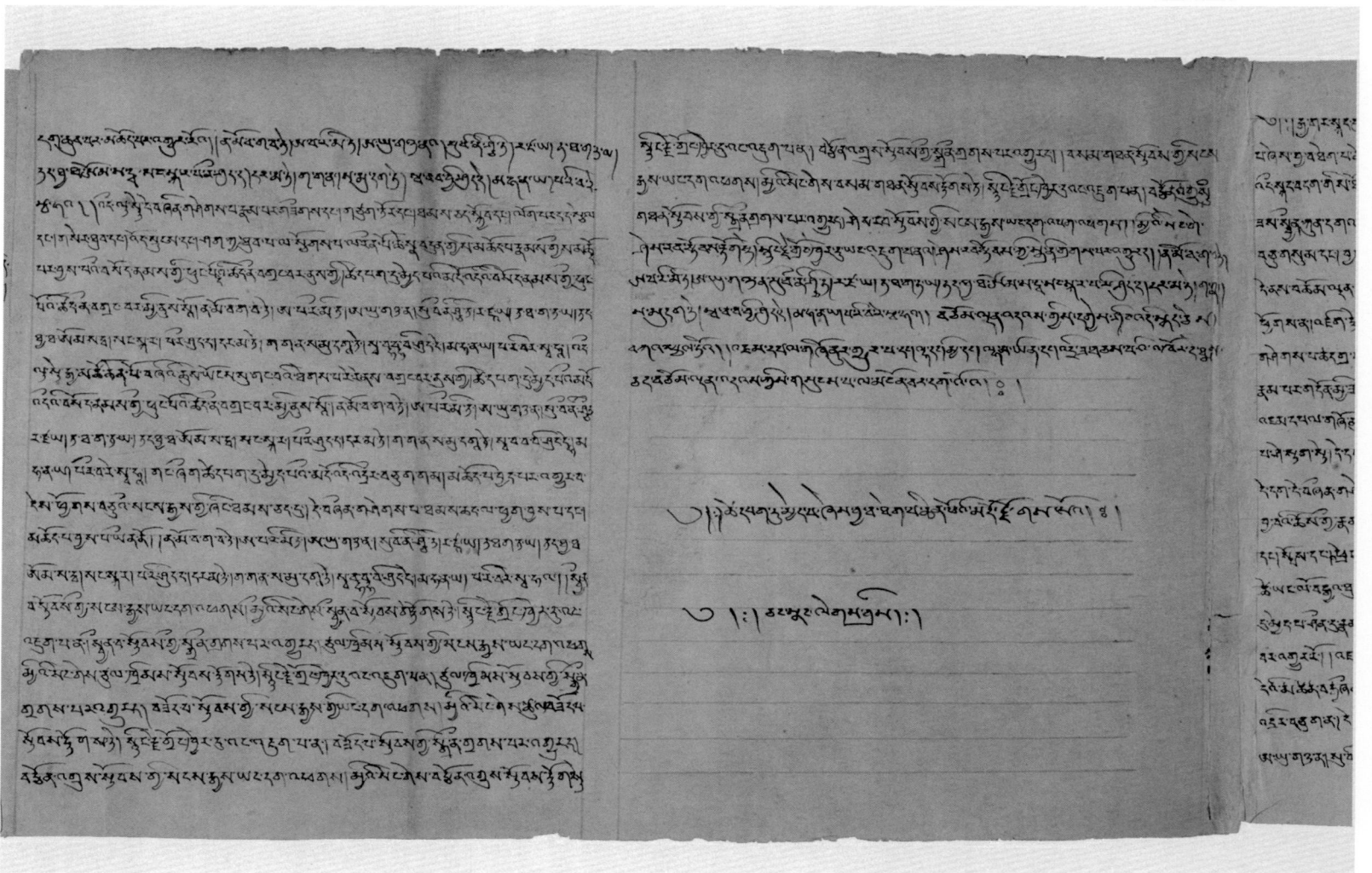

敦博 Db.t.0118 ཚེ་དཔག་ཏུ་མྱེད་པ་ཞེས་བྱ་བ་ཐེག་པ་ཆེན་པོའི་མདོ།།
大乘無量壽宗要經 （15—9）

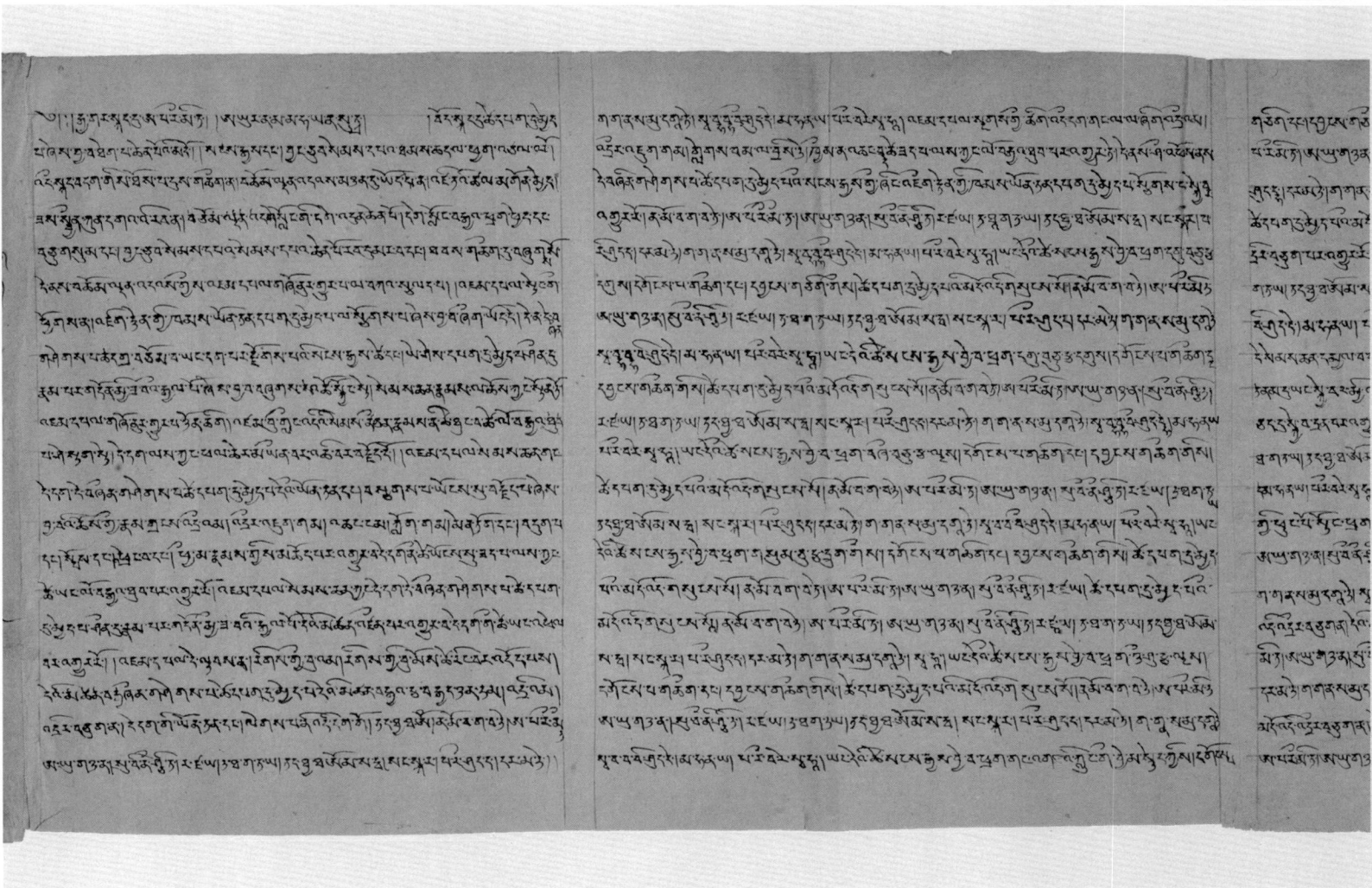

敦博 Db.t.0118 ཚེ་དཔག་དུ་མྱེད་པ་ཞེས་བྱ་བ་ཐེག་པ་ཆེན་པོའི་མདོ༎
大乘無量壽宗要經 （15—10）

敦博 Db.t.0118 ཚེ་དཔག་དུ་མྱེད་པ་ཞེས་བྱ་བ་ཐེག་པ་ཆེན་པོའི་མདོ༎
大乘無量壽宗要經 （15—11）

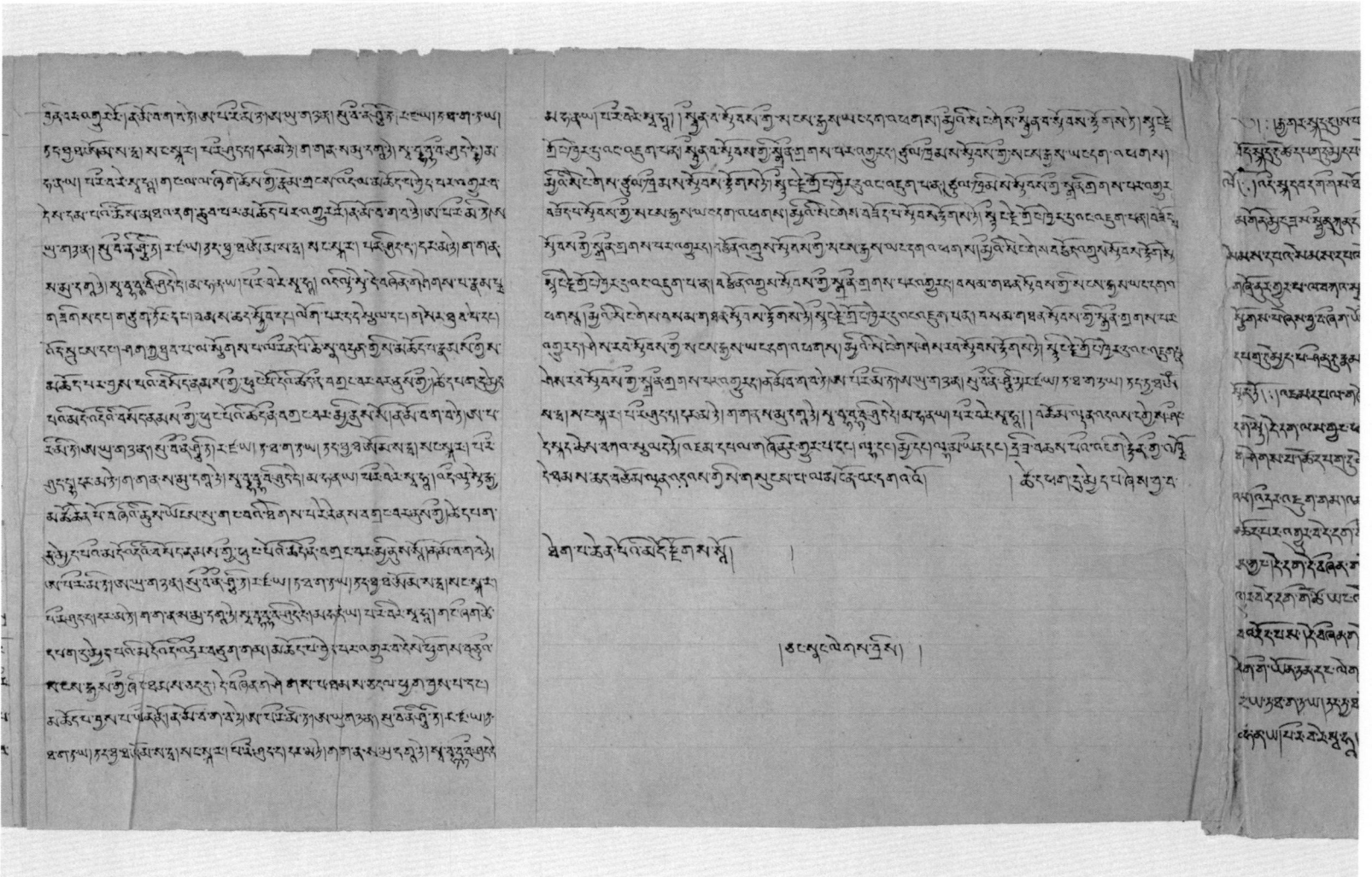

敦博 Db.t.0118 ཚེ་དཔག་དུ་མྱེད་པ་ཞེས་བྱ་བ་ཐེག་པ་ཆེན་པོའི་མདོ༎

大乘無量壽宗要經 （15—12）

敦博 Db.t.0118 ཚེ་དཔག་དུ་མྱེད་པ་ཞེས་བྱ་བ་ཐེག་པ་ཆེན་པོའི་མདོ༎

大乘無量壽宗要經 （15—13）

敦博 Db.t.0118 ཚེ་དཔག་དུ་མྱེད་པ་ཞེས་བྱ་བ་ཐེག་པ་ཆེན་པོའི་མདོ༎:༎
大乘無量壽宗要經 （15—14）

敦博 Db.t.0118 ཚེ་དཔག་དུ་མྱེད་པ་ཞེས་བྱ་བ་ཐེག་པ་ཆེན་པོའི་མདོ༎:༎
大乘無量壽宗要經 （15—15）

敦博 Db.t.0119 ཚེ་དཔག་དུ་མྱེད་པ་ཞེས་བྱ་བ་ཐེག་པ་ཆེན་པོའི་མདོ།།
大乘無量壽宗要經 （6—1）

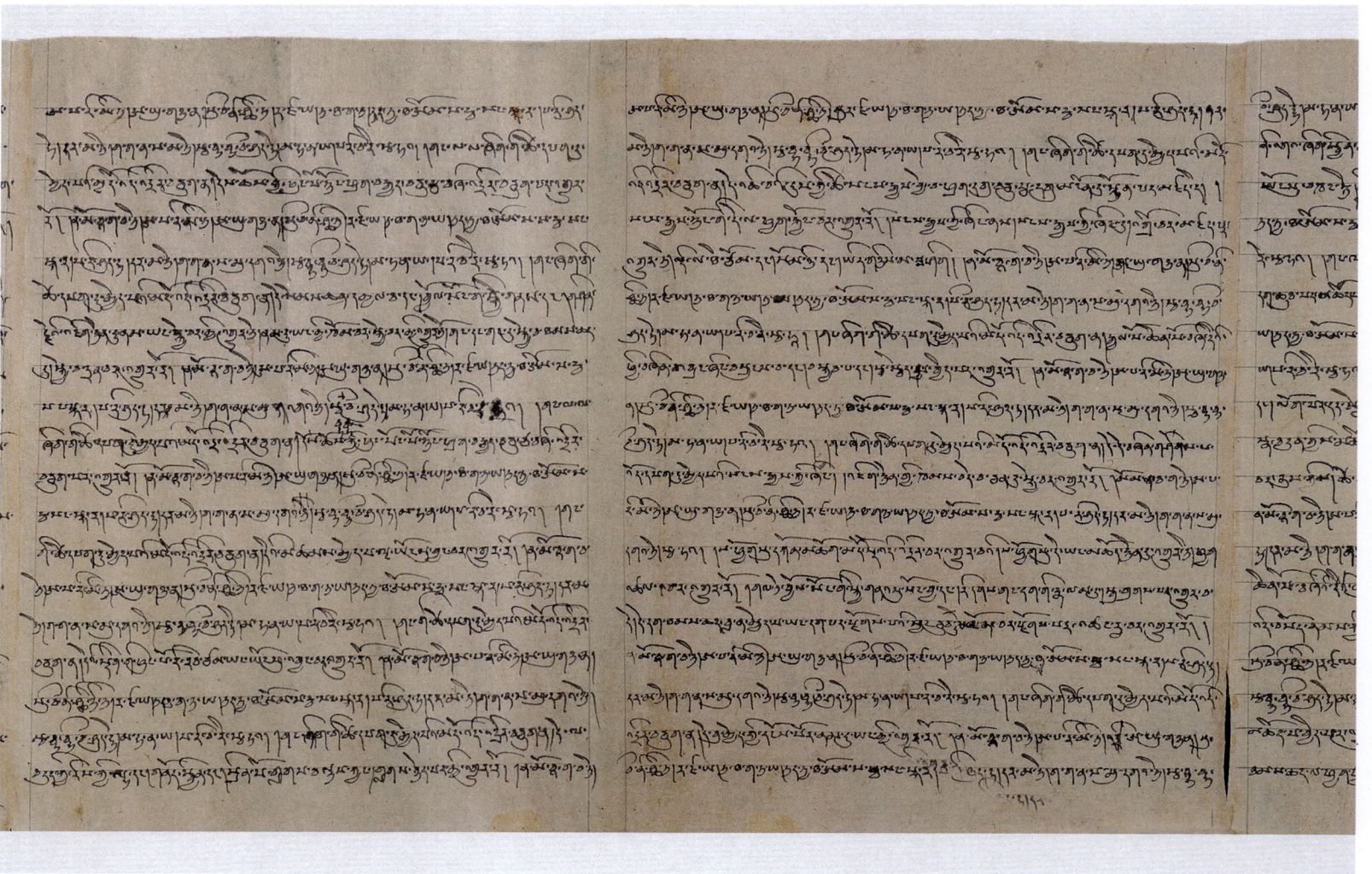

敦博 Db.t.0119 ཚེ་དཔག་དུ་མྱེད་པ་ཞེས་བྱ་བ་ཐེག་པ་ཆེན་པོའི་མདོ།།
大乘無量壽宗要經 （6—2）

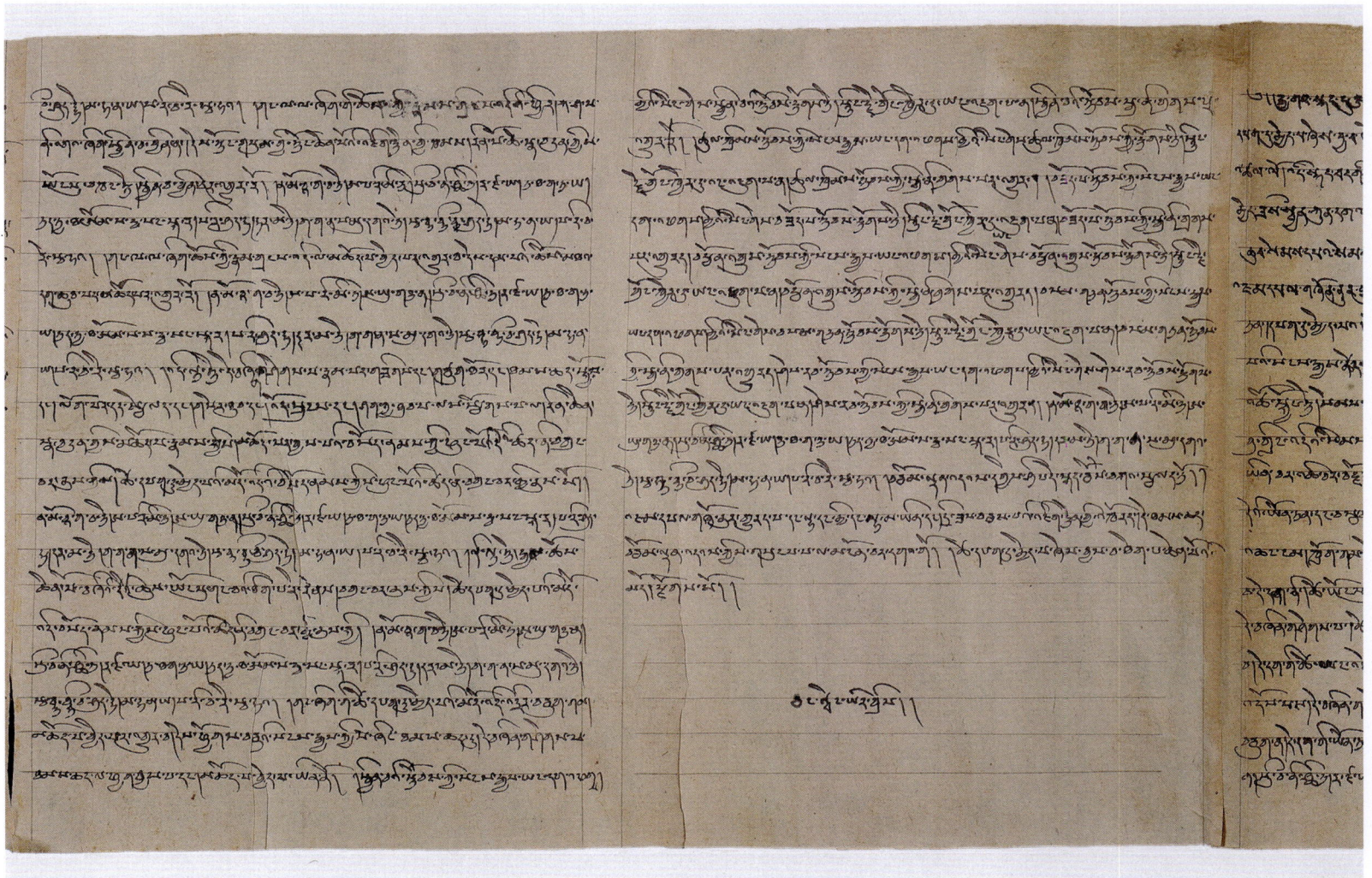

敦博 Db.t.0119 ཚེ་དཔག་དུ་མྱེད་པ་ཞེས་བྱ་བ་ཐེག་པ་ཆེན་པོའི་མདོ།།
大乘無量壽宗要經 （6—3）

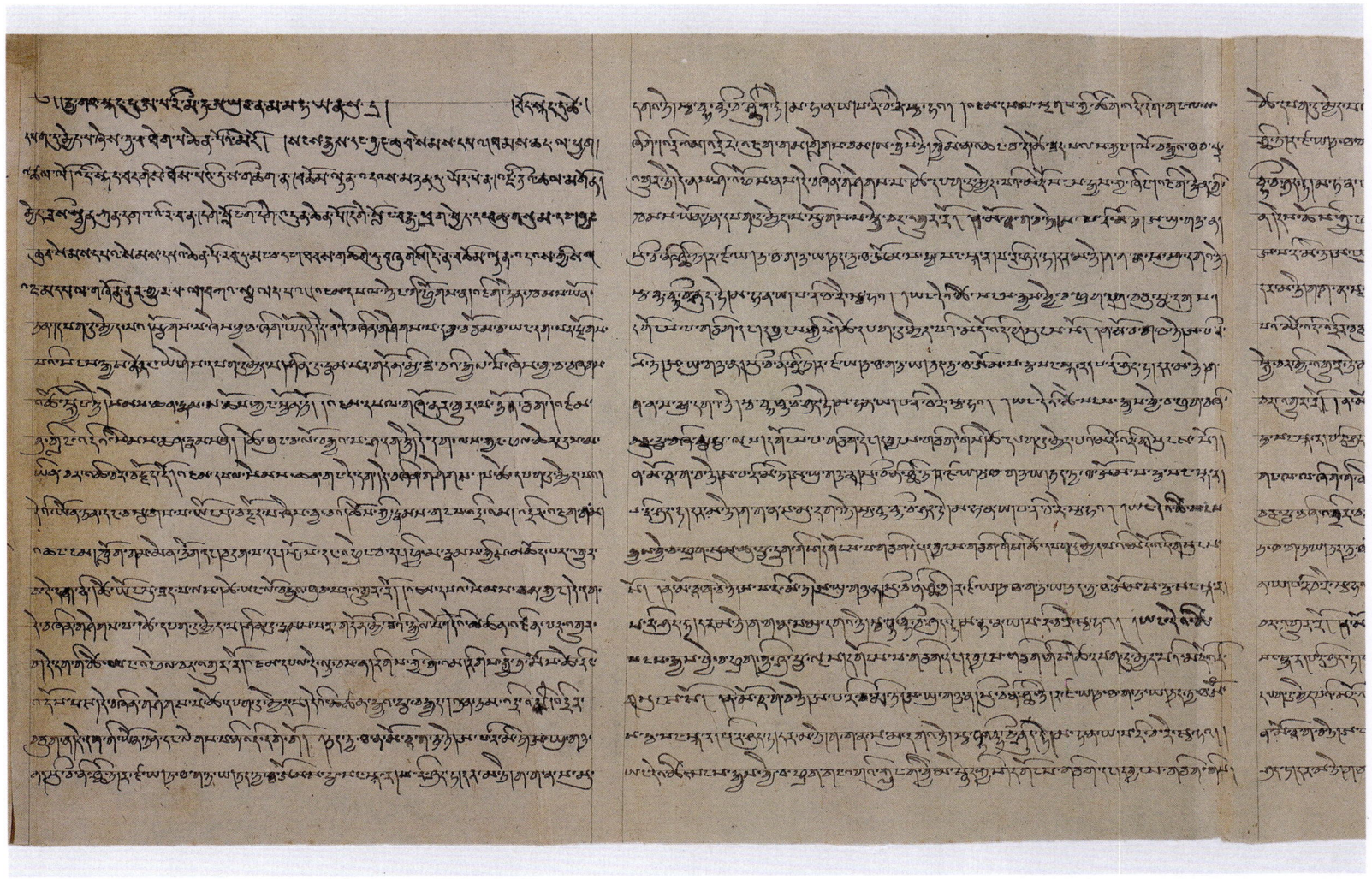

敦博 Db.t.0119 ཚེ་དཔག་དུ་མྱེད་པ་ཞེས་བྱ་བ་ཐེག་པ་ཆེན་པོའི་མདོ།།
大乘無量壽宗要經 （6—4）

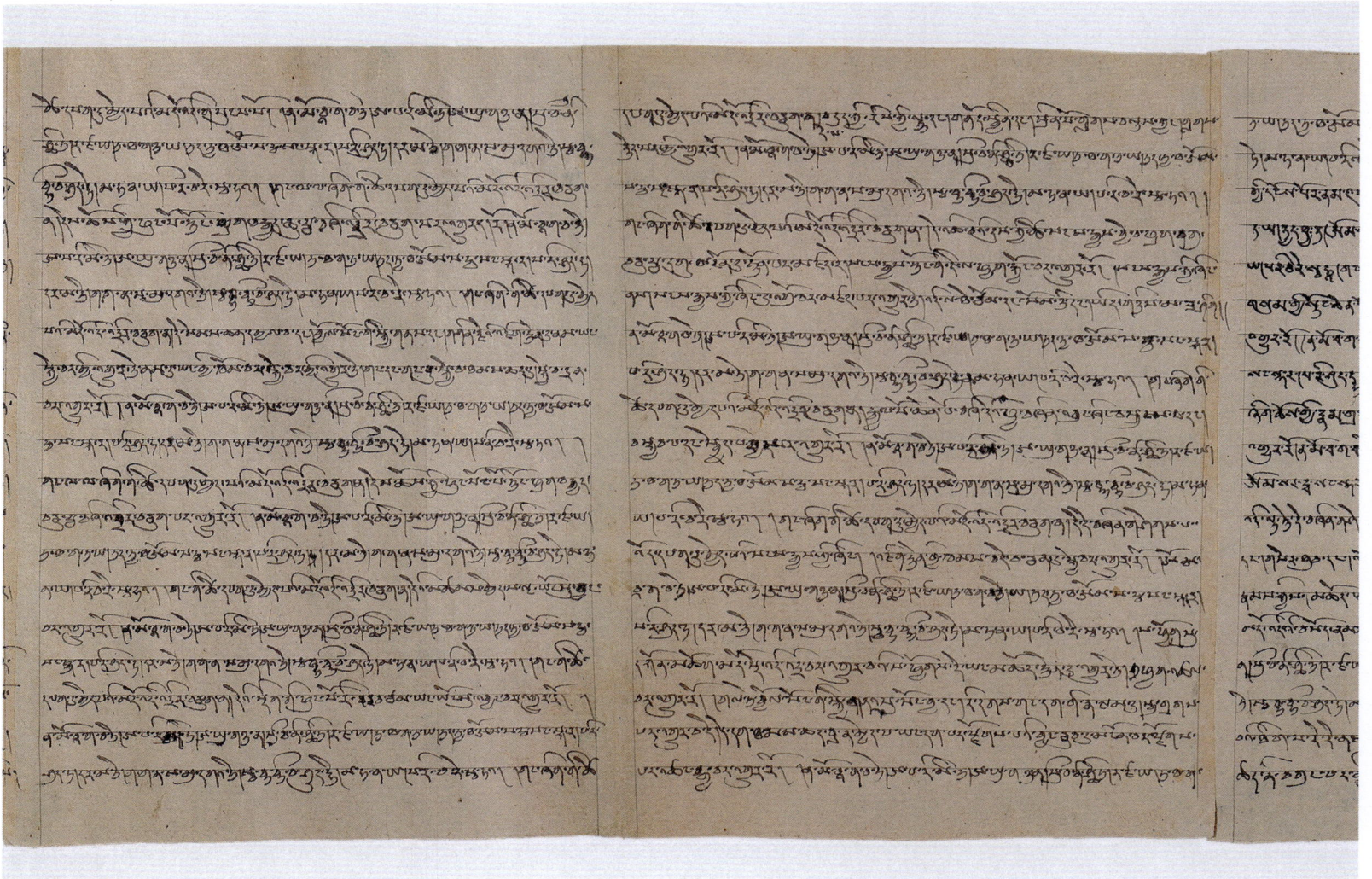

敦博 Db.t.0119 ཚེ་དཔག་དུ་མྱེད་པ་ཞེས་བྱ་བ་ཐེག་པ་ཆེན་པོའི་མདོ།།
大乘無量壽宗要經 （6—5）

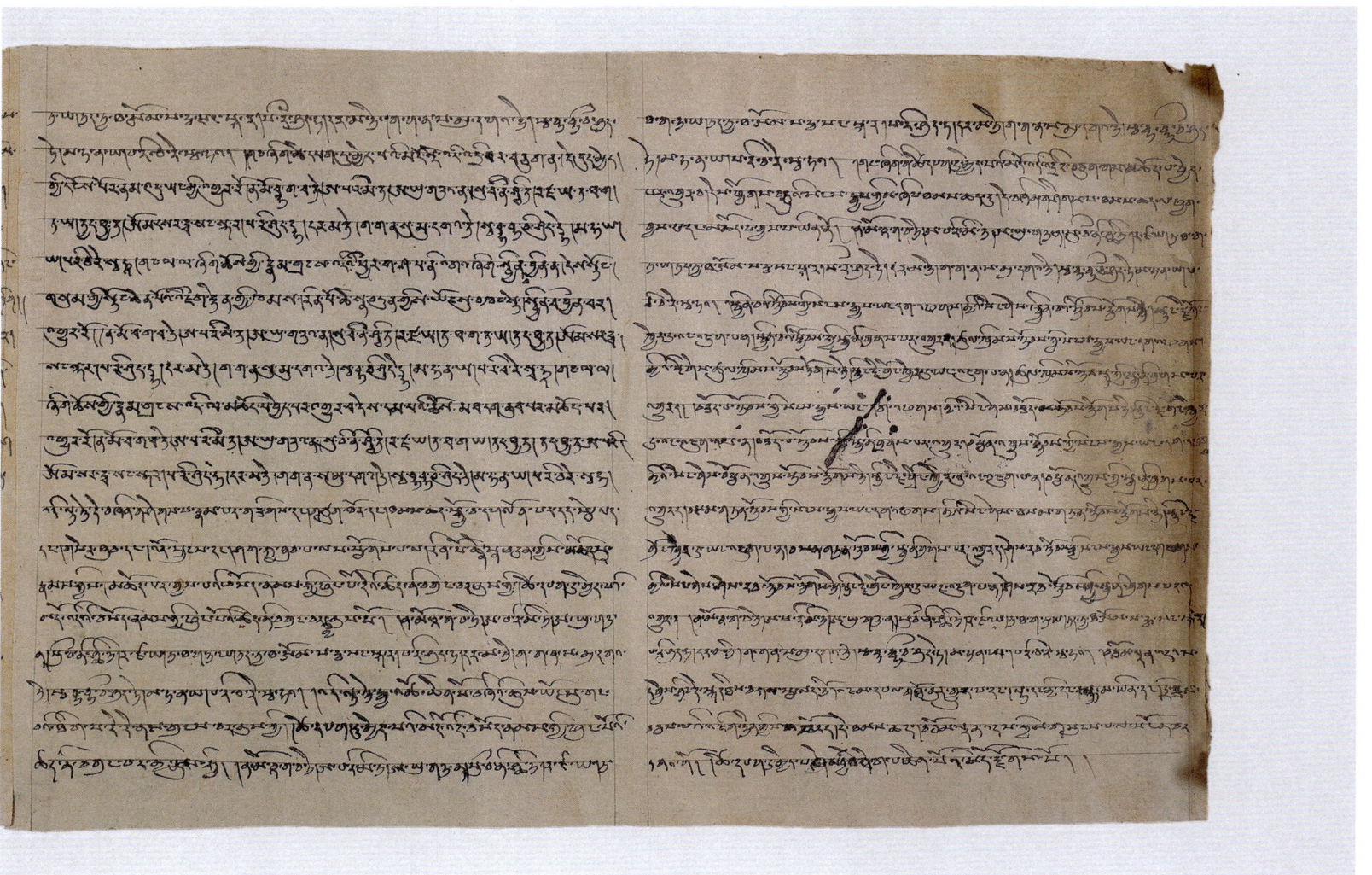

敦博 Db.t.0119 ཚེ་དཔག་དུ་མྱེད་པ་ཞེས་བྱ་བ་ཐེག་པ་ཆེན་པོའི་མདོ།།
大乘無量壽宗要經 （6—6）

敦博 Db.t.0120 ཚེ་དཔག་ཏུ་མྱེད་པའི་མ་ཞེས་བྱ་བ་ཐེག་པ་ཆེན་པོའི་མདོ།།
大乘無量壽宗要經 （12—1）

敦博 Db.t.0120 ཚེ་དཔག་ཏུ་མྱེད་པའི་མ་ཞེས་བྱ་བ་ཐེག་པ་ཆེན་པོའི་མདོ།།
大乘無量壽宗要經 （12—2）

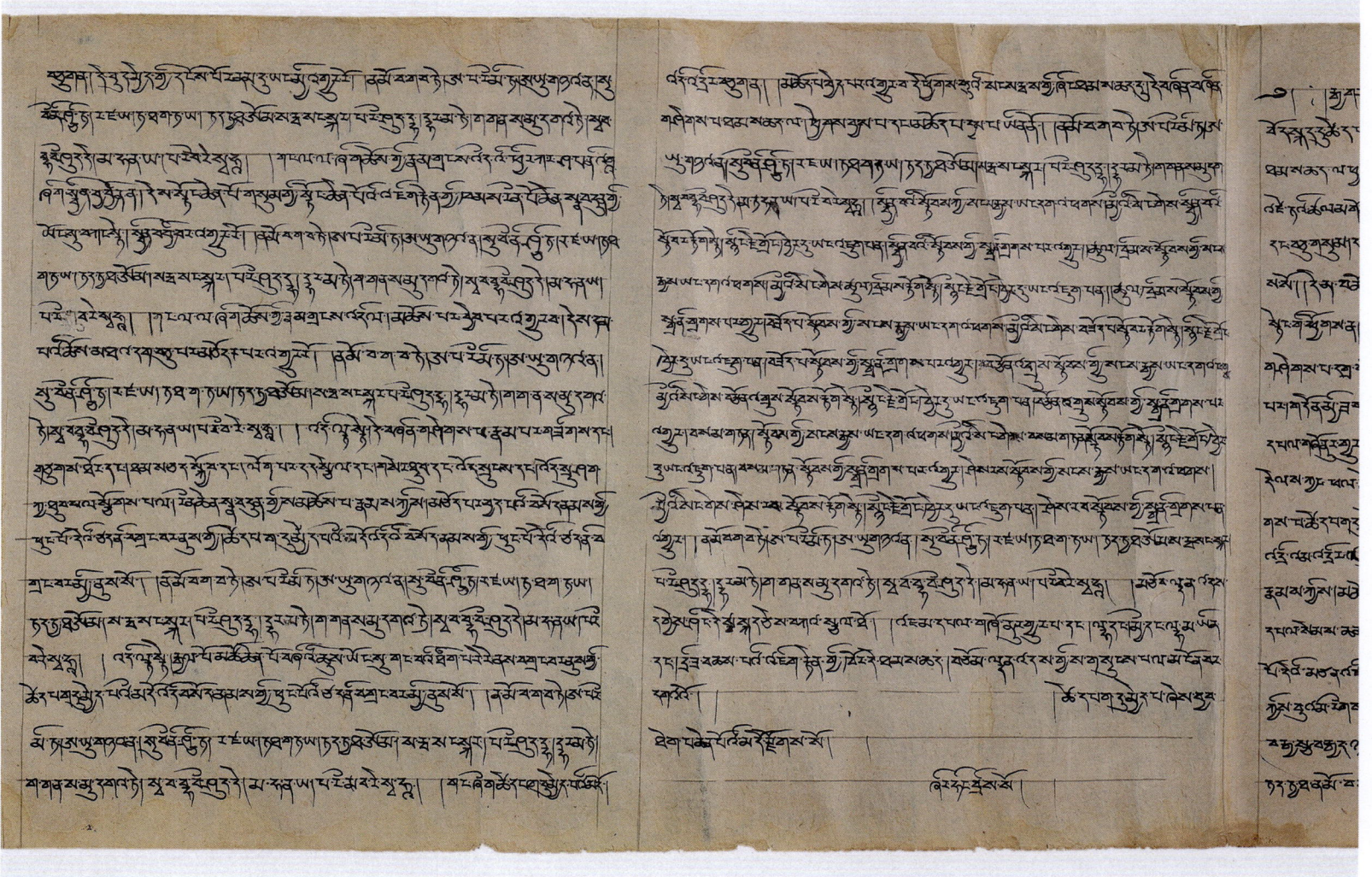

敦博 Db.t.0120 ཆོ་དཔག་དུ་མྱེད་པའི་མ་ཤེས་བྱ་བ་ཐེག་པ་ཆེན་པོའི་མདོ༎
大乘無量壽宗要經 （12—3）

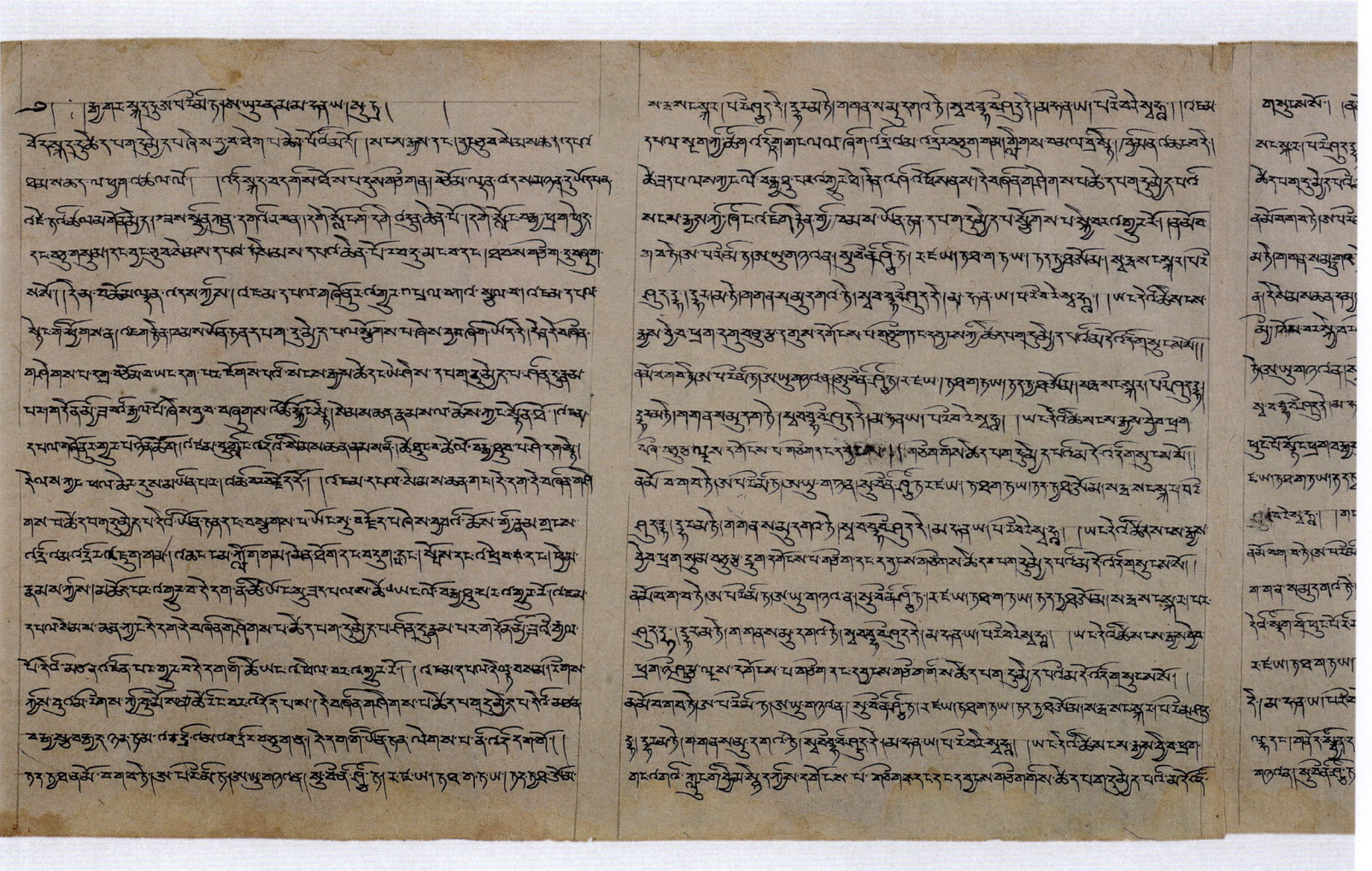

敦博 Db.t.0120 ཆོ་དཔག་དུ་མྱེད་པའི་མ་ཤེས་བྱ་བ་ཐེག་པ་ཆེན་པོའི་མདོ༎
大乘無量壽宗要經 （12—4）

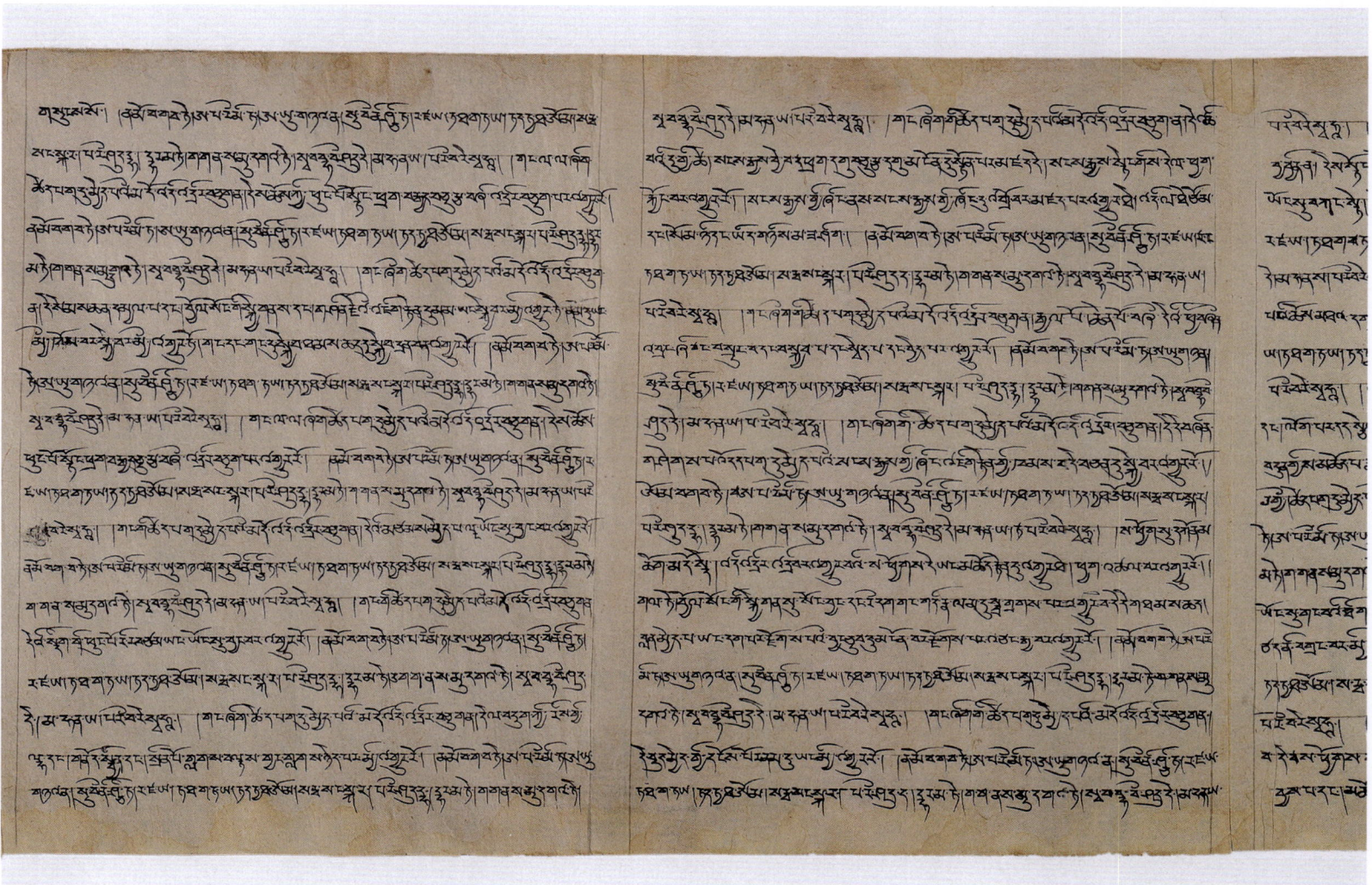

敦博 Db.t.0120 ཚེ་དཔག་ཏུ་མྱེད་པ་ཞེས་བྱ་བ་ཐེག་པ་ཆེན་པོ་འི་མདོ༎
大乘無量壽宗要經 （12—5）

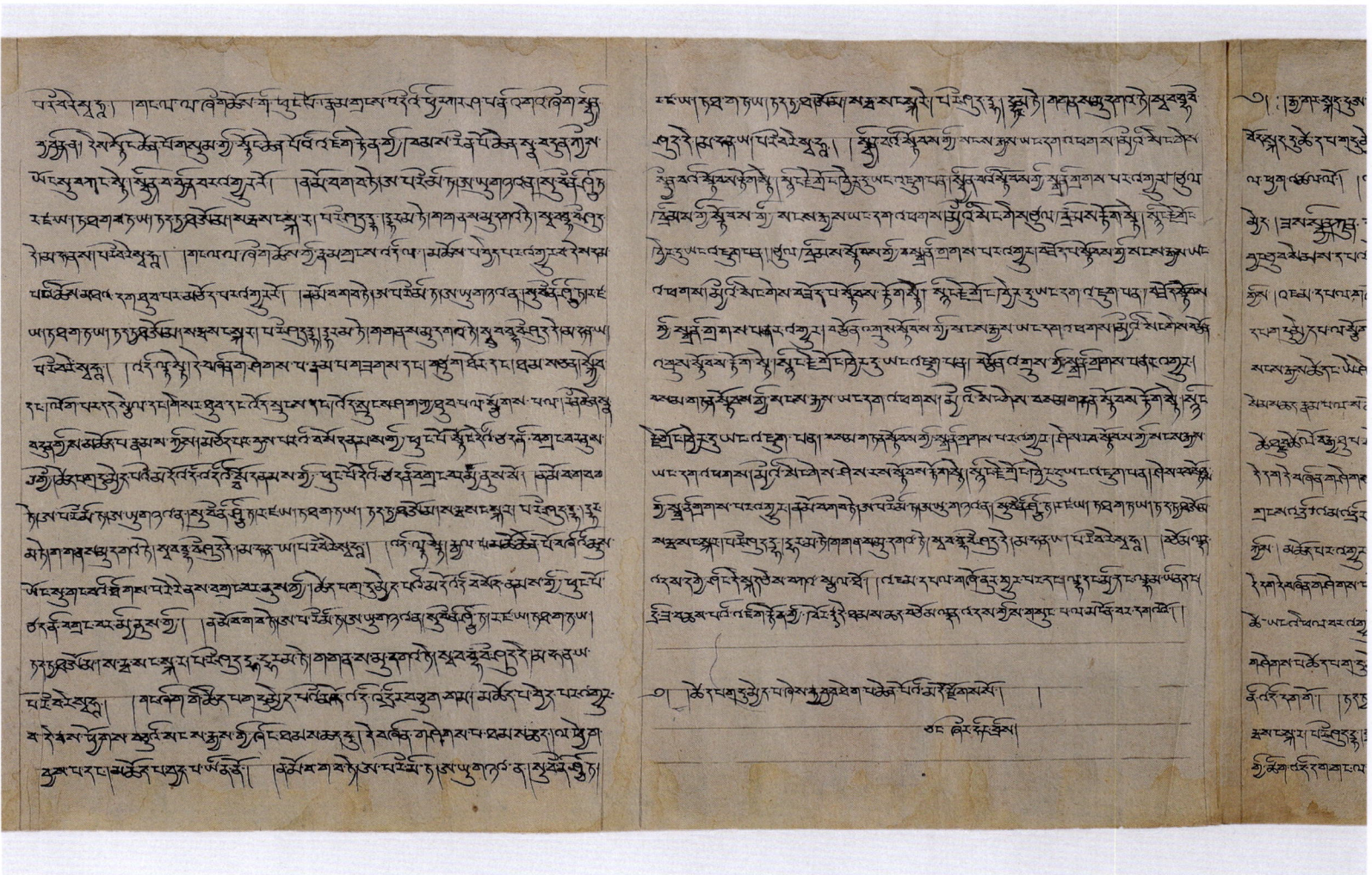

敦博 Db.t.0120 ཚེ་དཔག་ཏུ་མྱེད་པ་ཞེས་བྱ་བ་ཐེག་པ་ཆེན་པོ་འི་མདོ༎
大乘無量壽宗要經 （12—6）

敦博 Db.t.0120 ཚོ་དཔག་དུ་མྱེད་པ་ཞེས་བྱ་བ་ཐེག་པ་ཆེན་པོའི་མདོ། །
大乘無量壽宗要經 （12—7）

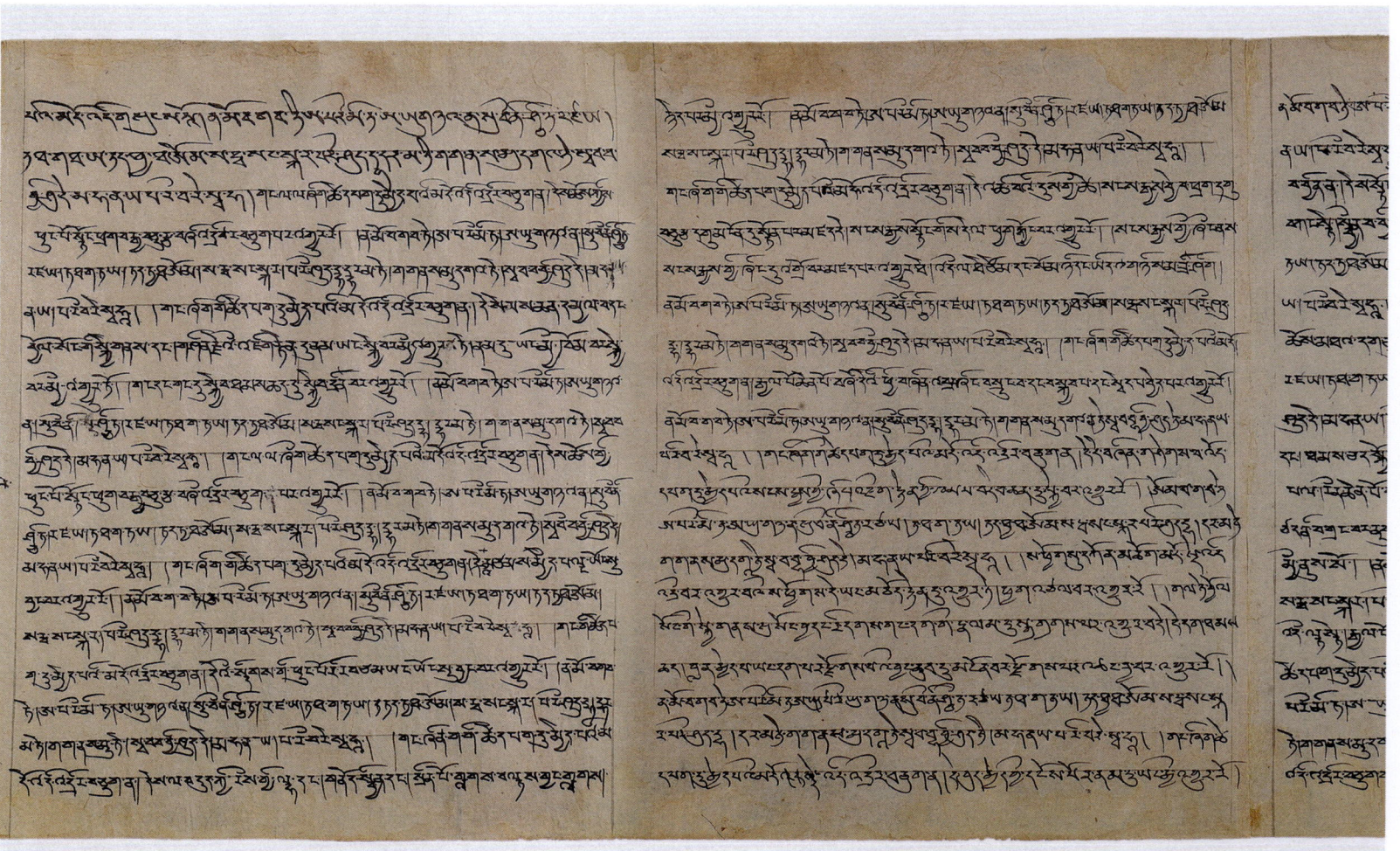

敦博 Db.t.0120 ཚོ་དཔག་དུ་མྱེད་པ་ཞེས་བྱ་བ་ཐེག་པ་ཆེན་པོའི་མདོ། །
大乘無量壽宗要經 （12—8）

142

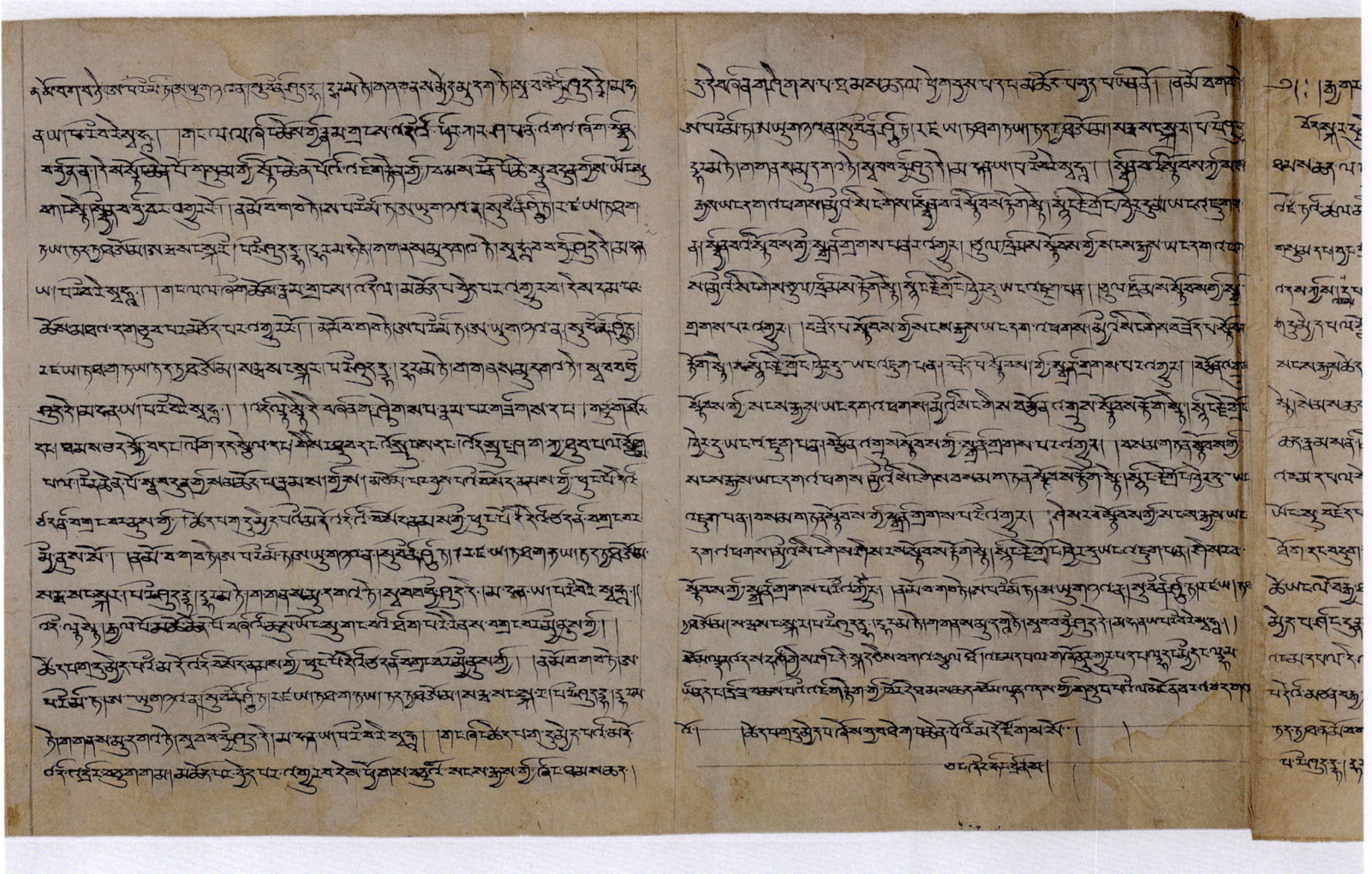

敦博 Db.t.0120 ཚེ་དཔག་དུ་མྱེད་པ་ཞེས་བྱ་བ་ཐེག་པ་ཆེན་པོའི་མདོ།།
大乘無量壽宗要經 （12—9）

敦博 Db.t.0120 ཚེ་དཔག་དུ་མྱེད་པ་ཞེས་བྱ་བ་ཐེག་པ་ཆེན་པོའི་མདོ།།
大乘無量壽宗要經 （12—10）

敦博 Db.t.0120 ཚེ་དཔག་དུ་མྱེད་པ་ཞེས་བྱ་བ་ཐེག་པ་ཆེན་པོའི་མདོ།།
大乘無量壽宗要經 （12—11）

敦博 Db.t.0120 ཚེ་དཔག་དུ་མྱེད་པ་ཞེས་བྱ་བ་ཐེག་པ་ཆེན་པོའི་མདོ།།
大乘無量壽宗要經 （12—12）

敦博 Db.t.0121 ཚེ་དཔག་དུ་མྱེད་པ་ཞེས་བྱ་བ་ཐེག་པ་ཆེན་པོའི་མདོ།།
大乘無量壽宗要經 （6—1）

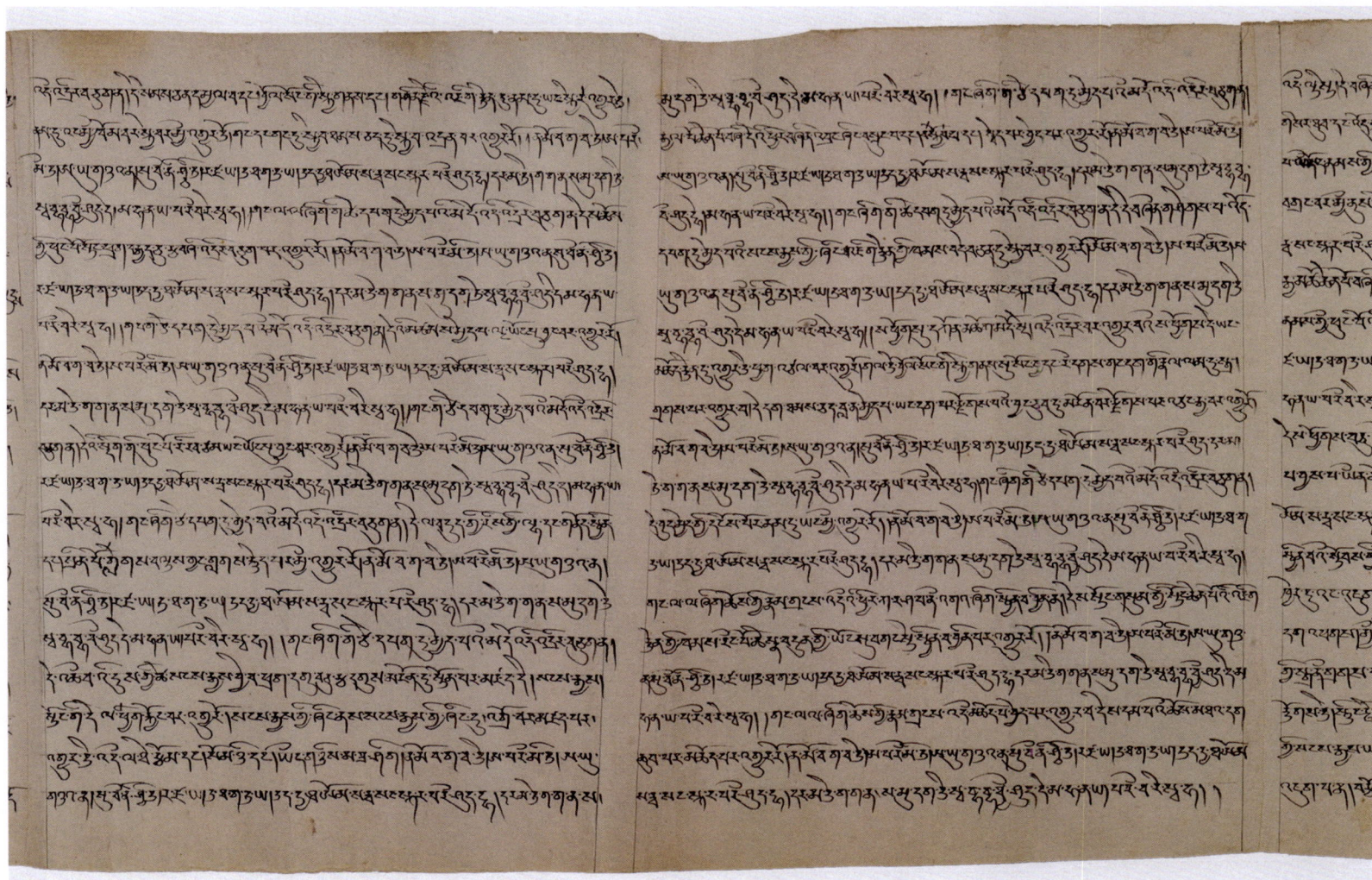

敦博 Db.t.0121 ཚེ་དཔག་དུ་མྱེད་པ་ཞེས་བྱ་བ་ཐེག་པ་ཆེན་པོའི་མདོ།།
大乘無量壽宗要經 （6—2）

145

敦博 Db.t.0121 ཚེ་དཔག་དུ་མྱེད་པ་ཞེས་བྱ་བ་ཐེག་པ་ཆེན་པོའི་མདོ།།
大乘無量壽宗要經 （6—3）

敦博 Db.t.0121 ཚེ་དཔག་དུ་མྱེད་པ་ཞེས་བྱ་བ་ཐེག་པ་ཆེན་པོའི་མདོ།།
大乘無量壽宗要經 （6—4）

敦博 Db.t.0121 ཚེ་དཔག་དུ་མྱེད་པ་ཞེས་བྱ་བ་ཐེག་པ་ཆེན་པོའི་མདོ།།
大乘無量壽宗要經 （6—5）

敦博 Db.t.0121 ཚེ་དཔག་དུ་མྱེད་པ་ཞེས་བྱ་བ་ཐེག་པ་ཆེན་པོའི་མདོ།།
大乘無量壽宗要經 （6—6）

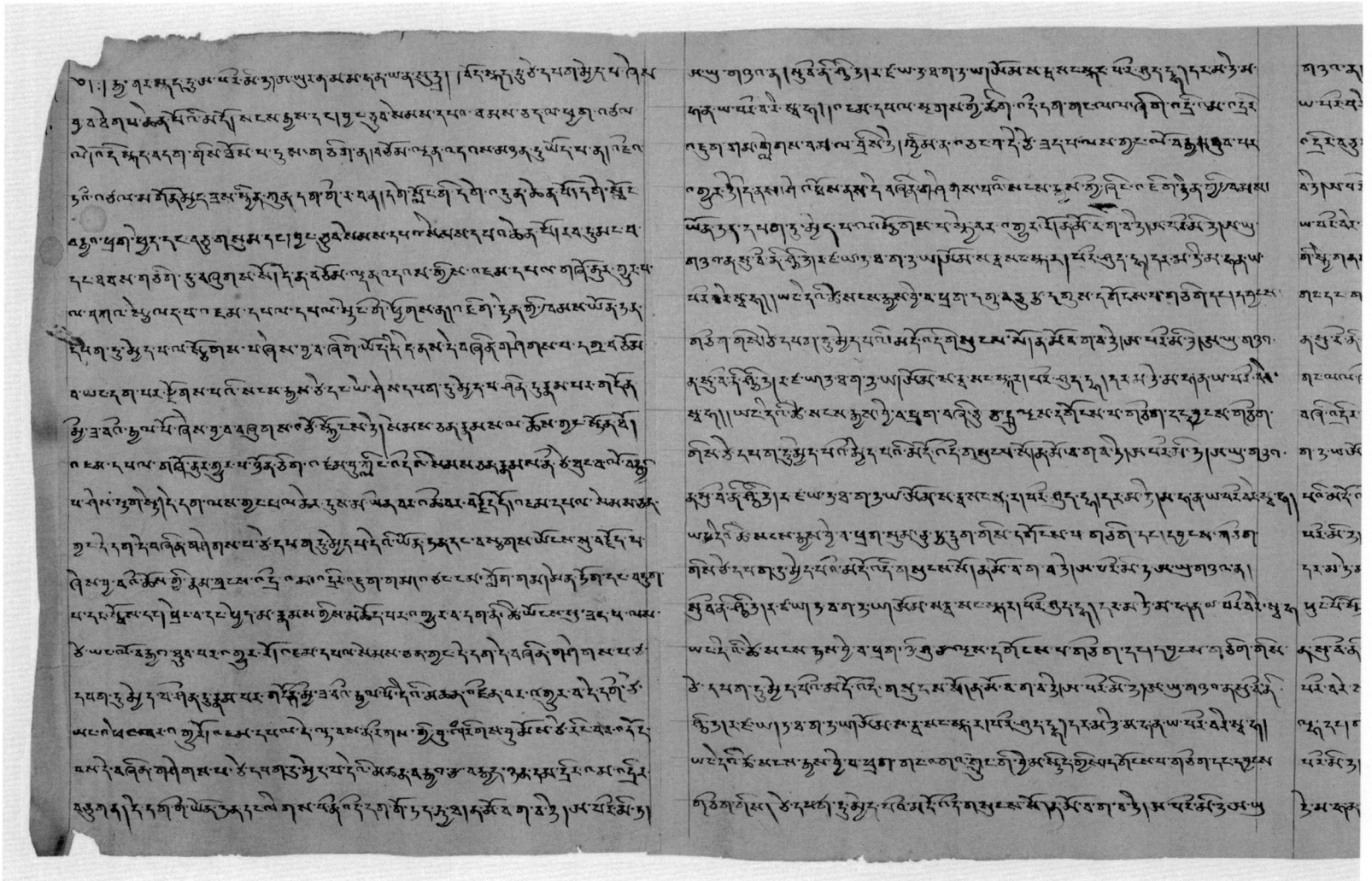

敦博 Db.t.0122 ཚེ་དཔག་དུ་མྱེད་པ་ཞེས་བྱ་བ་ཐེག་པ་ཆེན་པོའི་མདོ།།
大乘無量壽宗要經 （3—1）

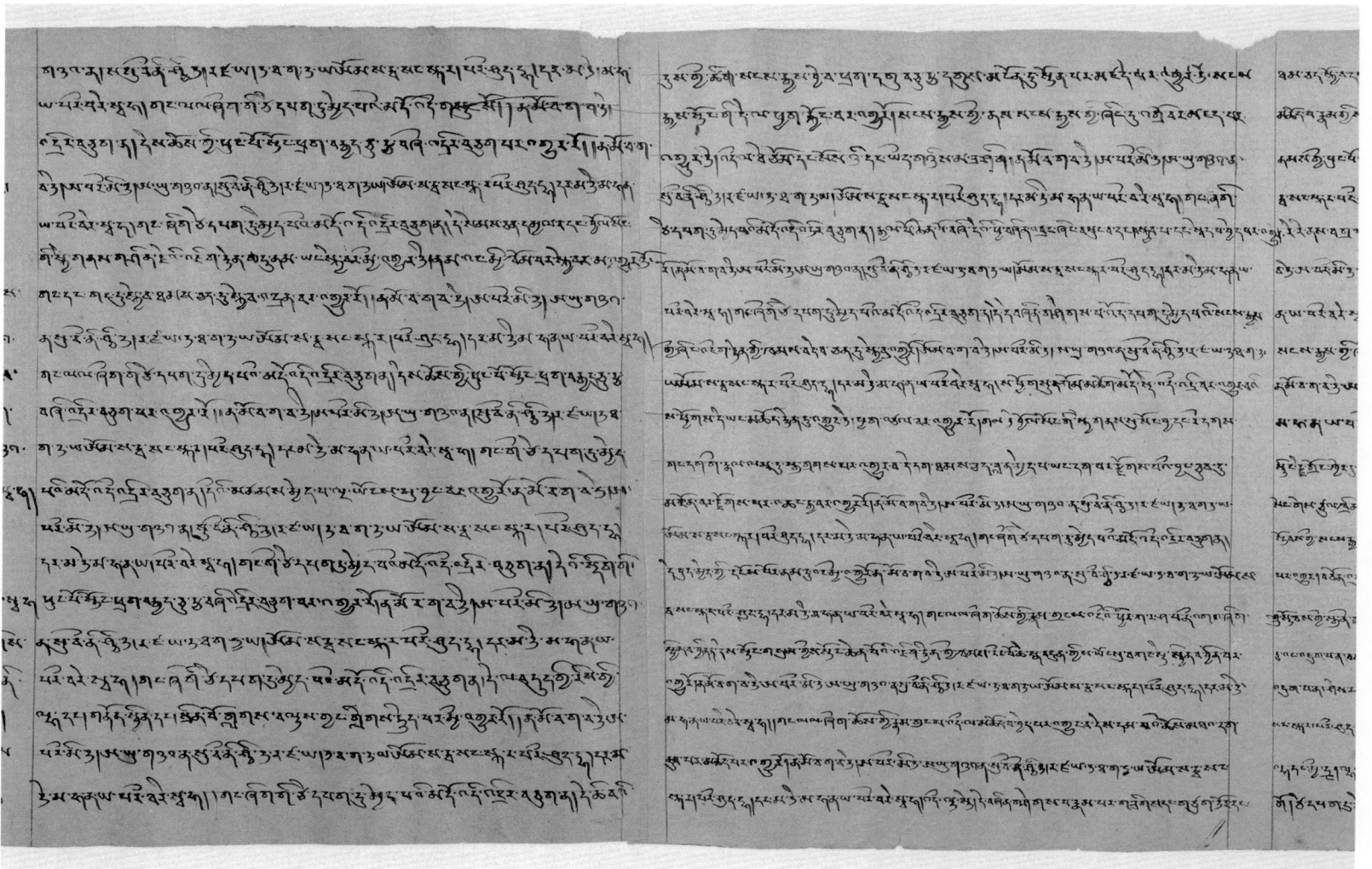

敦博 Db.t.0122 ཚེ་དཔག་དུ་མྱེད་པ་ཞེས་བྱ་བ་ཐེག་པ་ཆེན་པོའི་མདོ།།
大乘無量壽宗要經 （3—2）

敦博 Db.t.0122　ཚེ་དཔག་དུ་མྱེད་པ་ཞེས་བྱ་བ་ཐེག་པ་ཆེན་པོའི་མདོ།།

大乘無量壽宗要經 （3—3）

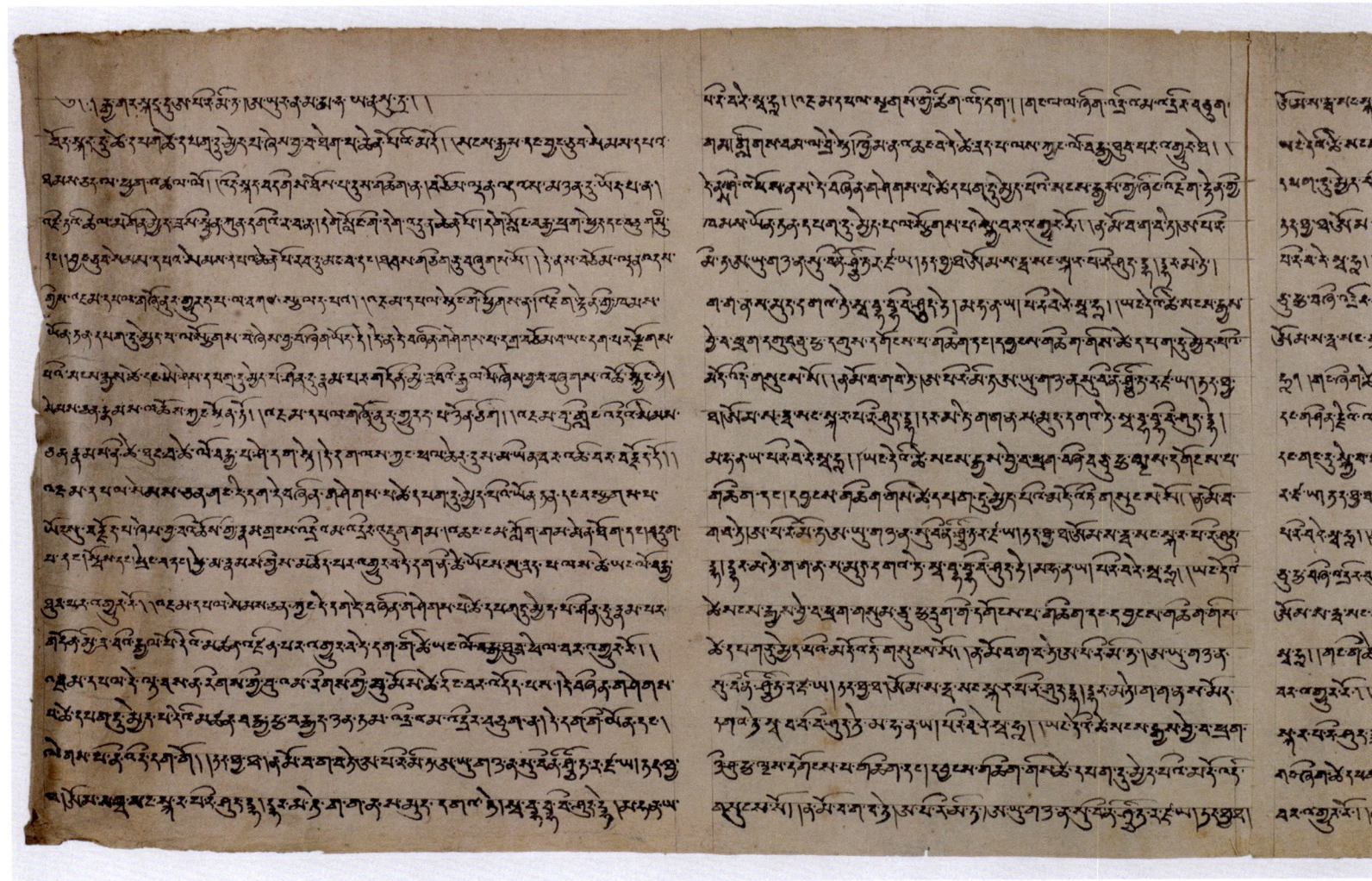

敦博 Db.t.0123　ཚེ་དཔག　ཚེ་དཔག་མྱེད་པ་ཞེས་བྱ་བ་ཐེག་པ་ཆེན་པོའི་མདོ།།

大乘無量壽宗要經 （17—1）

敦博 Db.t.0123 ཚེ་དཔག་ ཚེ་དཔག་མྱེད་པ་ཞེས་བྱ་བ་ཐེག་པ་ཆེན་པོའི་མདོ།།

大乘無量壽宗要經 （17—2）

敦博 Db.t.0123 ཚེ་དཔག་ ཚེ་དཔག་མྱེད་པ་ཞེས་བྱ་བ་ཐེག་པ་ཆེན་པོའི་མདོ།།

大乘無量壽宗要經 （17—3）

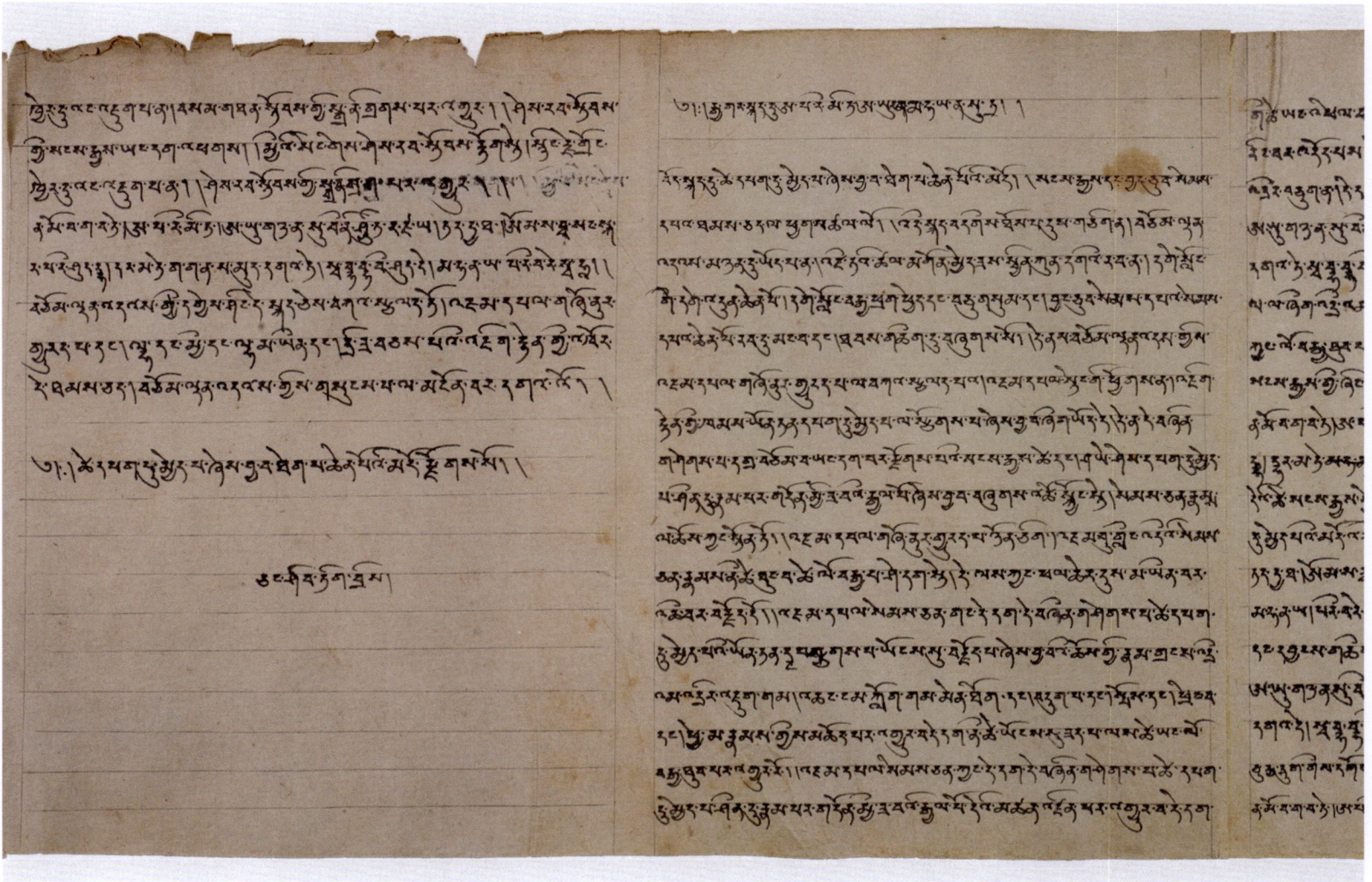

敦博 Db.t.0123 ཚེ་དཔག་ ཚེ་དཔག་ཏུ་མྱེད་པ་ཞེས་བྱ་བ་ཐེག་པ་ཆེན་པོའི་མདོ།།
大乘無量壽宗要經 （17—4）

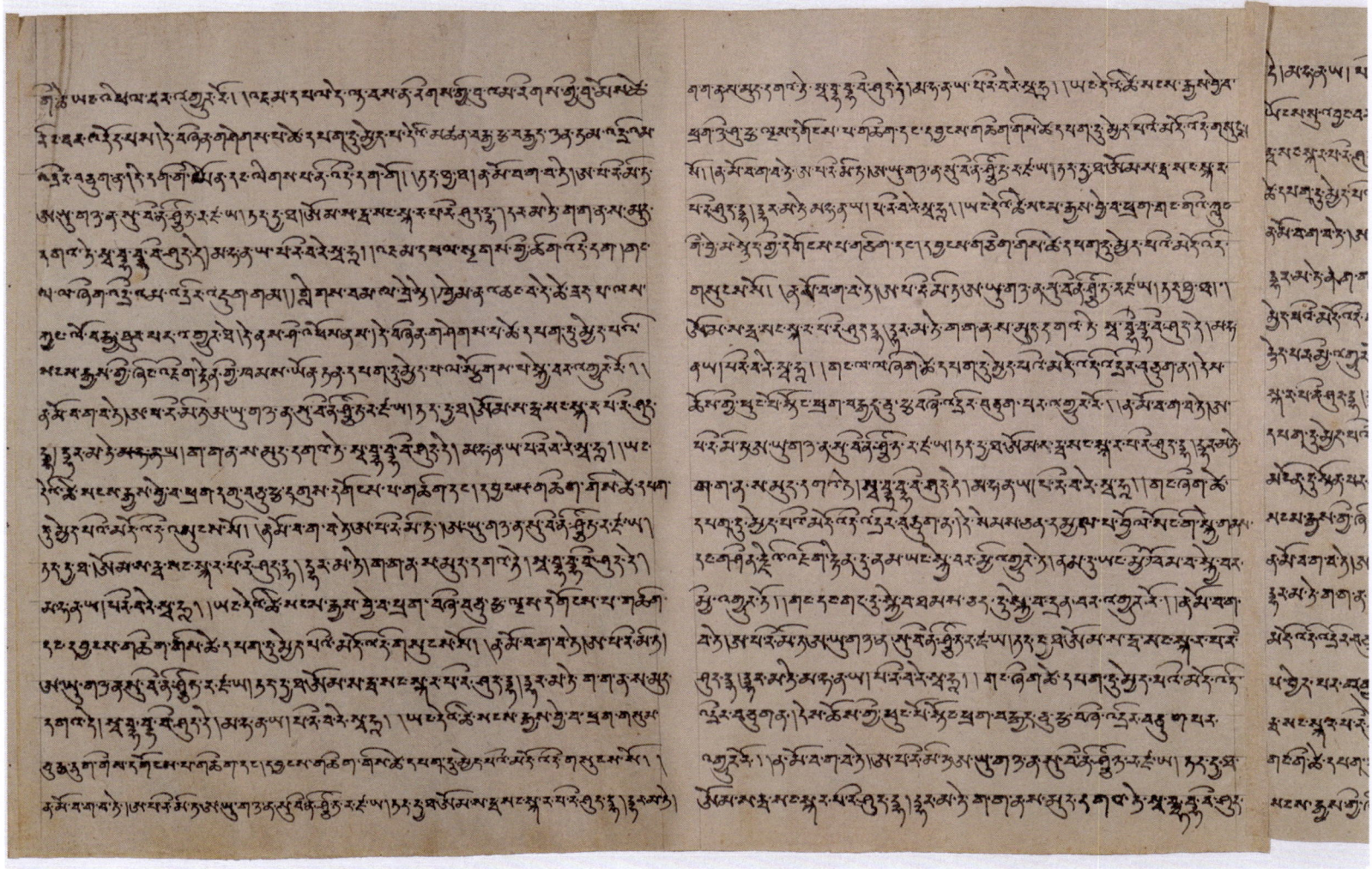

敦博 Db.t.0123 ཚེ་དཔག་ ཚེ་དཔག་ཏུ་མྱེད་པ་ཞེས་བྱ་བ་ཐེག་པ་ཆེན་པོའི་མདོ།།
大乘無量壽宗要經 （17—5）

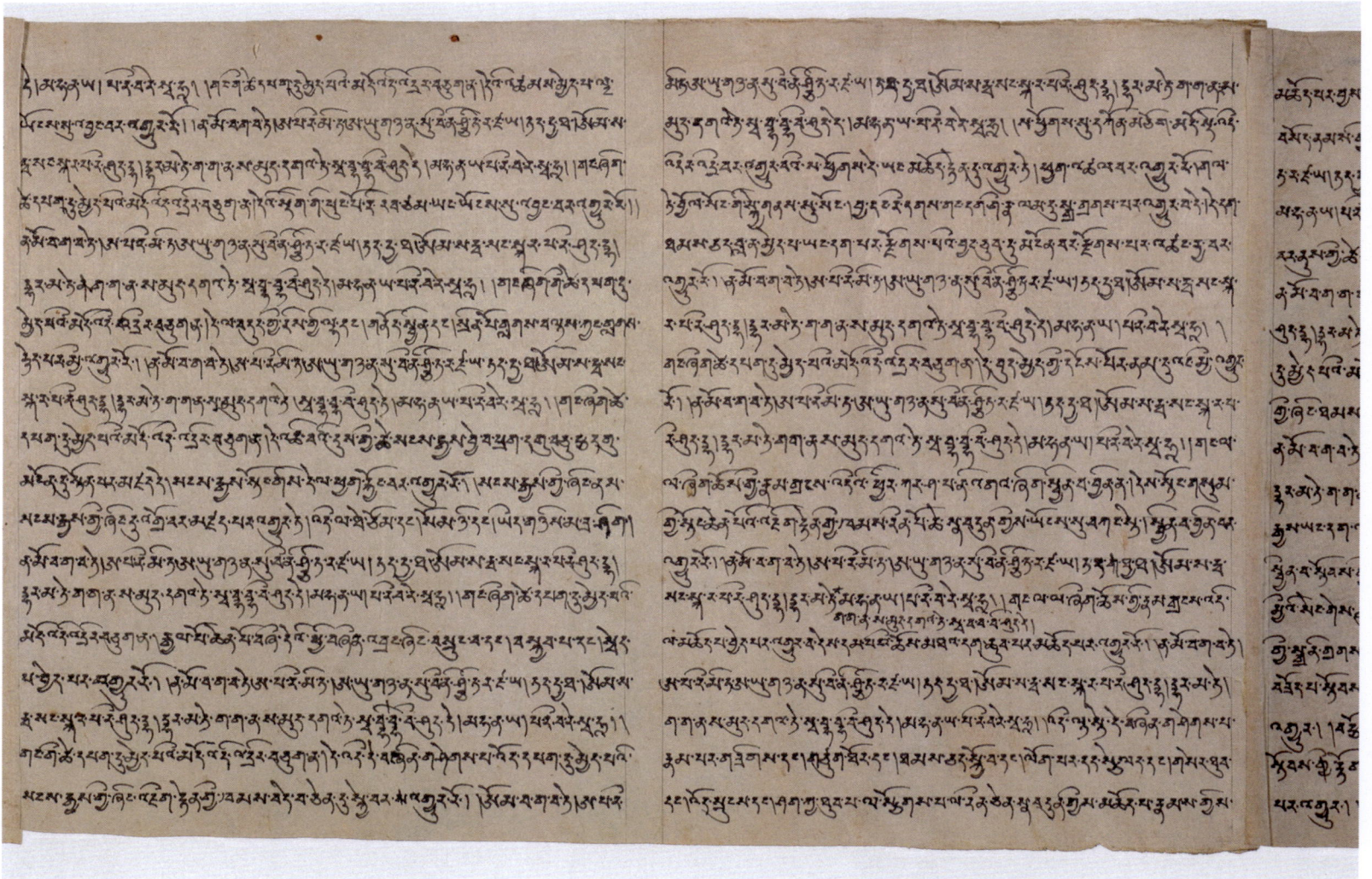

敦博 Db.t.0123 ཚེ་དཔག་ ཚེ་དཔག་མྱེད་པ་ཞེས་བྱ་བ་ཐེག་པ་ཆེན་པོའི་མདོ།།

大乘無量壽宗要經 （17—6）

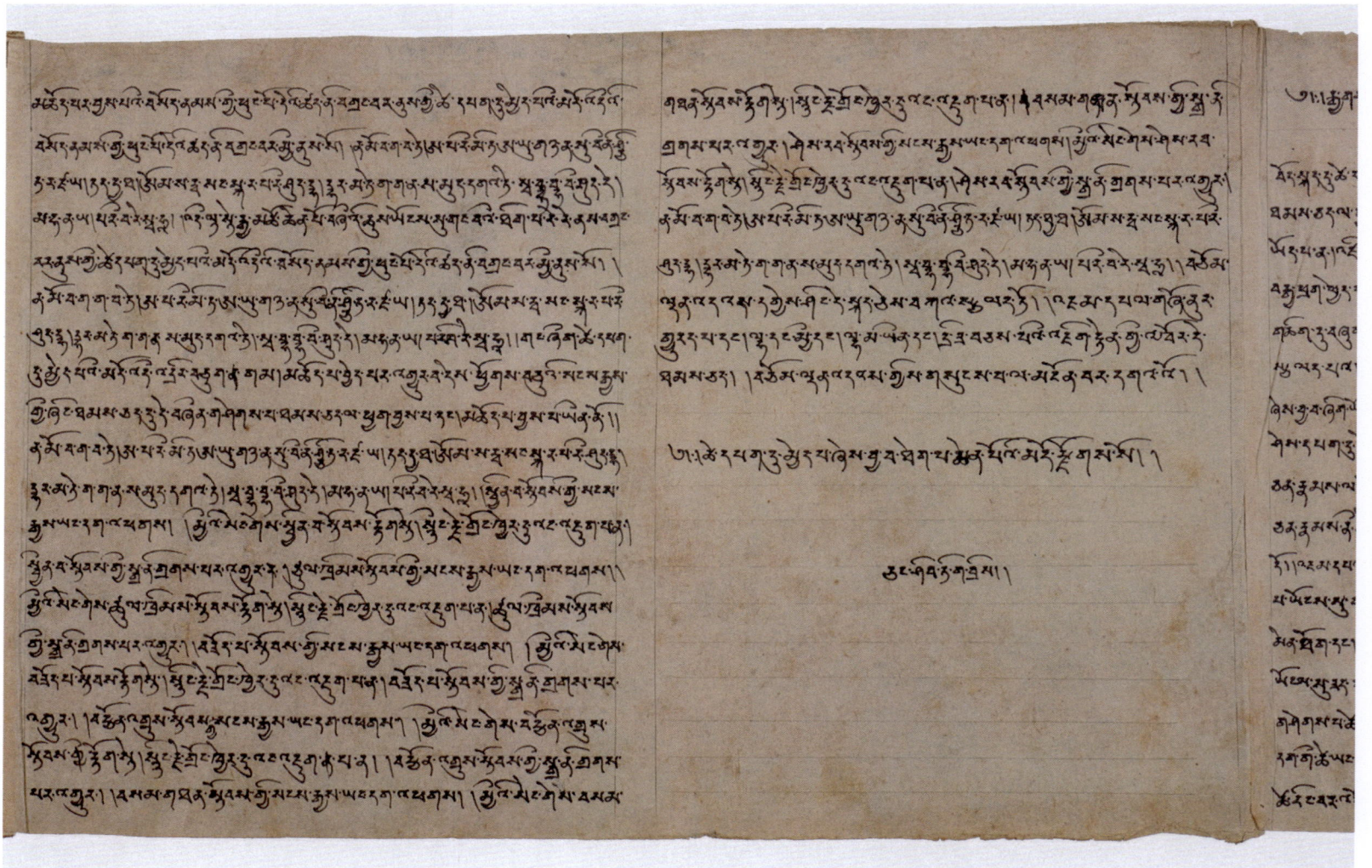

敦博 Db.t.0123 ཚེ་དཔག་ ཚེ་དཔག་མྱེད་པ་ཞེས་བྱ་བ་ཐེག་པ་ཆེན་པོའི་མདོ།།

大乘無量壽宗要經 （17—7）

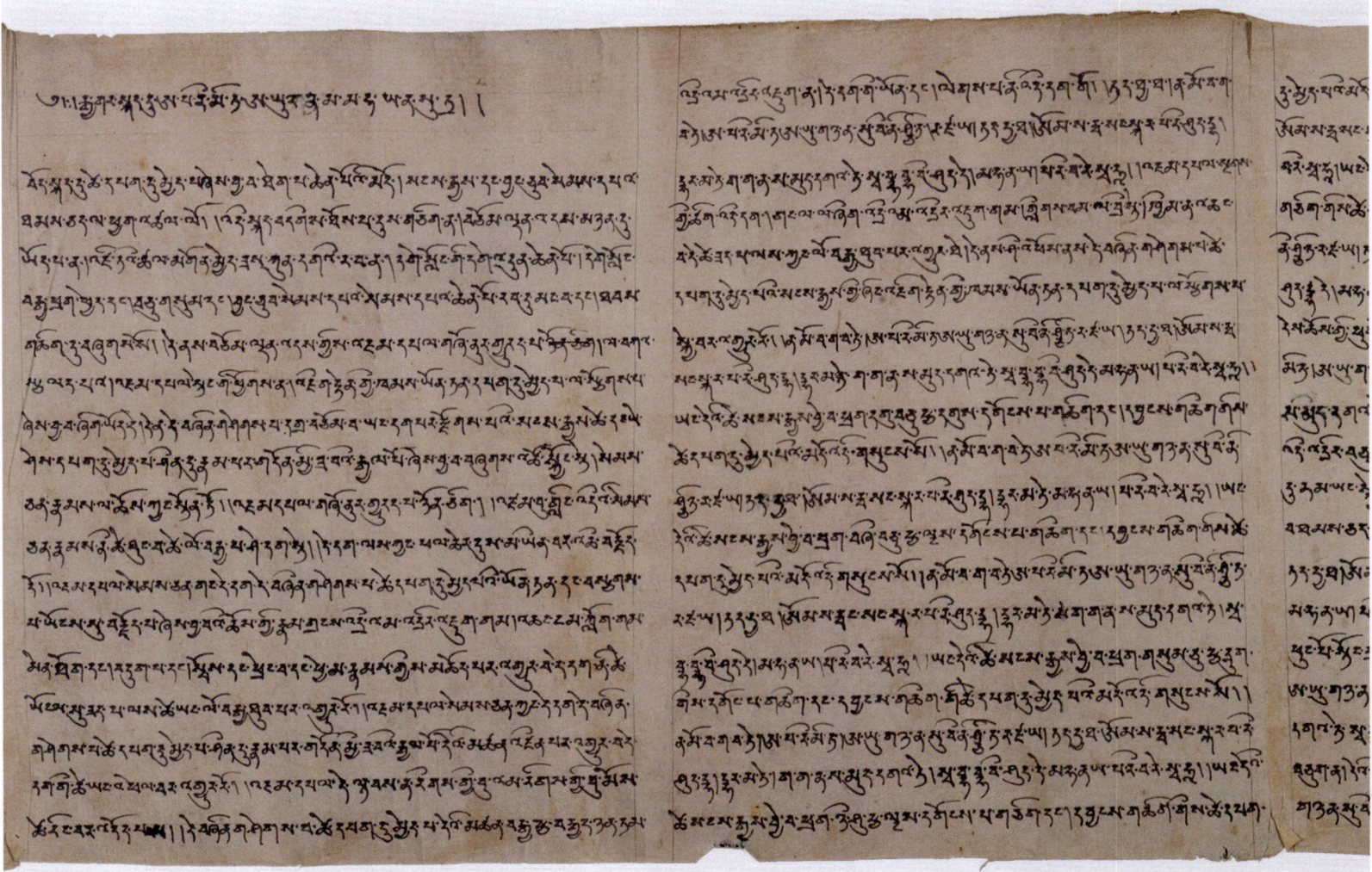

敦博 Db.t.0123 ཚེ་དཔག་ ཚེ་དཔག་མྱེད་པ་ཞེས་བྱ་བ་ཐེག་པ་ཆེན་པོའི་མདོ།།

大乘無量壽宗要經 （17—8）

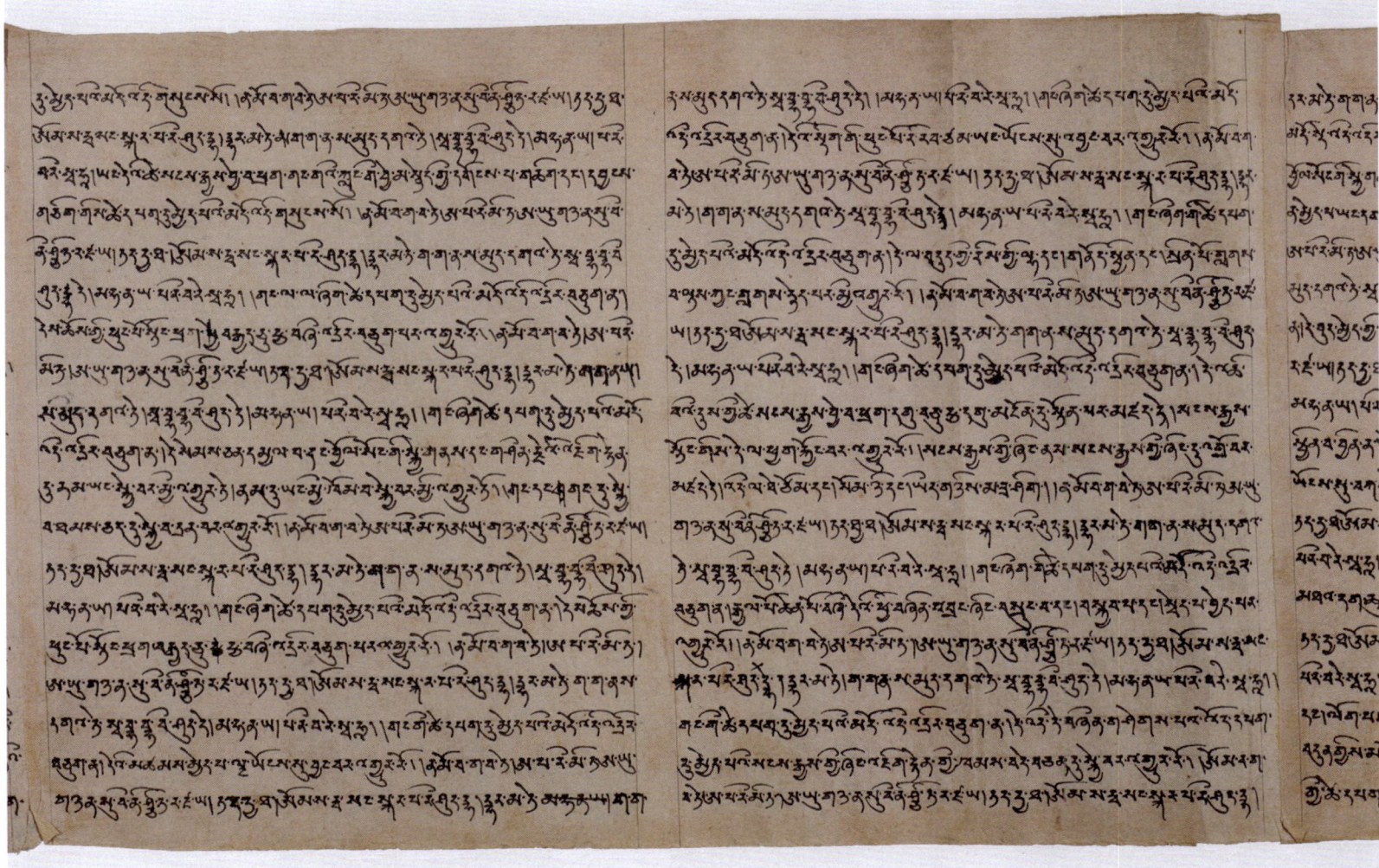

敦博 Db.t.0123 ཚེ་དཔག་ཚེ་དཔག་མྱེད་པ་ཞེས་བྱ་བ་ཐེག་པ་ཆེན་པོའི་མདོ།།

大乘無量壽宗要經 （17—9）

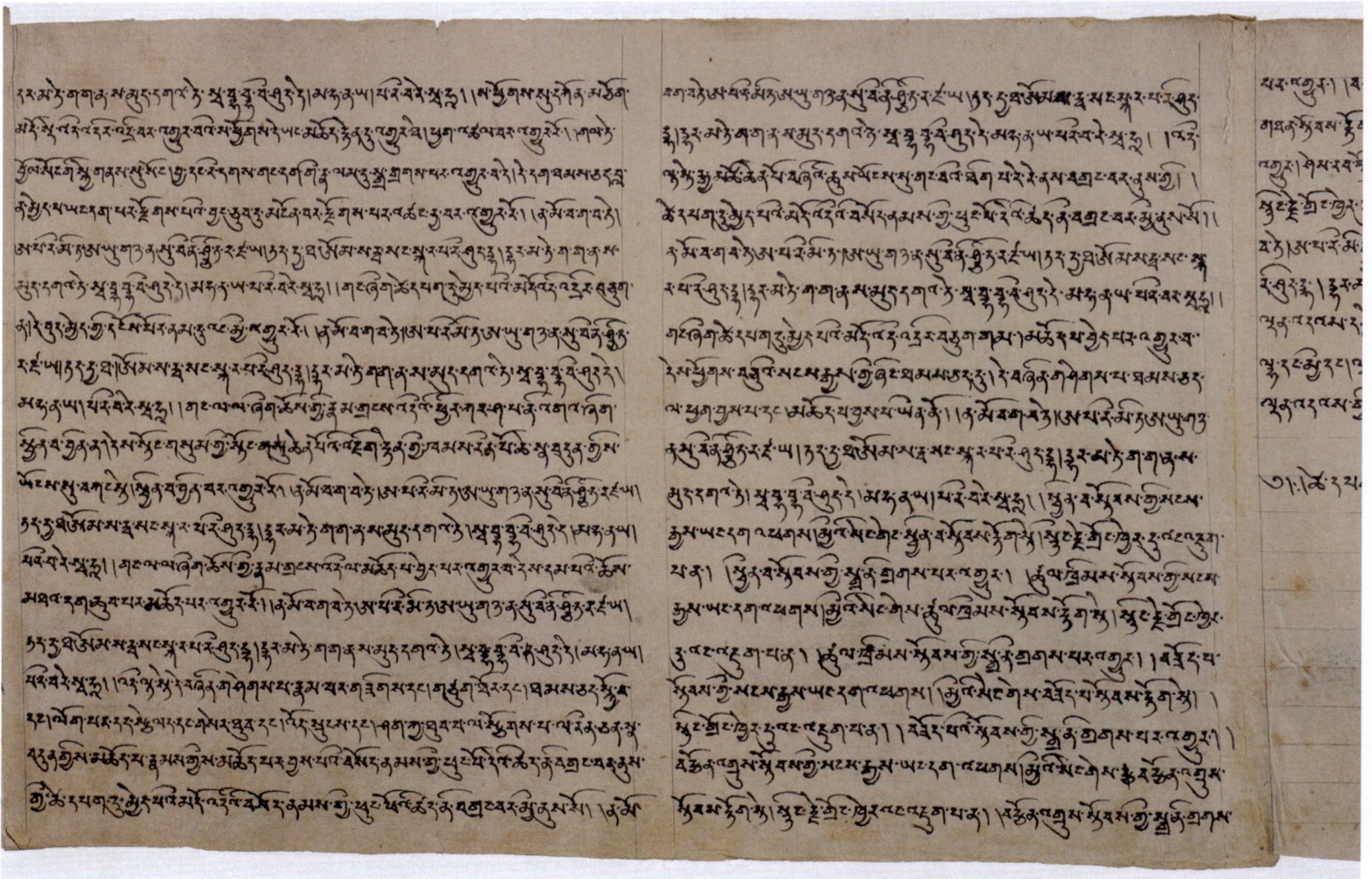

敦博 Db.t.0123 ཚེ་དཔག་ཚེ་དཔག་མྱེད་པ་ཞེས་བྱ་བ་ཐེག་པ་ཆེན་པོའི་མདོ།།

大乘無量壽宗要經 （17—10）

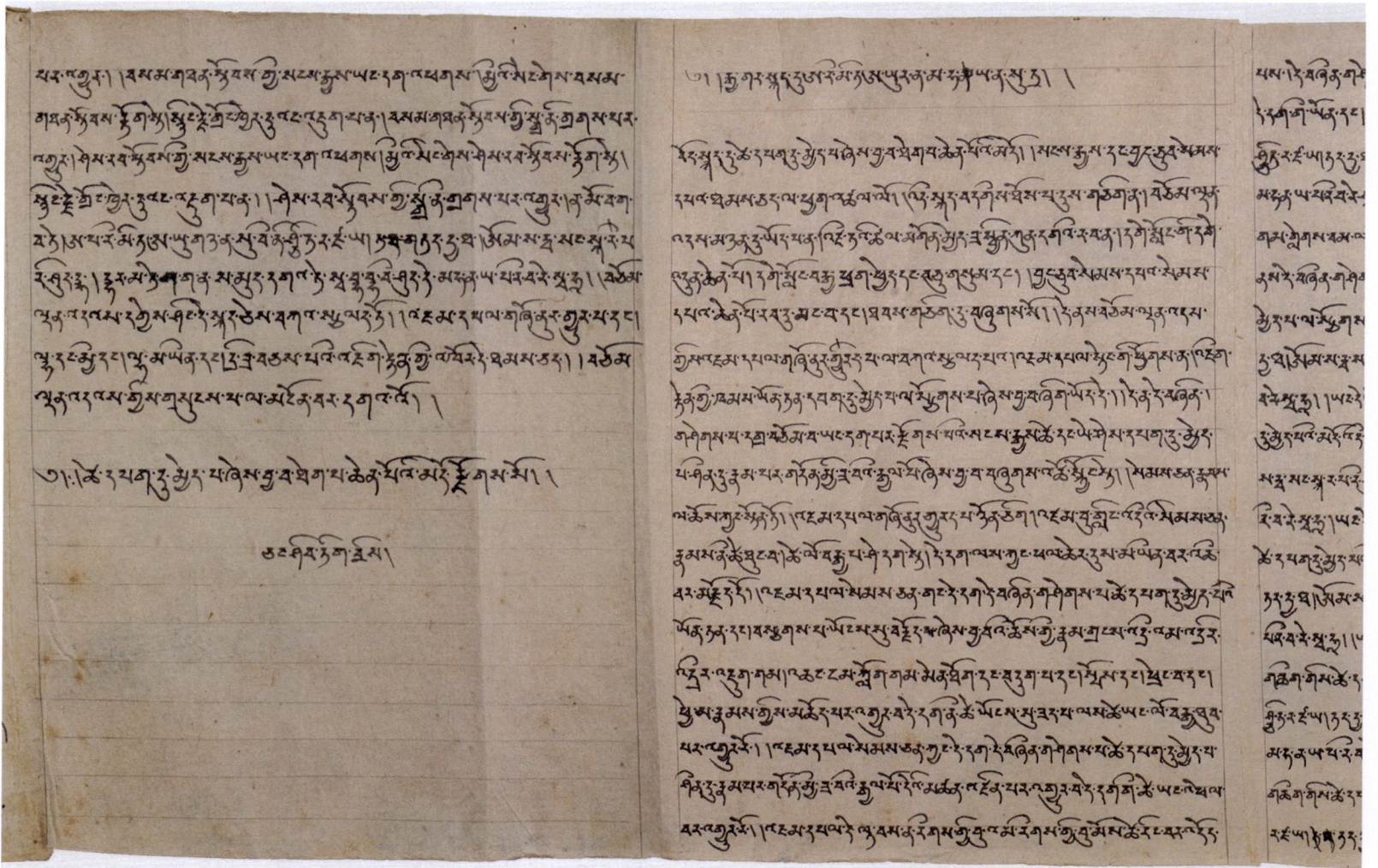

敦博 Db.t.0123 ཚེ་དཔག་ཚེ་དཔག་མྱེད་པ་ཞེས་བྱ་བ་ཐེག་པ་ཆེན་པོའི་མདོ།།

大乘無量壽宗要經 （17—11）

敦博 Db.t.0123 ཚེ་དཔག་ ཚེ་དཔག་མྱེད་པ་ཞེས་བྱ་བ་ཐེག་པ་ཆེན་པོའི་མདོ།།
大乘無量壽宗要經 （17—12）

敦博 Db.t.0123 ཚེ་དཔག་ ཚེ་དཔག་མྱེད་པ་ཞེས་བྱ་བ་ཐེག་པ་ཆེན་པོའི་མདོ།།
大乘無量壽宗要經 （17—13）

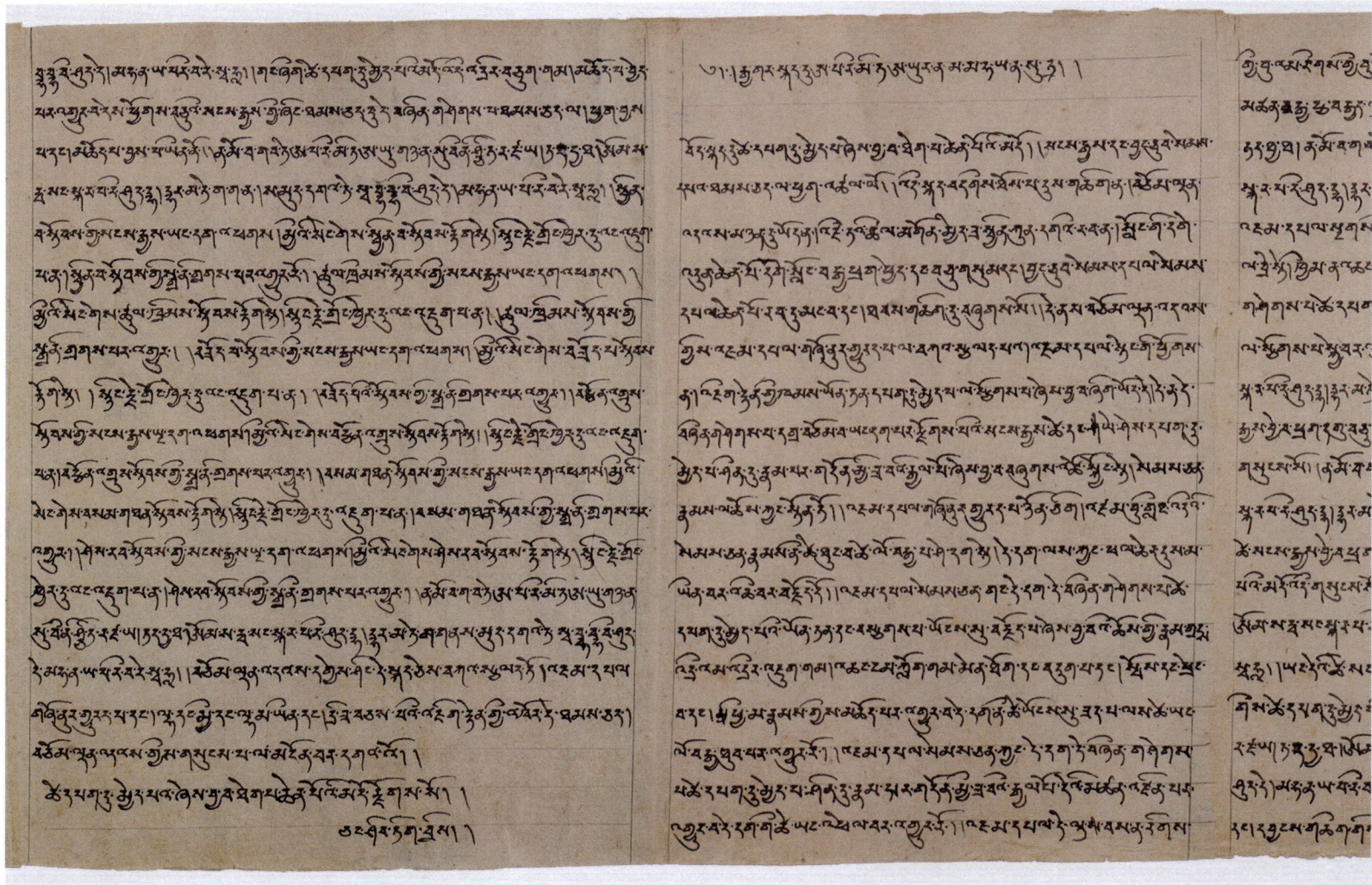

敦博 Db.t.0123 ཚེ་དཔག་ ཚེ་དཔག་མྱེད་པ་ཞེས་བྱ་བ་ཐེག་པ་ཆེན་པོའི་མདོ།།
大乘無量壽宗要經 （17—14）

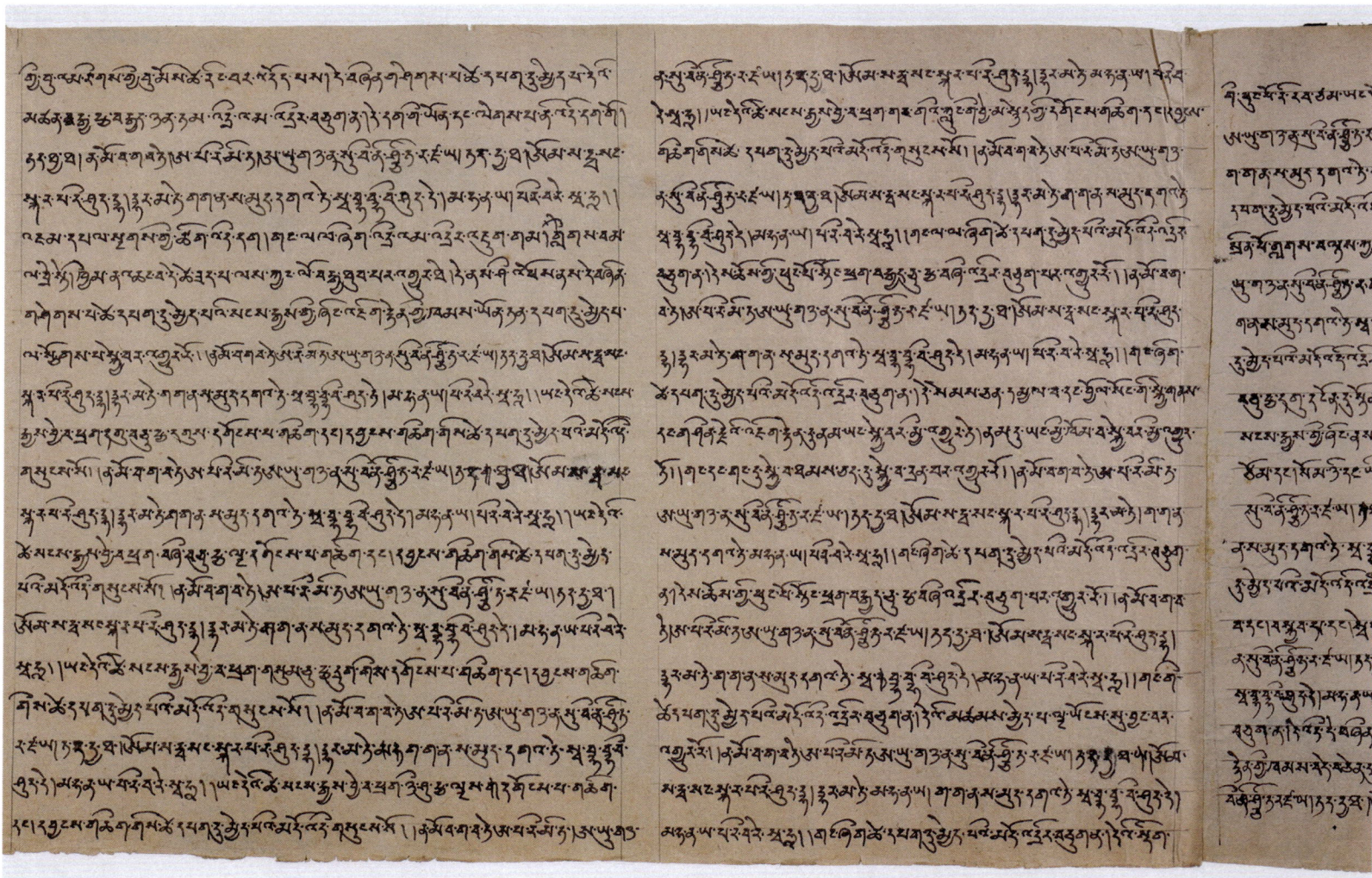

敦博 Db.t.0123 ཚེ་དཔག་ ཚེ་དཔག་མྱེད་པ་ཞེས་བྱ་བ་ཐེག་པ་ཆེན་པོའི་མདོ།།
大乘無量壽宗要經 （17—15）

敦博 Db.t.0123 ཚེ་དཔག་ ཚེ་དཔག་མྱེད་པ་ཞེས་བྱ་བ་ཐེག་པ་ཆེན་པོའི་མདོ།།
大乘無量壽宗要經 （17—16）

敦博 Db.t.0123 ཚེ་དཔག་ ཚེ་དཔག་མྱེད་པ་ཞེས་བྱ་བ་ཐེག་པ་ཆེན་པོའི་མདོ།།
大乘無量壽宗要經 （17—17）

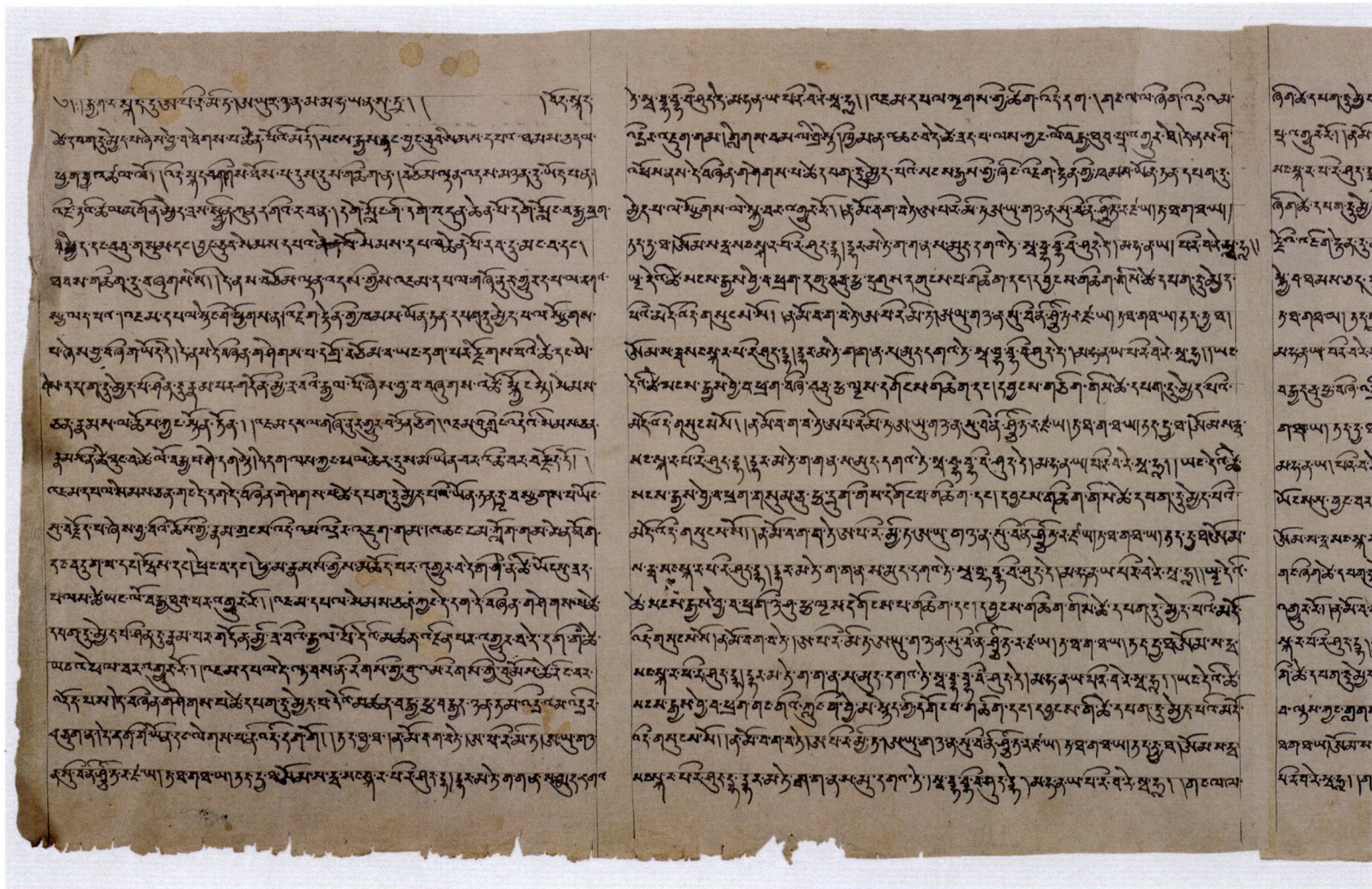

敦博 Db.t.0124 ཚེ་དཔག་དུ་མྱེད་པ་ཞེས་བྱེ་བ་ཐེགས་པ་ཆེན་པོའི་མདོ།།

大乘無量壽宗要經 （6—1）

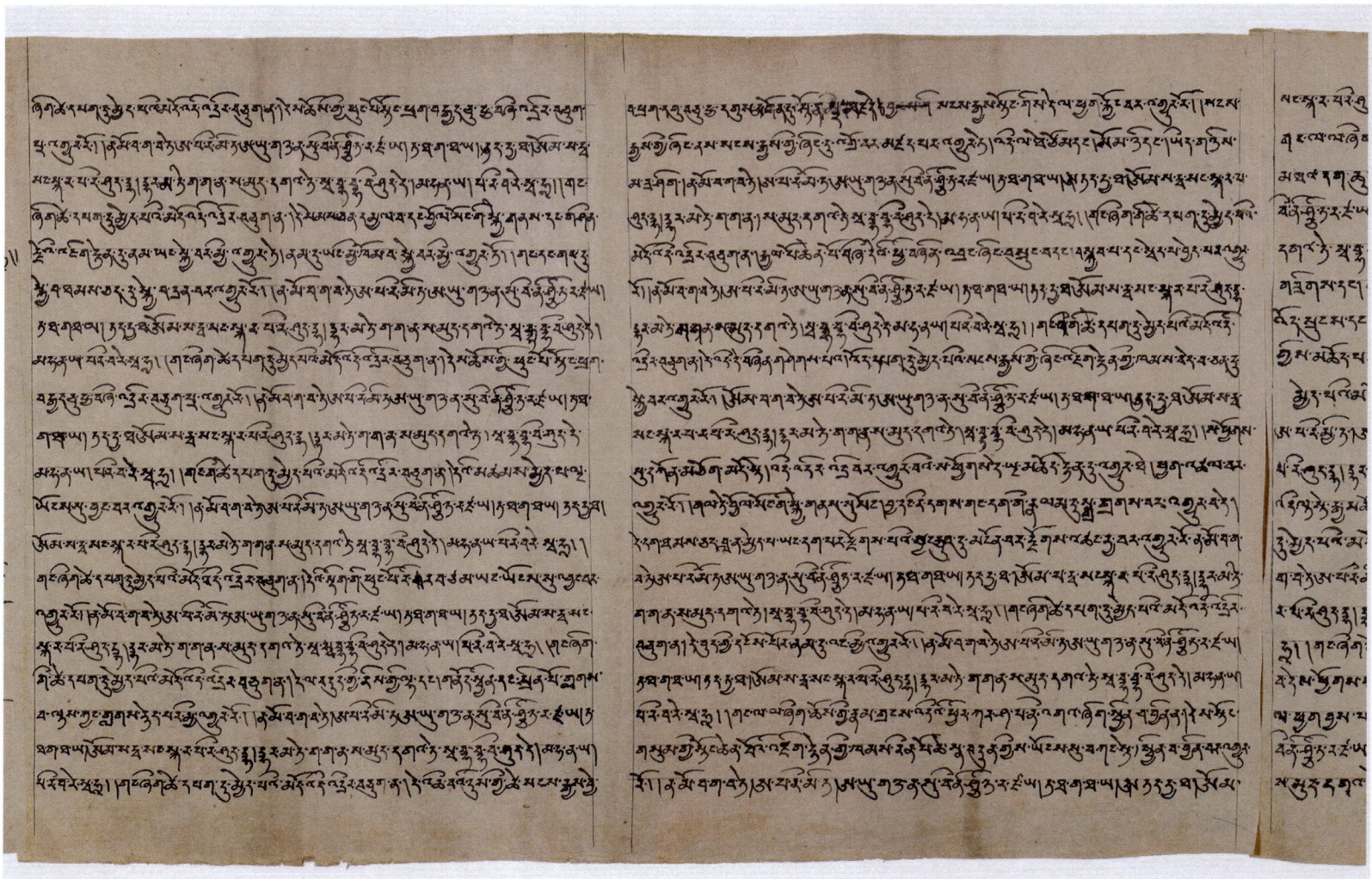

敦博 Db.t.0124 ཚེ་དཔག་དུ་མྱེད་པ་ཞེས་བྱེ་བ་ཐེགས་པ་ཆེན་པོའི་མདོ།།

大乘無量壽宗要經 （6—2）

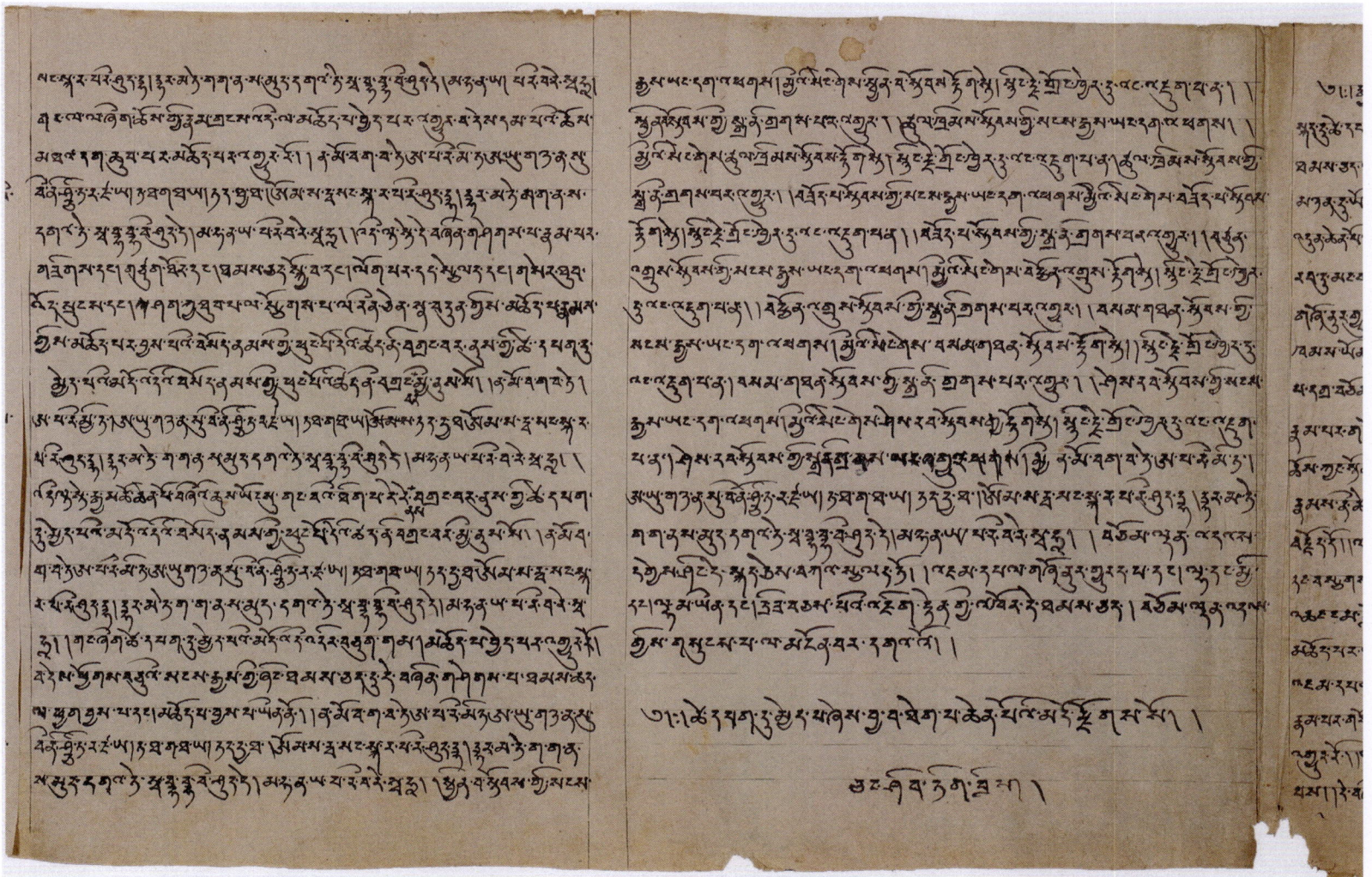

敦博 Db.t.0124 ཚེ་དཔག་དུ་མྱེད་པ་ཞེས་བྱེ་བ་ཐེགས་པ་ཆེན་པོའི་མདོ།།

大乘無量壽宗要經 （6—3）

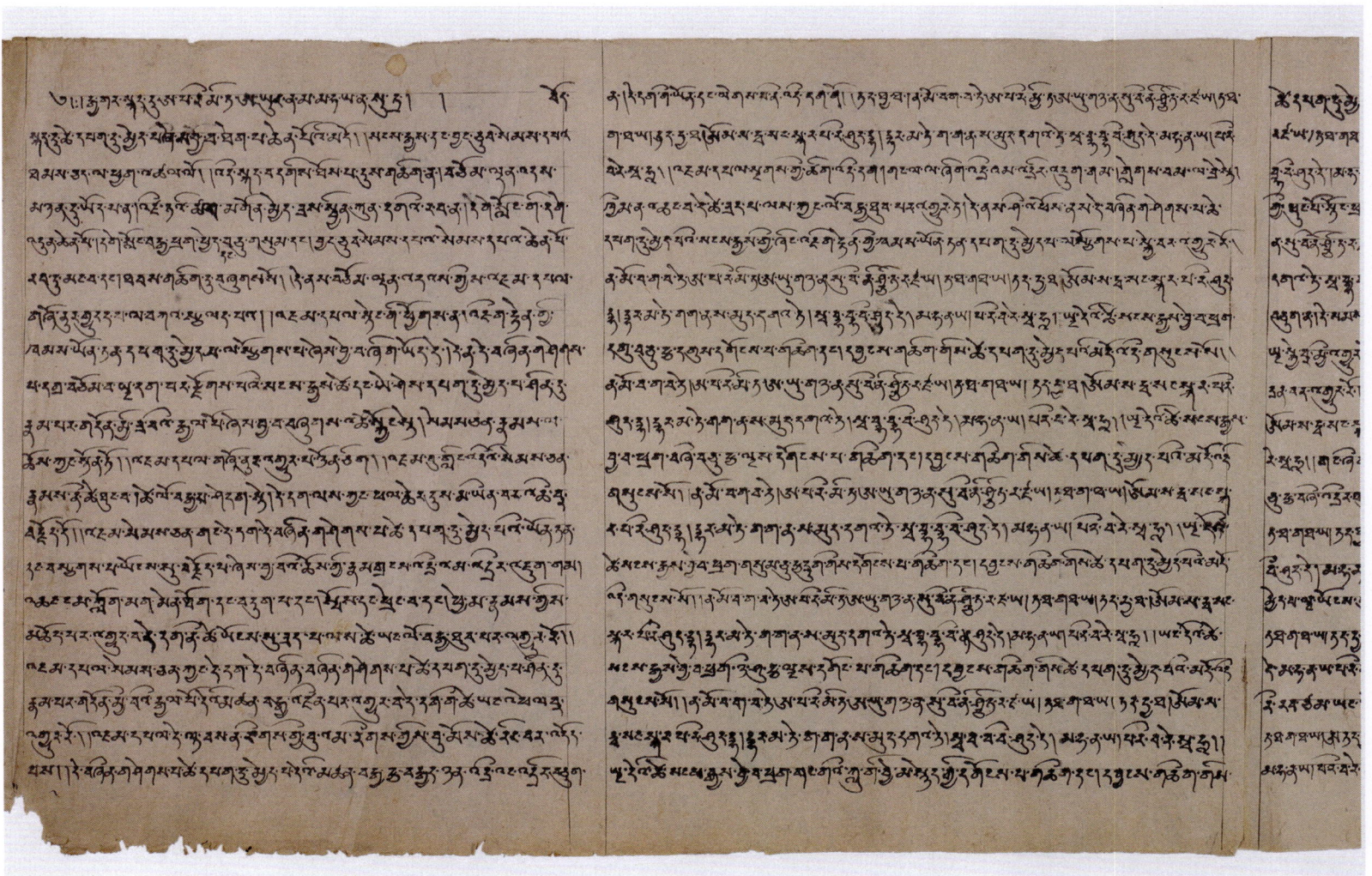

敦博 Db.t.0124 ཚེ་དཔག་དུ་མྱེད་པ་ཞེས་བྱེ་བ་ཐེགས་པ་ཆེན་པོའི་མདོ།།

大乘無量壽宗要經 （6—4）

敦博 Db.t.0124 ཚེ་དཔག་དུ་མྱེད་པ་ཞེས་བྱ་བ་ཐེག་པ་ཆེན་པོའི་མདོ།།
　　大乘無量壽宗要經 （6—5）

敦博 Db.t.0124 ཚེ་དཔག་དུ་མྱེད་པ་ཞེས་བྱ་བ་ཐེག་པ་ཆེན་པོའི་མདོ།།
　　大乘無量壽宗要經 （6—6）

160

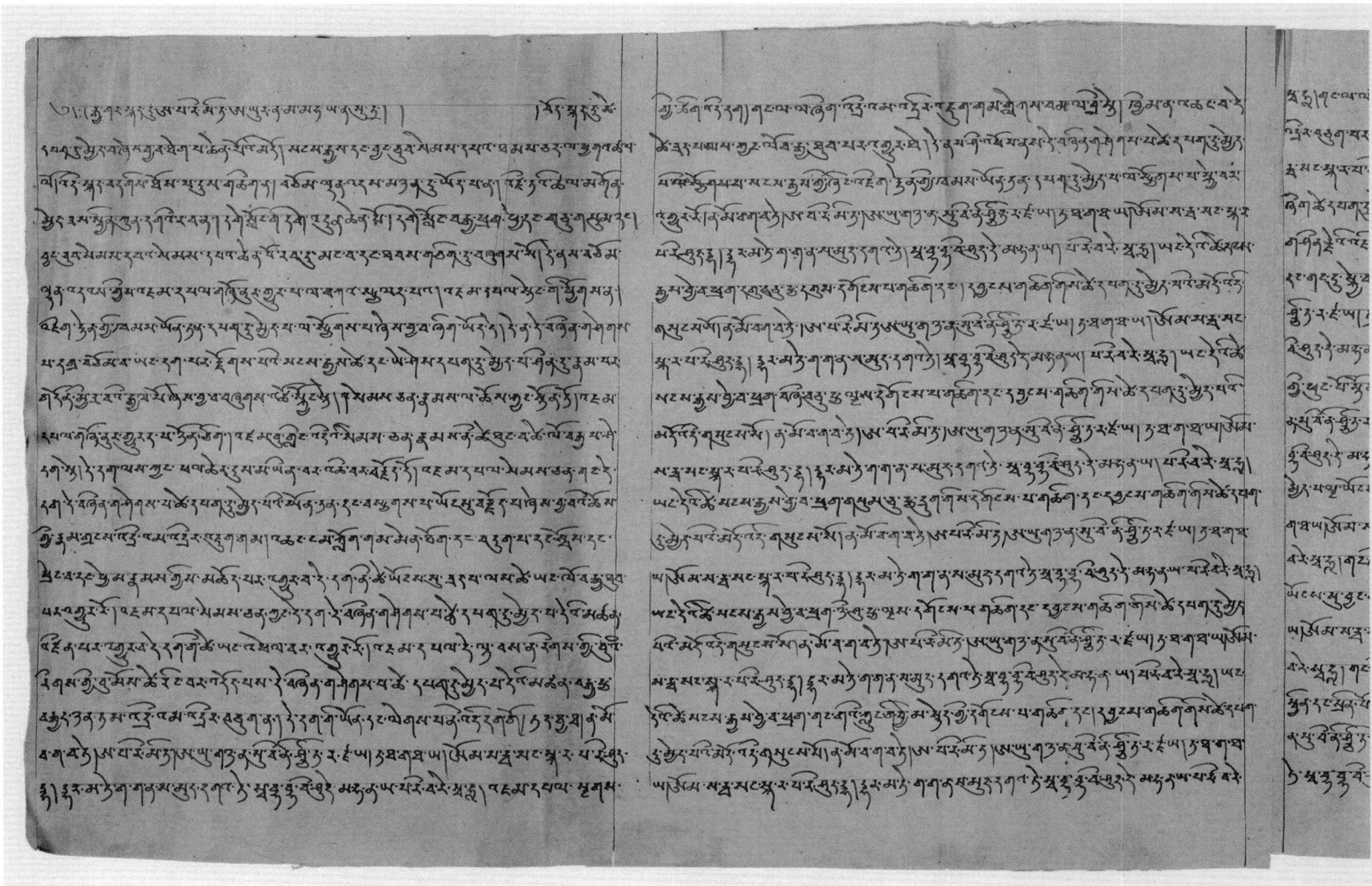

敦博 Db.t.0125 ཚེ་དཔག་དུ་མྱེད་པ་ཞེས་བྱ་བ་ཐེག་པ་ཆེན་པོའི་མདོ༎
大乘無量壽宗要經 （15—1）

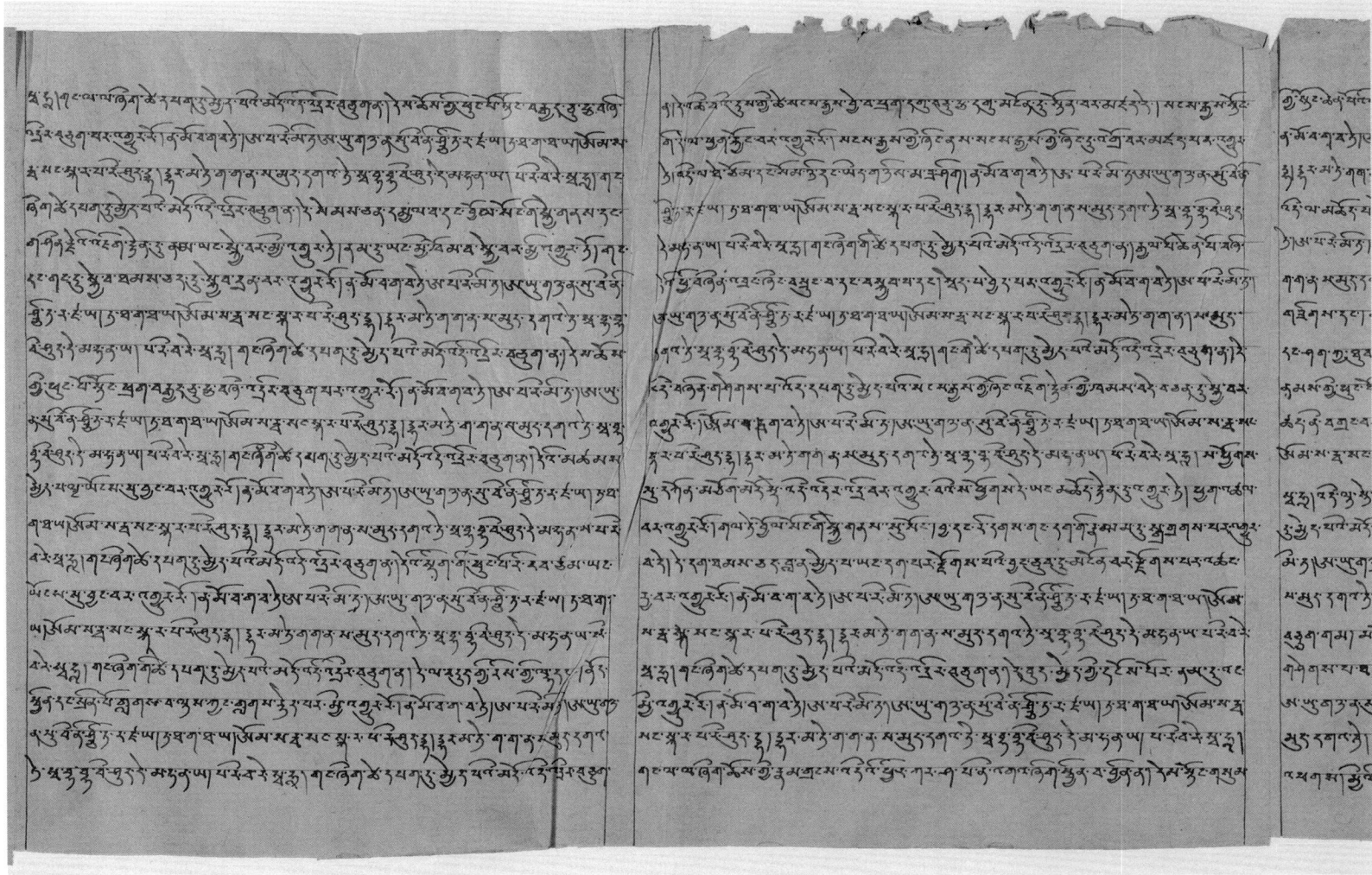

敦博 Db.t.0125 ཚེ་དཔག་དུ་མྱེད་པ་ཞེས་བྱ་བ་ཐེག་པ་ཆེན་པོའི་མདོ༎
大乘無量壽宗要經 （15—2）

敦博 Db.t.0125 ཚེ་དཔག་དུ་མྱེད་པ་ཞེས་བྱ་བ་ཐེག་པ་ཆེན་པོའི་མདོ།།
大乘無量壽宗要經 （15—3）

敦博 Db.t.0125 ཚེ་དཔག་དུ་མྱེད་པ་ཞེས་བྱ་བ་ཐེག་པ་ཆེན་པོའི་མདོ།།
大乘無量壽宗要經 （15—4）

敦博 Db.t.0125 ཚེ་དཔག་དུ་མྱེད་པ་ཞེས་བྱ་བ་ཐེག་པ་ཆེན་པོའི་མདོ༎
大乘無量壽宗要經 （15—5）

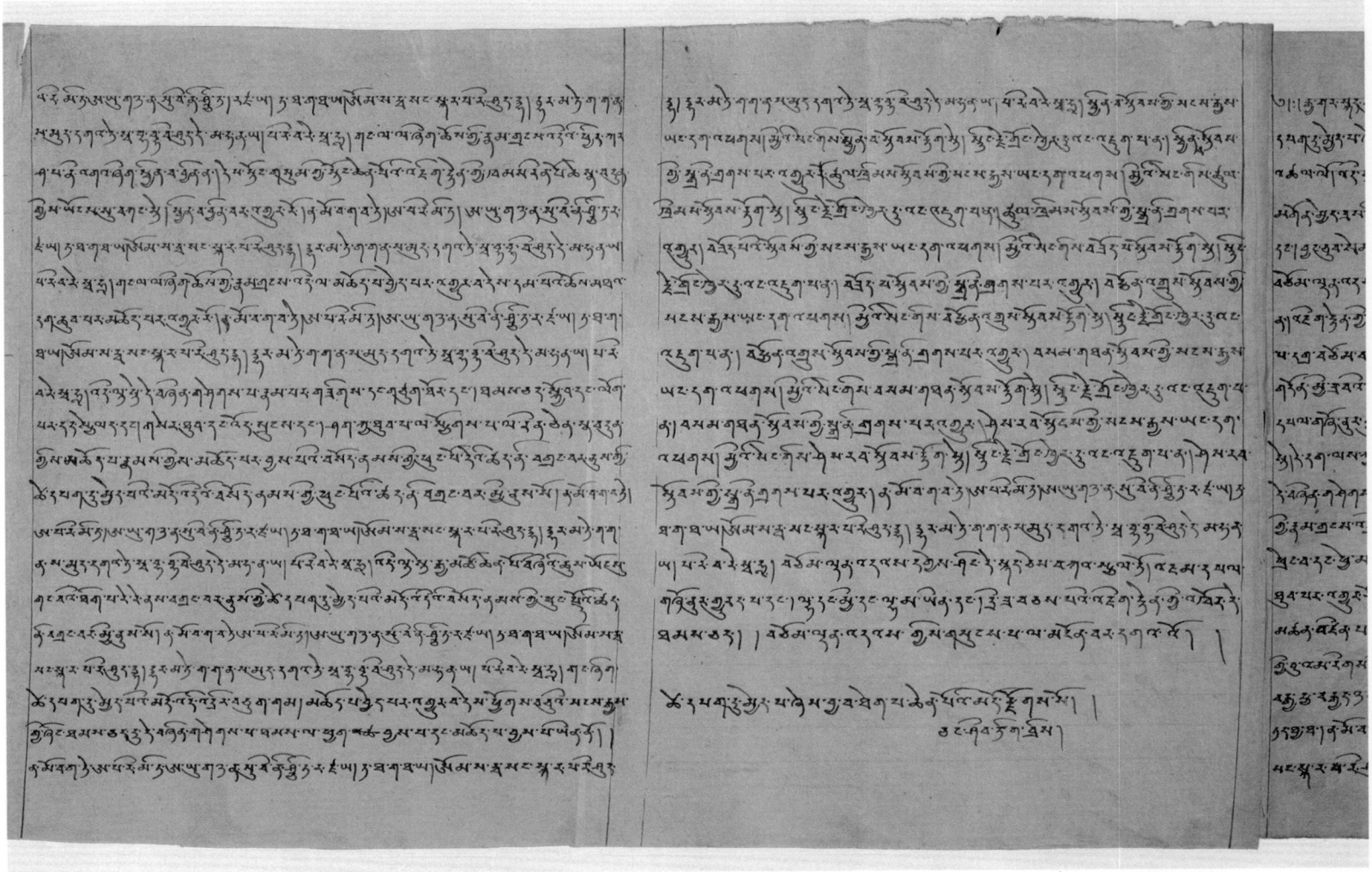

敦博 Db.t.0125 ཚེ་དཔག་དུ་མྱེད་པ་ཞེས་བྱ་བ་ཐེག་པ་ཆེན་པོའི་མདོ༎
大乘無量壽宗要經 （15—6）

敦博 Db.t.0125 ཚེ་དཔག་དུ་མྱེད་པ་ཞེས་བྱ་བ་ཐེག་པ་ཆེན་པོའི་མདོ།།
大乘無量壽宗要經　（15—7）

敦博 Db.t.0125 ཚེ་དཔག་དུ་མྱེད་པ་ཞེས་བྱ་བ་ཐེག་པ་ཆེན་པོའི་མདོ།།
大乘無量壽宗要經　（15—8）

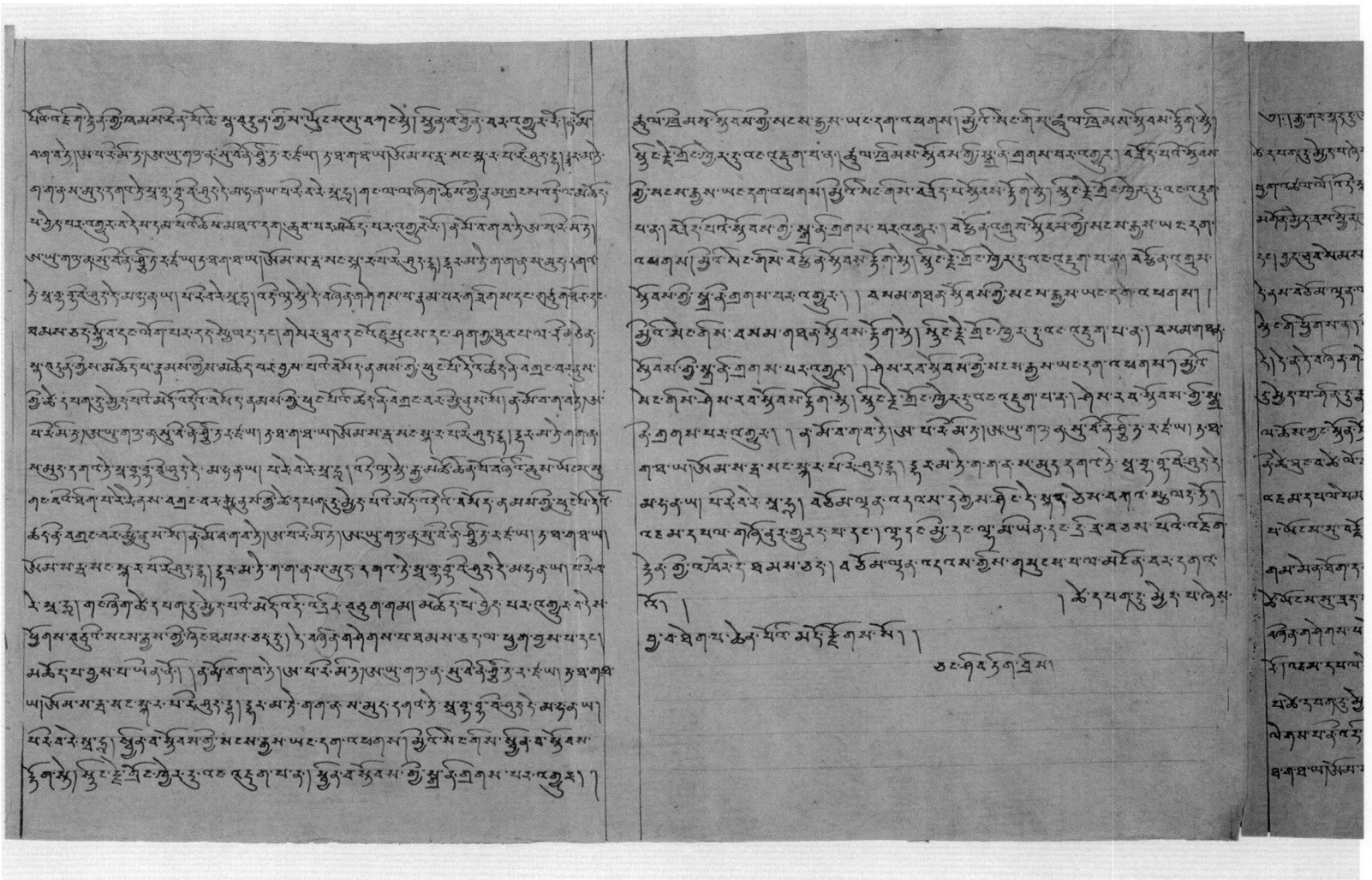

敦博 Db.t.0125 ཚེ་དཔག་དུ་མྱེད་པ་ཞེས་བྱ་བ་ཐེག་པ་ཆེན་པོའི་མདོ།།
大乘無量壽宗要經 （15—9）

敦博 Db.t.0125 ཚེ་དཔག་དུ་མྱེད་པ་ཞེས་བྱ་བ་ཐེག་པ་ཆེན་པོའི་མདོ།།
大乘無量壽宗要經 （15—10）

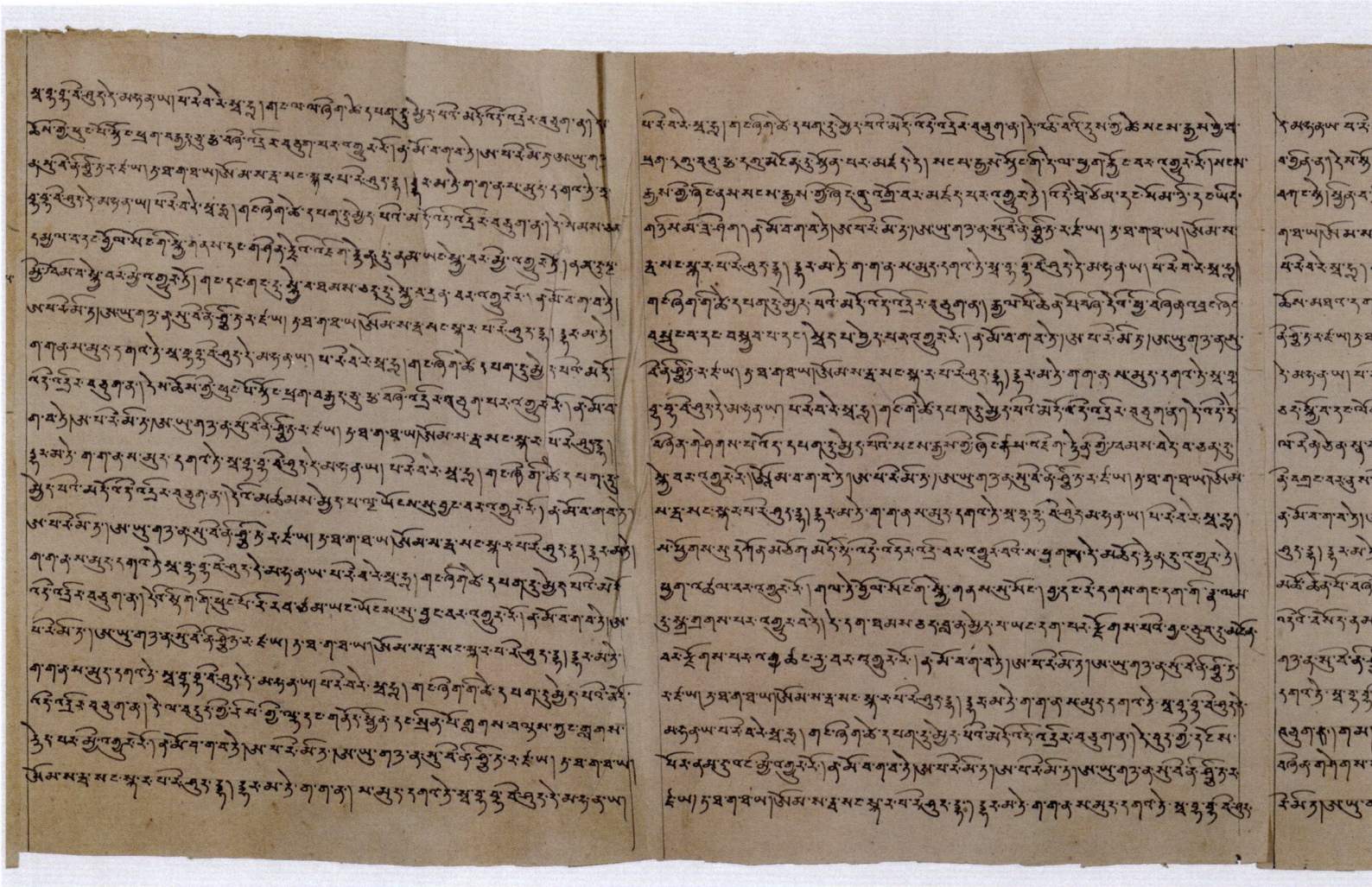

敦博 Db.t.0125 ཚེ་དཔག་དུ་མྱེད་པ་ཞེས་བྱ་བ་ཐེག་པ་ཆེན་པོའི་མདོ།།

大乘無量壽宗要經 （15—11）

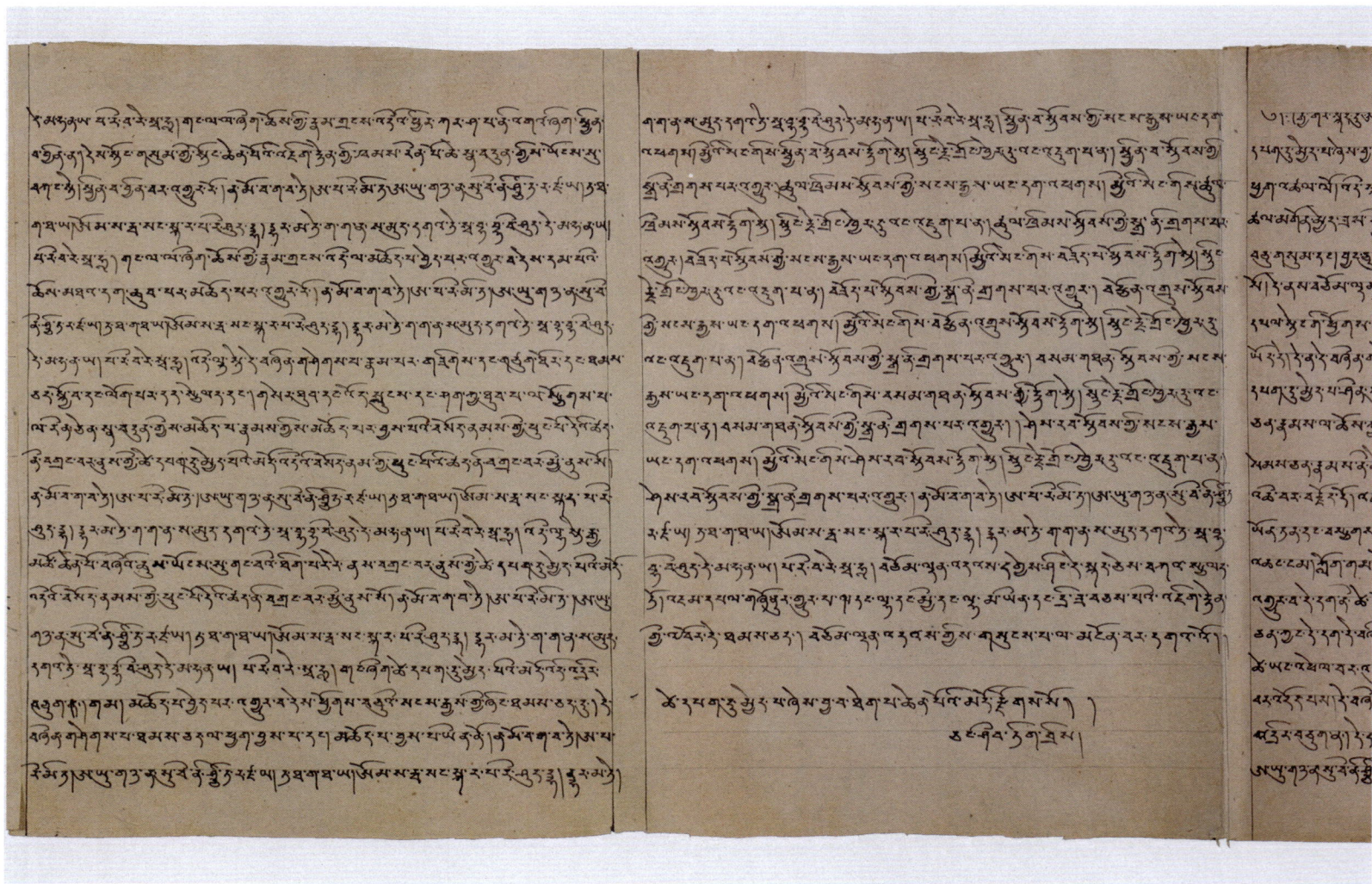

敦博 Db.t.0125 ཚེ་དཔག་དུ་མྱེད་པ་ཞེས་བྱ་བ་ཐེག་པ་ཆེན་པོའི་མདོ།།

大乘無量壽宗要經 （15—12）

敦博 Db.t.0125 ཚེ་དཔག་ཏུ་མྱེད་པ་ཞེས་བྱ་བ་ཐེག་པ་ཆེན་པོའི་མདོ།།
大乘無量壽宗要經 （15—13）

敦博 Db.t.0125 ཚེ་དཔག་ཏུ་མྱེད་པ་ཞེས་བྱ་བ་ཐེག་པ་ཆེན་པོའི་མདོ།།
大乘無量壽宗要經 （15—14）

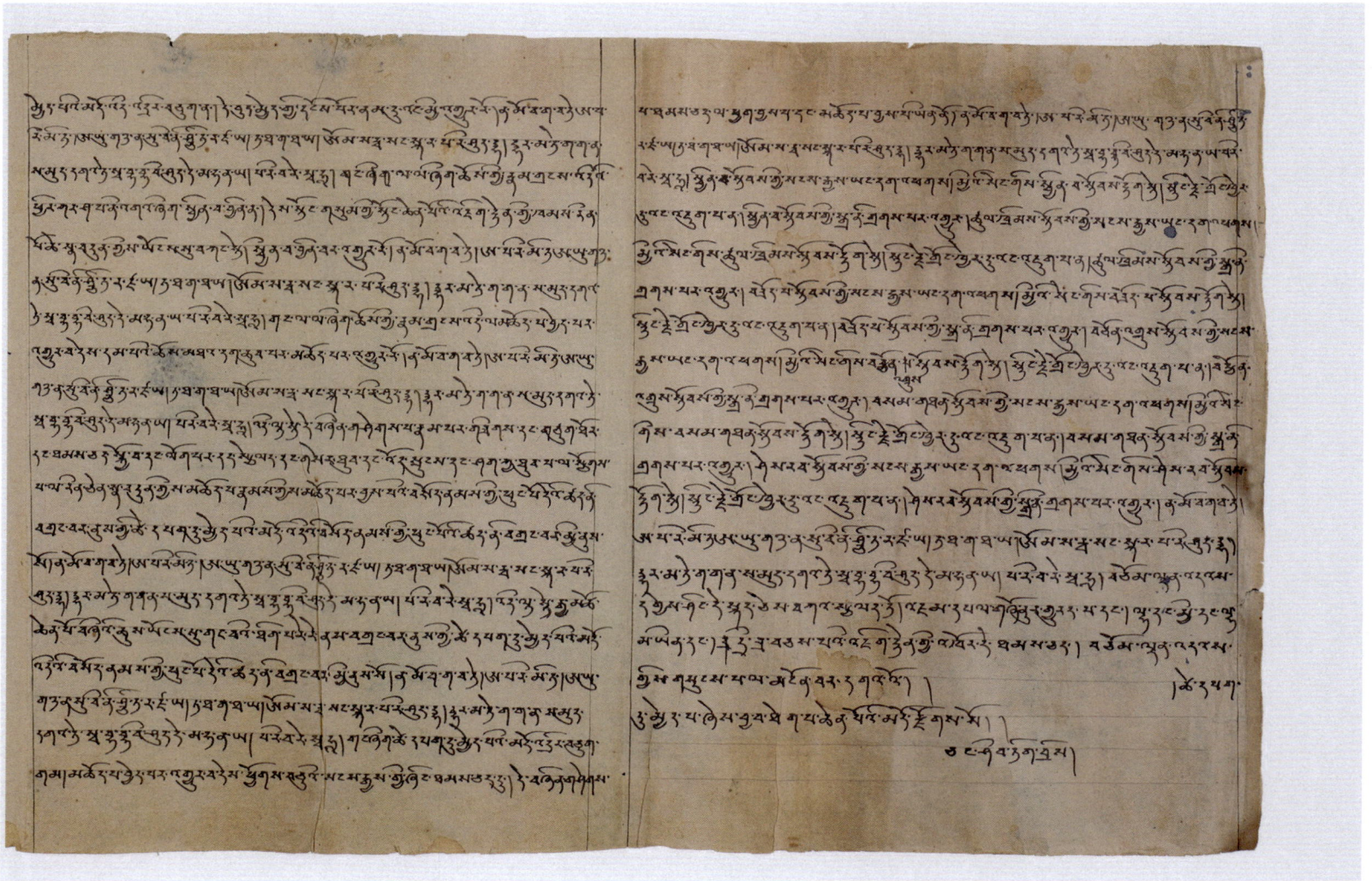

敦博 Db.t.0125 ཆོས་དཔག་ཏུ་མྱེད་པ་ཞེས་བྱ་བ་ཐེག་པ་ཆེན་པོའི་མདོ།།

大乘無量壽宗要經 （15—15）

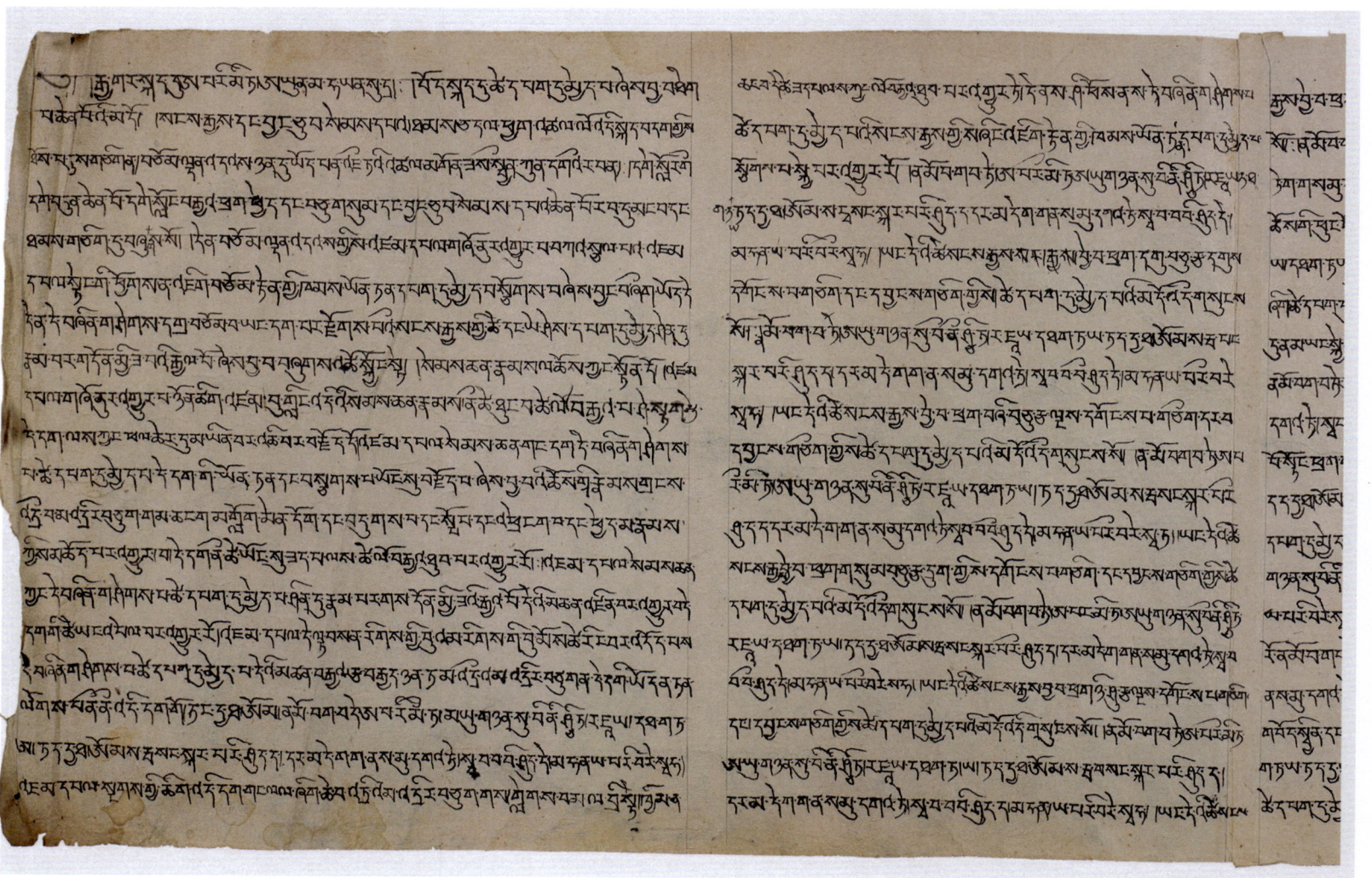

敦博 Db.t.0126 ཆོས་དཔག་ཏུ་མྱེད་པ་ཞེས་བྱ་བ་ཐེག་པ་ཆེན་པོ་འི་མདོ།།

大乘無量壽宗要經 （3—1）

敦博 Db.t.0126 ཚེ་དཔག་དུ་མྱེད་པ་ཞེས་བྱ་བ་ཐེག་པ་ཆེན་པོ་འི་མདོ།།
大乘無量壽宗要經 （3—2）

敦博 Db.t.0126 ཚེ་དཔག་དུ་མྱེད་པ་ཞེས་བྱ་བ་ཐེག་པ་ཆེན་པོ་འི་མདོ།།
大乘無量壽宗要經 （3—3）

敦博 Db.t.0127 ཚེ་དཔག་ཏུ་མྱེད་པ་ཞེས་བྱ་བ་ཐེག་པ་ཆེན་པོའི་མདོ།།
大乘無量壽宗要經 （3—1）

敦博 Db.t.0127 ཚེ་དཔག་ཏུ་མྱེད་པ་ཞེས་བྱ་བ་ཐེག་པ་ཆེན་པོའི་མདོ།།
大乘無量壽宗要經 （3—2）

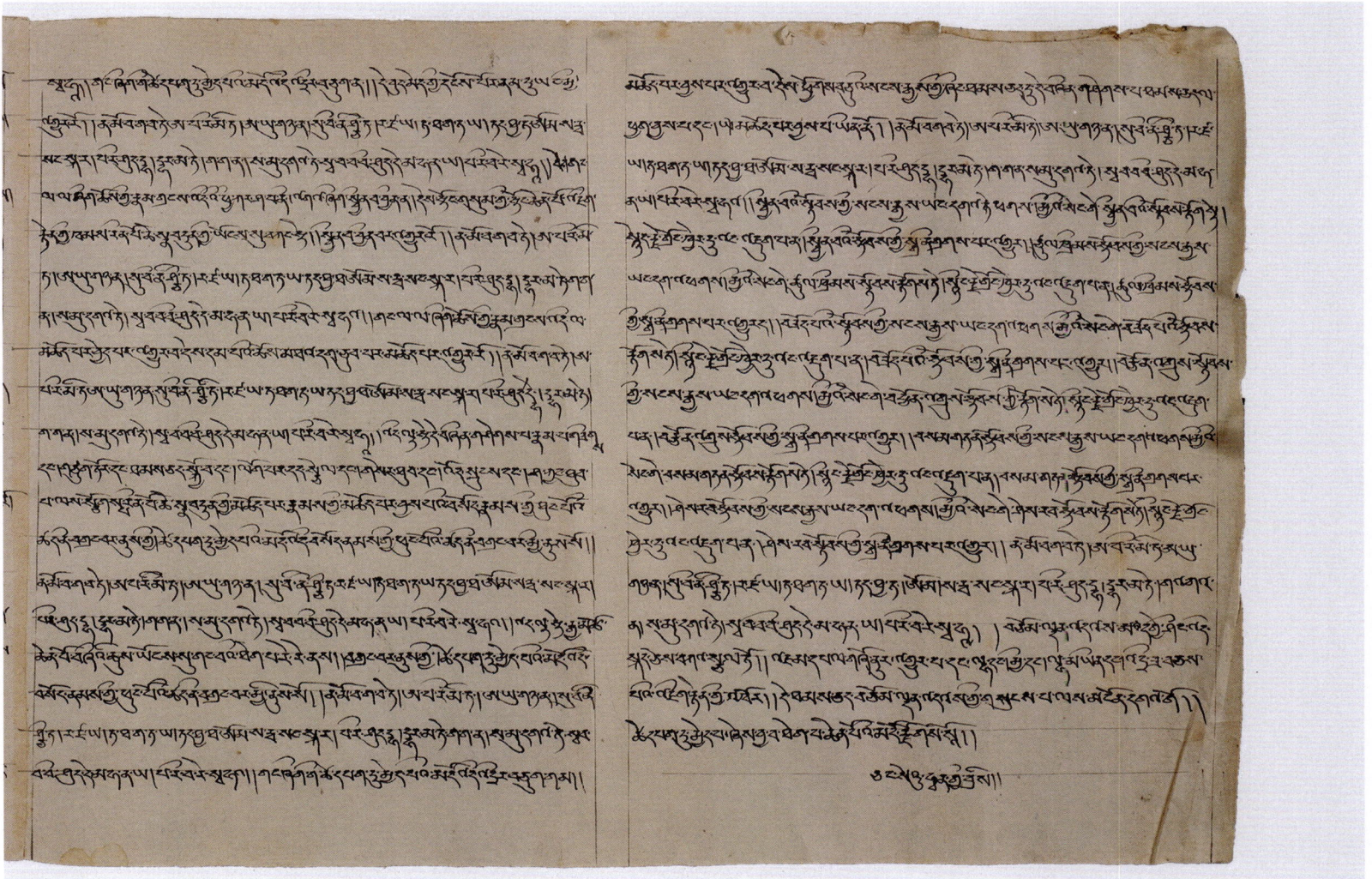

敦博 Db.t.0127 ཚེ་དཔག་དུ་མྱེད་པ་ཞེས་བྱ་བ་ཐེག་པ་ཆེན་པོའི་མདོ༎

大乘無量壽宗要經 （3—3）

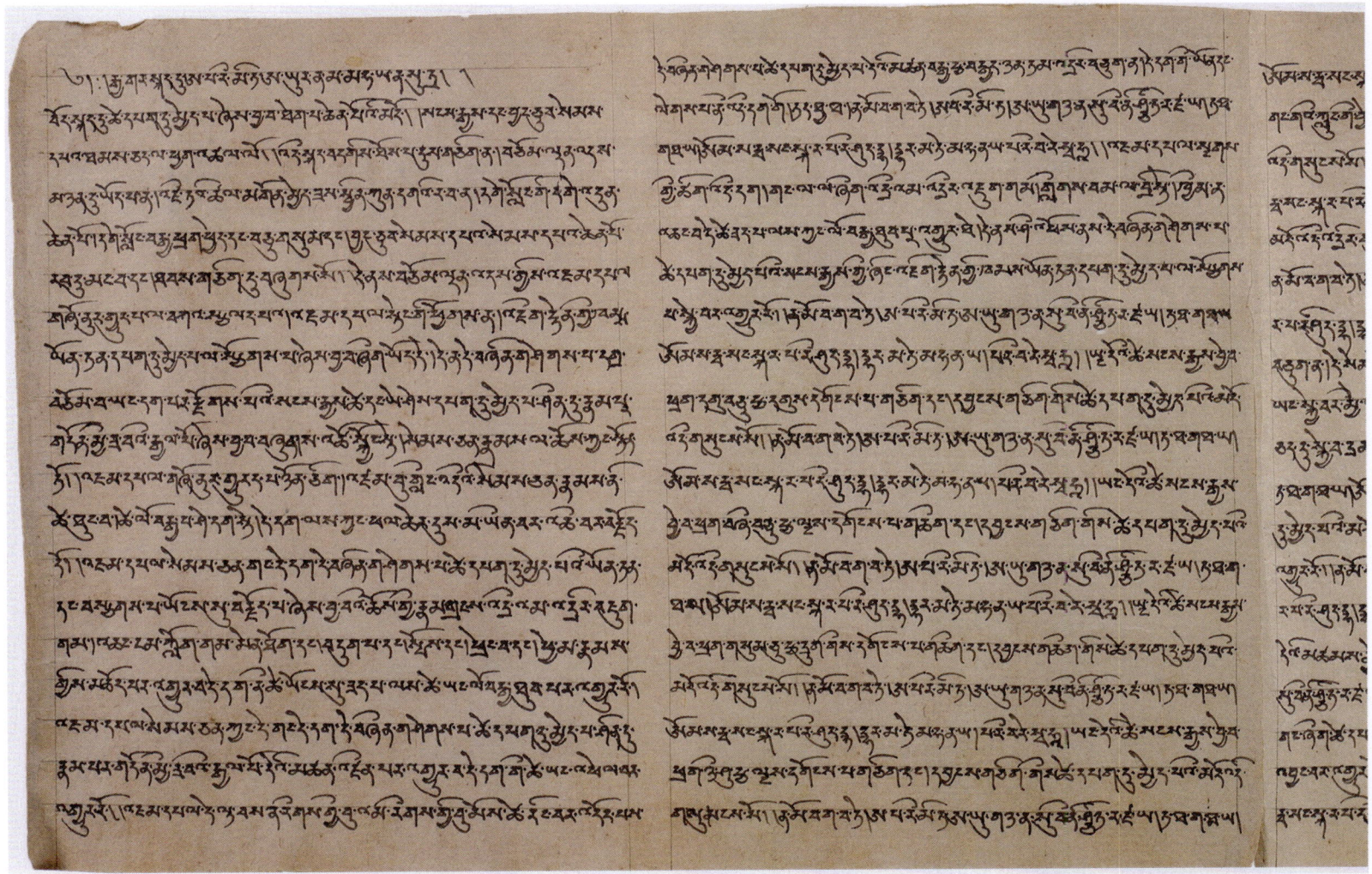

敦博 Db.t.0128 ཚེ་དཔག་དུ་མྱེད་པ་ཞེས་བྱ་བ་ཐེག་པ་ཆེན་པོའི་མདོ༎

大乘無量壽宗要經 （9—1）

敦博 Db.t.0128 ཚེ་དཔག་དུ་མྱེད་པ་ཞེས་བྱ་བ་ཐེག་པ་ཆེན་པོའི་མདོ།།
大乘無量壽宗要經 （9—2）

敦博 Db.t.0128 ཚེ་དཔག་དུ་མྱེད་པ་ཞེས་བྱ་བ་ཐེག་པ་ཆེན་པོའི་མདོ།།
大乘無量壽宗要經 （9—3）

敦博 Db.t.0128 ཚེ་དཔག་དུ་མྱེད་པ་ཞེས་བྱ་བ་ཐེག་པ་ཆེན་པོའི་མདོ།།

大乘無量壽宗要經 （9—4）

敦博 Db.t.0128 ཚེ་དཔག་དུ་མྱེད་པ་ཞེས་བྱ་བ་ཐེག་པ་ཆེན་པོའི་མདོ།།

大乘無量壽宗要經 （9—5）

敦博 Db.t.0128 ཚེ་དཔག་དུ་མྱེད་པ་ཞེས་བྱ་བ་ཐེག་པ་ཆེན་པོའི་མདོ།།
大乘無量壽宗要經 （9—6）

敦博 Db.t.0128 ཚེ་དཔག་དུ་མྱེད་པ་ཞེས་བྱ་བ་ཐེག་པ་ཆེན་པོའི་མདོ།།
大乘無量壽宗要經 （9—7）

敦博 Db.t.0128 ཚེ་དཔག་དུ་མྱེད་པ་ཞེས་བྱ་བ་ཐེག་པ་ཆེན་པོའི་མདོ།།

大乘無量壽宗要經 （9—8）

敦博 Db.t.0128 ཚེ་དཔག་དུ་མྱེད་པ་ཞེས་བྱ་བ་ཐེག་པ་ཆེན་པོའི་མདོ།།

大乘無量壽宗要經 （9—9）

敦博 Db.t.0129 ཚེ་དཔག་དུ་མྱེད་པ་ཞེས་བྱ་བ་ཐེག་པ་ཆེན་པོའི་མདོ་ ॥
大乘無量壽宗要經 （12—1）

敦博 Db.t.0129 ཚེ་དཔག་དུ་མྱེད་པ་ཞེས་བྱ་བ་ཐེག་པ་ཆེན་པོའི་མདོ་ ॥
大乘無量壽宗要經 （12—2）

敦博 Db.t.0129 ཚེ་དཔག་དུ་བྱེད་པ་ཞེས་བྱ་བ་ཐེག་པ་ཆེན་པོའི་མདོ ။
大乘無量壽宗要經 （12—3）

敦博 Db.t.0129 ཚེ་དཔག་དུ་བྱེད་པ་ཞེས་བྱ་བ་ཐེག་པ་ཆེན་པོའི་མདོ །
大乘無量壽宗要經 （12—4）

敦博 Db.t.0129 ཚེ་དཔག་དུ་མྱེད་པ་ཞེས་བྱ་བ་ཐེག་པ་ཆེན་པོའི་མདོ།།

大乘無量壽宗要經 （12—5）

敦博 Db.t.0129 ཚེ་དཔག་དུ་མྱེད་པ་ཞེས་བྱ་བ་ཐེག་པ་ཆེན་པོའི་མདོ།།

大乘無量壽宗要經 （12—6）

敦博 Db.t.0129 ཚེ་དཔག་ཏུ་མྱེད་པ་ཞེས་བྱ་བ་ཐེག་པ་ཆེན་པོའི་མདོ ༎
大乘無量壽宗要經 （12—7）

敦博 Db.t.0129 ཚེ་དཔག་ཏུ་མྱེད་པ་ཞེས་བྱ་བ་ཐེག་པ་ཆེན་པོའི་མདོ ༎
大乘無量壽宗要經 （12—8）

敦博 Db.t.0129 ཚེ་དཔག་དུ་མྱེད་པ་ཞེས་བྱ་བ་ཐེག་པ་ཆེན་པོའི་མདོ།།
大乘無量壽宗要經 （12—9）

敦博 Db.t.0129 ཚེ་དཔག་དུ་མྱེད་པ་ཞེས་བྱ་བ་ཐེག་པ་ཆེན་པོའི་མདོ།།
大乘無量壽宗要經 （12—10）

敦博 Db.t.0129 ཆོས་དཔག་ཏུ་མྱེད་པ་ཞེས་བྱ་བ་ཐེག་པ་ཆེན་པོའི་མདོ ॥
大乘無量壽宗要經 （12—11）

敦博 Db.t.0129 ཆོས་དཔག་ཏུ་མྱེད་པ་ཞེས་བྱ་བ་ཐེག་པ་ཆེན་པོའི་མདོ ॥
大乘無量壽宗要經 （12—12）

敦博 Db.t.0130 ཚེ་དཔག་དུ་མྱེད་པ་བཞེས་བྱ་བ་ཐེག་པ་ཆེན་པོའི་མདོ།:།
大乘無量壽宗要經 （3—1）

敦博 Db.t.0130 ཚེ་དཔག་དུ་མྱེད་པ་བཞེས་བྱ་བ་ཐེག་པ་ཆེན་པོའི་མདོ།:།
大乘無量壽宗要經 （3—2）

敦博 Db.t.0130 ཚེ་དཔག་དུ་མྱེད་པ་ཞེས་བྱ་བ་ཐེག་པ་ཆེན་པོའི་མདོ༔།
大乘無量壽宗要經 （3—3）

敦博 Db.t.0131 ཚེ་དཔག་དུ་མྱེད་པ་ཞེས་བྱ་བ་ཐེག་པ་ཆེན་པོའི་མདོ༔།
大乘無量壽宗要經 （12—1）

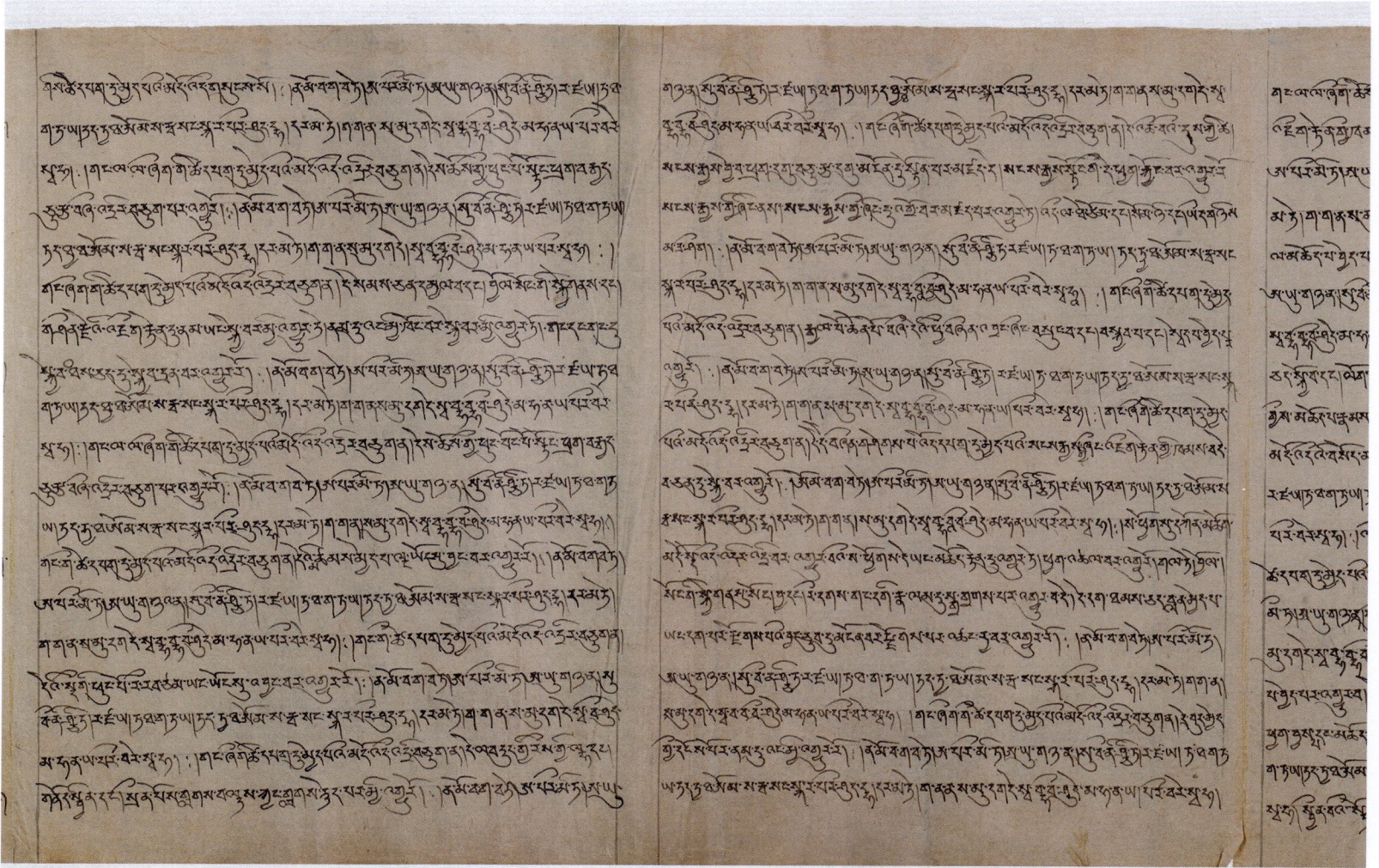

敦博 Db.t.0131 ཚེ་དཔག་དུ་མྱེད་པ་ཞེས་བྱ་བ་ཐེག་པ་ཆེན་པོའི་མདོ༔།
大乘無量壽宗要經 （12—2）

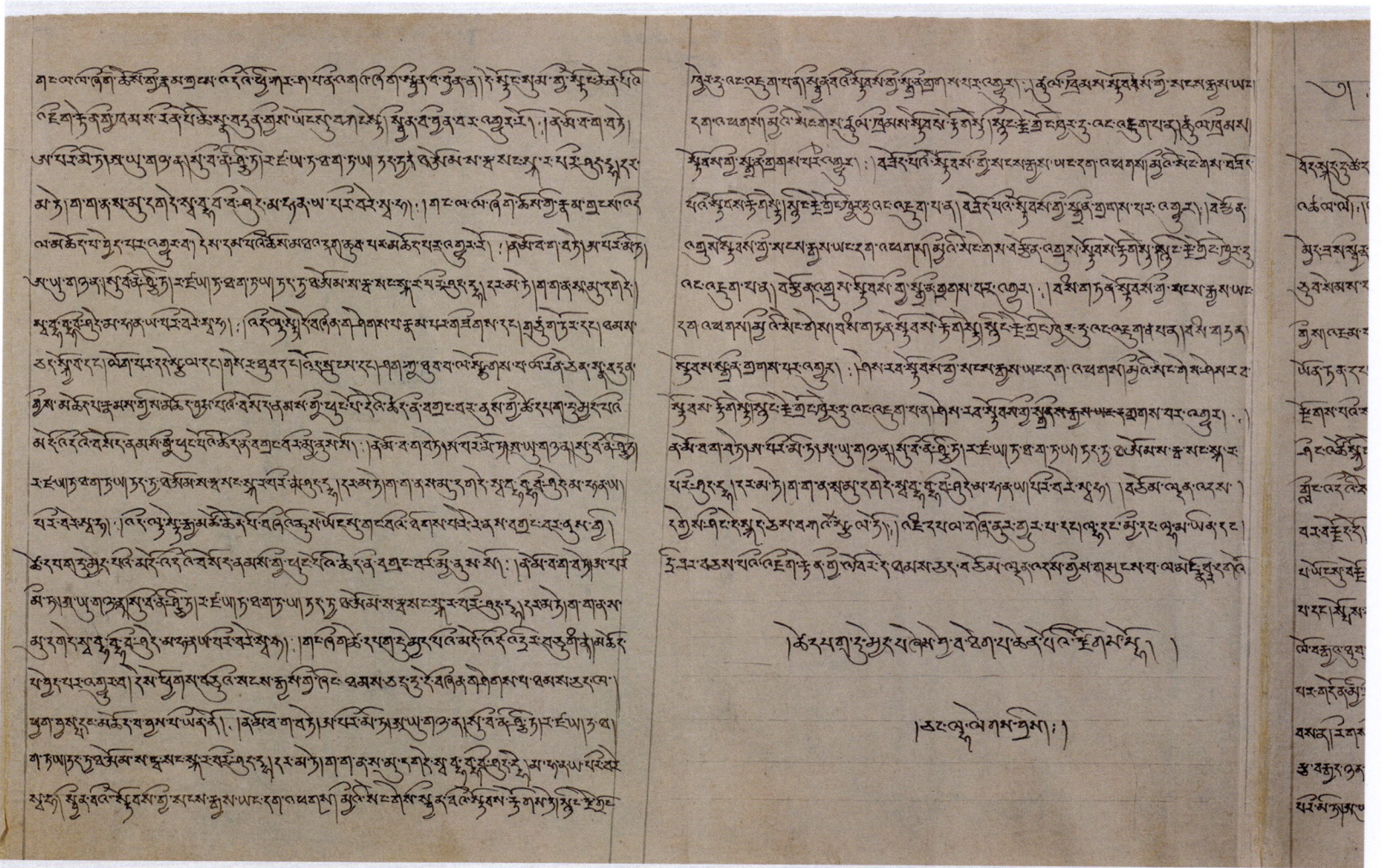

敦博 Db.t.0131 ཚེ་དཔག་དུ་མྱེད་པ་ཞེས་བྱ་བ་ཐེག་པ་ཆེན་པོའི་མདོ༔།
大乘無量壽宗要經 （12—3）

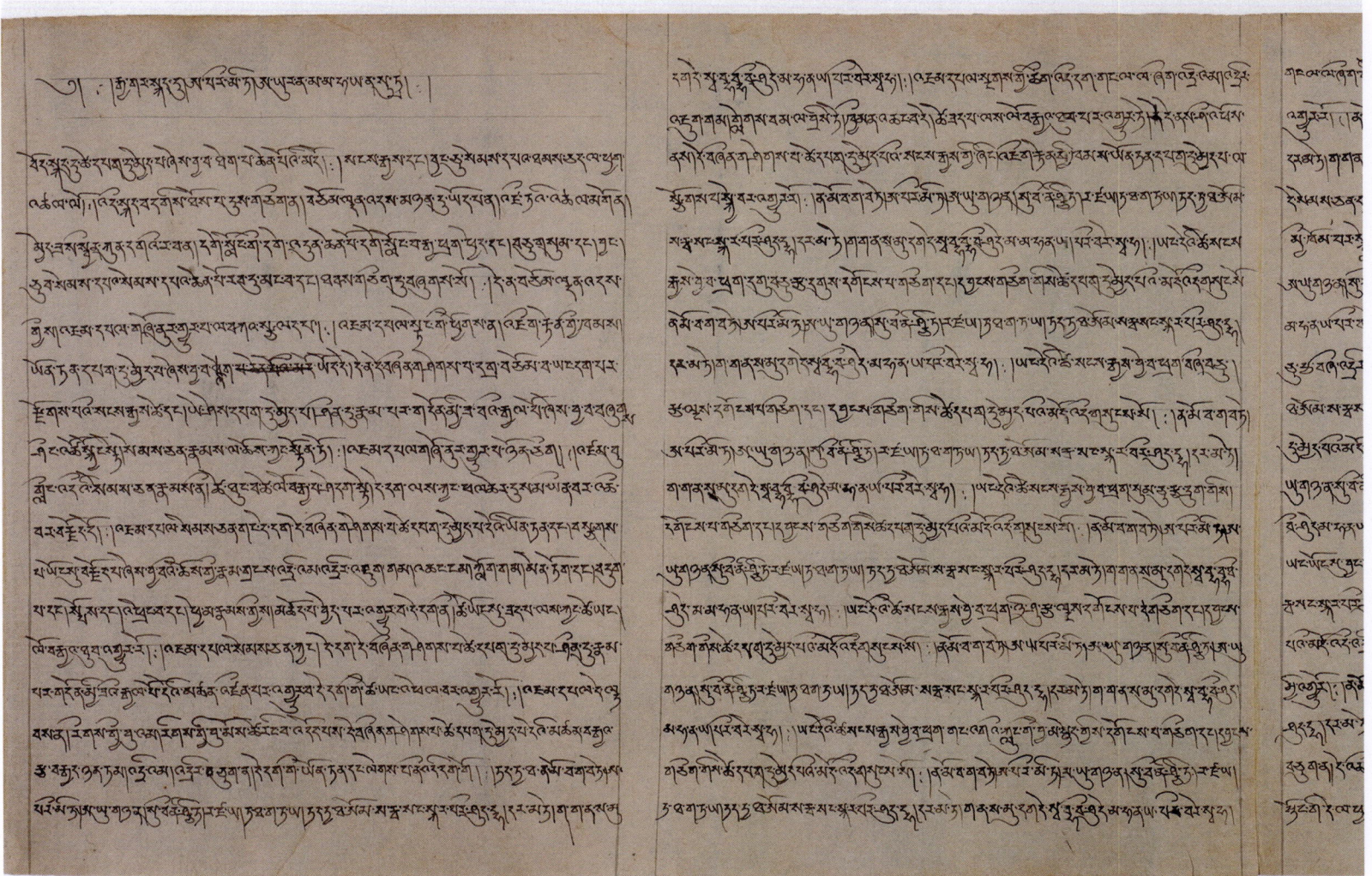

敦博 Db.t.0131 ཚེ་དཔག་དུ་མྱེད་པ་ཞེས་བྱ་བ་ཐེག་པ་ཆེན་པོའི་མདོ༔།
大乘無量壽宗要經 （12—4）

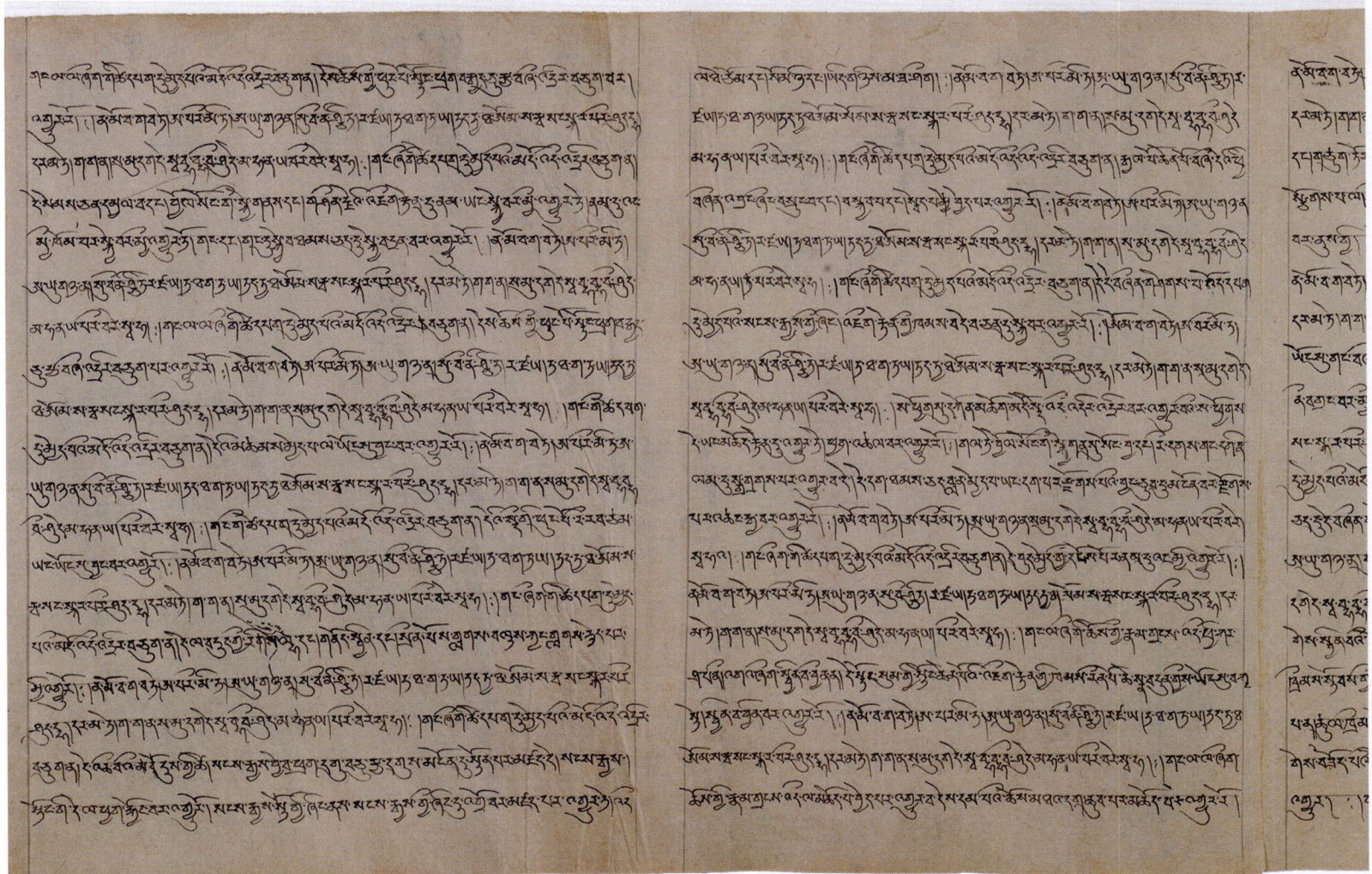

敦博 Db.t.0131 ཚེ་དཔག་དུ་མྱེད་པ་ཞེས་བྱ་བ་ཐེག་པ་ཆེན་པོའི་མདོ༔།
大乘無量壽宗要經 （12—5）

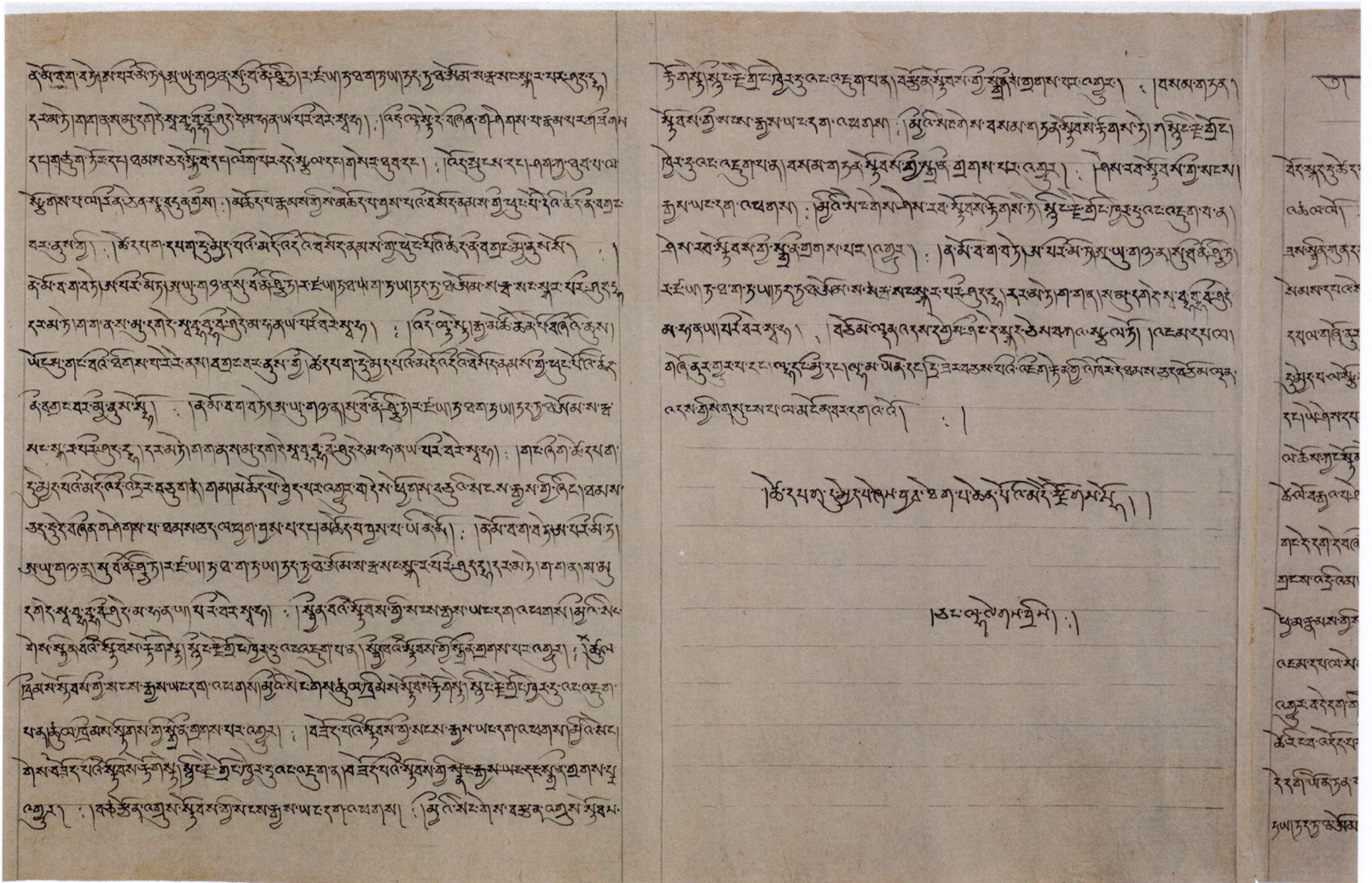

敦博 Db.t.0131 ཚེ་དཔག་དུ་མྱེད་པ་ཞེས་བྱ་བ་ཐེག་པ་ཆེན་པོའི་མདོ༔
大乘無量壽宗要經 （12—6）

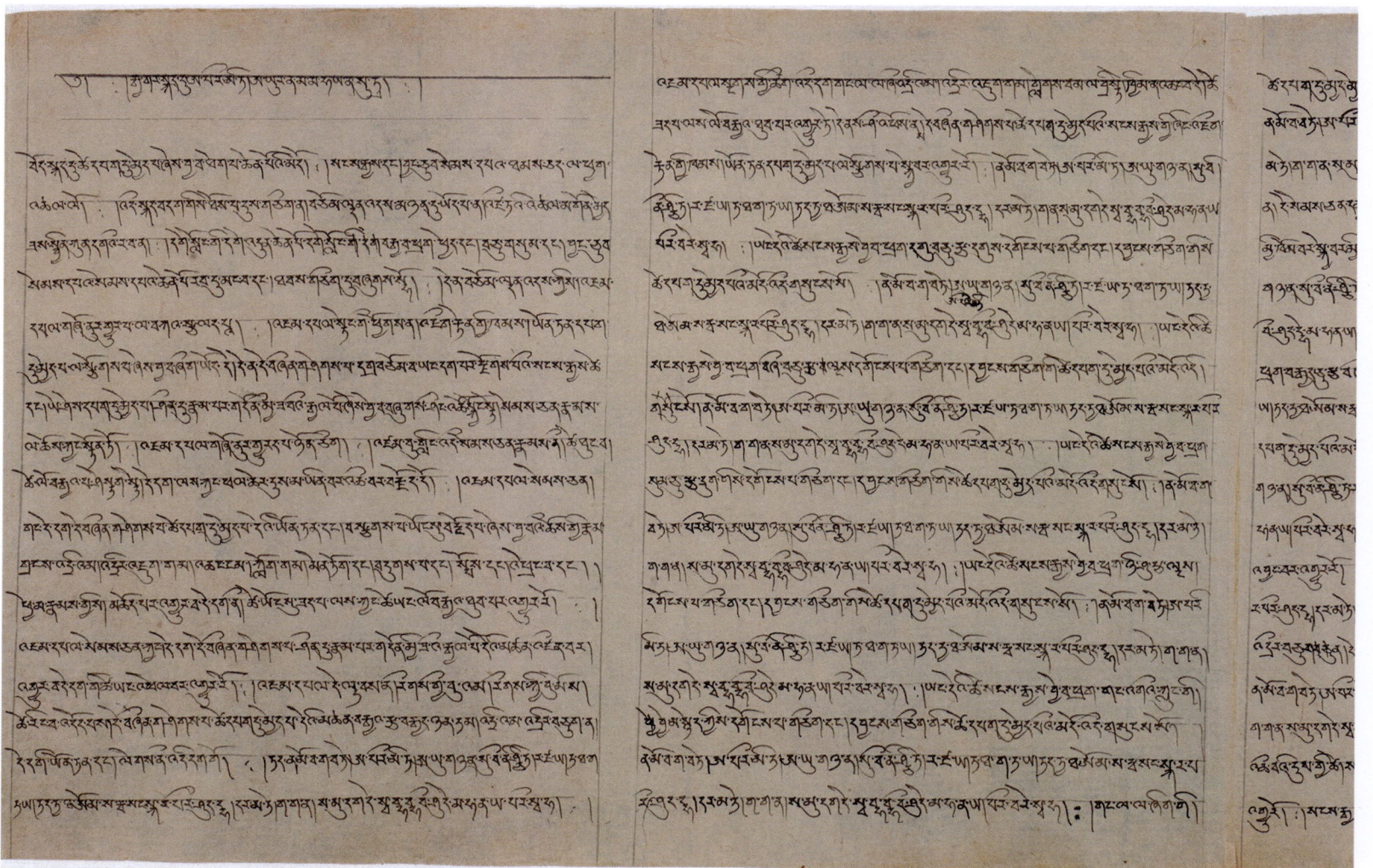

敦博 Db.t.0131 ཚེ་དཔག་དུ་མྱེད་པ་ཞེས་བྱ་བ་ཐེག་པ་ཆེན་པོའི་མདོ༔
大乘無量壽宗要經 （12—7）

敦博 Db.t.0131 ཚེ་དཔག་ཏུ་མྱེད་པ་ཞེས་བྱ་བ་ཐེག་པ་ཆེན་པོའི་མདོ༔།
大乘無量壽宗要經 （12—8）

敦博 Db.t.0131 ཚེ་དཔག་ཏུ་མྱེད་པ་ཞེས་བྱ་བ་ཐེག་པ་ཆེན་པོའི་མདོ༔།
大乘無量壽宗要經 （12—9）

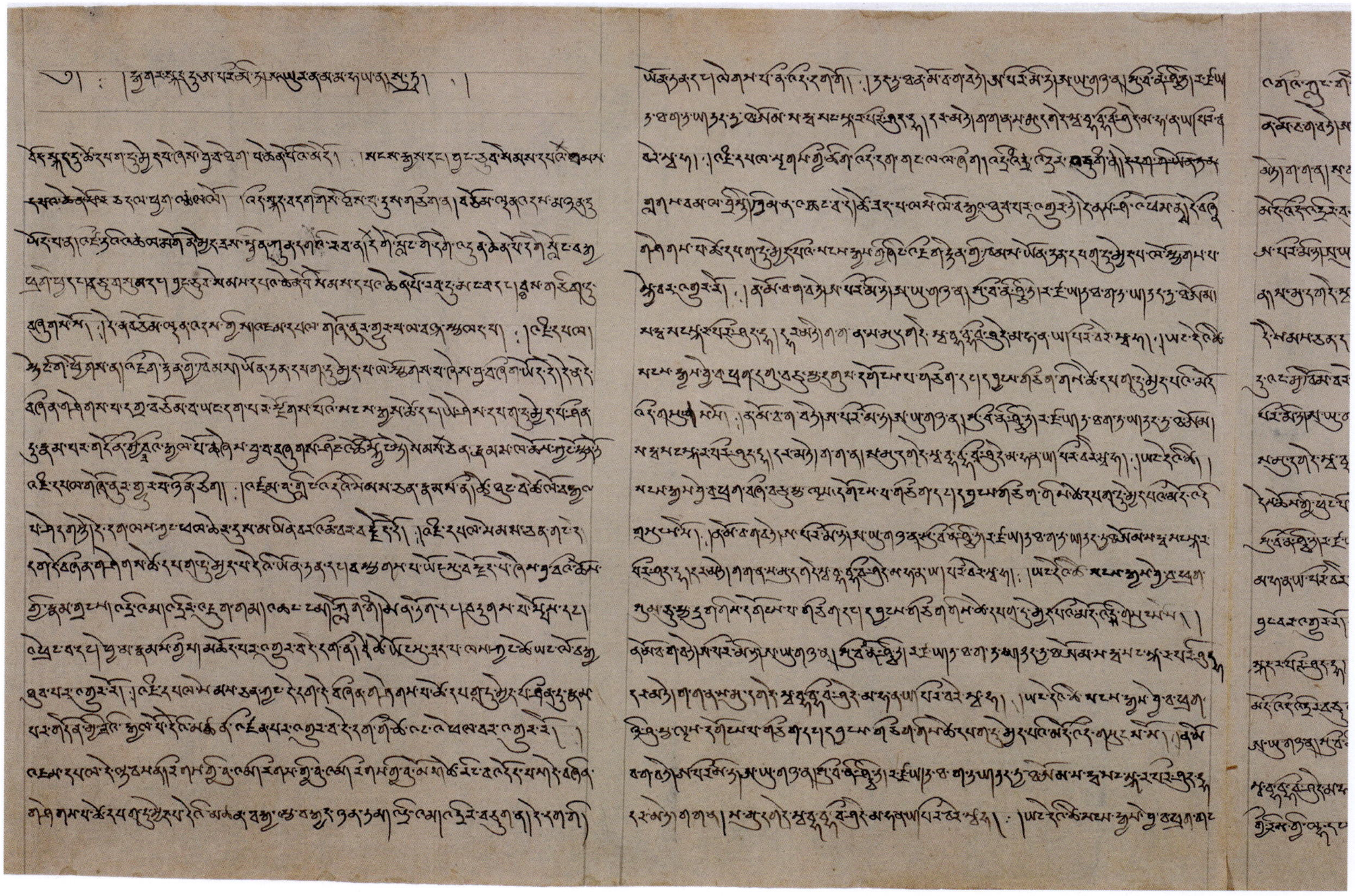

敦博 Db.t.0131 ཚེ་དཔག་དུ་མེད་པ་ཞེས་བྱ་བ་ཐེག་པ་ཆེན་པོའི་མདོ།:།
大乘無量壽宗要經 （12—10）

敦博 Db.t.0131 ཚེ་དཔག་དུ་མེད་པ་ཞེས་བྱ་བ་ཐེག་པ་ཆེན་པོའི་མདོ།:།
大乘無量壽宗要經 （12—11）

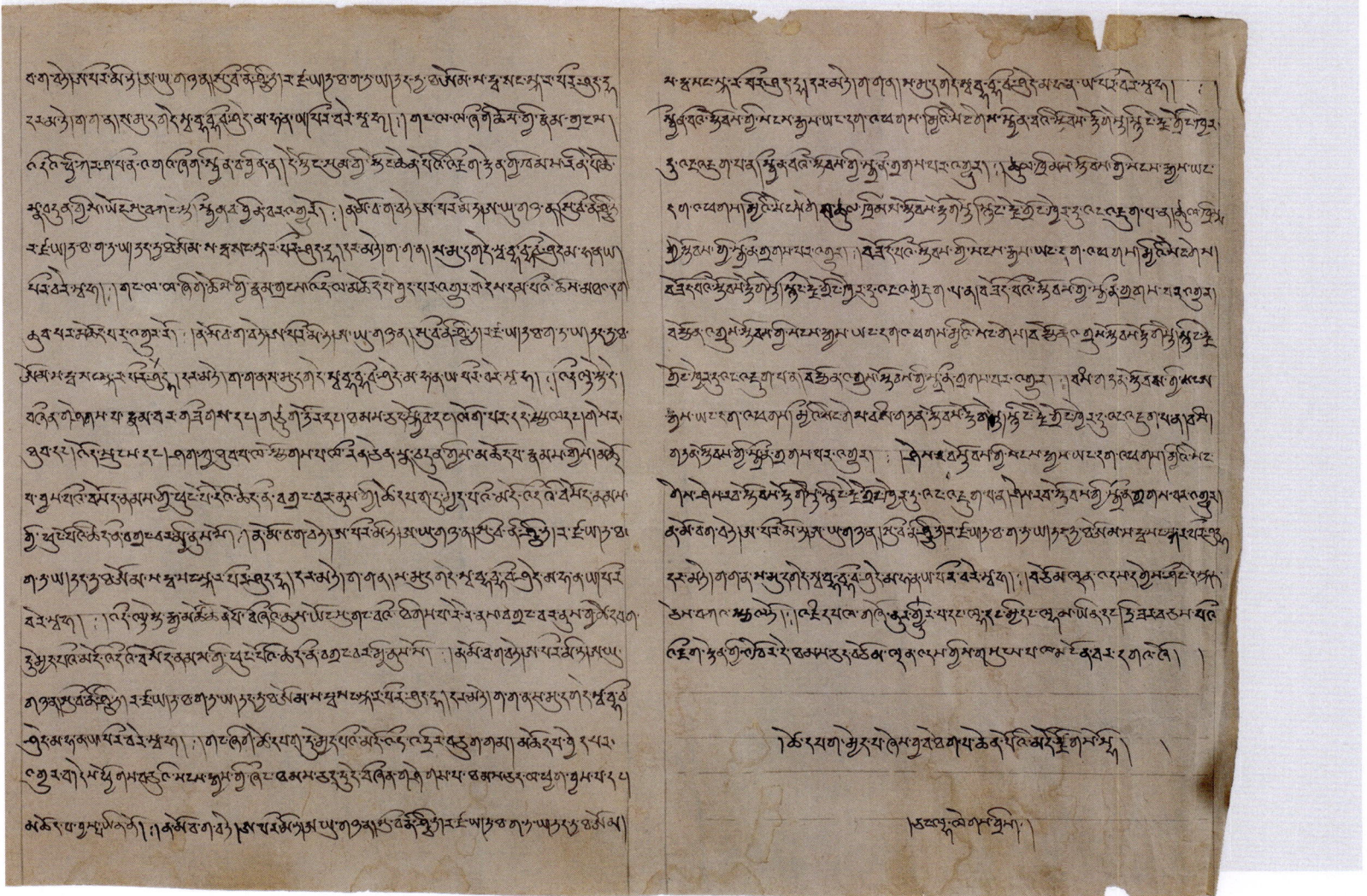

敦博 Db.t.0131 ཚེ་དཔག་དུ་མྱེད་པ་ཞེས་བྱེ་བ་ཐེག་པ་ཆེན་པོའི་མདོ༔།
大乘無量壽宗要經 （12—12）

敦博 Db.t.0132 ཚེ་དཔག་དུ་མྱེད་པ་ཞེས་བྱ་བ་ཐེག་པ་ཆེན་པོའི་མདོ།།
大乘無量壽宗要經 （9—1）

敦博 Db.t.0132 ཚེ་དཔག་དུ་མྱེད་པ་ཞེས་བྱ་བ་ཐེག་པ་ཆེན་པོའི་མདོ།།
大乘無量壽宗要經 （9—2）

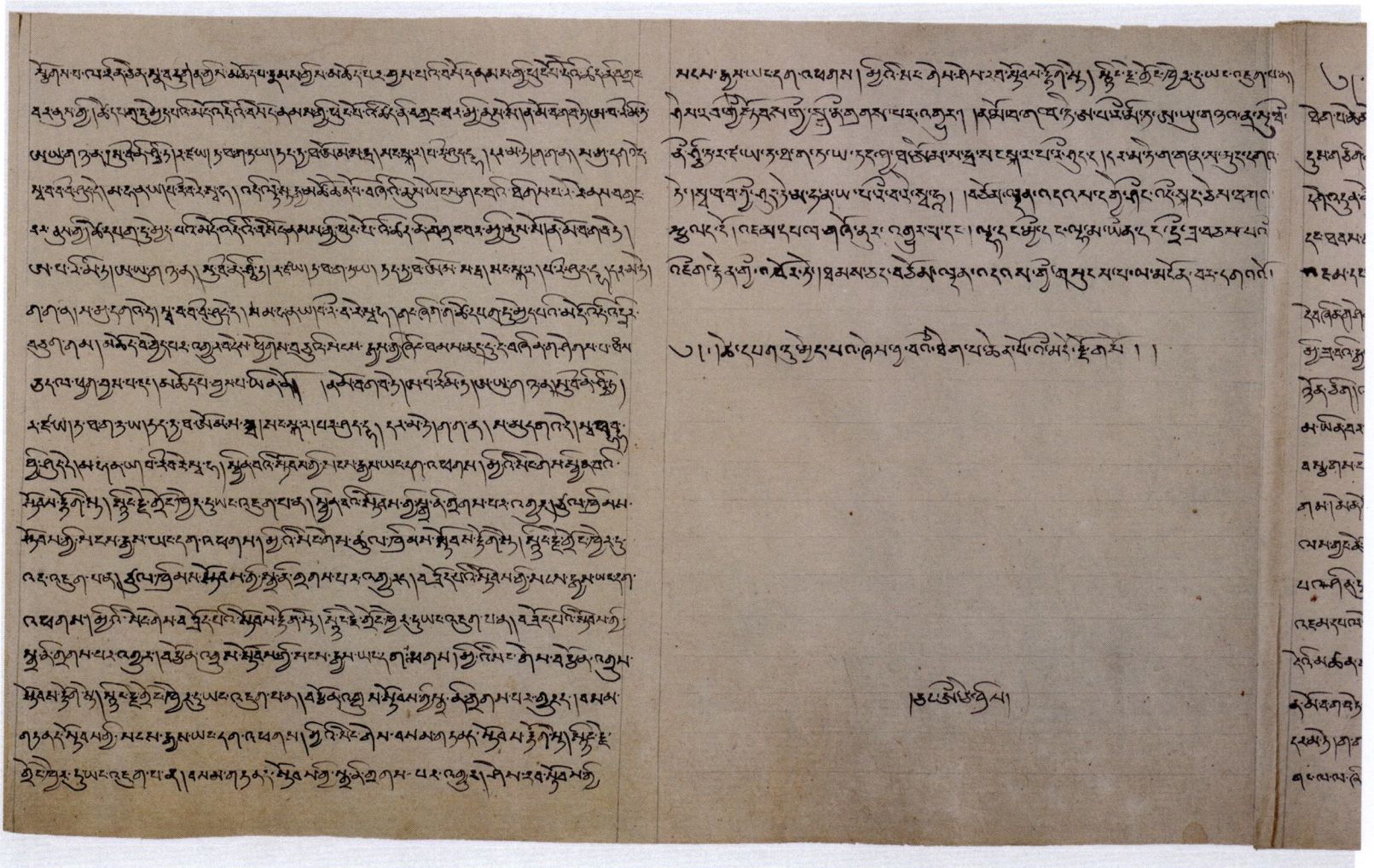

敦博 Db.t.0132 ཚེ་དཔག་དུ་མྱེད་པ་ཞེས་བྱ་བ་ཐེག་པ་ཆེན་པོའི་མདོ།།
大乘無量壽宗要經 （9—3）

敦博 Db.t.0132 ཚེ་དཔག་དུ་མྱེད་པ་ཞེས་བྱ་བ་ཐེག་པ་ཆེན་པོའི་མདོ།།
大乘無量壽宗要經 （9—4）

敦博 Db.t.0132 ཚེ་དཔག་དུ་མྱེད་པ་ཞེས་བྱ་བ་ཐེག་པ་ཆེན་པོའི་མདོ།།
大乘無量壽宗要經 （9—5）

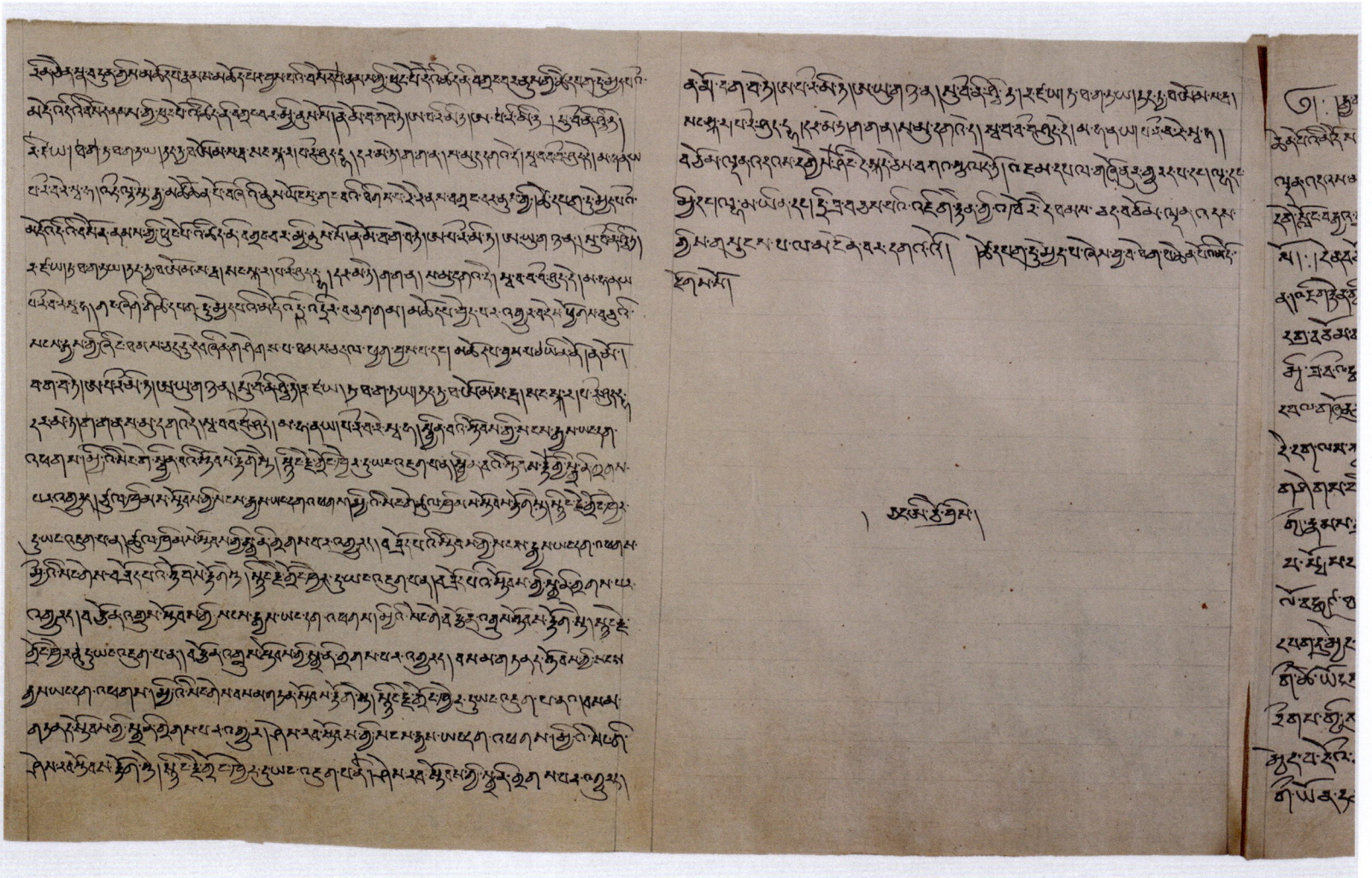

敦博 Db.t.0132 ཚེ་དཔག་དུ་མྱེད་པ་ཞེས་བྱ་བ་ཐེག་པ་ཆེན་པོ འི་མདོ།།

大乘無量壽宗要經 （9—6）

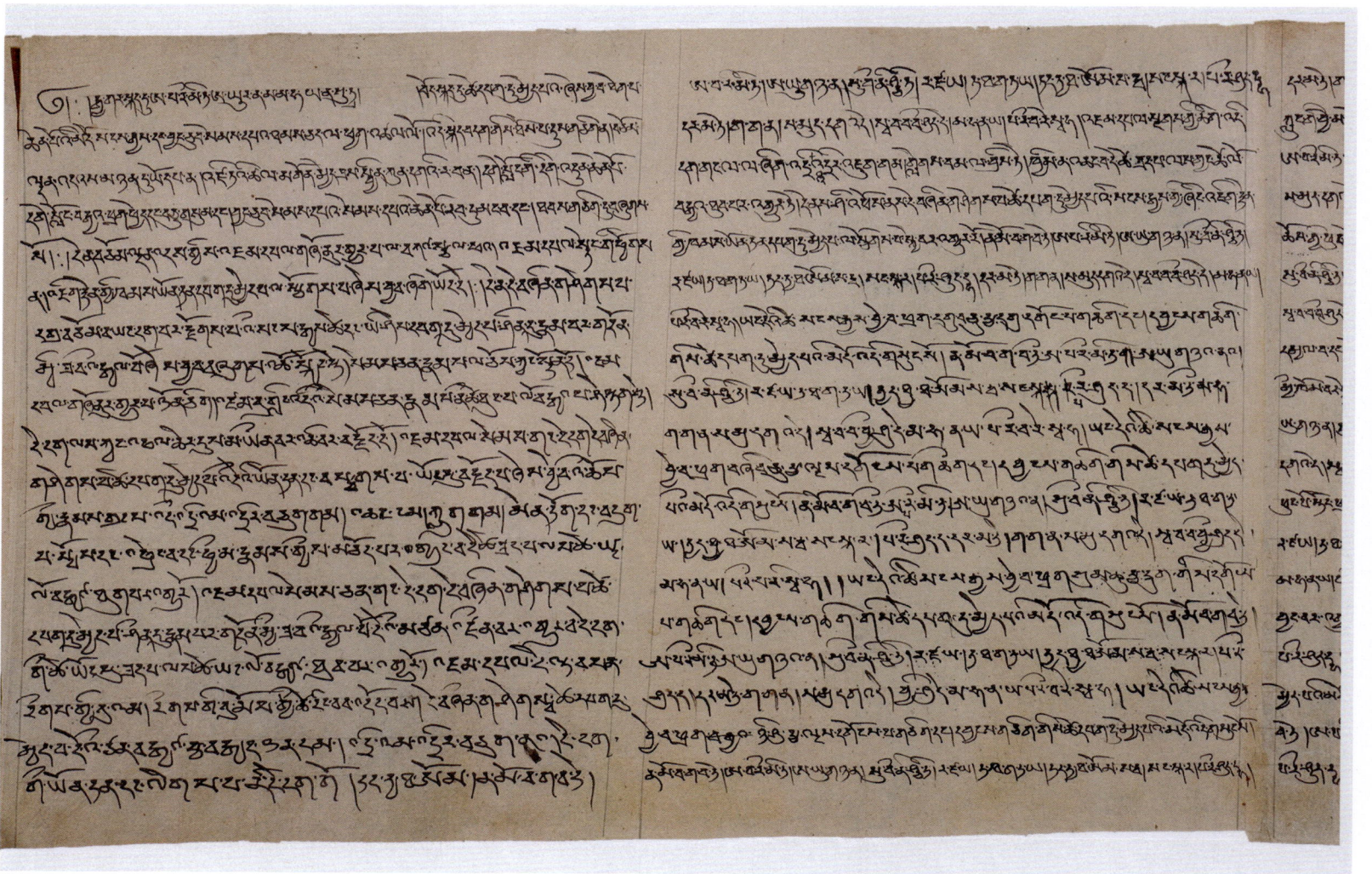

敦博 Db.t.0132 ཚེ་དཔག་དུ་མྱེད་པ་ཞེས་བྱ་བ་ཐེག་པ་ཆེན་པོ འི་མདོ།།

大乘無量壽宗要經 （9—7）

192

敦博 Db.t.0132 ཚེ་དཔག་དུ་མྱེད་པའ་ཞེས་བྱ་བ་ཐེག་པ་ཆེན་པོའི་མདོ།།
大乘無量壽宗要經 （9—8）

敦博 Db.t.0132 ཚེ་དཔག་དུ་མྱེད་པའ་ཞེས་བྱ་བ་ཐེག་པ་ཆེན་པོའི་མདོ།།
大乘無量壽宗要經 （9—9）

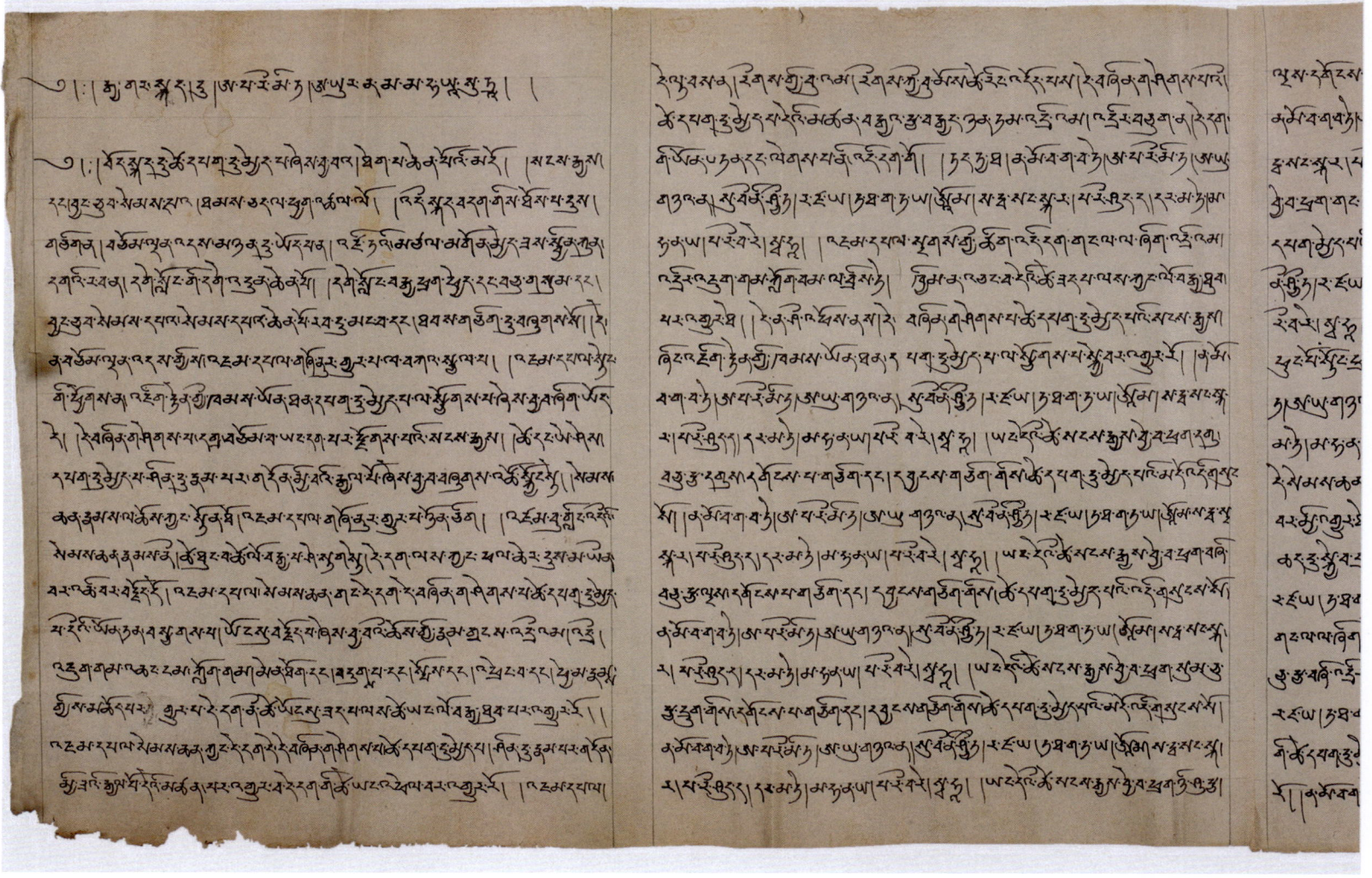

敦博 Db.t.0133 ཚེ་དཔག་དུ་མྱེད་པ་ཞེས་བྱ་བའི་ཐེག་པ་ཆེན་པོའི་མདོ།།
大乘無量壽宗要經 （4—1）

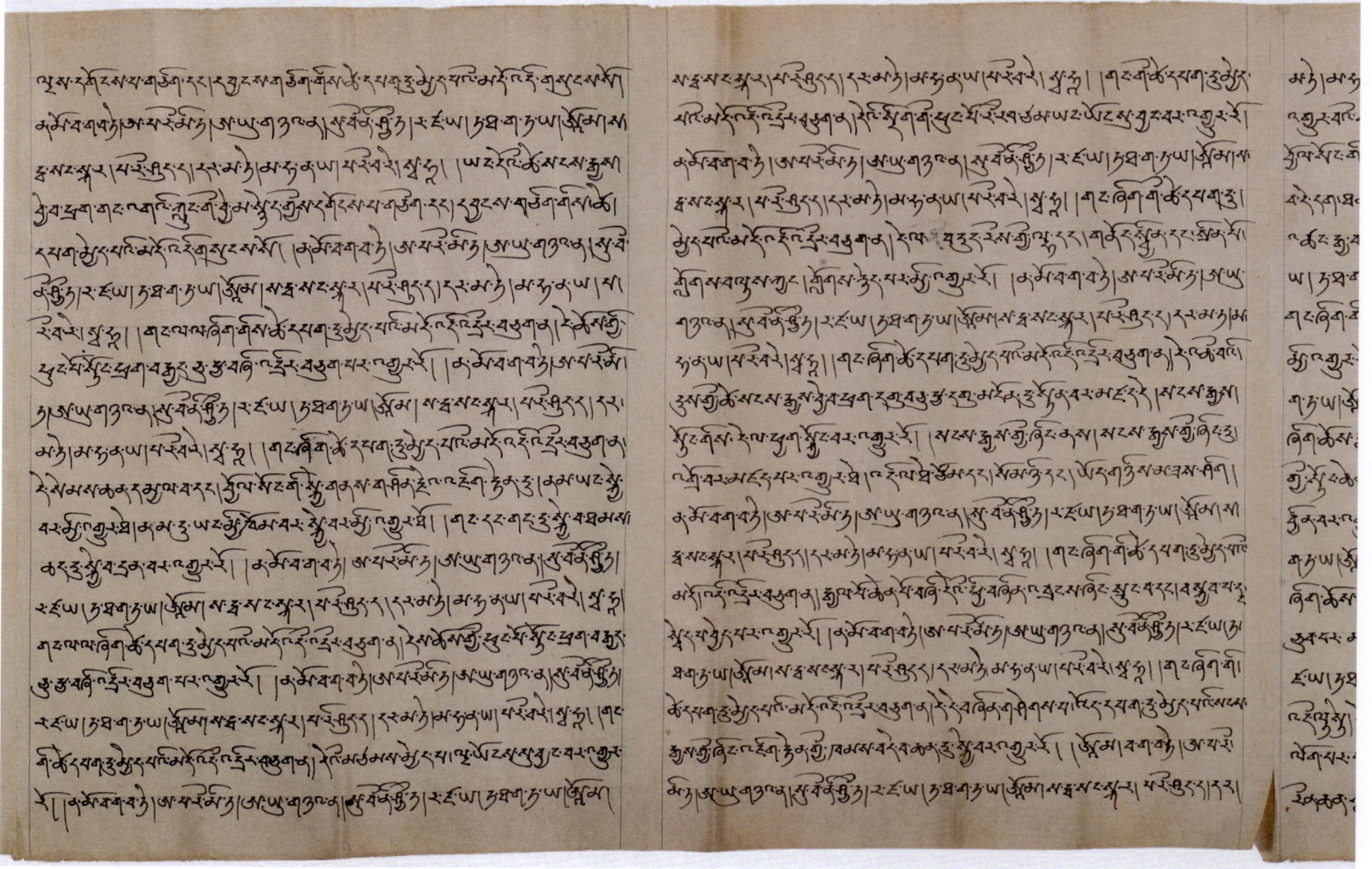

敦博 Db.t.0133 ཚེ་དཔག་དུ་མྱེད་པ་ཞེས་བྱ་བའི་ཐེག་པ་ཆེན་པོའི་མདོ།།
大乘無量壽宗要經 （4—2）

敦博 Db.t.0133 ཚེ་དཔག་དུ་མྱེད་པ་ཞེས་བྱ་བའི་ཐེག་པ་ཆེན་པོའི་མདོ།།
大乘無量壽宗要經 （4—3）

敦博 Db.t.0133 ཚེ་དཔག་དུ་མྱེད་པ་ཞེས་བྱ་བའི་ཐེག་པ་ཆེན་པོའི་མདོ།།
大乘無量壽宗要經 （4—4）

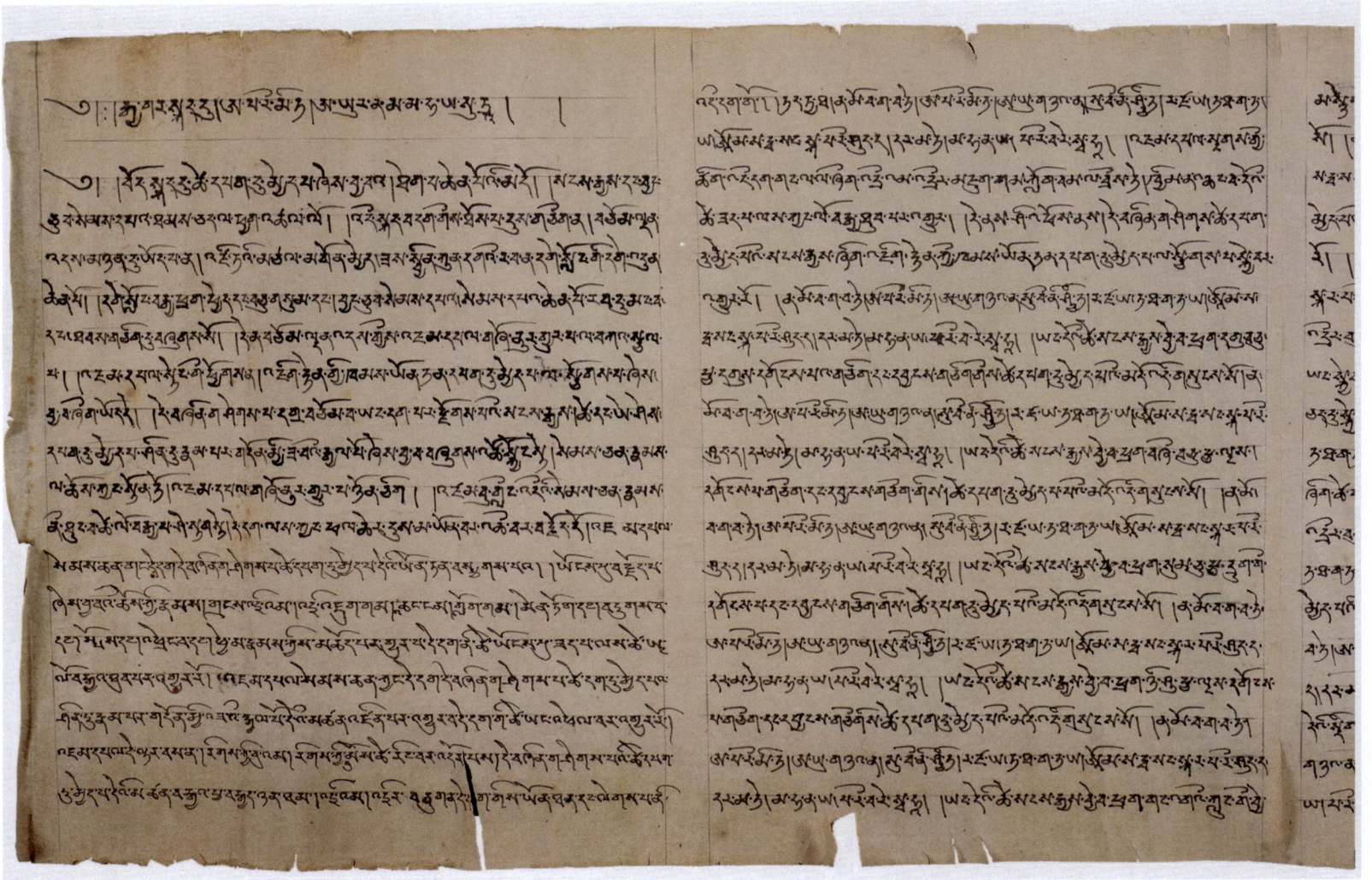

敦博 Db.t.0134 ཚེ་དཔག་དུ་མྱེད་པ་ཞེས་བྱ་བའ། ཐེག་པ་ཆེན་པོའི་མདོ།།
大乘無量壽宗要經 （4—1）

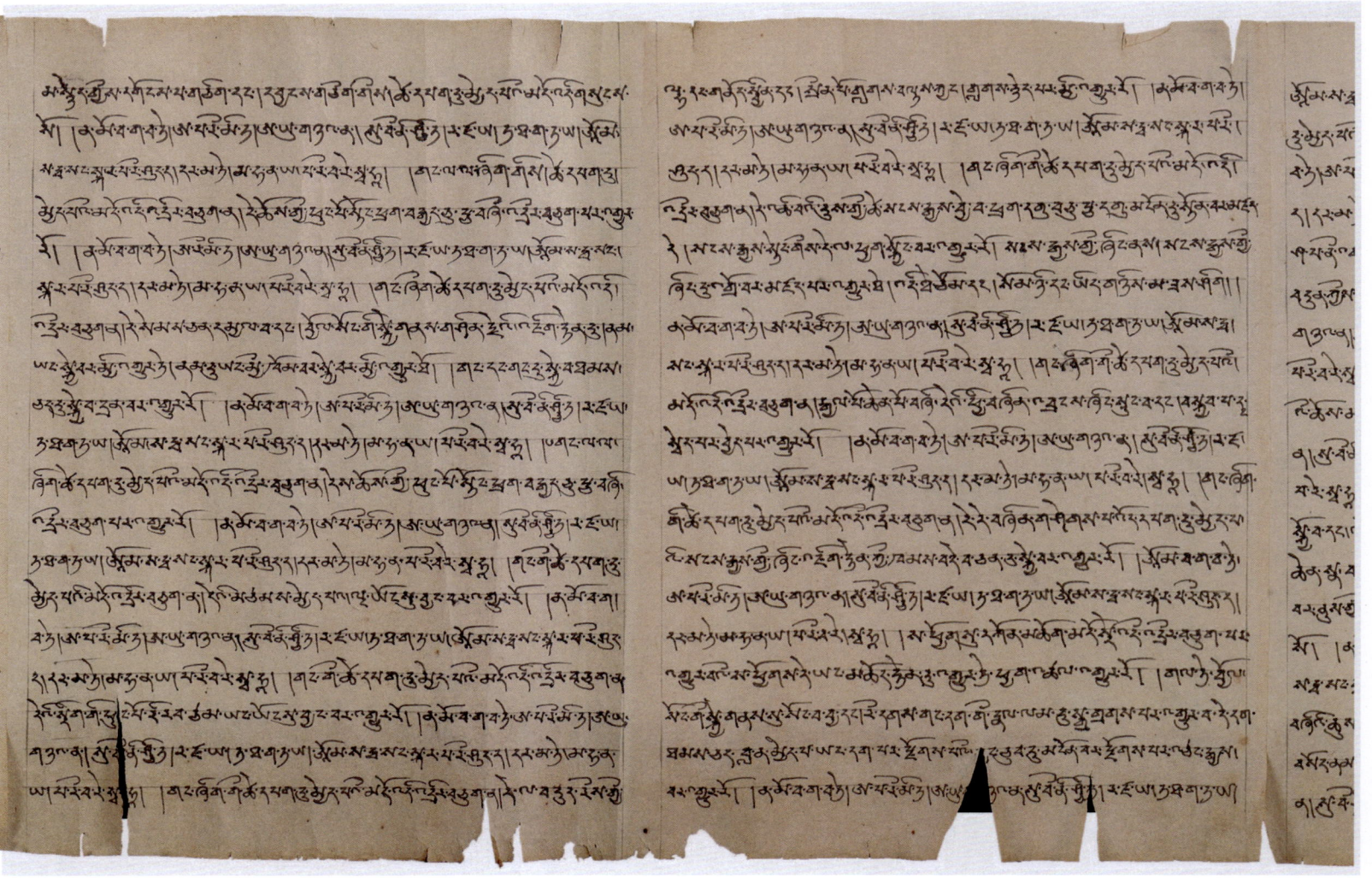

敦博 Db.t.0134 ཚེ་དཔག་དུ་མྱེད་པ་ཞེས་བྱ་བའ། ཐེག་པ་ཆེན་པོའི་མདོ།།
大乘無量壽宗要經 （4—2）

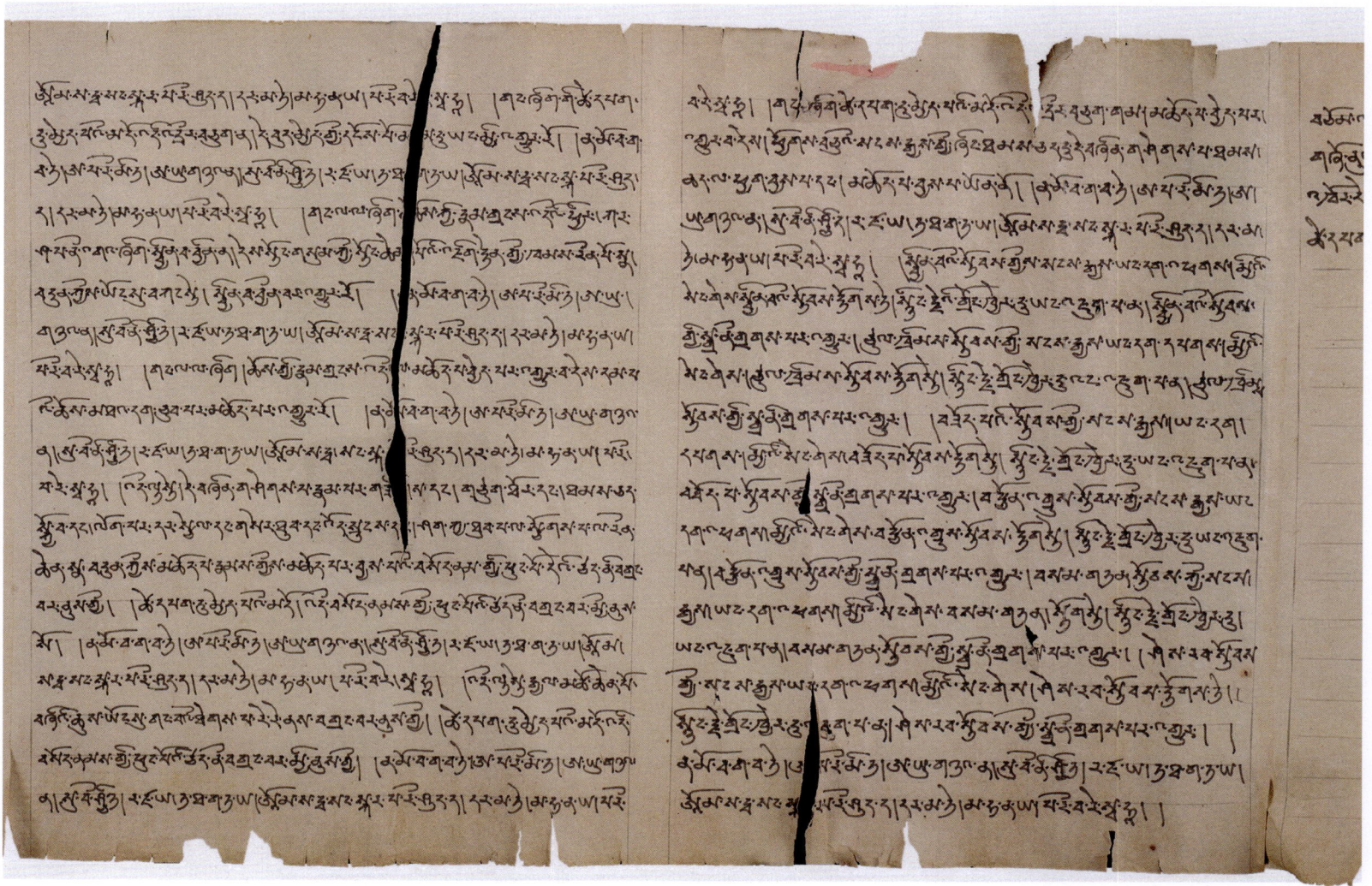

敦博 Db.t.0134 ཚེ་དཔག་དུ་མྱེད་པ་ཞེས་བྱ་བའི་ཐེག་པ་ཆེན་པོའི་མདོ།།

大乘無量壽宗要經 （4—3）

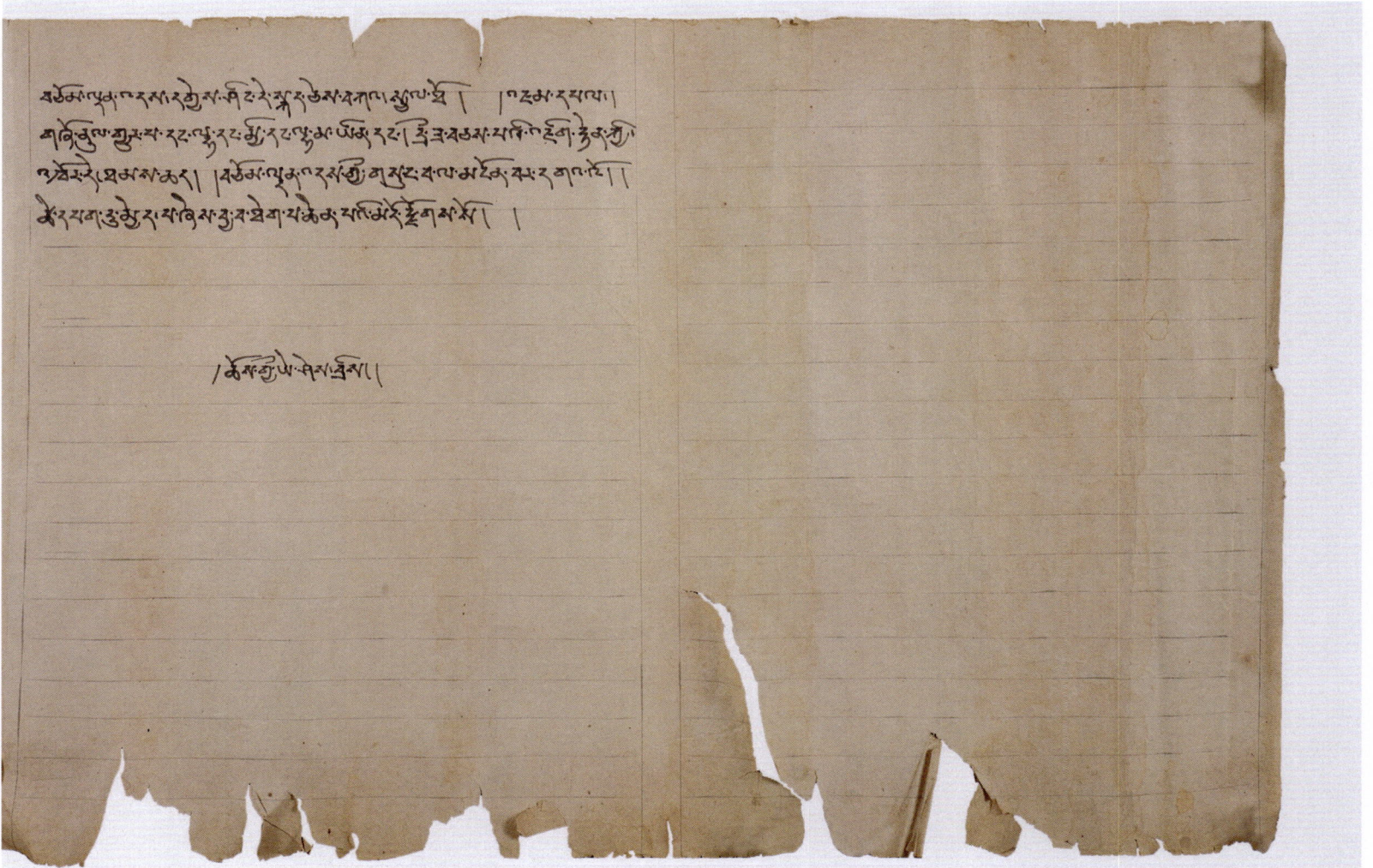

敦博 Db.t.0134 ཚེ་དཔག་དུ་མྱེད་པ་ཞེས་བྱ་བའི་ཐེག་པ་ཆེན་པོའི་མདོ།།

大乘無量壽宗要經 （4—4）

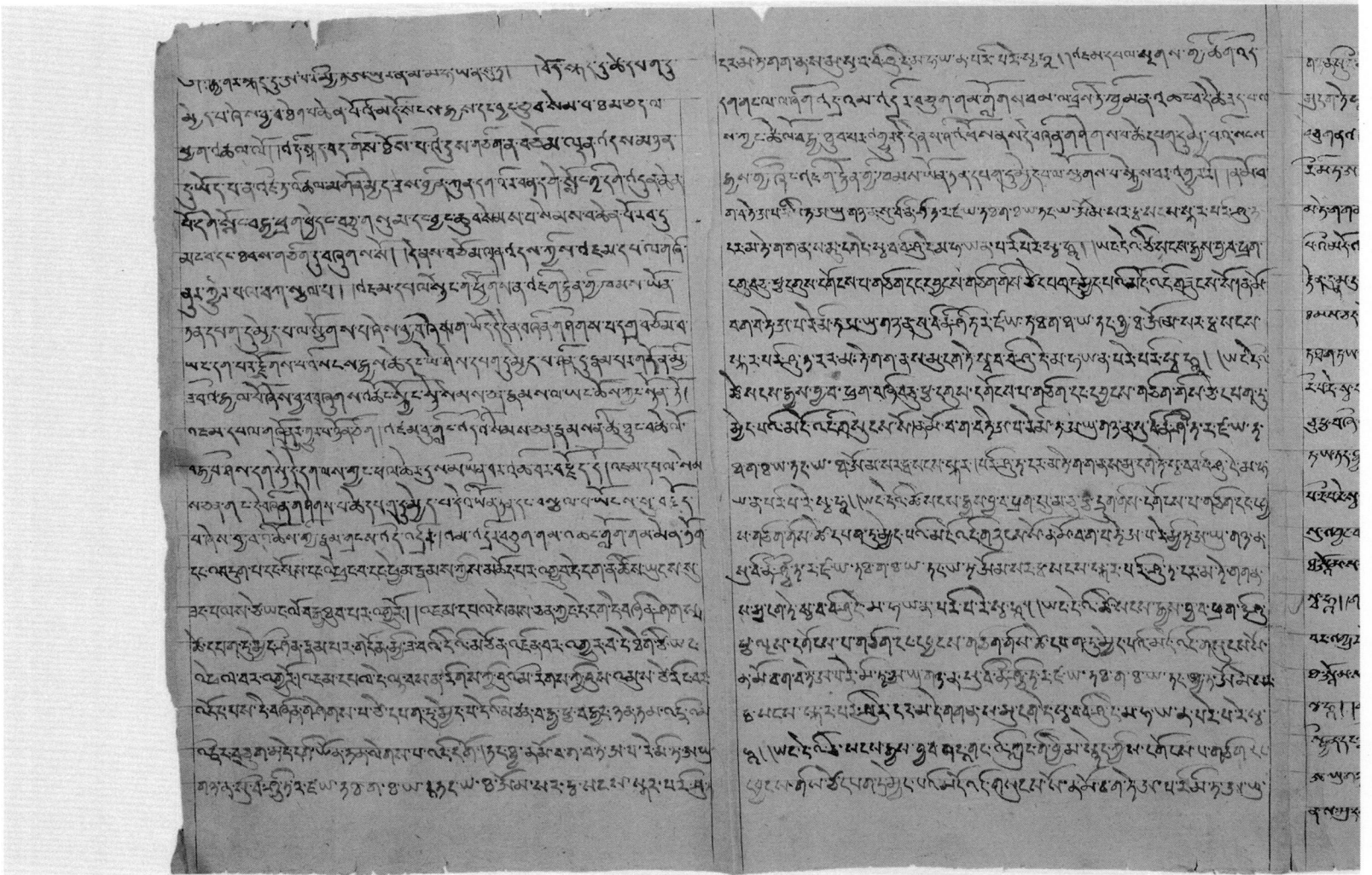

敦博 Db.t.0135 ཚེ་དཔག་ཏུ་མྱེད་པ་ཞེས་བྱ་བ་ཐེག་པ་ཆེན་པོ་འི་མདོ༎

大乘無量壽宗要經 （3—1）

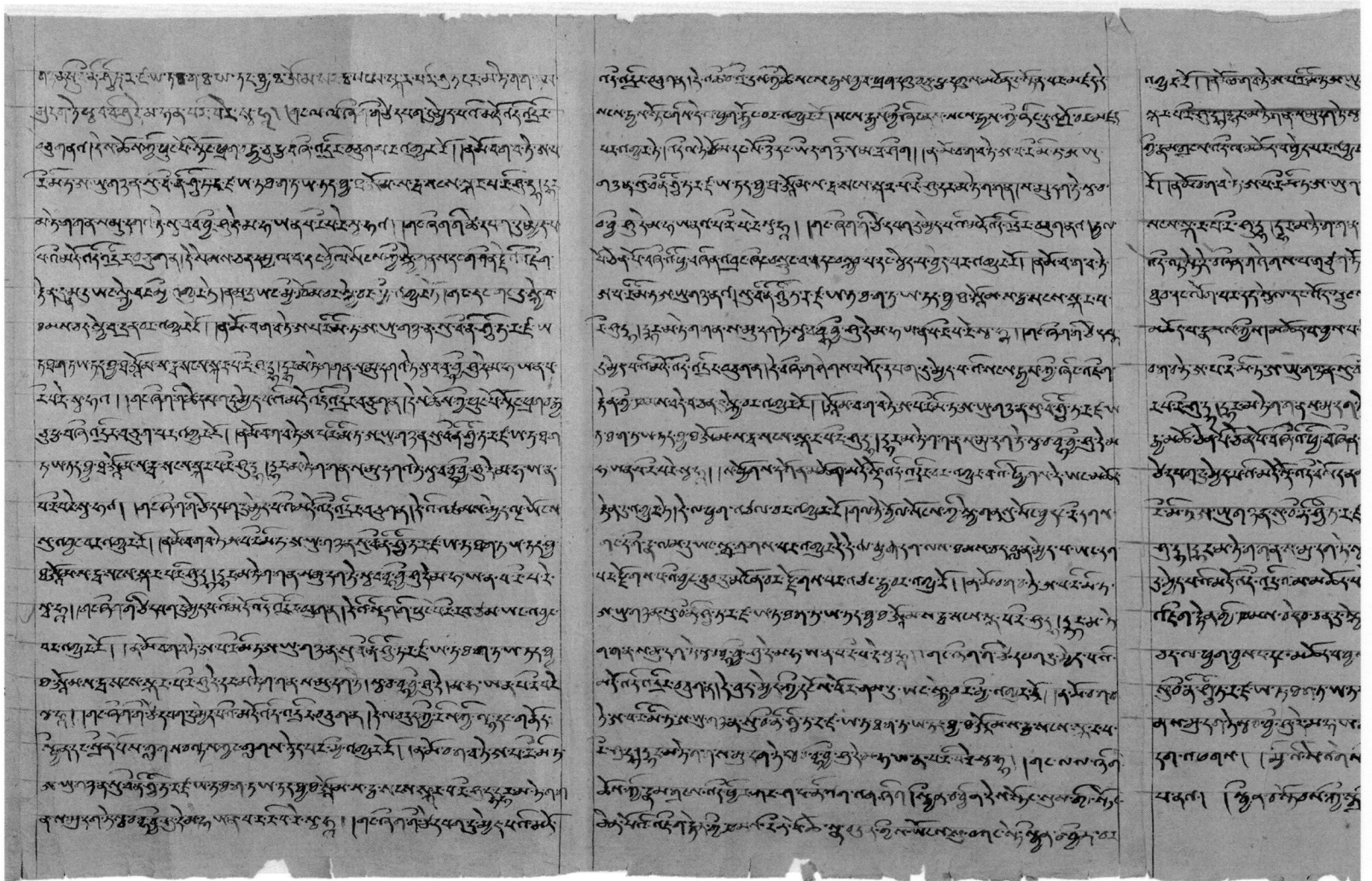

敦博 Db.t.0135 ཚེ་དཔག་ཏུ་མྱེད་པ་ཞེས་བྱ་བ་ཐེག་པ་ཆེན་པོ་འི་མདོ༎

大乘無量壽宗要經 （3—2）

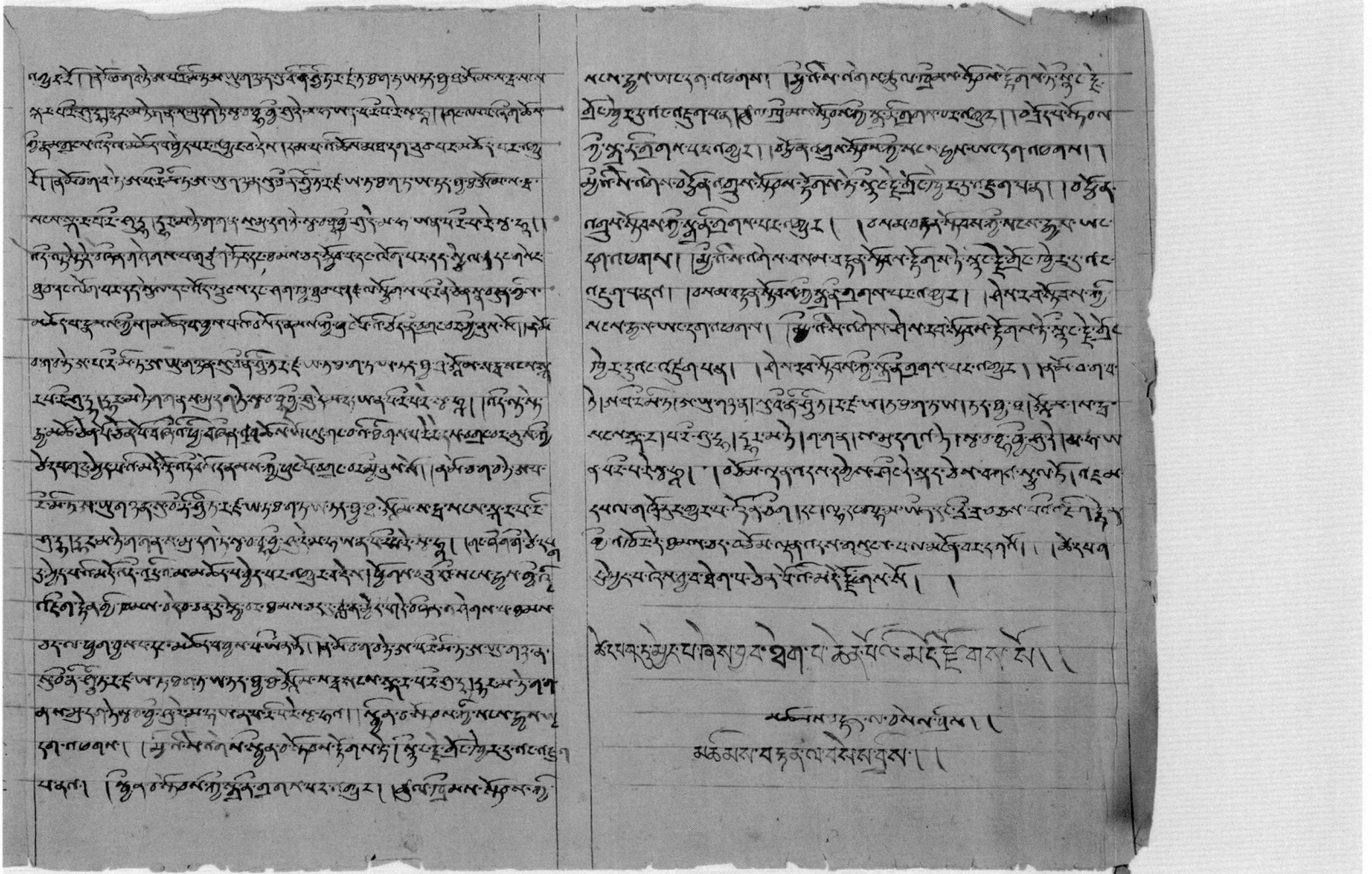

敦博 Db.t.0135 ཚེ་དཔག་དུ་མྱེད་པ་ཞེས་བྱ་བ་ཐེག་པ་ཆེན་པོ་འི་མདོ།།
大乘無量壽宗要經 （3—3）

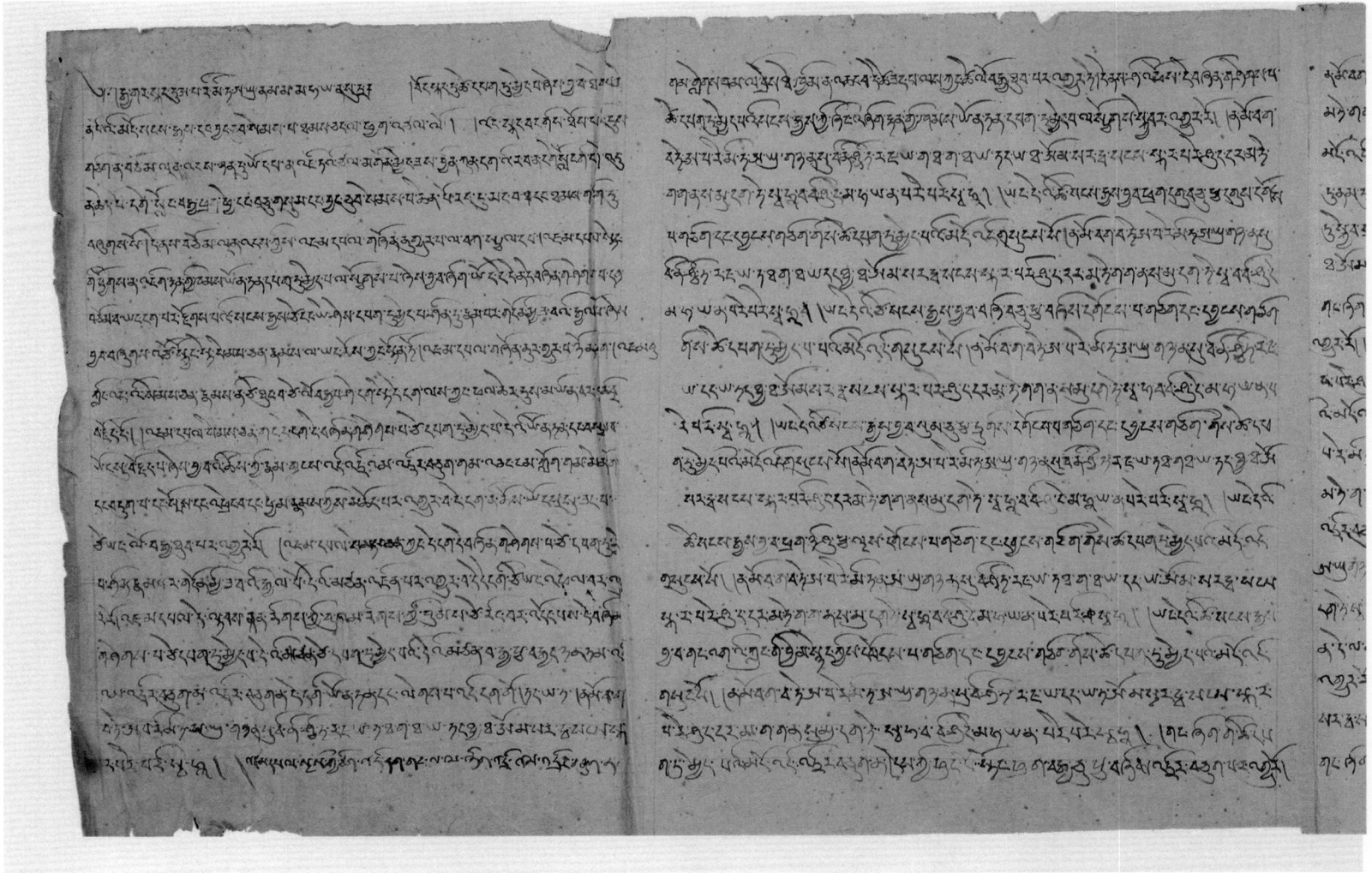

敦博 Db.t.0136 ཚེ་དཔག་དུ་མྱེད་པ་ཞེས་བྱ་བ་ཐེག་པ་ཆེན་པོ་འི་མདོ།།
大乘無量壽宗要經 （3—1）

敦博 Db.t.0136 ཚེ་དཔག་དུ་མྱེད་པ་ཞེས་བྱ་བ་ཐེག་པ་ཆེན་པོའི་མདོ།།
大乘無量壽宗要經 （3—2）

敦博 Db.t.0136 ཚེ་དཔག་དུ་མྱེད་པ་ཞེས་བྱ་བ་ཐེག་པ་ཆེན་པོའི་མདོ།།
大乘無量壽宗要經 （3—3）

敦博 Db.t.0137 ཚེ་དཔག་དུ་མྱེད་པ་ཞེས་བྱ་བ་ཐེག་པ་ཆེད་པོའི་མདོ།།

大乘無量壽宗要經 （3—1）

敦博 Db.t.0137 ཚེ་དཔག་དུ་མྱེད་པ་ཞེས་བྱ་བ་ཐེག་པ་ཆེད་པོའི་མདོ།།

大乘無量壽宗要經 （3—2）

敦博 Db.t.0137 ཚེ་དཔག་དུ་མྱེད་པ་ཞེས་བྱ་བ་ཐེག་པ་ཆེན་པོའི་མདོ།།

大乘無量壽宗要經 （3—3）

敦博 Db.t.0138 ཚེ་དཔག་དུ་མྱེད་པ་ཞེས་བྱ་བ་ཐེག་པ་ཆེན་པོའི་མདོ།།

大乘無量壽宗要經 （3—1）

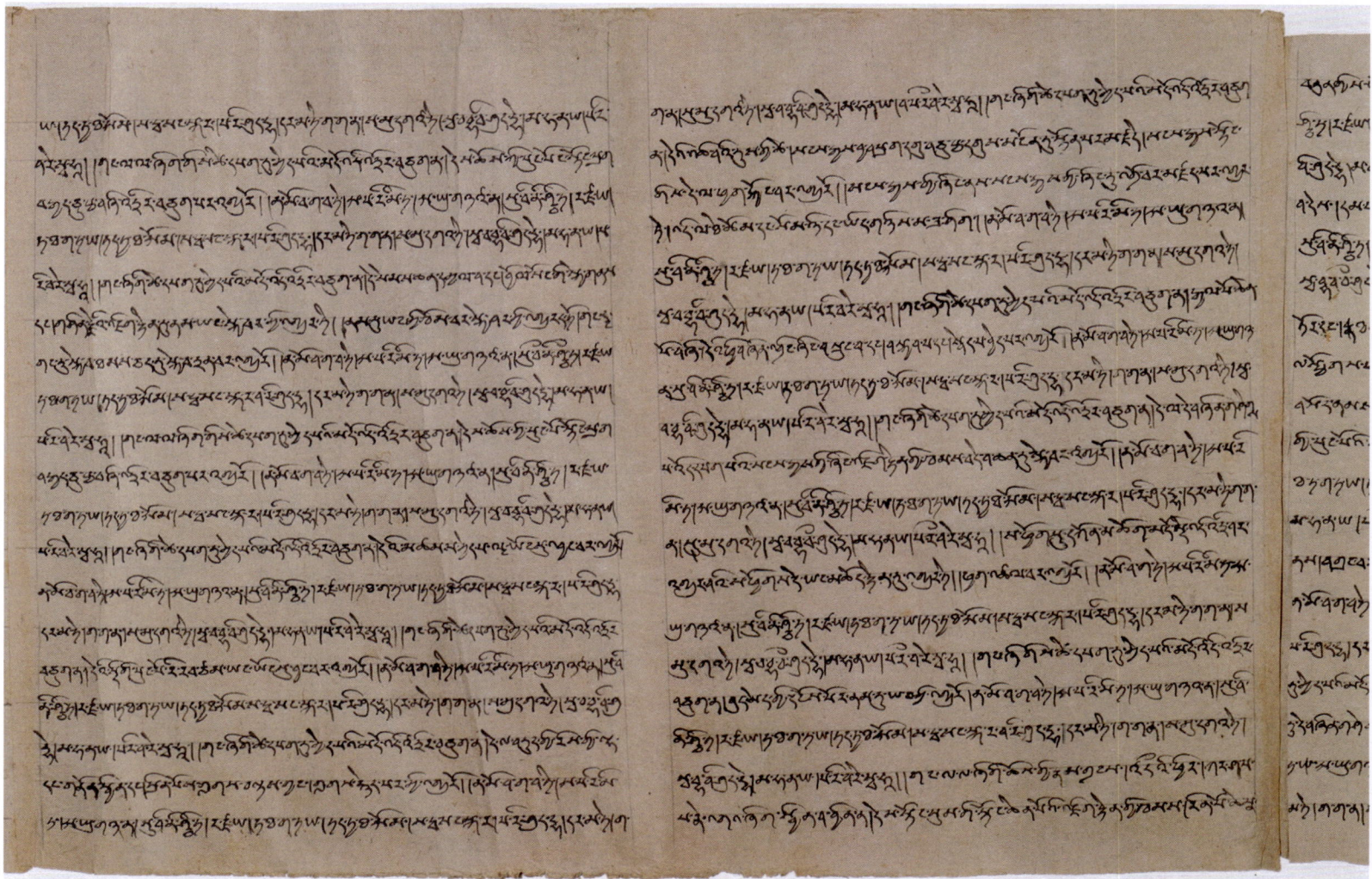

敦博 Db.t.0138 ཚེ་དཔག་དུ་མྱེད་པ་ཞེས་བྱ་བ་ཐེག་པ་ཆེན་པོའི་མདོ།།
大乘無量壽宗要經 （3—2）

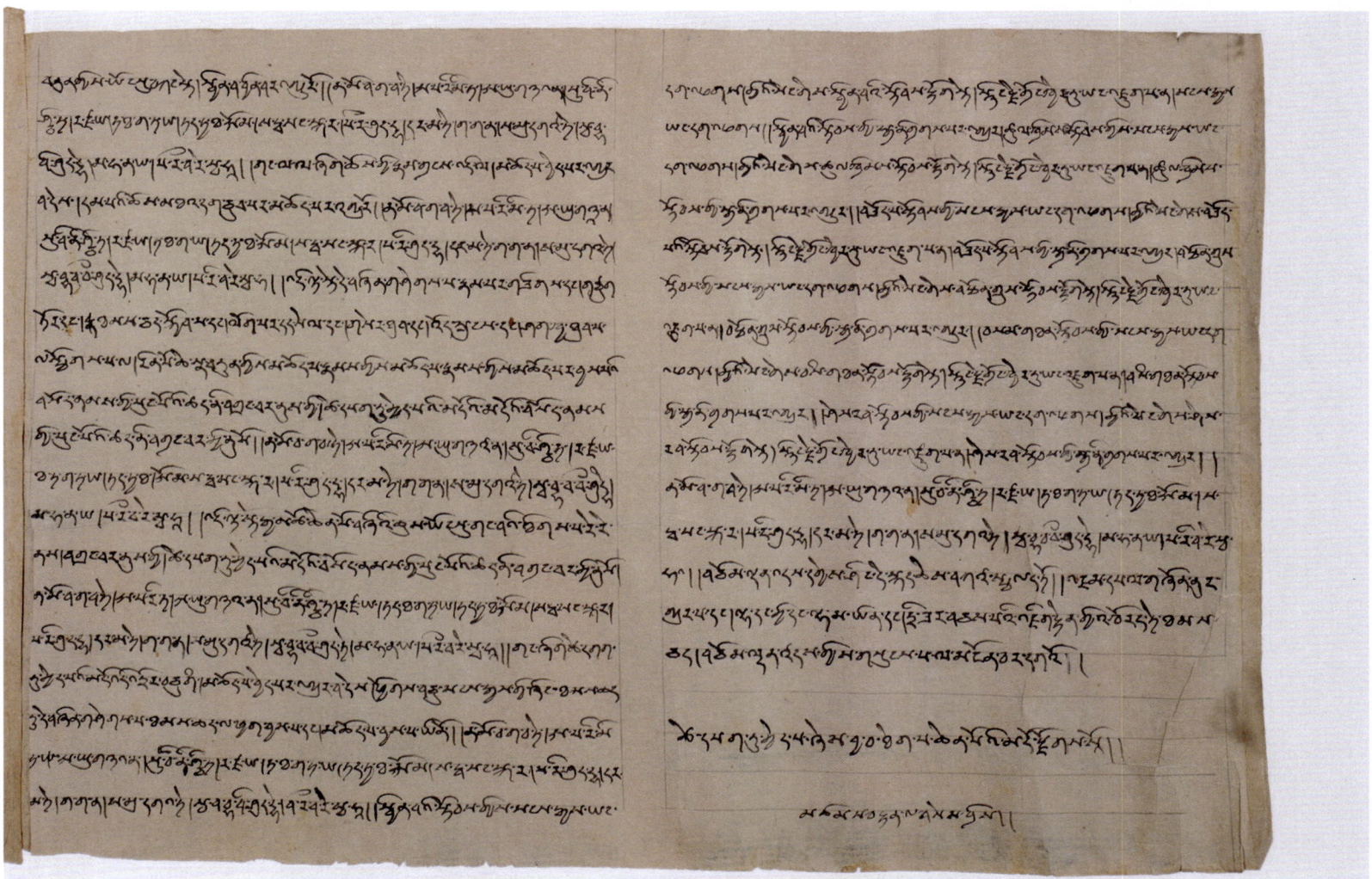

敦博 Db.t.0138 ཚེ་དཔག་དུ་མྱེད་པ་ཞེས་བྱ་བ་ཐེག་པ་ཆེན་པོའི་མདོ།།
大乘無量壽宗要經 （3—3）

敦博 Db.t.0139 ཚེ་དཔག་དུ་མྱེད་པ་ཞེས་བྱ་བ་ཐེག་པ་ཆེན་པོའི་མདོ།།
大乘無量壽宗要經 （6—1）

敦博 Db.t.0139 ཚེ་དཔག་དུ་མྱེད་པ་ཞེས་བྱ་བ་ཐེག་པ་ཆེན་པོའི་མདོ།།
大乘無量壽宗要經 （6—2）

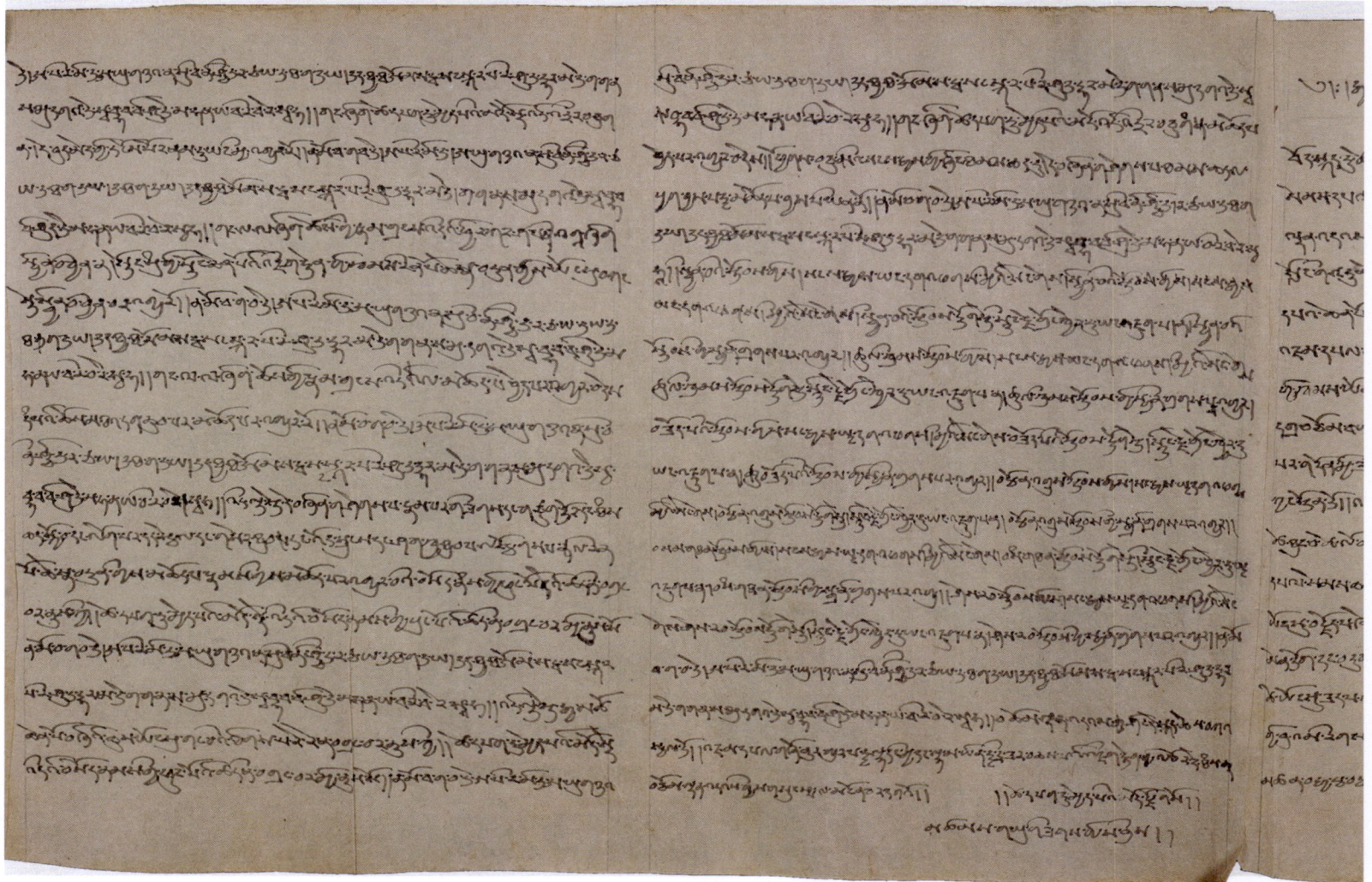

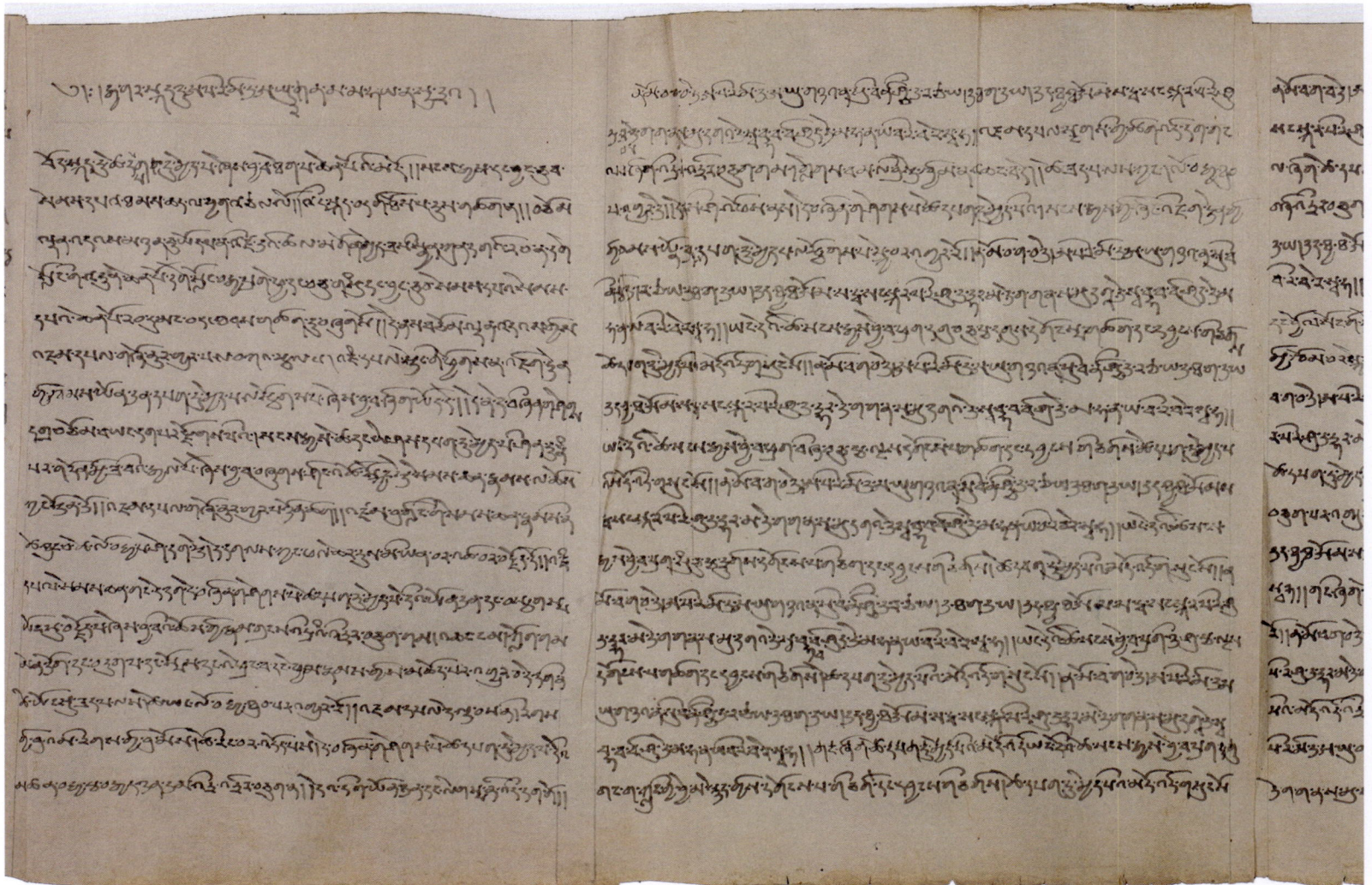

敦博 Db.t.0139 ཚེ་དཔག་དུ་མྱེད་པ་ཞེས་བྱ་བ་ཐེག་པ་ཆེན་པོའི་མདོ།།

大乘無量壽宗要經 （6—5）

敦博 Db.t.0139 ཚེ་དཔག་དུ་མྱེད་པ་ཞེས་བྱ་བ་ཐེག་པ་ཆེན་པོའི་མདོ།།

大乘無量壽宗要經 （6—6）

敦博 Db.t.0140 ཚེ་དཔག་དུ་མྱེད་པ་ཞེས་བྱ་བ་ཐེག་པ་ཆེན་པོའི་མདོ།།
大乘無量壽宗要經 （3—1）

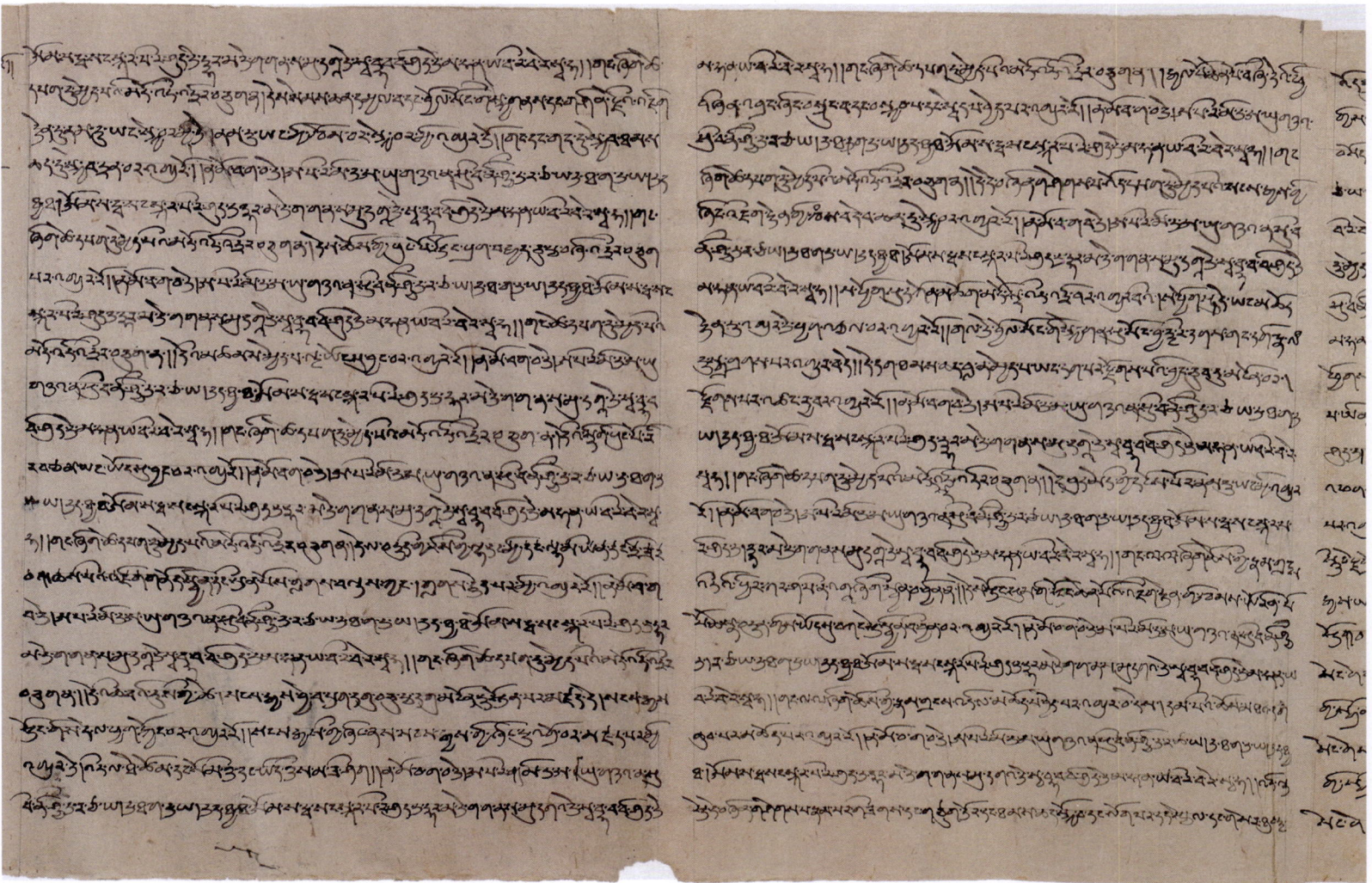

敦博 Db.t.0140 ཚེ་དཔག་དུ་མྱེད་པ་ཞེས་བྱ་བ་ཐེག་པ་ཆེན་པོའི་མདོ།།
大乘無量壽宗要經 （3—2）

敦博 Db.t.0140 ཚེ་དཔག་ཏུ་མྱེད་པ་ཞེས་བྱ་བ་ཐེག་པ་ཆེན་པོའི་མདོ།།

大乘無量壽宗要經 （3—3）

敦博 Db.t.0141 ཚེ་དཔག་ཏུ་མྱེད་པ་ཞེས་བྱ་བ་ཐེག་པ་ཆེན་པོའི་མདོ།།

大乘無量壽宗要經 （15—1）

敦博 Db.t.0141 ཚེ་དཔག་དུ་མྱེད་པ་ཞེས་བྱ་བ་ཐེག་པ་ཆེན་པོའི་མདོ་དག།

大乘無量壽宗要經 （15—2）

敦博 Db.t.0141 ཚེ་དཔག་དུ་མྱེད་པ་ཞེས་བྱ་བ་ཐེག་པ་ཆེན་པོའི་མདོ་དག།

大乘無量壽宗要經 （15—3）

敦博 Db.t.0141 ཚེ་དཔག་དུ་མྱེད་པ་ཞེས་བྱ་བ་ཐེག་པ་ཆེན་པོའི་མདོ།།
大乘無量壽宗要經 （15—4）

敦博 Db.t.0141 ཚེ་དཔག་དུ་མྱེད་པ་ཞེས་བྱ་བ་ཐེག་པ་ཆེན་པོའི་མདོ།།
大乘無量壽宗要經 （15—5）

敦博 Db.t.0141 ཚེ་དཔག་དུ་མྱེད་པ་ཞེས་བྱ་བ་ཐེག་པ་ཆེན་པོའི་མདོ།།

大乘無量壽宗要經 （15—6）

敦博 Db.t.0141 ཚེ་དཔག་དུ་མྱེད་པ་ཞེས་བྱ་བ་ཐེག་པ་ཆེན་པོའི་མདོ།།

大乘無量壽宗要經 （15—7）

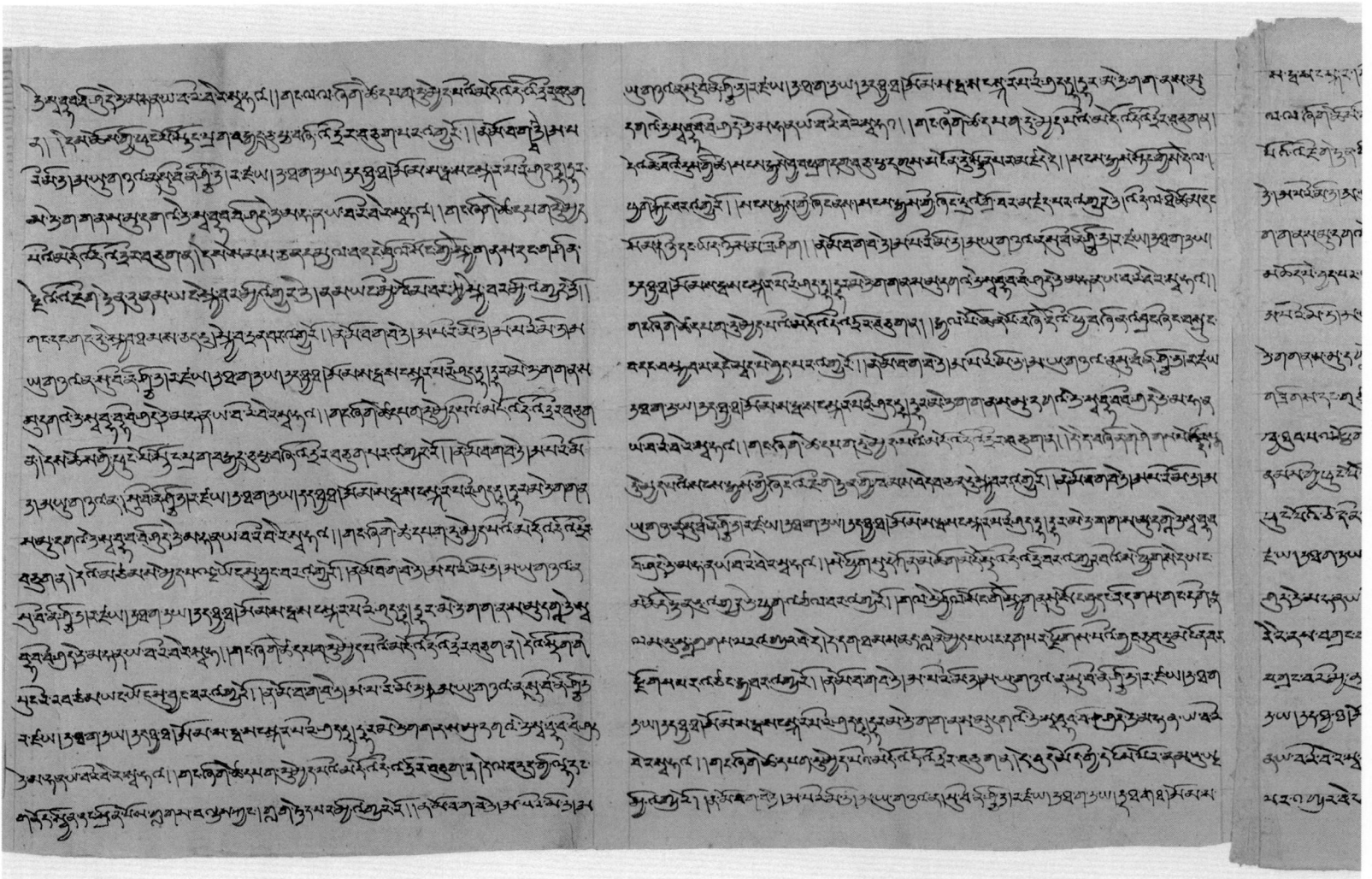

敦博 Db.t.0141 ཚེ་དཔག་དུ་མྱེད་པ་ཞེས་བྱ་བ་ཐེག་པ་ཆེན་པོའི་མདོ་དག །
大乘無量壽宗要經 （15—8）

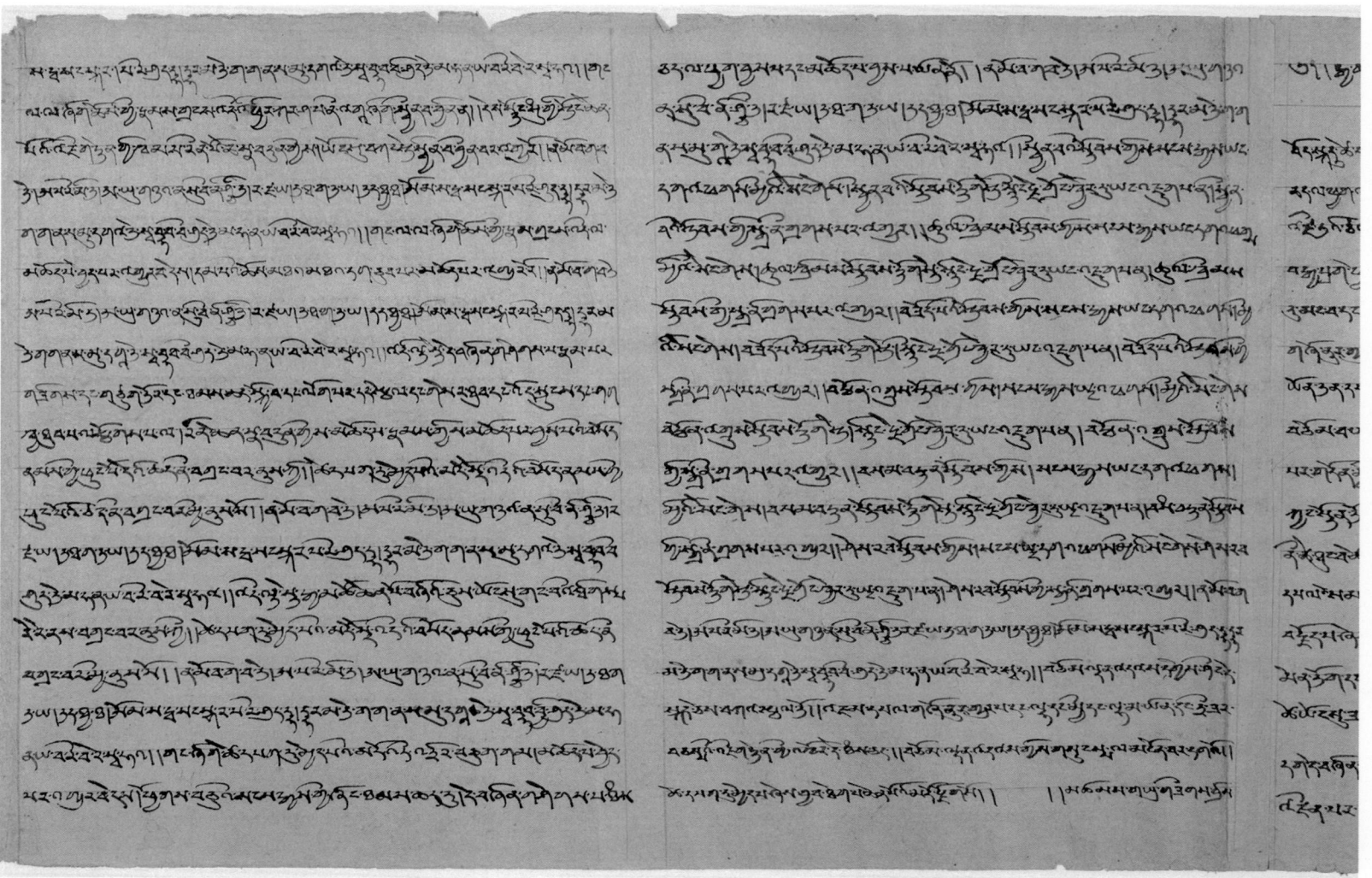

敦博 Db.t.0141 ཚེ་དཔག་དུ་མྱེད་པ་ཞེས་བྱ་བ་ཐེག་པ་ཆེན་པོའི་མདོ་དག །
大乘無量壽宗要經 （15—9）

敦博 Db.t.0141 ཚེ་དཔག་དུ་མྱེད་པ་ཞེས་བྱ་བ་ཐེག་པ་ཆེན་པོའི་མདོ།།
大乘無量壽宗要經 （15—10）

敦博 Db.t.0141 ཚེ་དཔག་དུ་མྱེད་པ་ཞེས་བྱ་བ་ཐེག་པ་ཆེན་པོའི་མདོ།།
大乘無量壽宗要經 （15—11）

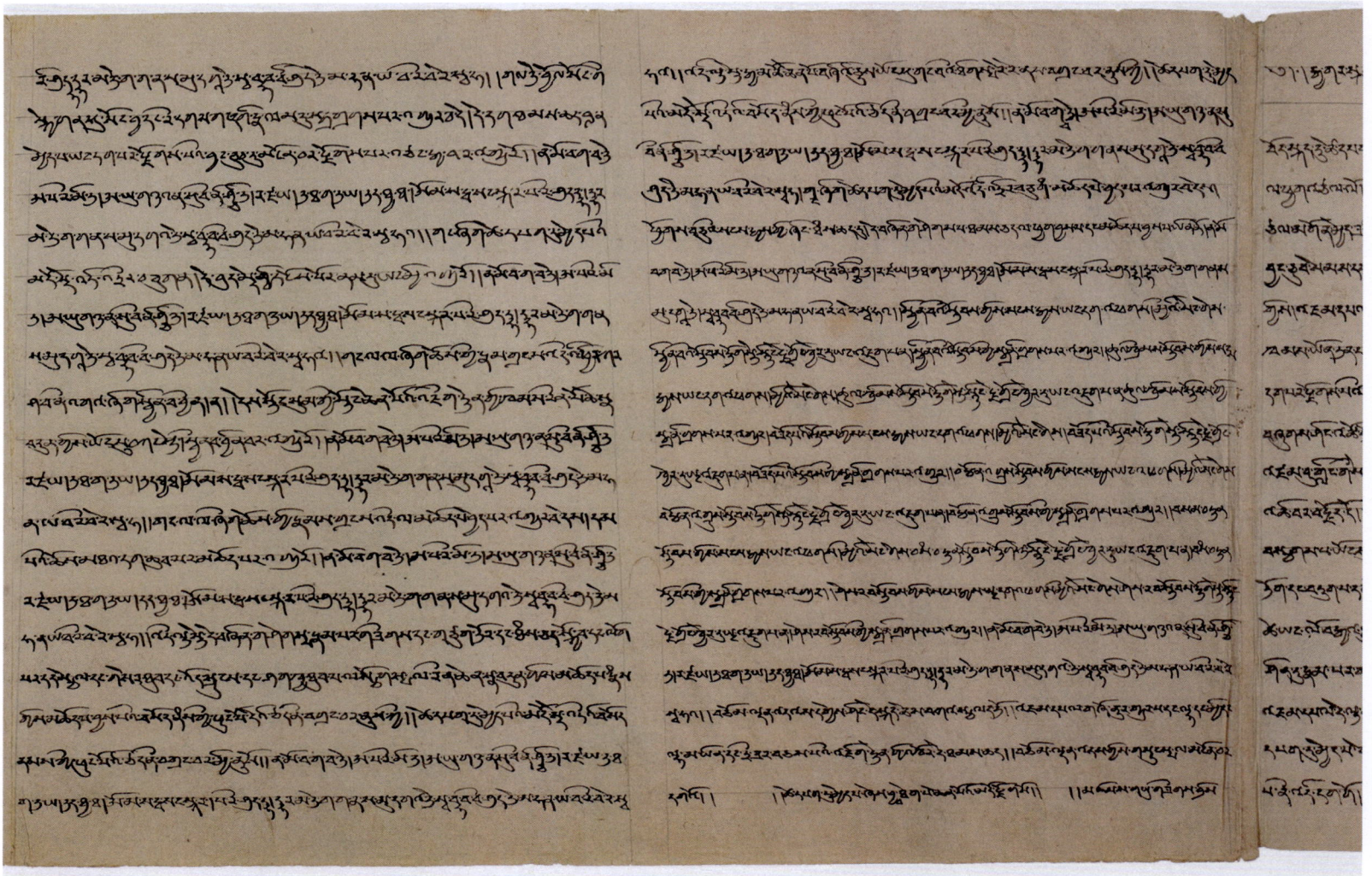

敦博 Db.t.0141 ཚེ་དཔག་ཏུ་མྱེད་པ་ཞེས་བྱ་བ་ཐེག་པ་ཆེན་པོའི་མདོ།།
大乘無量壽宗要經 （15—12）

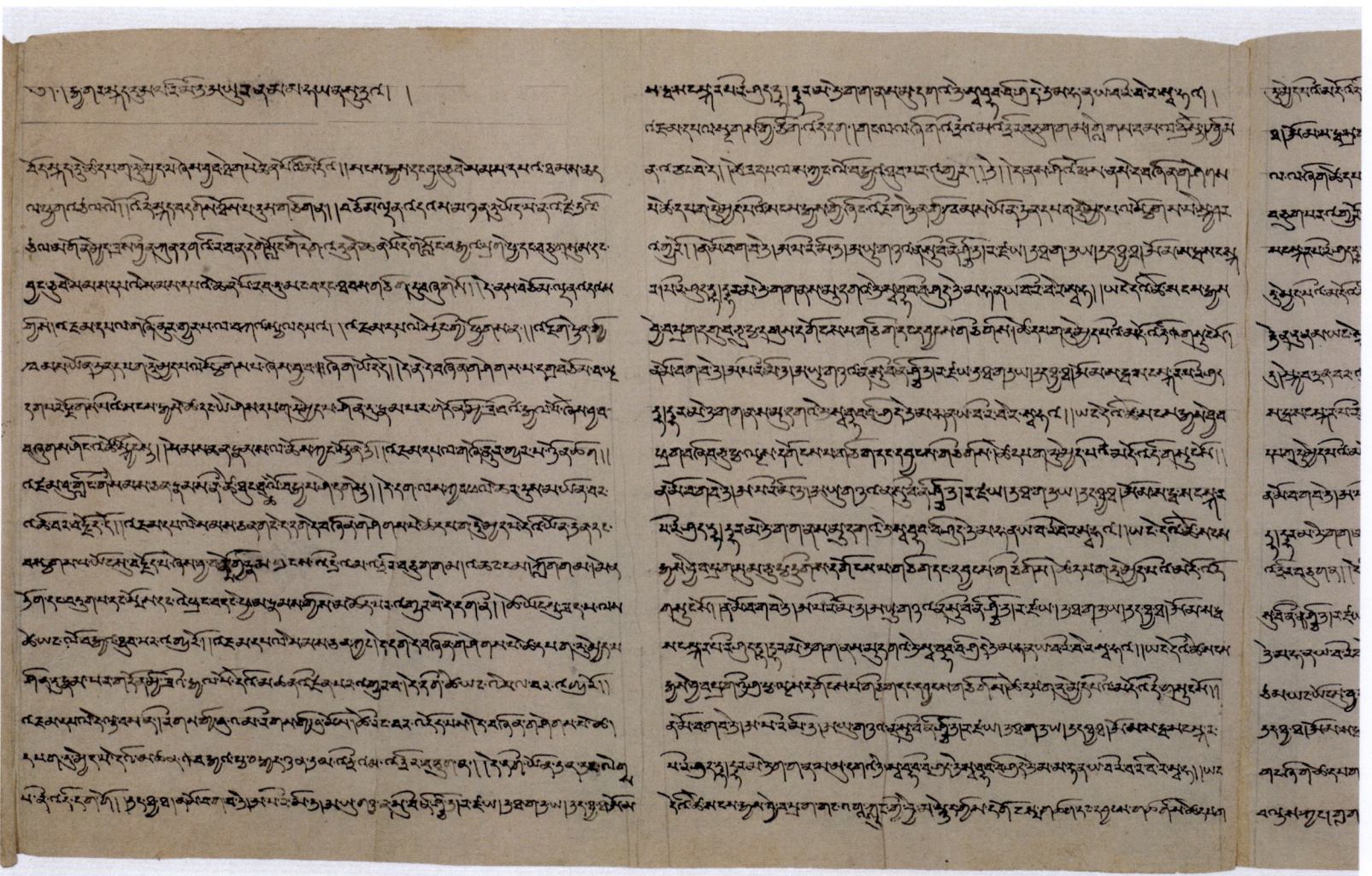

敦博 Db.t.0141 ཚེ་དཔག་ཏུ་མྱེད་པ་ཞེས་བྱ་བ་ཐེག་པ་ཆེན་པོའི་མདོ།།
大乘無量壽宗要經 （15—13）

敦博 Db.t.0141 ཚེ་དཔག་ཏུ་མྱེད་པ་ཞེས་བྱ་བ་ཐེག་པ་ཆེན་པོའི་མདོ།།
大乘無量壽宗要經 （15—14）

敦博 Db.t.0141 ཚེ་དཔག་ཏུ་མྱེད་པ་ཞེས་བྱ་བ་ཐེག་པ་ཆེན་པོའི་མདོ།།
大乘無量壽宗要經 （15—15）

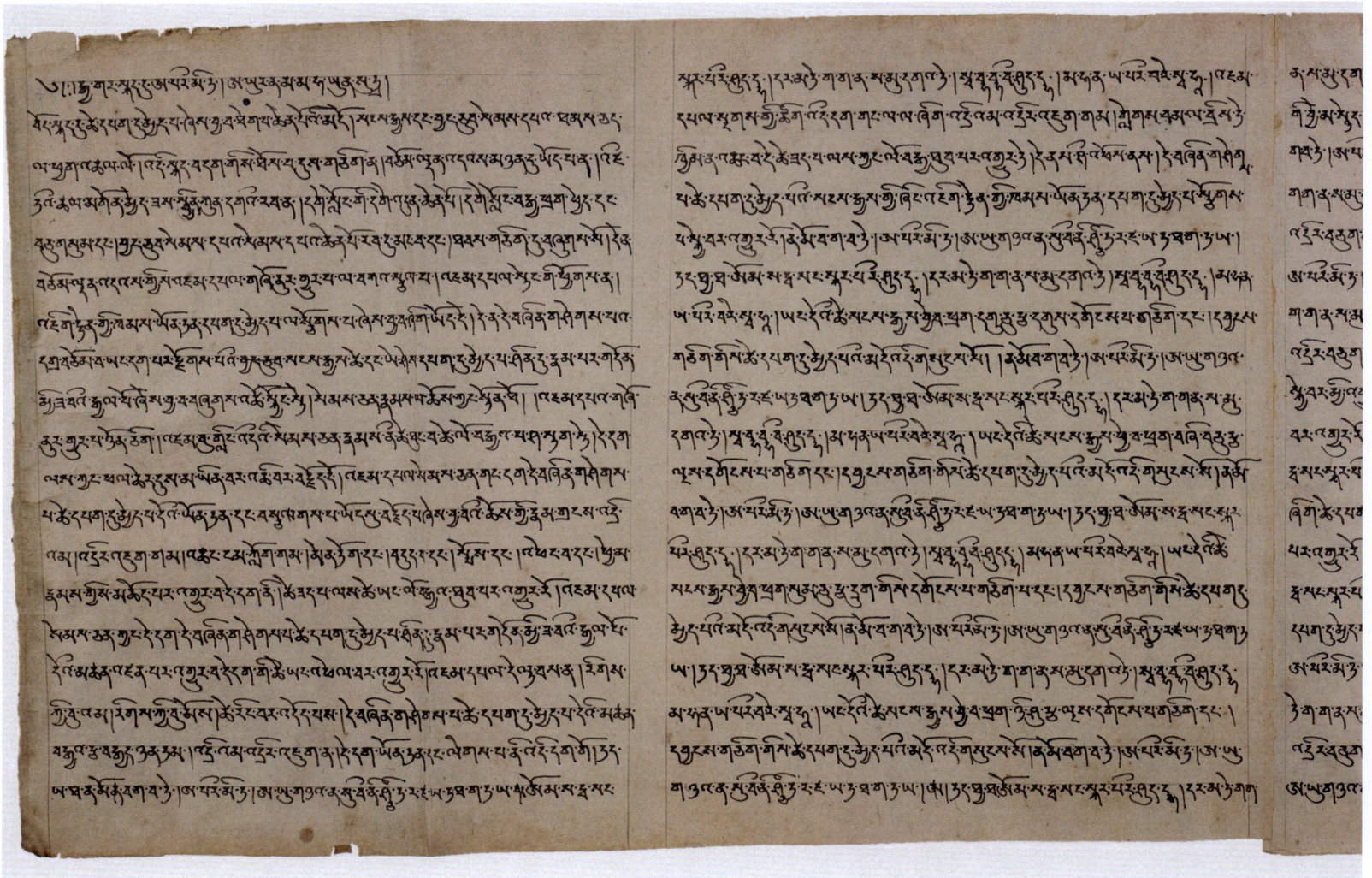

敦博 Db.t.0142 ཚེ་དཔག་དུ་མྱེད་པ་ཞེས་བྱ་བ་ཐེག་པ་ཆེན་པོའི་མདོ། །

大乘無量壽宗要經 （3—1）

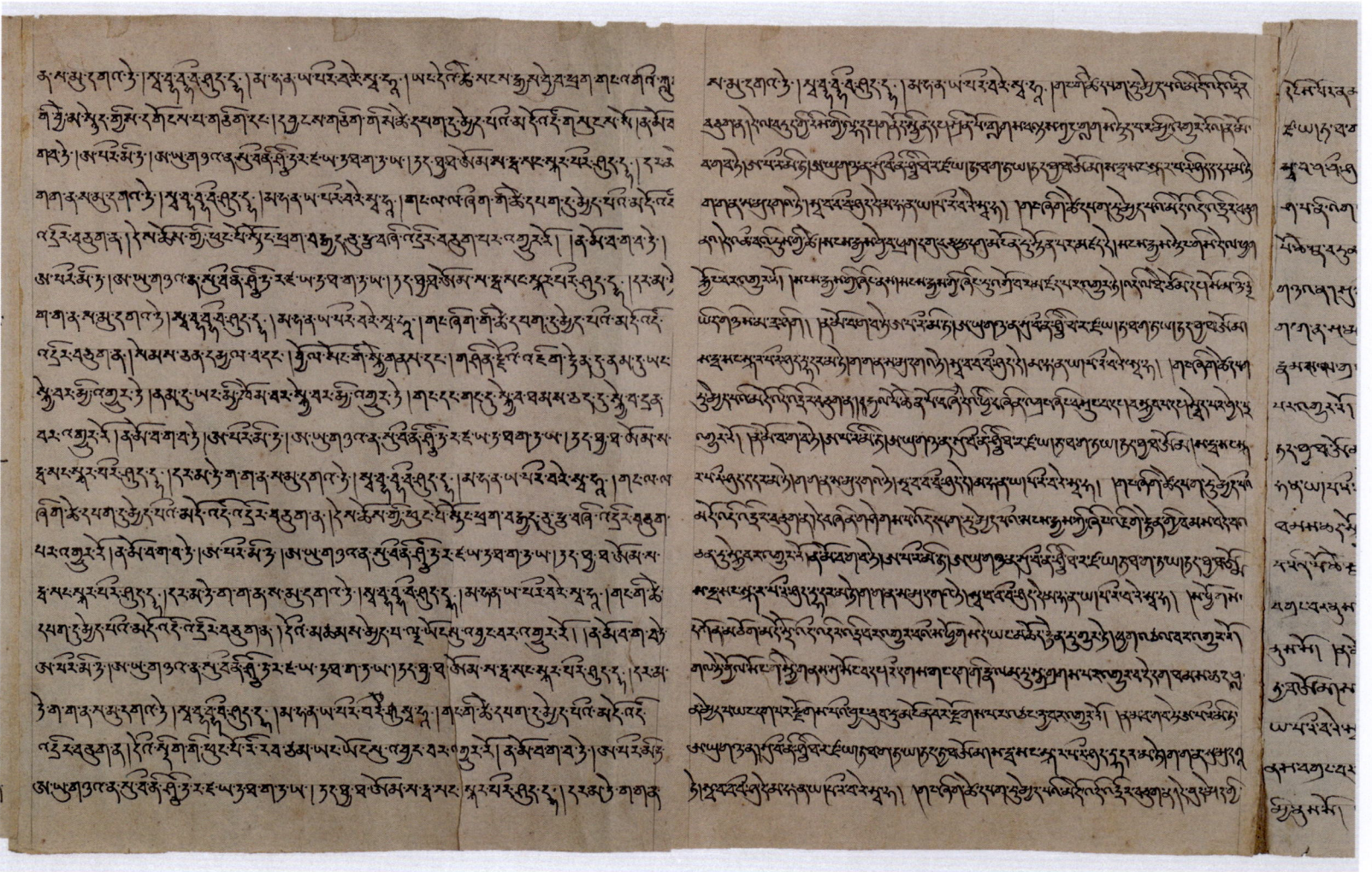

敦博 Db.t.0142 ཚེ་དཔག་དུ་མྱེད་པ་ཞེས་བྱ་བ་ཐེག་པ་ཆེན་པོའི་མདོ། །

大乘無量壽宗要經 （3—2）

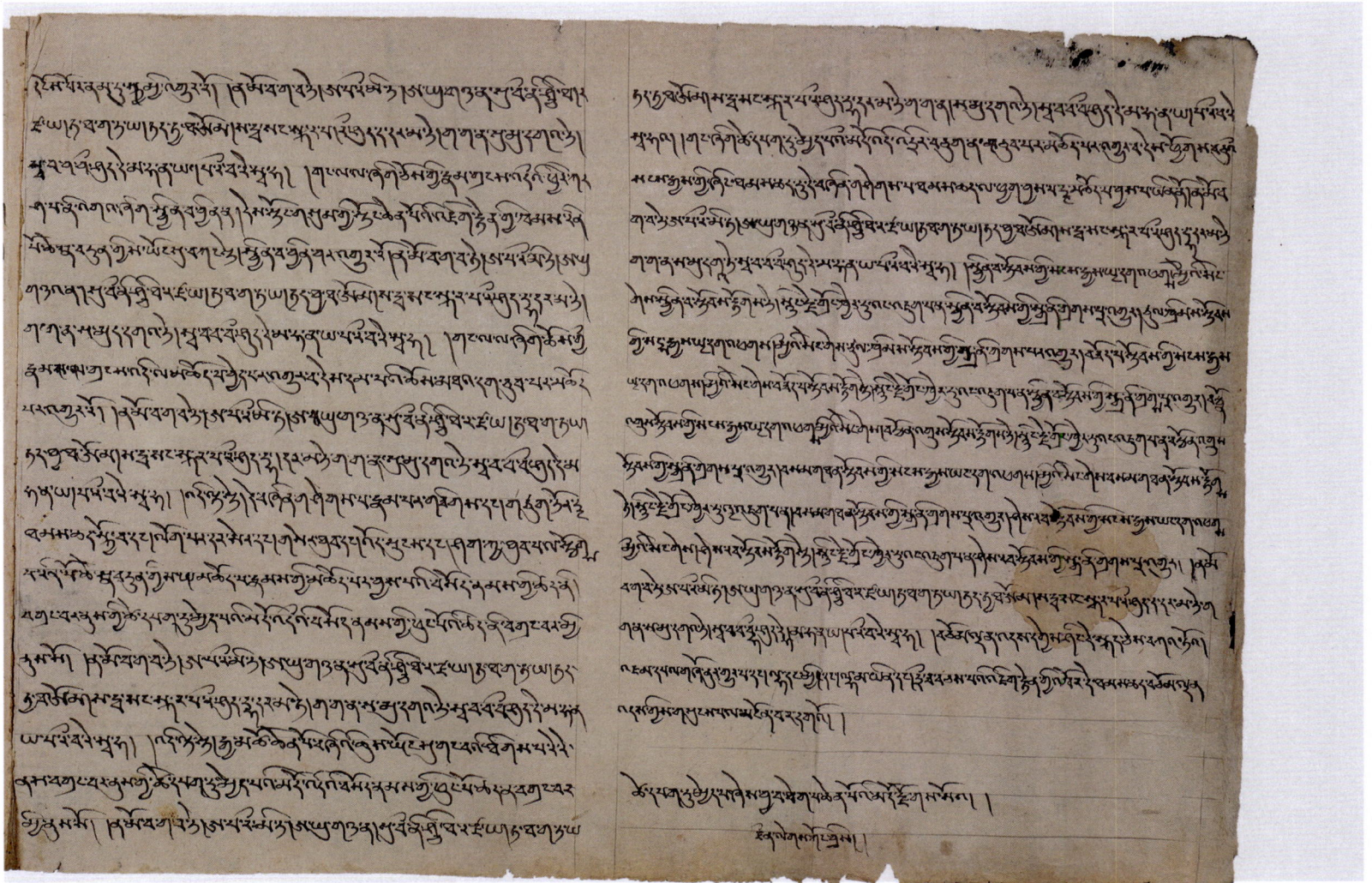

敦博 Db.t.0142 ཚེ་དཔག་དུ་མྱེད་པ་ཞེས་བྱ་བ་ཐེག་པ་ཆེན་པོའི་མདོ།།

大乘無量壽宗要經 （3—3）

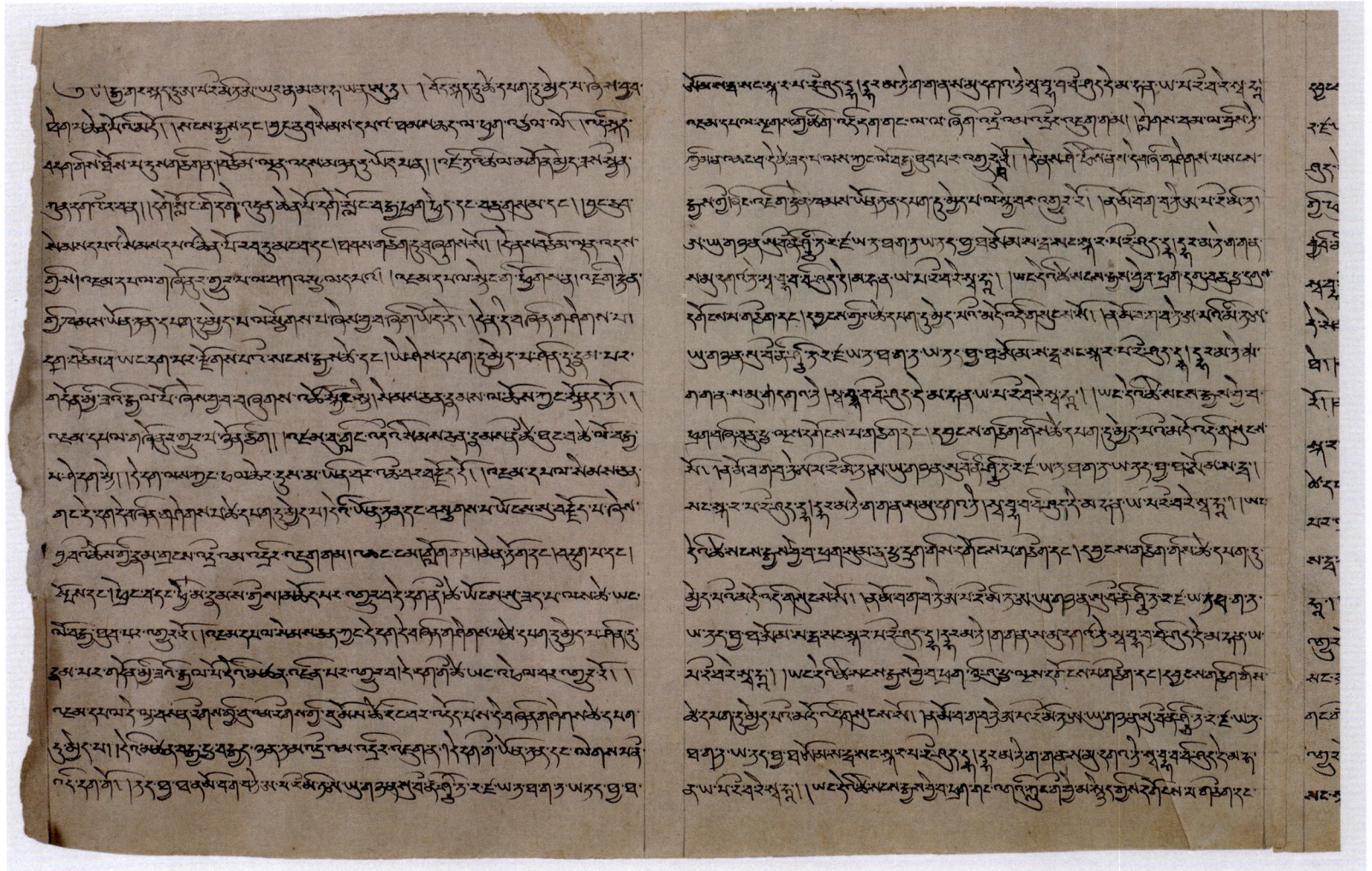

敦博 Db.t.0143 ཚེ་དཔག་དུ་མྱེད་པ་ཞེས་བྱ་བ་ཐེག་པ་ཆེན་པོའི་མདོ།།

大乘無量壽宗要經 （3—1）

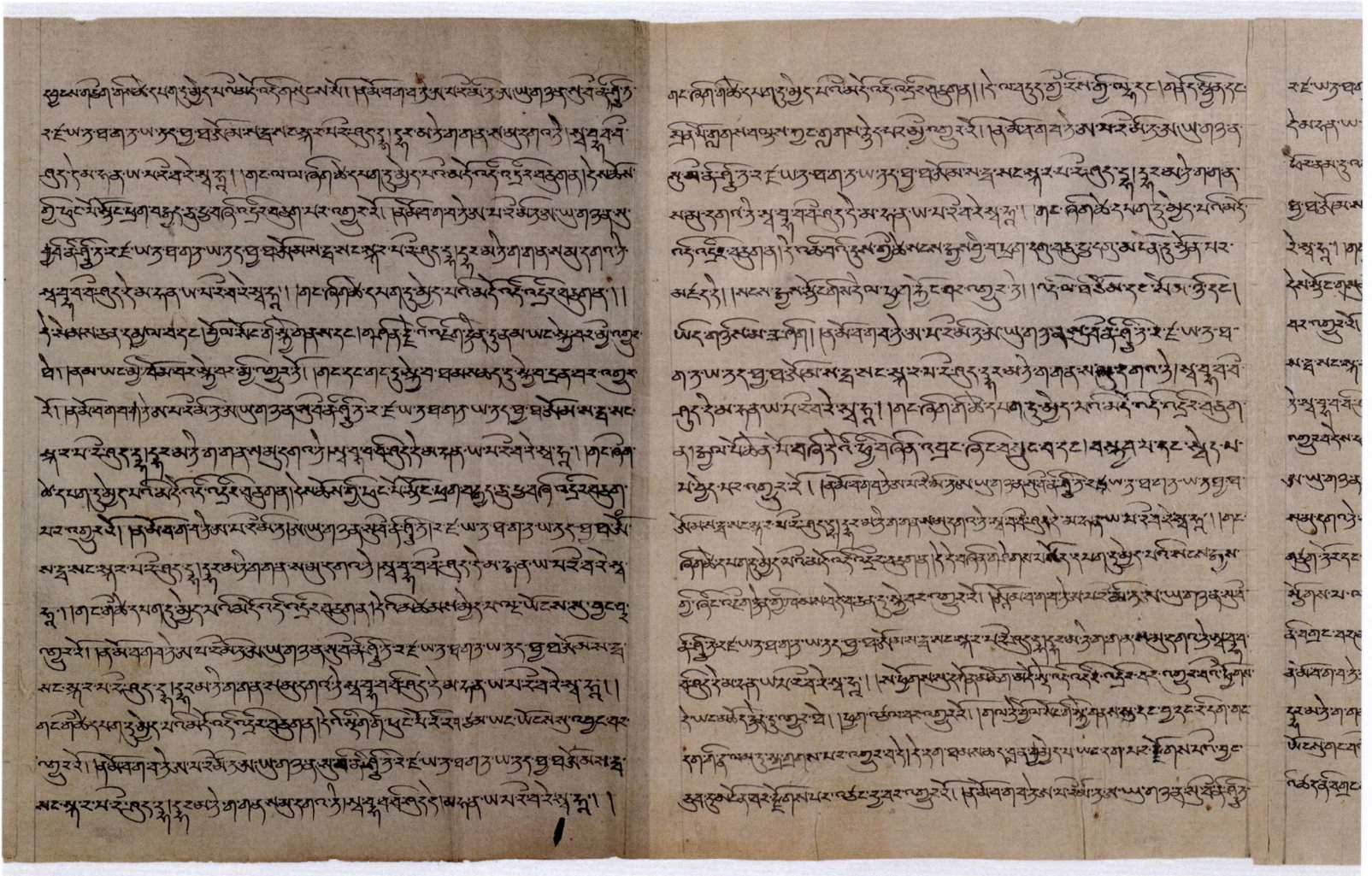

敦博 Db.t.0143 ཚེ་དཔག་དུ་མྱེད་པ་ཞེས་བྱ་བ་ཐེག་པ་ཆེན་པོའི་མདོ།།
大乘無量壽宗要經 （3—2）

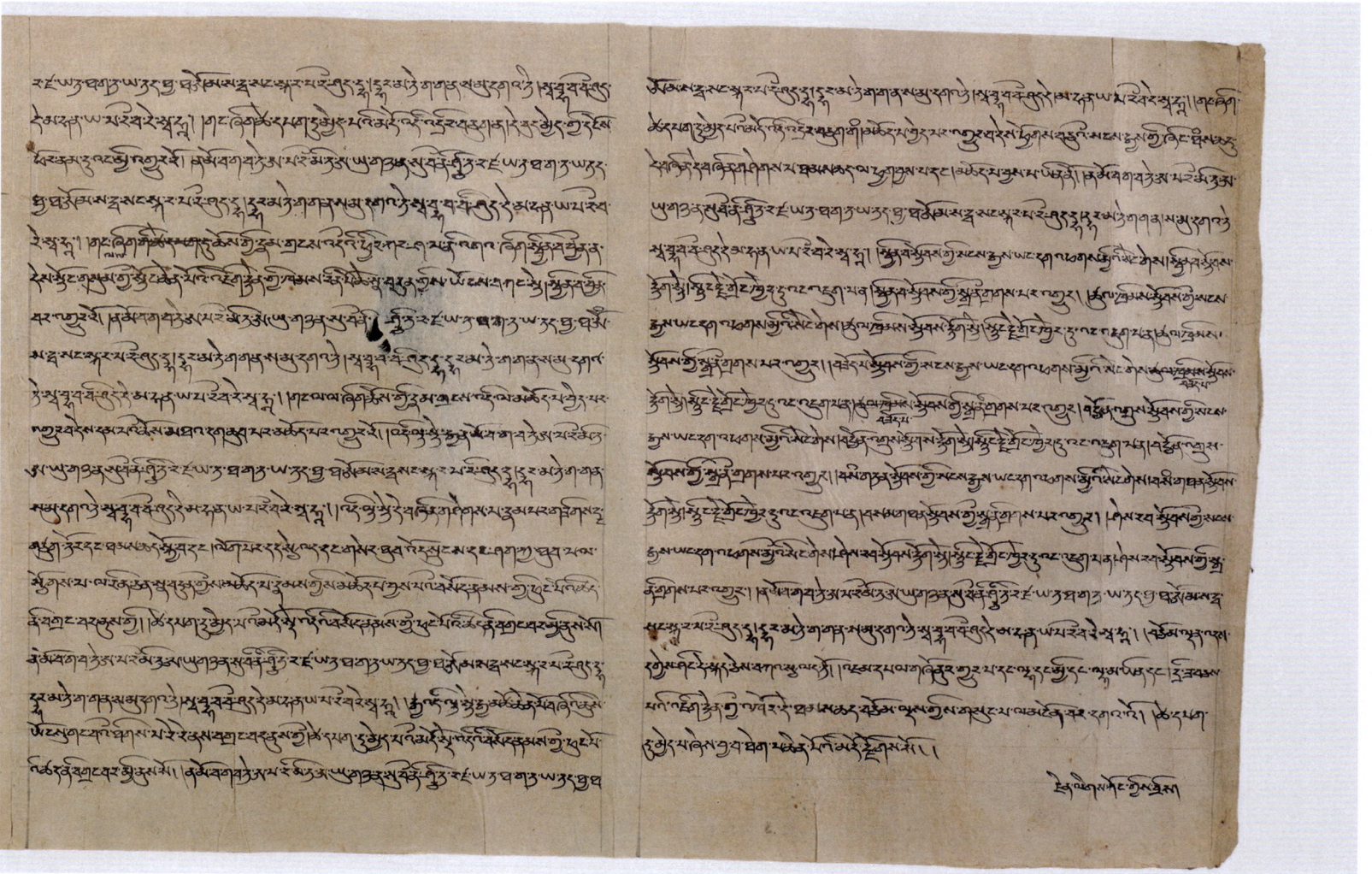

敦博 Db.t.0143 ཚེ་དཔག་དུ་མྱེད་པ་ཞེས་བྱ་བ་ཐེག་པ་ཆེན་པོའི་མདོ།།
大乘無量壽宗要經 （3—3）

敦博 Db.t.0144 ཚེ་དཔག་དུ་མྱེད་པ་ཞེས་བྱ་བ་ཐེག་པ་ཆེན་པོ་འི་མདོ༔།

大乘無量壽宗要經 （3—1）

敦博 Db.t.0144 ཚེ་དཔག་དུ་མྱེད་པ་ཞེས་བྱ་བ་ཐེག་པ་ཆེན་པོ་འི་མདོ༔།

大乘無量壽宗要經 （3—2）

敦博 Db.t.0144 ཚེ་དཔག་དུ་མྱེད་པ་ཞེས་བྱ་བ་ཐེག་པ་ཆེན་པོ་འི་མདོ༔།
大乘無量壽宗要經 （3—3）

敦博 Db.t.0145 ཚེ་དཔག་དུ་མྱེད་པ་ཞེས་བྱ་བ་ཐེག་པ་ཆེན་པོ་འི་མདོ།།
大乘無量壽宗要經 （12—1）

敦博 Db.t.0145 ཚེ་དཔག་དུ་མྱེད་པ་ཞེས་བྱ་བ་ཐེག་པ་ཆེན་པོའི་མདོ༎
大乘無量壽宗要經 （12—2）

敦博 Db.t.0145 ཚེ་དཔག་དུ་མྱེད་པ་ཞེས་བྱ་བ་ཐེག་པ་ཆེན་པོའི་མདོ༎
大乘無量壽宗要經 （12—3）

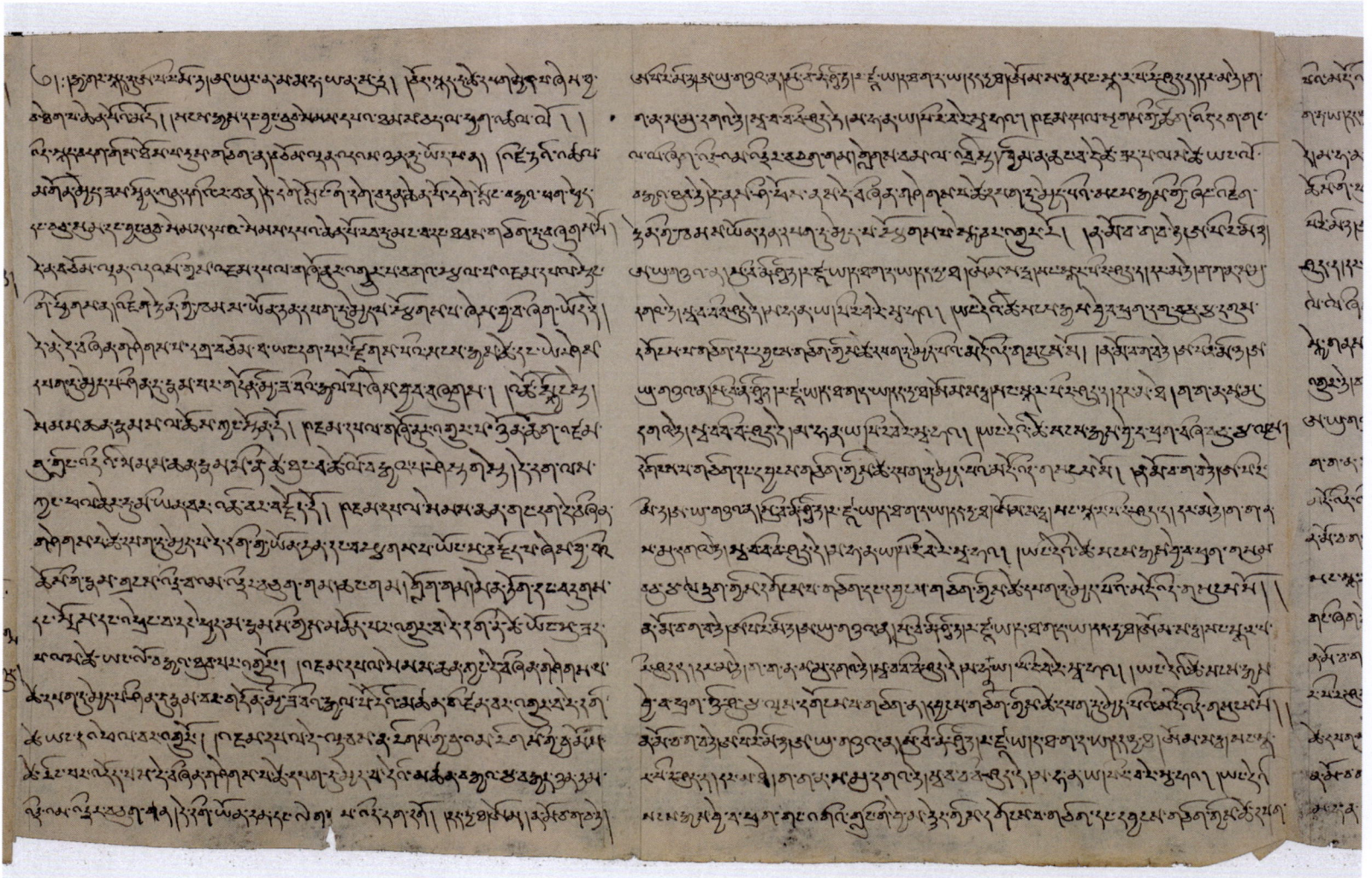

敦博 Db.t.0145 ཚེ་དཔག་དུ་མྱེད་པ་ཞེས་བྱ་བ་ཐེག་པ་ཆེན་པོའི་མདོ།།
大乘無量壽宗要經 （12—4）

敦博 Db.t.0145 ཚེ་དཔག་དུ་མྱེད་པ་ཞེས་བྱ་བ་ཐེག་པ་ཆེན་པོའི་མདོ།།
大乘無量壽宗要經 （12—5）

敦博 Db.t.0145 ཚེ་དཔག་དུ་མྱེད་པ་ཞེས་བྱ་བ་ཐེག་པ་ཆེན་པོའི་མདོ།།
大乘無量壽宗要經 （12—6）

敦博 Db.t.0145 ཚེ་དཔག་དུ་མྱེད་པ་ཞེས་བྱ་བ་ཐེག་པ་ཆེན་པོའི་མདོ།།
大乘無量壽宗要經 （12—7）

敦博 Db.t.0145 ཚེ་དཔག་ཏུ་མྱེད་པ་ཞེས་བྱ་བ་ཐེག་པ་ཆེན་པོའི་མདོ།།
大乘無量壽宗要經 （12—8）

敦博 Db.t.0145 ཚེ་དཔག་ཏུ་མྱེད་པ་ཞེས་བྱ་བ་ཐེག་པ་ཆེན་པོའི་མདོ།།
大乘無量壽宗要經 （12—9）

敦博 Db.t.0145 ཚེ་དཔག་དུ་མྱེད་པ་ཞེས་བྱ་བ་ཐེག་པ་ཆེན་པོའི་མདོ།།
大乘無量壽宗要經 （12—10）

敦博 Db.t.0145 ཚེ་དཔག་དུ་མྱེད་པ་ཞེས་བྱ་བ་ཐེག་པ་ཆེན་པོའི་མདོ།།
大乘無量壽宗要經 （12—11）

敦博 Db.t.0145 ཚེ་དཔག་དུ་མྱེད་པ་ཞེས་བྱ་བ་ཐེག་པ་ཆེན་པོའི་མདོ།།
大乘無量壽宗要經 （12—12）

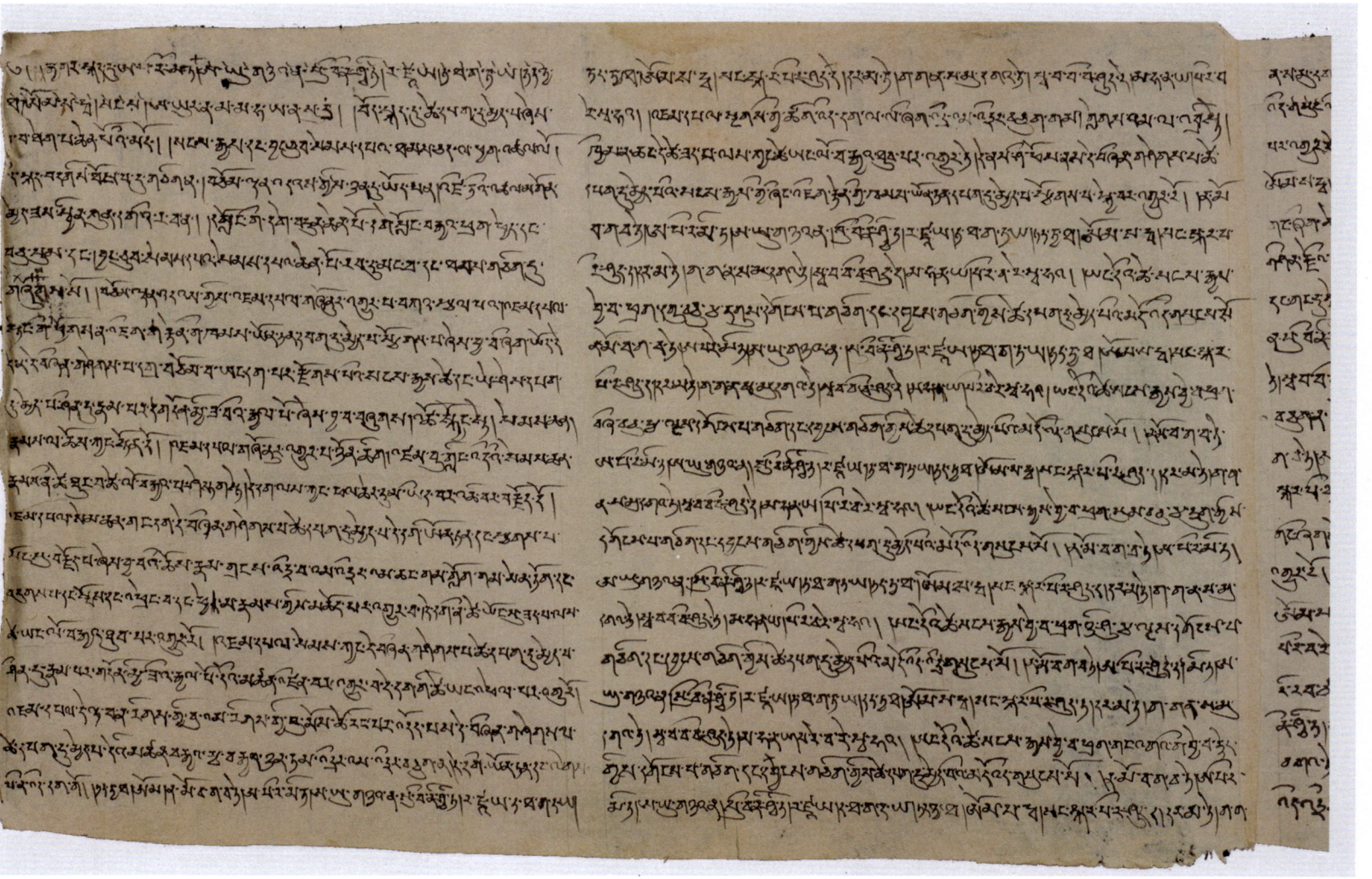

敦博 Db.t.0146 ཚེ་དཔག་དུ་མྱེད་པ་ཞེས་བྱ་བ་ཐེག་པ་ཆེན་པོའི་མདོ།།
大乘無量壽宗要經 （3—1）

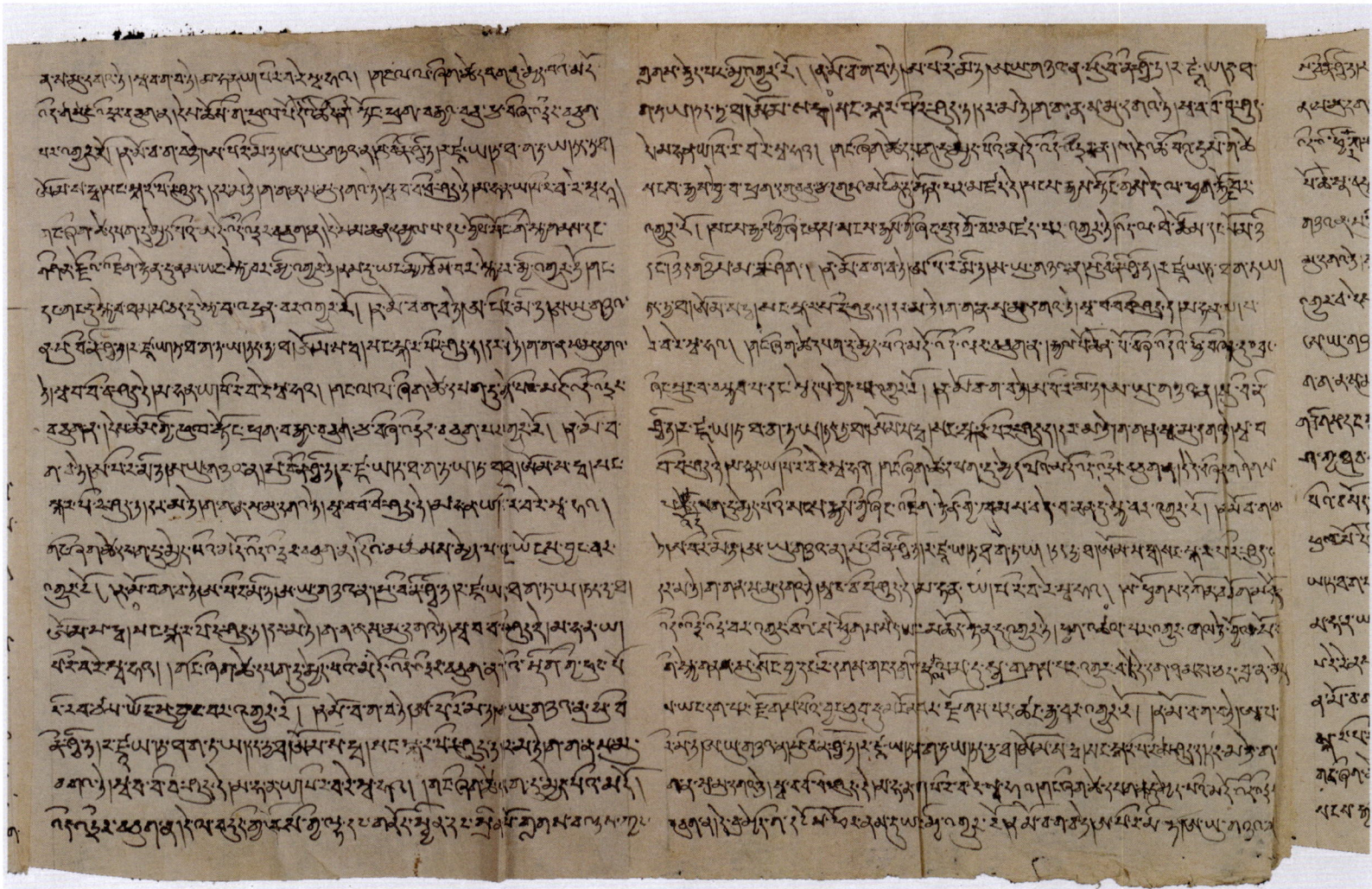

敦博 Db.t.0146 ཚེ་དཔག་དུ་མྱེད་པ་ཞེས་བྱ་བ་ཐེག་པ་ཆེན་པོའི་མདོ།།
大乘無量壽宗要經 （3—2）

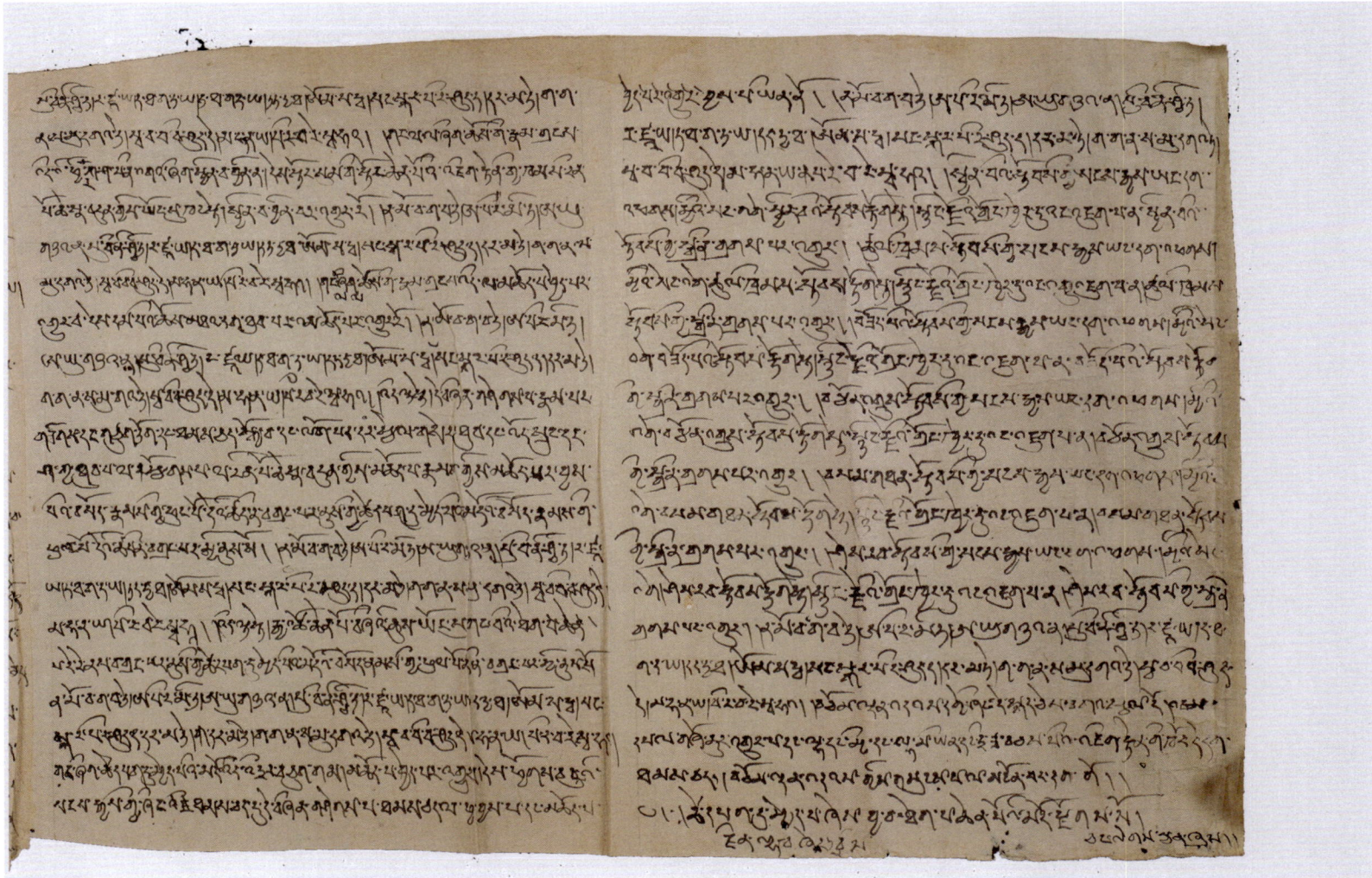

敦博 Db.t.0146 ཚེ་དཔག་དུ་མྱེད་པ་ཞེས་བྱ་བ་ཐེག་པ་ཆེན་པོའི་མདོ།།
大乘無量壽宗要經 （3—3）

敦博 Db.t.0147 ཚེ་དཔག་དུ་མྱེད་པ་ཞེས། བྱ་བ་ཐེག་པ་ཆེན་པོ་འི་མདོ།།
大乘無量壽宗要經 （3—1）

敦博 Db.t.0147 ཚེ་དཔག་དུ་མྱེད་པ་ཞེས། བྱ་བ་ཐེག་པ་ཆེན་པོ་འི་མདོ།།
大乘無量壽宗要經 （3—2）

敦博 Db.t.0147 ཚེ་དཔག་དུ་མྱེད་པ་ཞེས། བྱ་བ་ཐེག་པ་ཆེན་པོ་འི་མདོ༎
大乘無量壽宗要經 （3—3）

敦博 Db.t.0148 ཚེ་དཔག་དུ་མྱེད་པ་ཞེས་བྱ་བ་ཐེག་པ་ཆེན་པོ་འི་མདོ༎
大乘無量壽宗要經 （3—1）

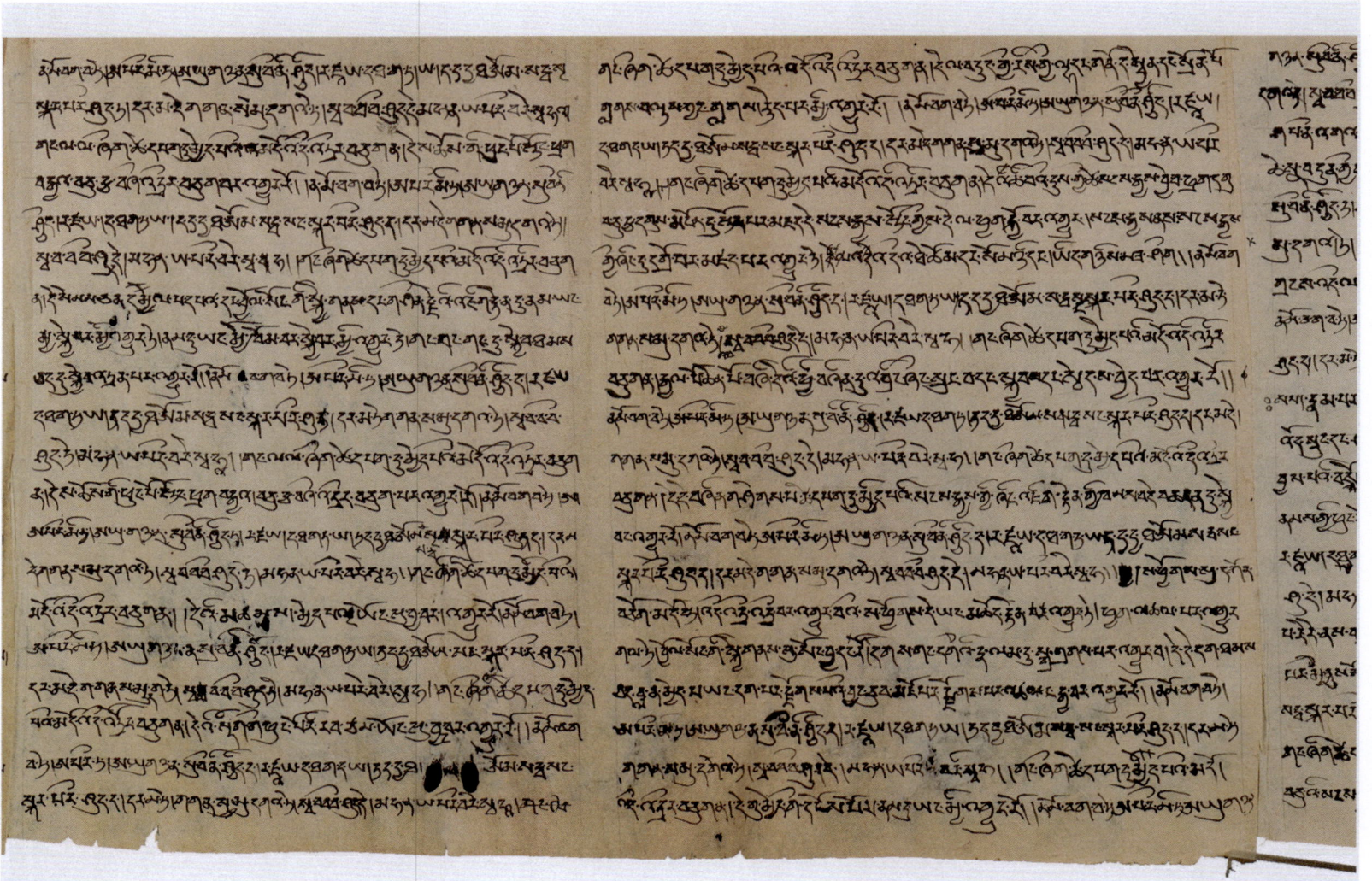

敦博 Db.t.0148 ཚེ་དཔག་དུ་མྱེད་པ་ཞེས་བྱ་བ་ཐེག་པ་ཆེན་པོ་འི་མདོ།།
大乘無量壽宗要經 （3—2）

敦博 Db.t.0148 ཚེ་དཔག་དུ་མྱེད་པ་ཞེས་བྱ་བ་ཐེག་པ་ཆེན་པོ་འི་མདོ།།
大乘無量壽宗要經 （3—3）

敦博 Db.t.0149 ཚེ་དཔག་དུ་མྱེད་པ་ཞེས་བྱ་བ་ཐེག་པ་ཆེན་པོའི་མདོ།།

大乘無量壽宗要經 （3—1）

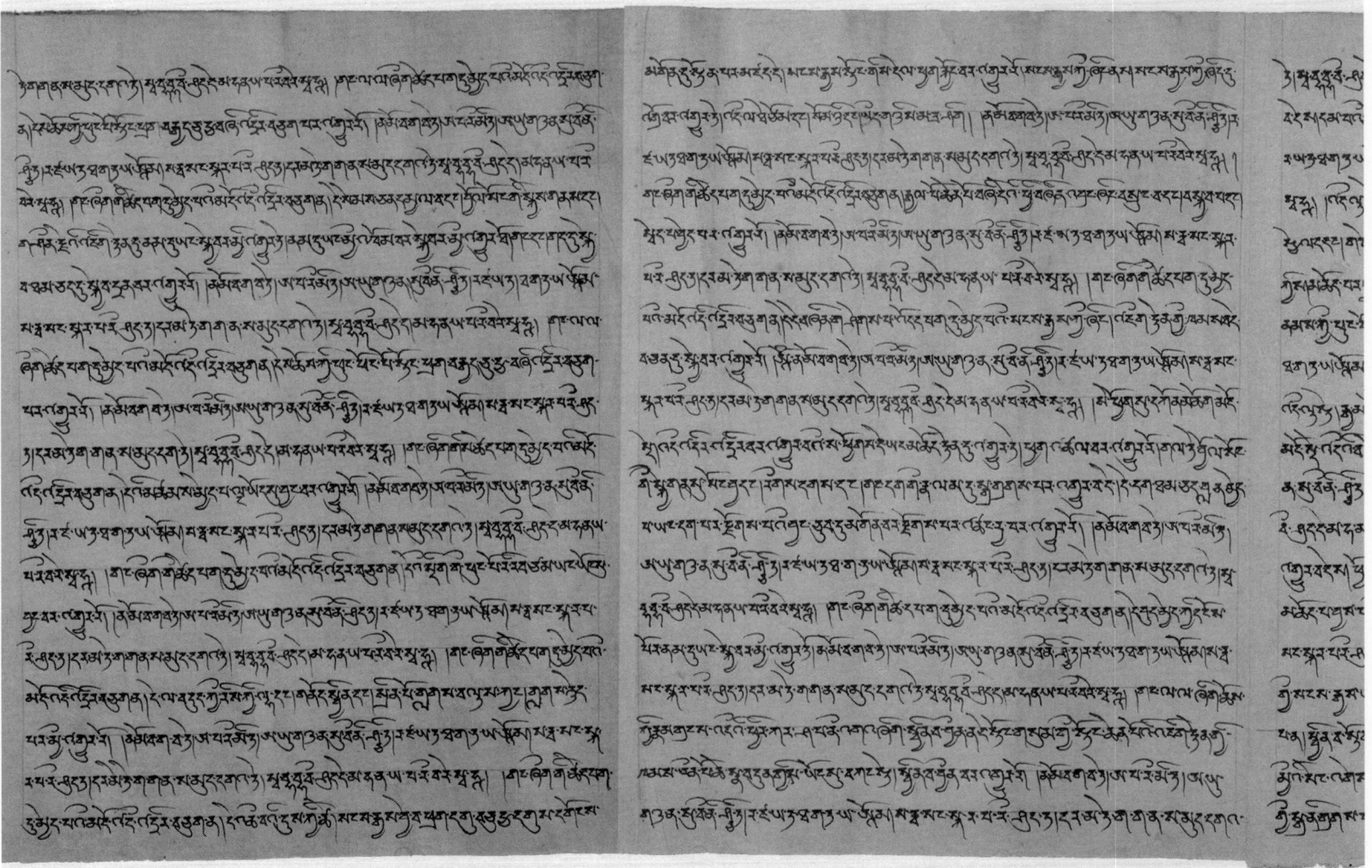

敦博 Db.t.0149 ཚེ་དཔག་དུ་མྱེད་པ་ཞེས་བྱ་བ་ཐེག་པ་ཆེན་པོའི་མདོ།།

大乘無量壽宗要經 （3—2）

敦博 Db.t.0149 ཚེ་དཔག་དུ་མྱེད་པ་ཞེས་བྱ་བ་ཐེག་པ་ཆེན་པོའི་མདོ།།
大乘無量壽宗要經 （3—3）

敦博 Db.t.0150 ཚེ་དཔག་དུ་མྱེད་པ་ཞེས་བྱ་བ་ཐེག་པ་ཆེན་པོའི་མདོ།།
大乘無量壽宗要經 （9—1）

敦博 Db.t.0150 ཚེ་དཔག་དུ་མྱེད་པ་ཞེས་བྱ་བ་ཐེག་པ་ཆེན་པོའི་མདོ།།

大乘無量壽宗要經 （9—2）

敦博 Db.t.0150 ཚེ་དཔག་དུ་མྱེད་པ་ཞེས་བྱ་བ་ཐེག་པ་ཆེན་པོའི་མདོ།།

大乘無量壽宗要經 （9—3）

敦博 Db.t.0150 ཚེ་དཔག་དུ་མྱེད་པ་ཞེས་བྱ་བ་ཐེག་པ་ཆེན་པོའི་མདོ།།

大乘無量壽宗要經 （9—4）

敦博 Db.t.0150 ཚེ་དཔག་དུ་མྱེད་པ་ཞེས་བྱ་བ་ཐེགས་པ་ཆེན་པོའི་མདོ།།

大乘無量壽宗要經 （9—5）

敦博 Db.t.0150 ཚེ་དཔག་དུ་མྱེད་པ་ཞེས་བྱ་བ་ཐེགས་པ་ཆེན་པོའི་མདོ།།
大乘無量壽宗要經 （9—6）

敦博 Db.t.0150 ཚེ་དཔག་དུ་མྱེད་པ་ཞེས་བྱ་བ་ཐེགས་པ་ཆེན་པོའི་མདོ།།
大乘無量壽宗要經 （9—7）

敦博 Db.t.0150 ཚེ་དཔག་དུ་མྱེད་པ་ཞེས་བྱ་བ་ཐེག་པ་ཆེན་པོའི་མདོ།།

大乘無量壽宗要經　（9—8）

敦博 Db.t.0150 ཚེ་དཔག་དུ་མྱེད་པ་ཞེས་བྱ་བ་ཐེག་པ་ཆེན་པོའི་མདོ།།

大乘無量壽宗要經　（9—9）

敦博 Db.t.0151 ཚེ་དཔག་དུ་མྱེད་པ་ཞེས་བྱ་བ་ཐེག་པ་ཆེན་པོའི་མདོ༎
大乘無量壽宗要經 （6—1）

敦博 Db.t.0151 ཚེ་དཔག་དུ་མྱེད་པ་ཞེས་བྱ་བ་ཐེག་པ་ཆེན་པོའི་མདོ༎
大乘無量壽宗要經 （6—2）

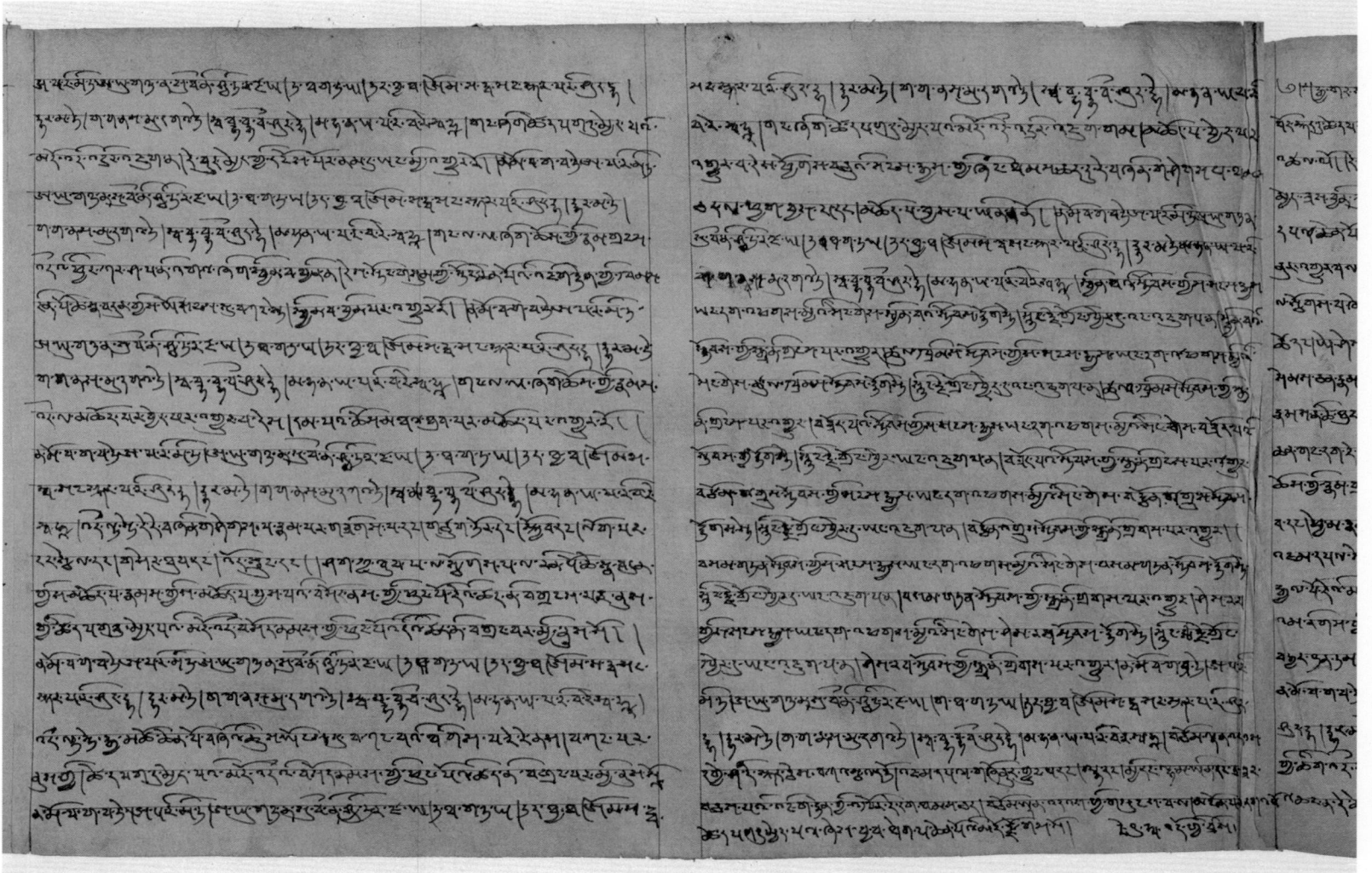

敦博 Db.t.0151 ཚེ་དཔག་དུ་མྱེད་པ་ཞེས་བྱ་བ་ཐེག་པ་ཆེན་པོའི་མདོ།།
大乘無量壽宗要經 （6—3）

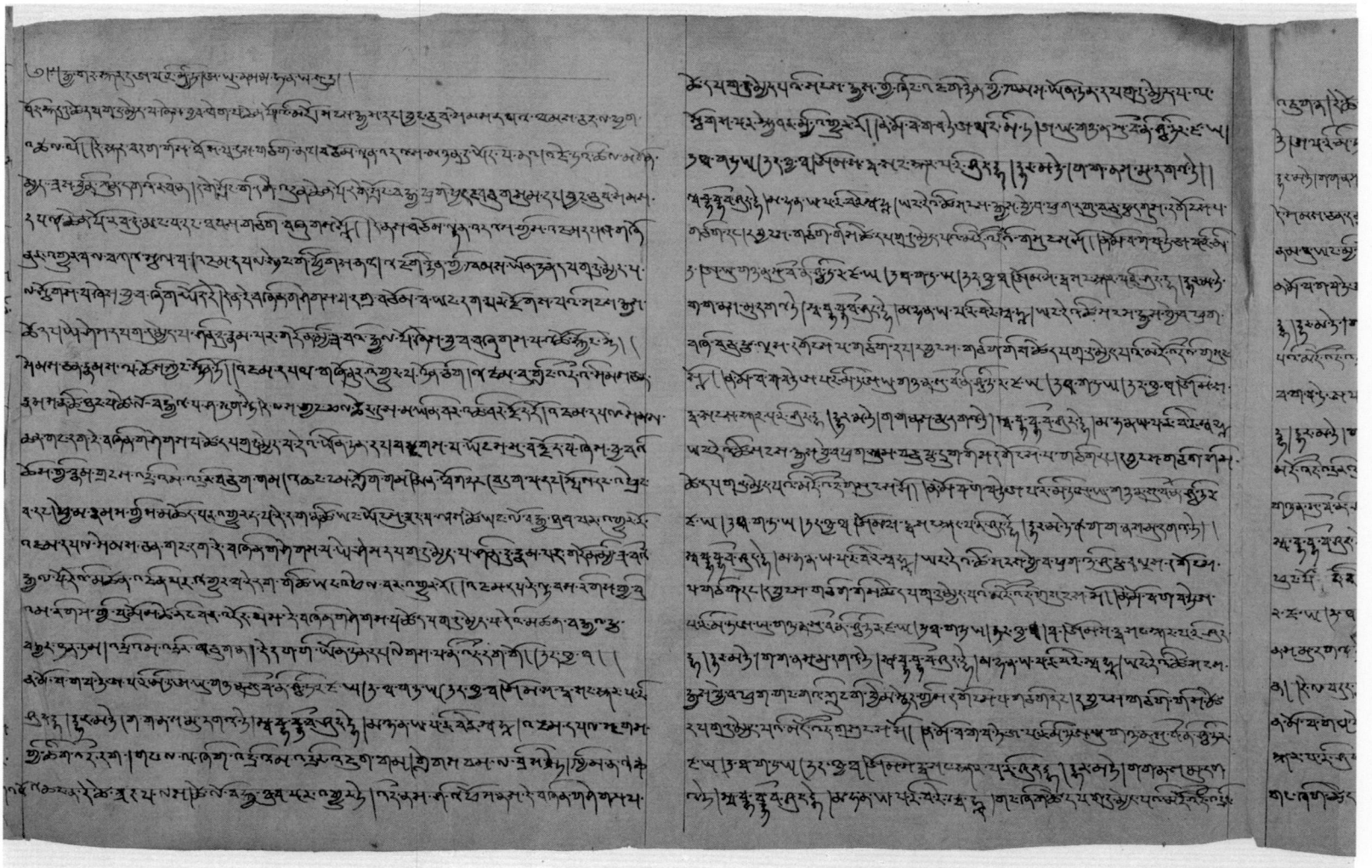

敦博 Db.t.0151 ཚེ་དཔག་དུ་མྱེད་པ་ཞེས་བྱ་བ་ཐེག་པ་ཆེན་པོའི་མདོ།།
大乘無量壽宗要經 （6—4）

敦博 Db.t.0151 ཚེ་དཔག་དུ་མྱེད་པ་ཞེས་བྱ་བ་ཐེག་པ་ཆེན་པོའི་མདོ།།
大乘無量壽宗要經 （6—5）

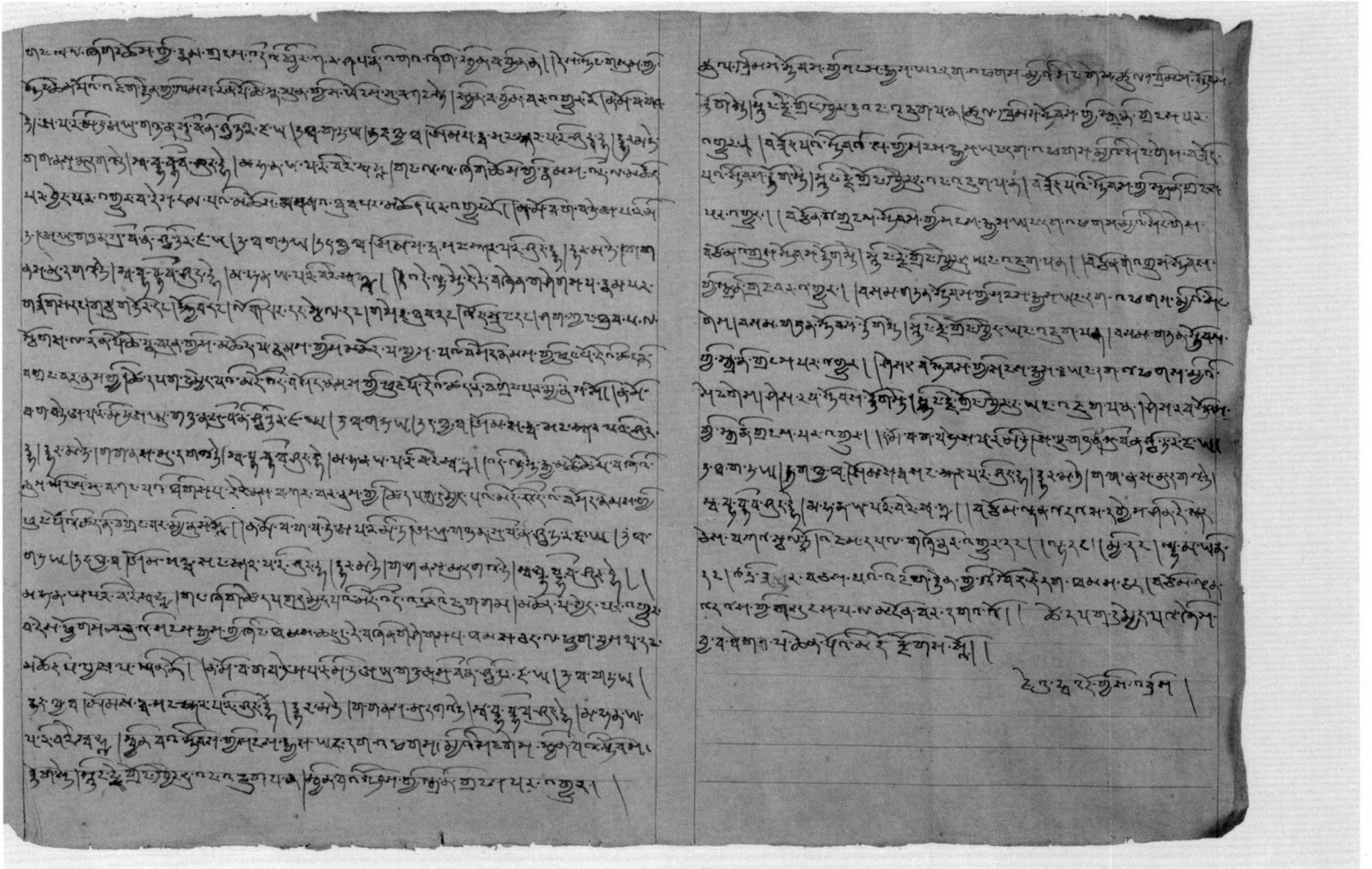

敦博 Db.t.0151 ཚེ་དཔག་དུ་མྱེད་པ་ཞེས་བྱ་བ་ཐེག་པ་ཆེན་པོའི་མདོ།།
大乘無量壽宗要經 （6—6）

敦博 Db.t.0152 ཚེ་དཔག་དུ་མྱེད་པ་ཞེས་བྱ་བ་ཐེག་པ་ཆེན་པོ་འི་མདོ།།
大乘無量壽宗要經 （3—1）

敦博 Db.t.0152 ཚེ་དཔག་དུ་མྱེད་པ་ཞེས་བྱ་བ་ཐེག་པ་ཆེན་པོ་འི་མདོ།།
大乘無量壽宗要經 （3—2）

敦博 Db.t.0152 ཚེ་དཔག་དུ་མྱེད་པ་ཞེས་བྱ་བ་ཐེག་པ་ཆེན་པོ་འི་མདོ།།
大乘無量壽宗要經 （3—3）

敦博 Db.t.0153 ཚེ་དཔག་དུ་མྱེད་པ་ཞེས་བྱ་བ་ཐེག་པ་ཆེན་པོ་འི་མདོ།།
大乘無量壽宗要經 （15—1）

敦博 Db.t.0153 ཚེ་དཔག་དུ་མྱེད་པ་ཞེས་བྱ་བ་ཐེག་པ་ཆེན་པོ་འི་མདོ།།

大乘無量壽宗要經 （15—2）

敦博 Db.t.0153 ཚེ་དཔག་དུ་མྱེད་པ་ཞེས་བྱ་བ་ཐེག་པ་ཆེན་པོ་འི་མདོ།།

大乘無量壽宗要經 （15—3）

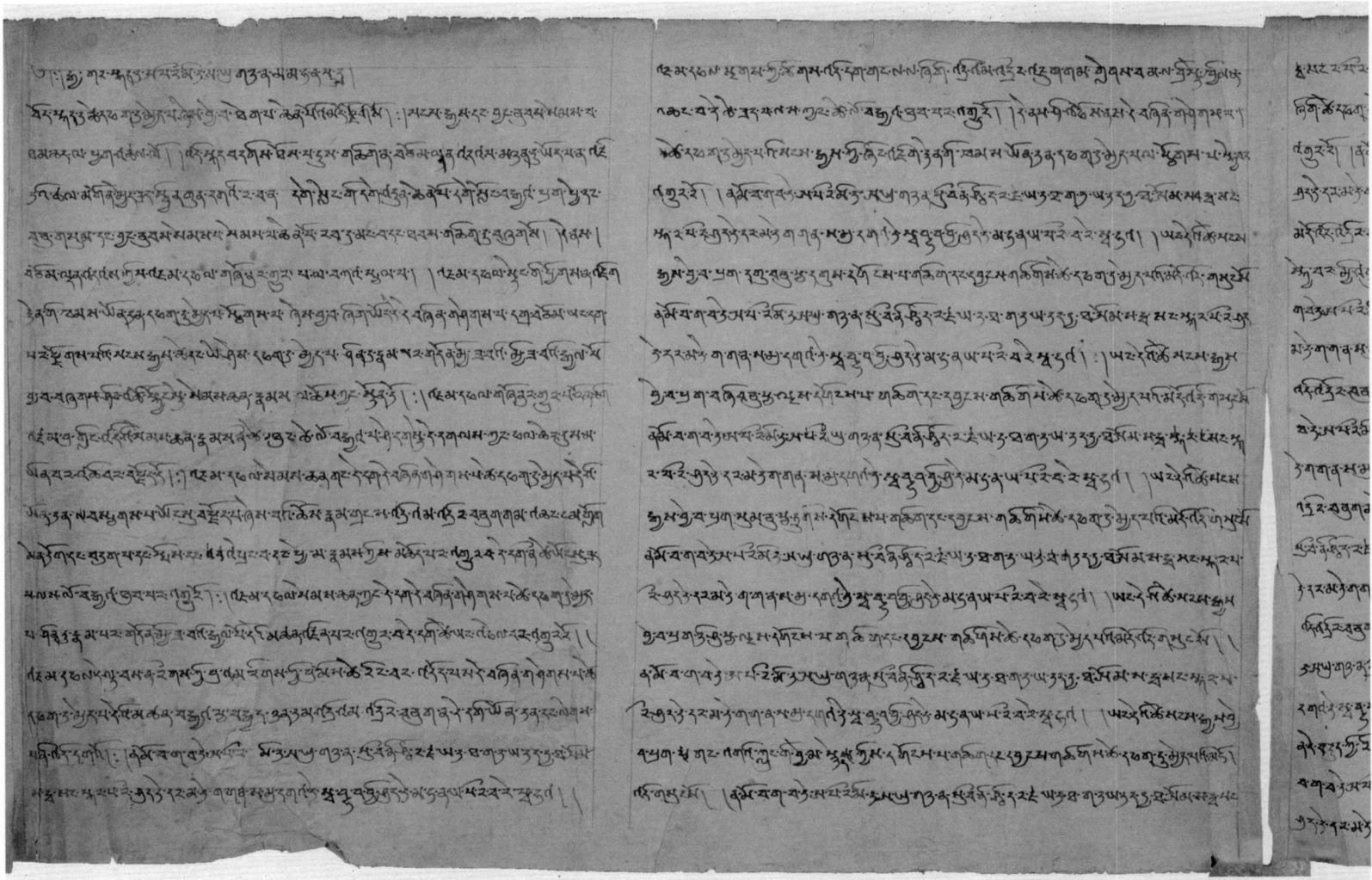

敦博 Db.t.0153 ཚེ་དཔག་དུ་མྱེད་པ་ཞེས་བྱ་བ་ཐེག་པ་ཆེན་པོའི་མདོ།།
大乘無量壽宗要經 （15—4）

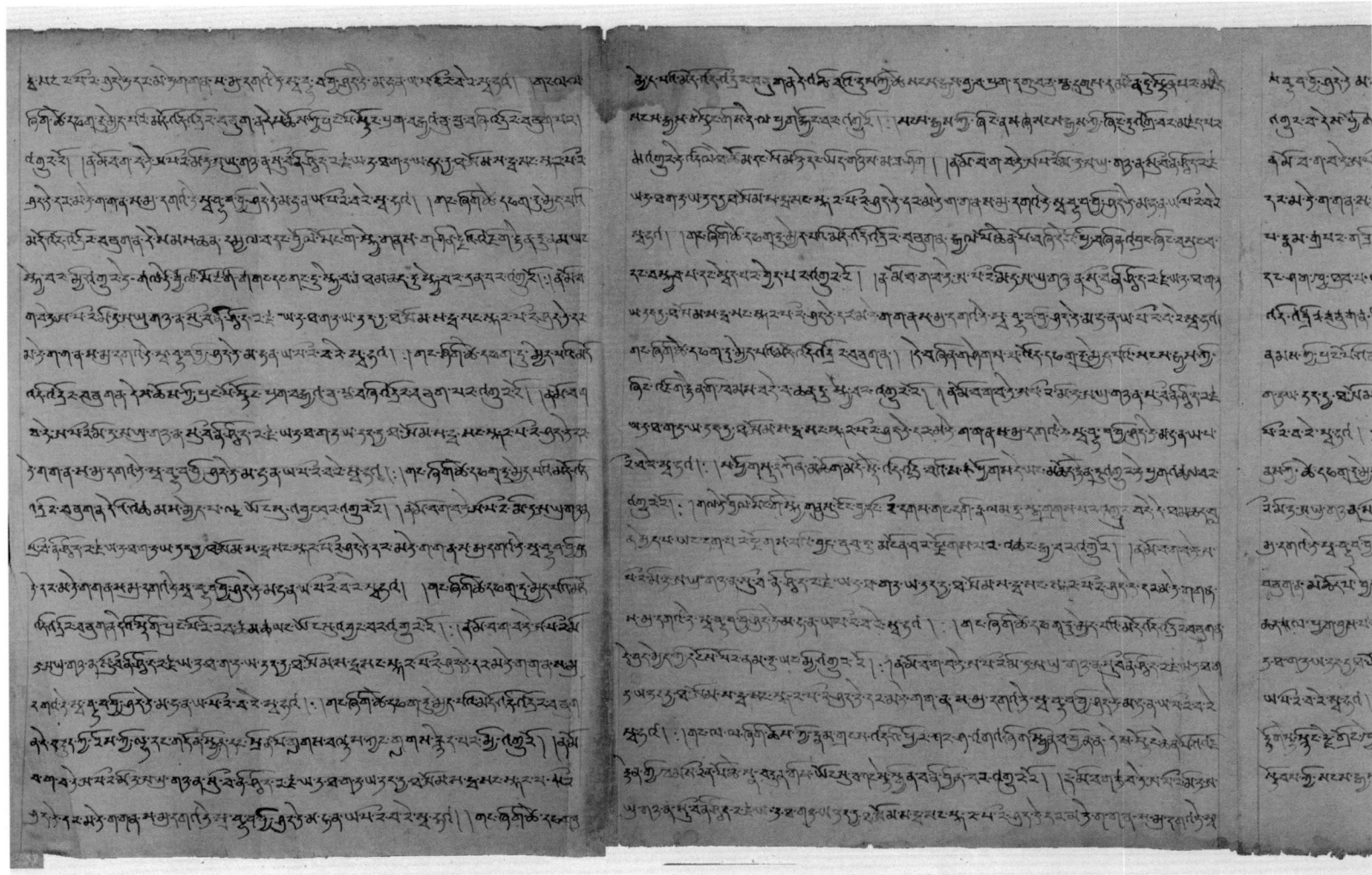

敦博 Db.t.0153 ཚེ་དཔག་དུ་མྱེད་པ་ཞེས་བྱེ་བ་ཐེག་པ་ཆེན་པོའི་མདོ།།
大乘無量壽宗要經 （15—5）

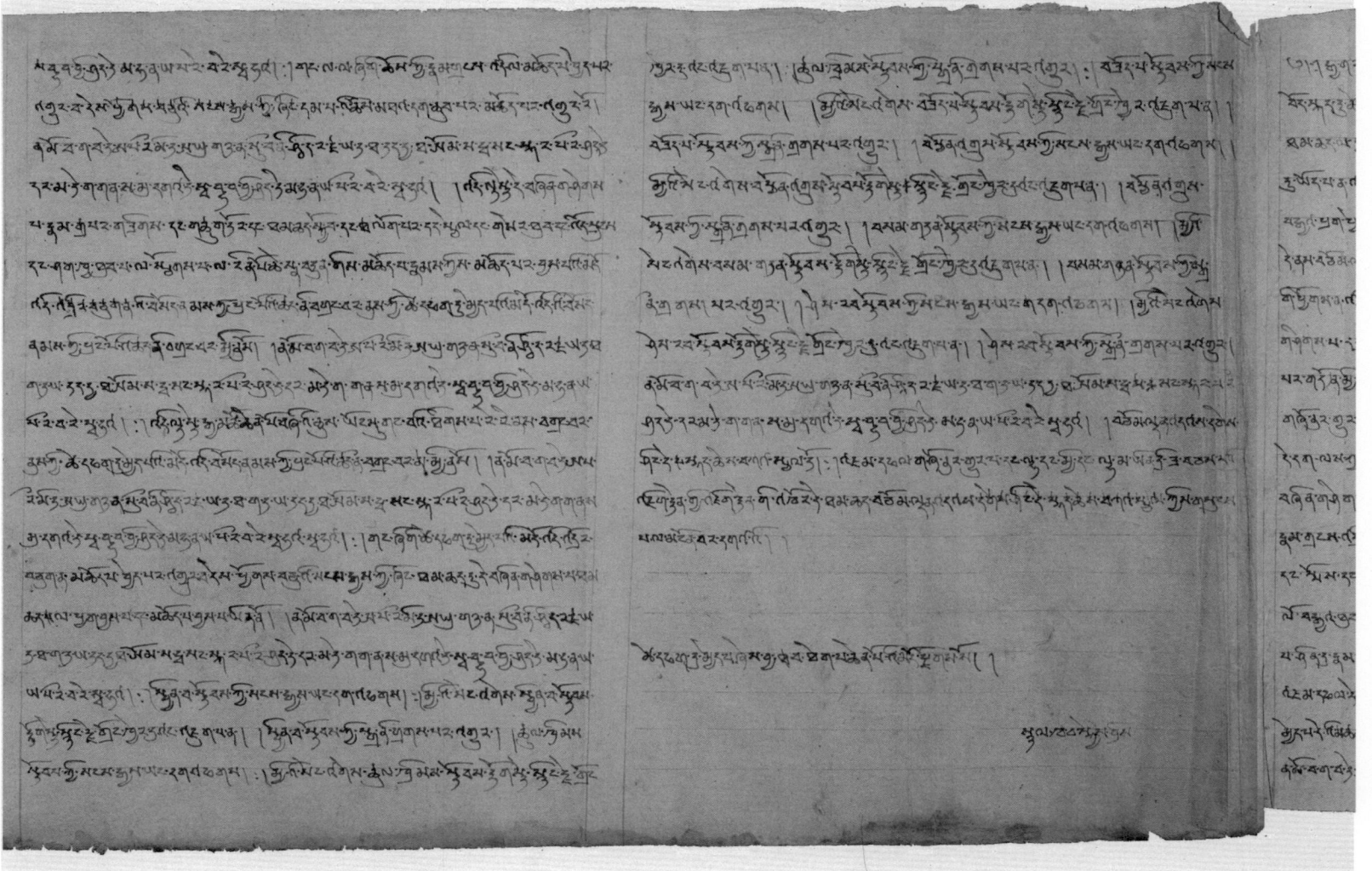

敦博 Db.t.0153 ཚེ་དཔག་དུ་མྱེད་པ་ཞེས་བྱེ་བ་ཐེག་པ་ཆེན་པོའི་མདོ།།

大乘無量壽宗要經 （15—6）

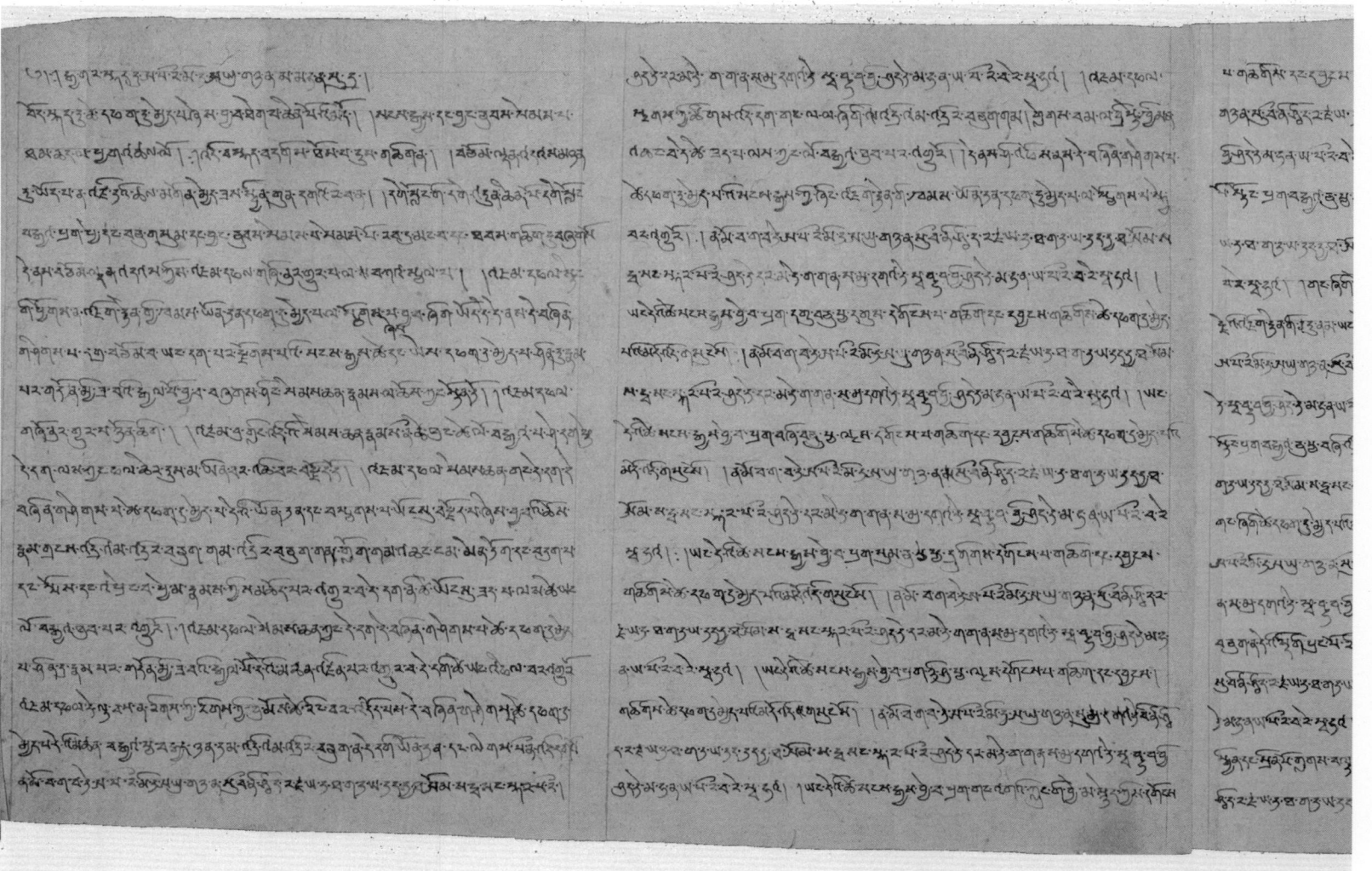

敦博 Db.t.0153 ཚེ་དཔག་དུ་མྱེད་པ་ཞེས་བྱེ་བ་ཐེག་པ་ཆེན་པོའི་མདོ།།

大乘無量壽宗要經 （15—7）

敦博 Db.t.0153 ཚེ་དཔག་དུ་མེད་པ་ཞེས་བྱ་བ་ཐེག་པ་ཆེན་པོའི་མདོ།།
大乘無量壽宗要經 （15—8）

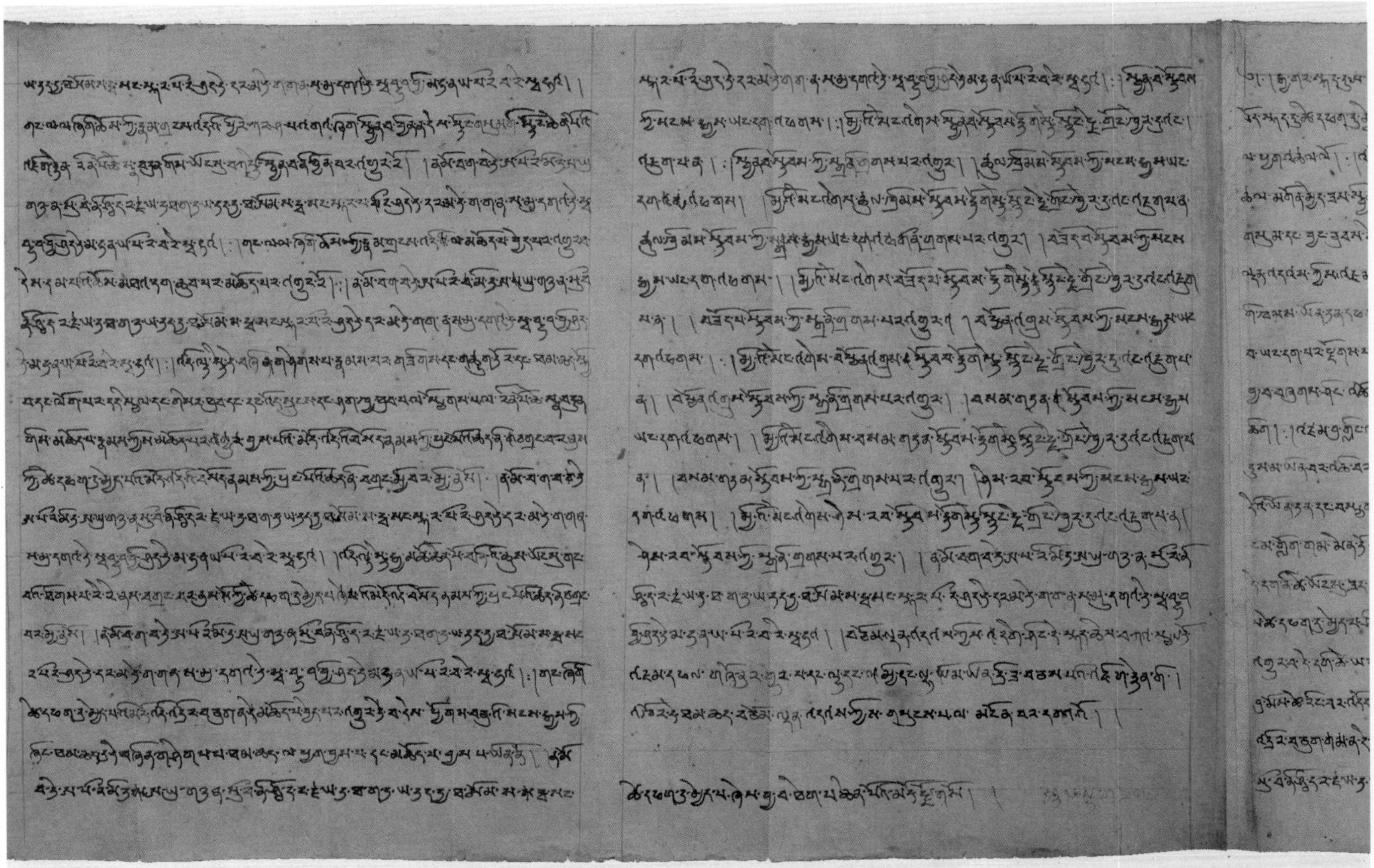

敦博 Db.t.0153 ཚེ་དཔག་དུ་མེད་པ་ཞེས་བྱ་བ་ཐེག་པ་ཆེན་པོའི་མདོ།།
大乘無量壽宗要經 （15—9）

敦博 Db.t.0153　ཚེ་དཔག་དུ་མྱེད་པ་ཞེས་བྱེ་བ་ཐེག་པ་ཆེན་པོ་འི་མདོ།།
大乘無量壽宗要經　（15—10）

敦博 Db.t.0153　ཚེ་དཔག་དུ་མྱེད་པ་ཞེས་བྱ་བ་ཐེག་པ་ཆེན་པོ་འི་མདོ༔།
大乘無量壽宗要經　（15—11）

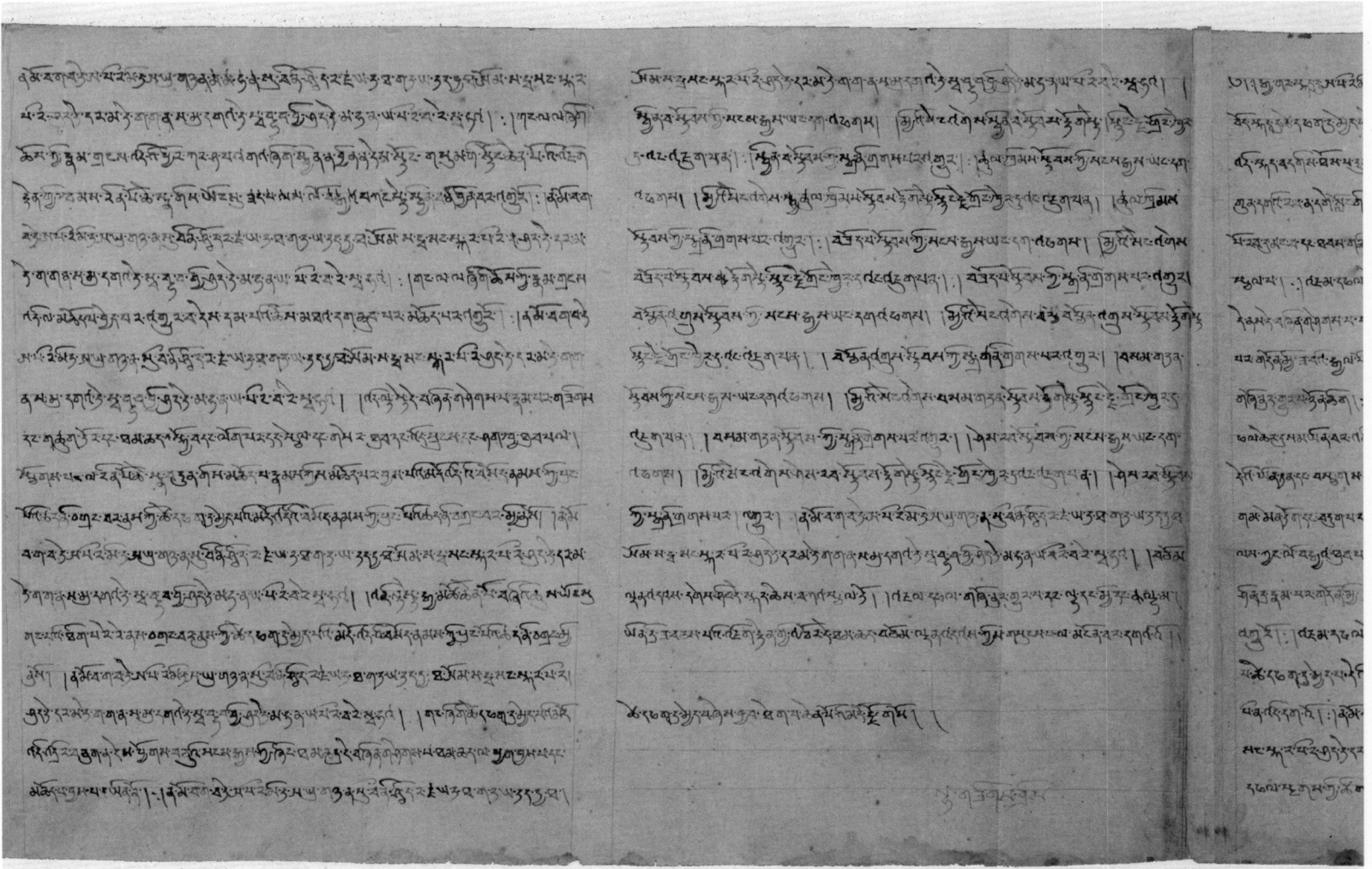

敦博 Db.t.0153 ཚེ་དཔག་དུ་མྱེད་པ་ཞེས་བྱ་བ་ཐེག་པ་ཆེན་པོ འི་མདོ༔།

大乘無量壽宗要經 （15—12）

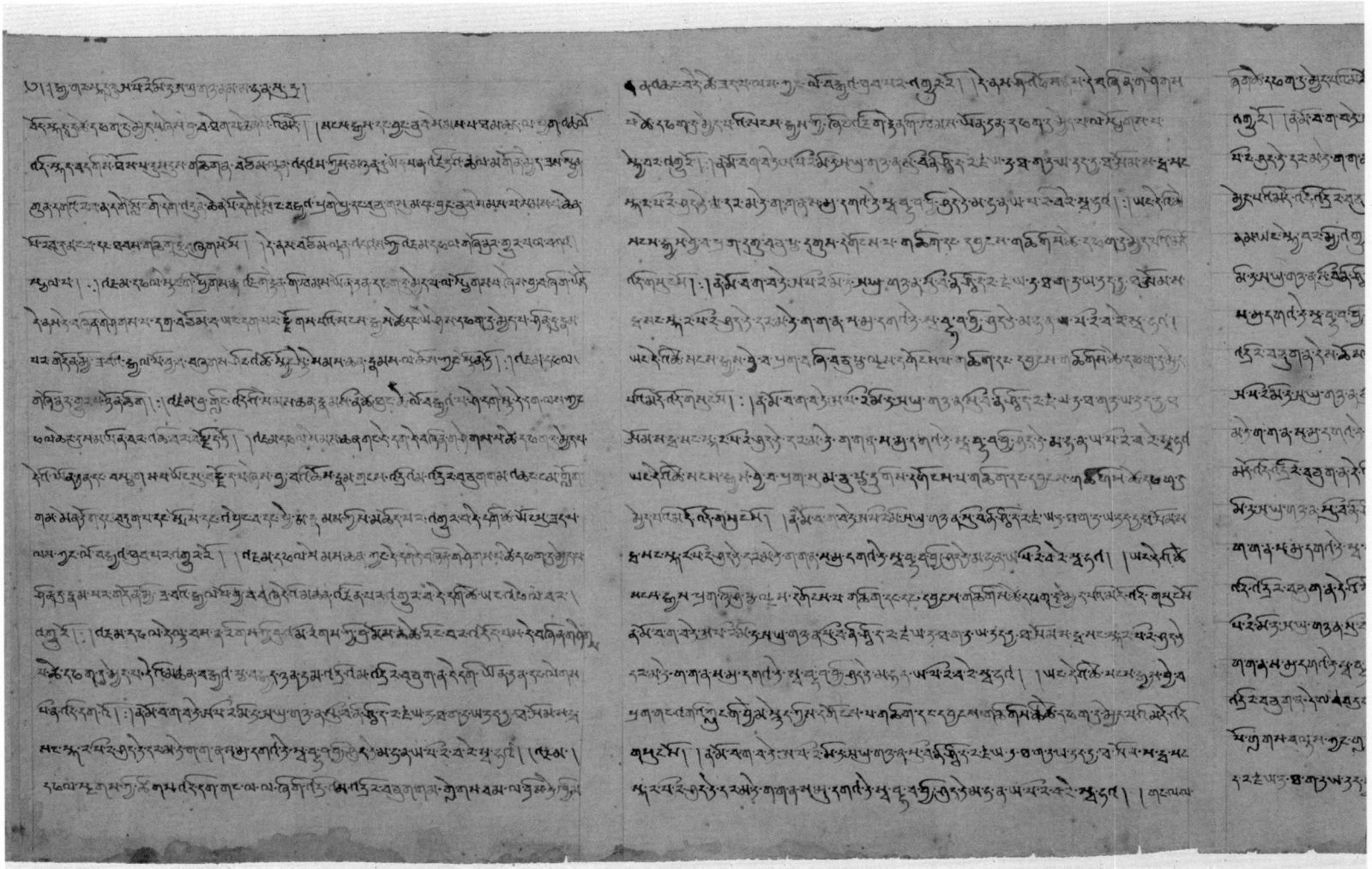

敦博 Db.t.0153 ཚེ་དཔག་དུ་མྱེད་པ་ཞེས་བྱ་བ་ཐེག་པ་ཆེན་པོ འི་མདོ༔།

大乘無量壽宗要經 （15—13）

敦博 Db.t.0153 ཚེ་དཔག་ཏུ་མྱེད་པ་ཞེས་བྱ་བ་ཐེག་པ་ཆེན་པོ་འི་མདོ༎
大乘無量壽宗要經 （15—14）

敦博 Db.t.0153 ཚེ་དཔག་ཏུ་མྱེད་པ་ཞེས་བྱ་བ་ཐེག་པ་ཆེན་པོ་འི་མདོ༎
大乘無量壽宗要經 （15—15）

敦博 Db.t.0154 ཚེ་དཔག་དུ་མྱེད་པ་ཞེས་བྱ་བ་ཐེག་པ་ཆེན་པོའི་མདོ༎
大乘無量壽宗要經 （15—1）

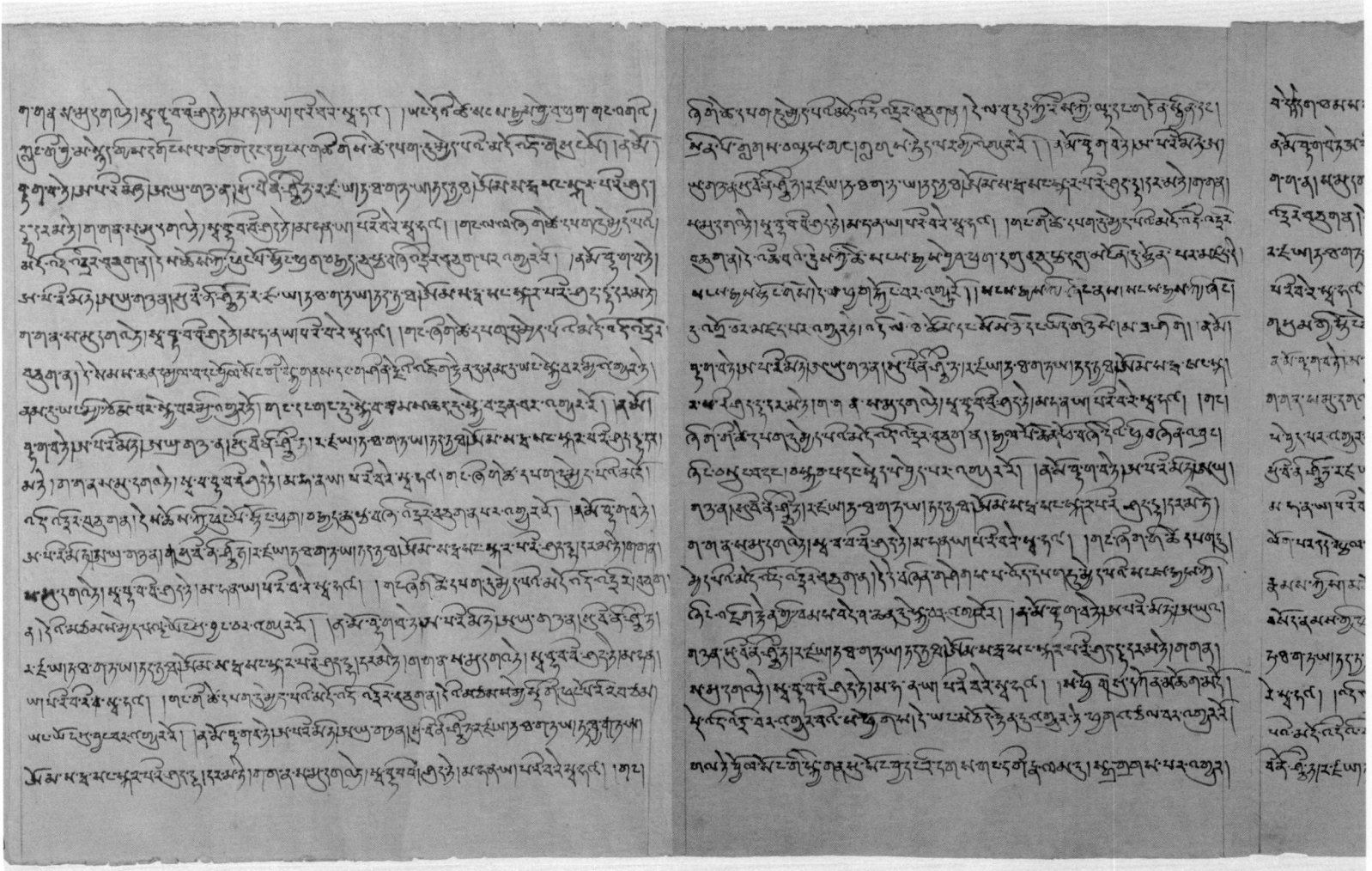

敦博 Db.t.0154 ཚེ་དཔག་དུ་མྱེད་པ་ཞེས་བྱ་བ་ཐེག་པ་ཆེན་པོའི་མདོ༎
大乘無量壽宗要經 （15—2）

敦博 Db.t.0154　ཚེ་དཔག་དུ་མྱེད་པ་ཞེས་བྱ་བ་ཐེག་པ་ཆེན་པོའི་མདོ༎

大乘無量壽宗要經　（15—3）

敦博 Db.t.0154　ཚེ་དཔག་དུ་མྱེད་པ་ཞེས་བྱ་བ་ཐེག་པ་ཆེན་པོའི་མདོ༎

大乘無量壽宗要經　（15—4）

敦博 Db.t.0154 ཚེ་དཔག་དུ་མྱེད་པ་ཞེས་བྱ་བ་ཐེག་པ་ཆེན་པོའི་མདོ།།

大乘無量壽宗要經 （15—5）

敦博 Db.t.0154 ཚེ་དཔག་དུ་མྱེད་པ་ཞེས་བྱ་བ་ཐེག་པ་ཆེན་པོའི་མདོ།།

大乘無量壽宗要經 （15—6）

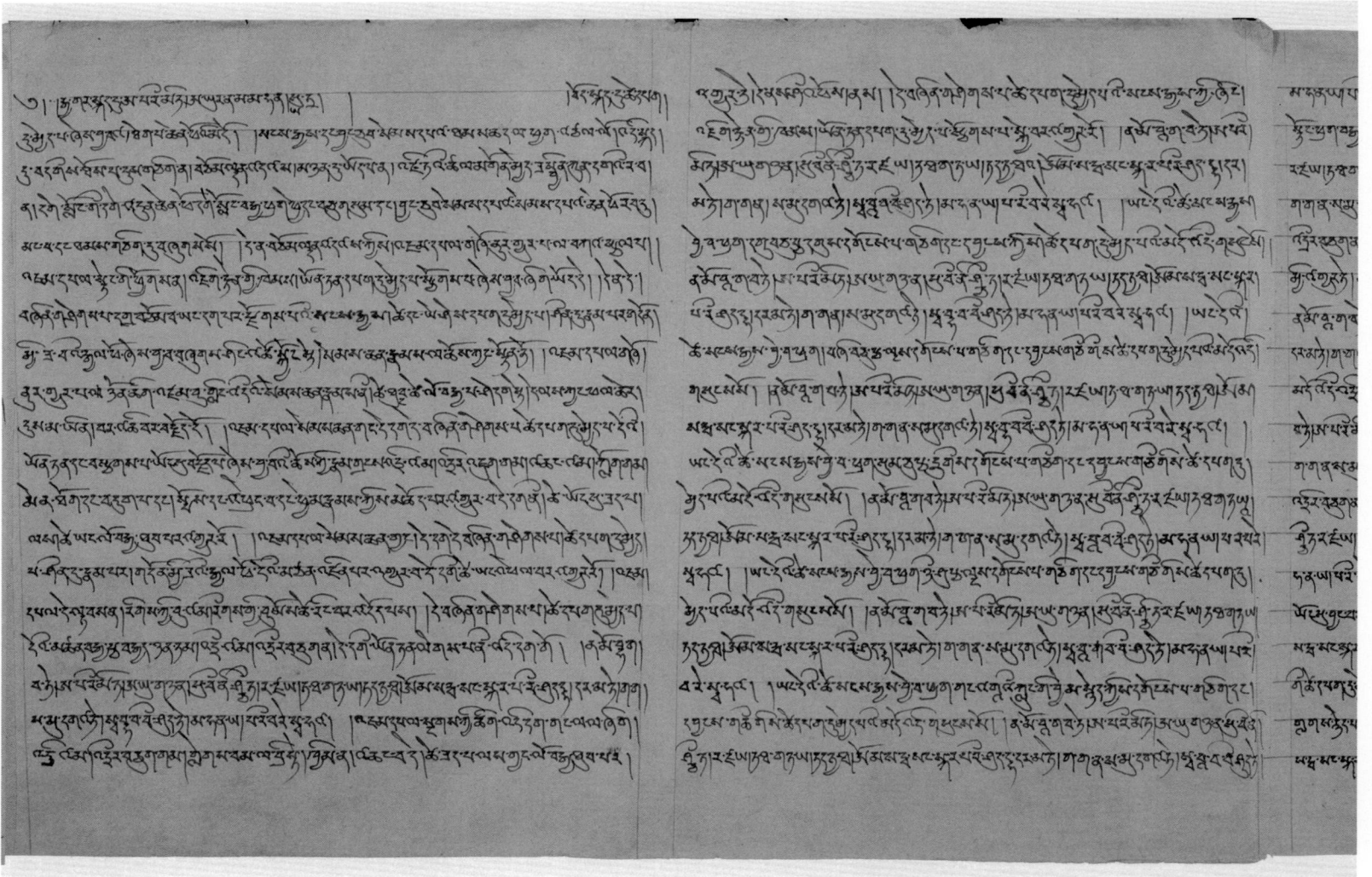

敦博 Db.t.0154 ཚེ་དཔག་དུ་མྱེད་པ་ཞེས་བྱ་བ་ཐེག་པ་ཆེན་པོའི་མདོ།།

大乘無量壽宗要經　（15—7）

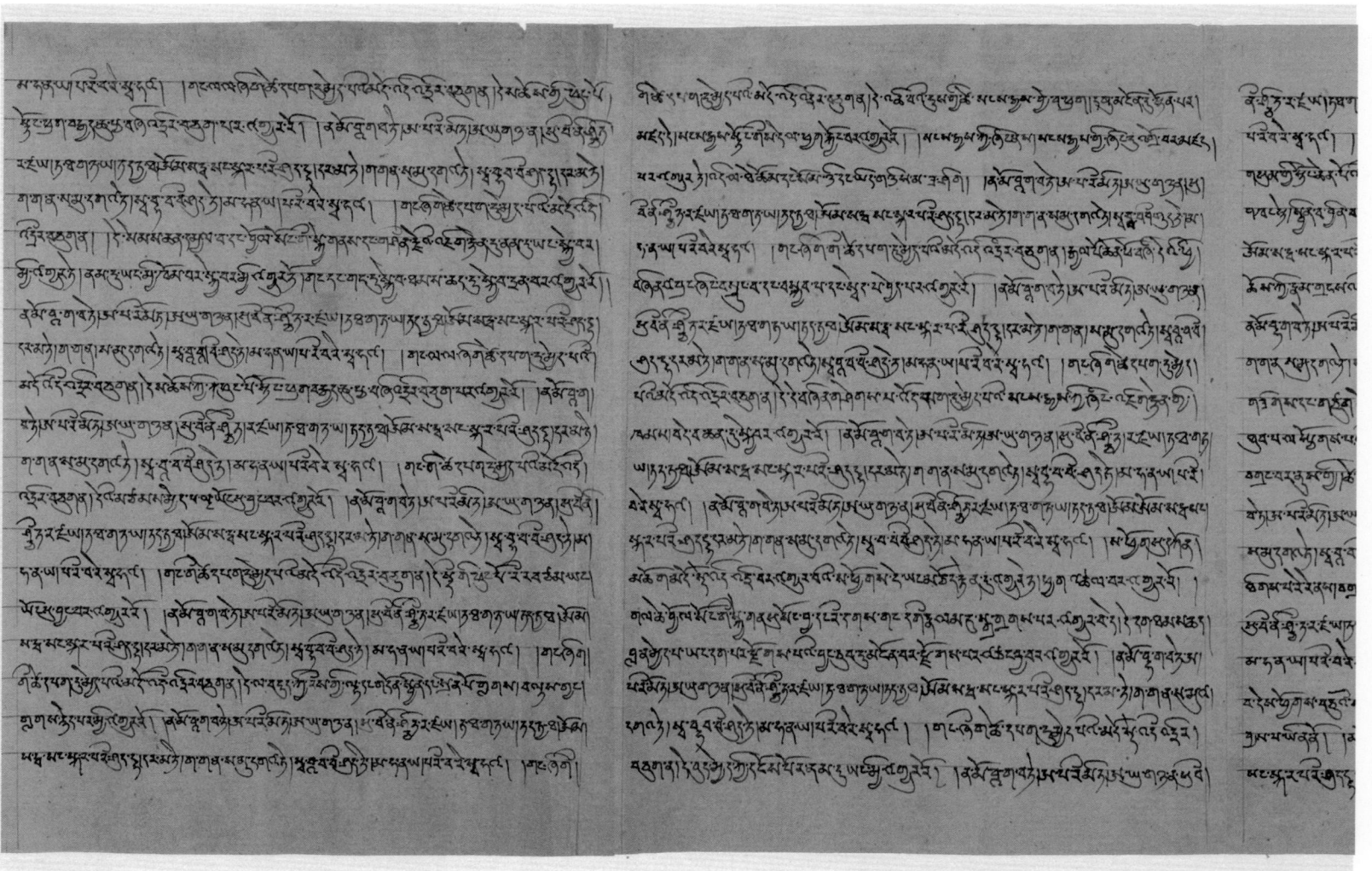

敦博 Db.t.0154 ཚེ་དཔག་དུ་མྱེད་པ་ཞེས་བྱ་བའི་ཐེག་པ་ཆེན་པོའི་མདོ།།

大乘無量壽宗要經　（15—8）

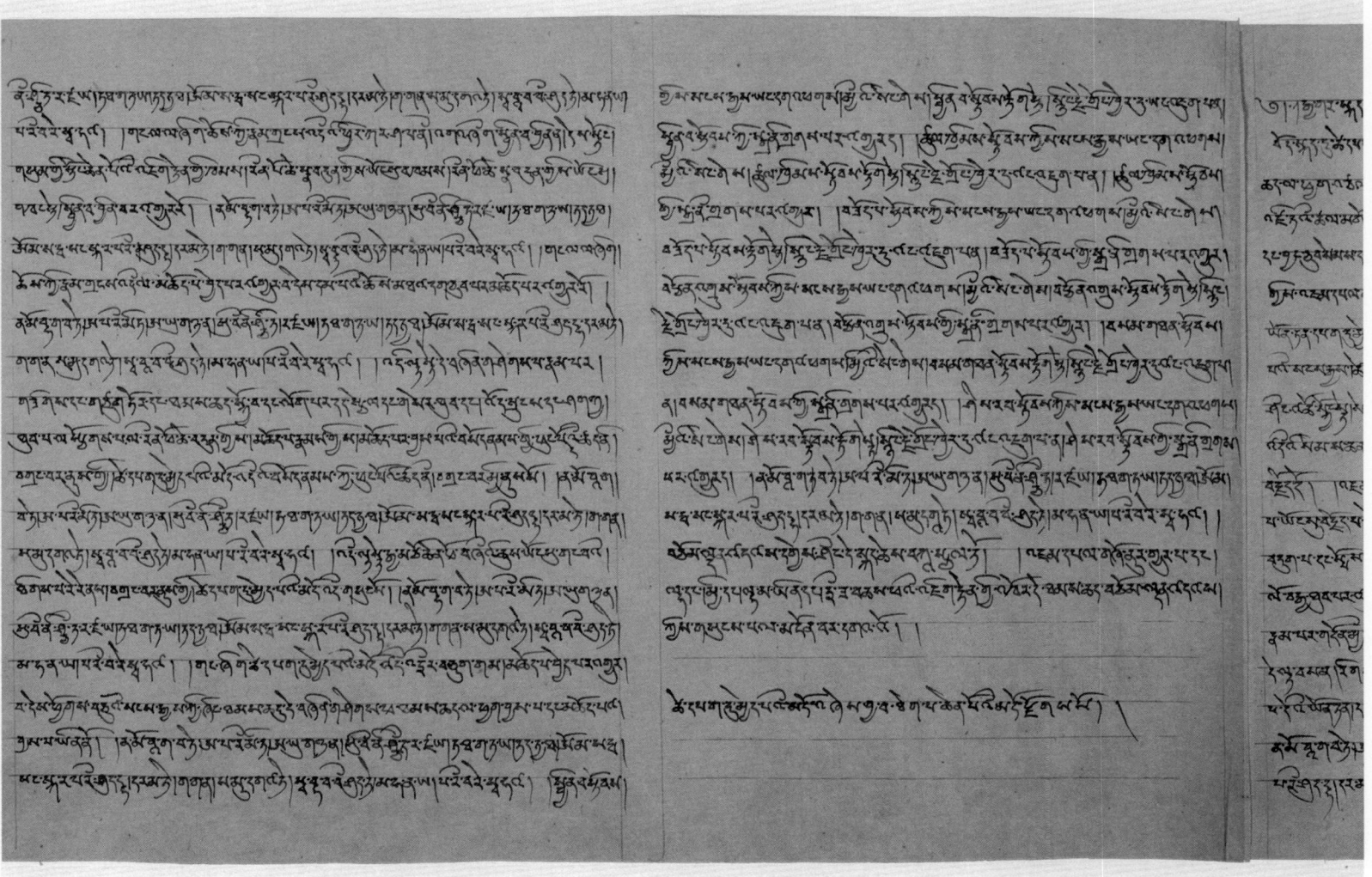

敦博 Db.t.0154 ཚེ་དཔག་དུ་མྱེད་པ་ཞེས་བྱ་བའི་ཐེག་པ་ཆེན་པོའི་མདོ།།
大乘無量壽宗要經 （15—9）

敦博 Db.t.0154 ཚེ་དཔག་དུ་མྱེད་པ་ཞེས་བྱ་བའི་ཐེག་པ་ཆེན་པོའི་མདོ།།
大乘無量壽宗要經 （15—10）

敦博 Db.t.0154 ཚེ་དཔག་ཏུ་མྱེད་པ་ཞེས་བྱ་བ་ཐེག་པ་ཆེན་པོའི་མདོ།།
大乘無量壽宗要經 （15—11）

敦博 Db.t.0154 ཚེ་དཔག་ཏུ་མྱེད་པ་ཞེས་བྱ་བ་ཐེག་པ་ཆེན་པོའི་མདོ།།
大乘無量壽宗要經 （15—12）

敦博 Db.t.0154 ཚེ་དཔག་དུ་མྱེད་པ་ཞེས་བྱ་བ་ཐེག་པ་ཆེན་པོའི་མདོ།།

大乘無量壽宗要經 （15—13）

敦博 Db.t.0154 ཚེ་དཔག་དུ་མྱེད་པ་ཞེས་བྱ་བ་ཐེག་པ་ཆེན་པོའི་མདོ།།

大乘無量壽宗要經 （15—14）

敦博 Db.t.0154 ཚེ་དཔག་དུ་མྱེད་པ་ཞེས་བྱེ་བ་ཐེག་པ་ཆེན་པོའི་མདོ།།
大乘無量壽宗要經 （15—15）

敦博 Db.t.0155 ཚེ་དཔག་དུ་མྱེད་པ་ཞེས་བྱ་བ་ཐེག་པ་ཆེན་པོའི་མདོ།།
大乘無量壽宗要經 （3—1）

敦博 Db.t.0155 ཚེ་དཔག་དུ་མྱེད་པ་ཞེས་བྱ་བ་ཐེག་པ་ཆེན་པོའི་མདོ།།

大乘無量壽宗要經 （3—2）

敦博 Db.t.0155 ཚེ་དཔག་དུ་མྱེད་པ་ཞེས་བྱ་བ་ཐེག་པ་ཆེན་པོའི་མདོ།།

大乘無量壽宗要經 （3—3）

敦博 Db.t.0156 ཚེ་དཔག་དུ་མྱེད་པ་ཞེས་བྱ་བ་ཐེག་པ་ཆེན་པོའི་མདོ།།
大乘無量壽宗要經 （3—1）

敦博 Db.t.0156 ཚེ་དཔག་དུ་མྱེད་པ་ཞེས་བྱ་བ་ཐེག་པ་ཆེན་པོའི་མདོ།།
大乘無量壽宗要經 （3—2）

敦博 Db.t.0156 ཚེ་དཔག་དུ་མྱེད་པ་ཞེས་བྱ་བ་ཐེག་པ་ཆེན་པོའི་མདོ།།
大乘無量壽宗要經 （3—3）

敦博 Db.t.0157 ཚེ་དཔག་དུ་མྱེད་པ་ཞེས་བྱ་བ་ཐེག་པ་ཆེན་པོའི་མདོ།།
大乘無量壽宗要經 （8—1）

敦博 Db.t.0157 ཚེ་དཔག་དུ་མྱེད་པ་ཞེས་བྱ་བ་ཐེག་པ་ཆེན་པོའི་མདོ།།
大乘無量壽宗要經 （8—2）

敦博 Db.t.0157 ཚེ་དཔག་དུ་མྱེད་པ་ཞེས་བྱ་བ་ཐེག་པ་ཆེན་པོའི་མདོ།།
大乘無量壽宗要經 （8—3）

敦博 Db.t.0157 ཚེ་དཔག་དུ་མྱེད་པ་ཞེས་བྱ་བ་ཐེག་པ་ཆེན་པོའི་མདོ།།
大乘無量壽宗要經 （8—4）

敦博 Db.t.0157 ཚེ་དཔག་དུ་མྱེད་པ་ཞེས་བྱ་བ་ཐེག་པ་ཆེན་པོའི་མདོ།།
大乘無量壽宗要經 （8—5）

敦博 Db.t.0157 ཚེ་དཔག་དུ་མྱེད་པ་ཞེས་བྱ་བ་ཐེག་པ་ཆེན་པོའི་མདོ།།
大乘無量壽宗要經 （8—6）

敦博 Db.t.0157 ཚེ་དཔག་དུ་མྱེད་པ་ཞེས་བྱ་བ་ཐེག་པ་ཆེན་པོའི་མདོ།།
大乘無量壽宗要經 （8—7）

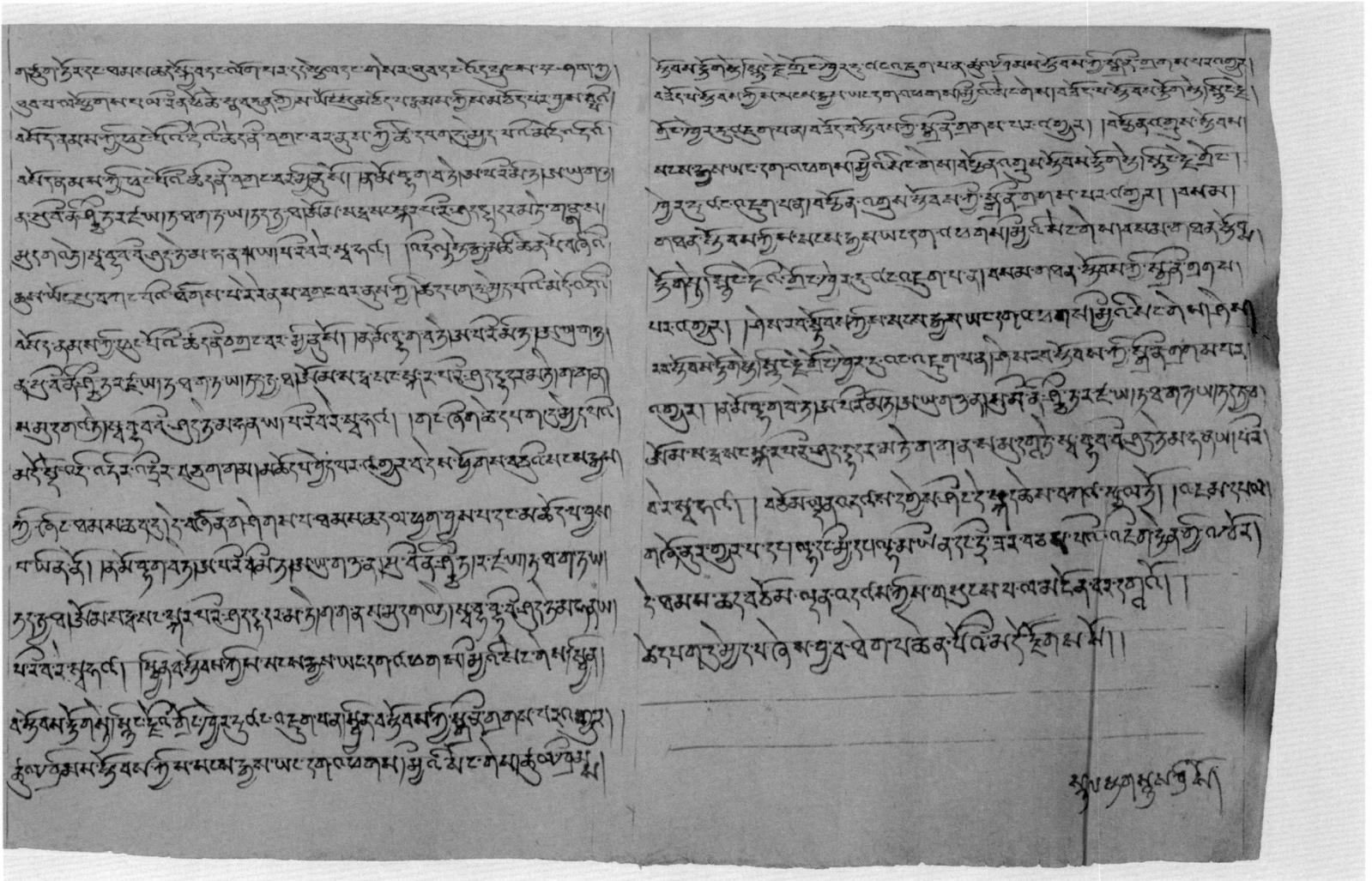

敦博 Db.t.0157 ཚེ་དཔག་དུ་མྱེད་པ་ཞེས་བྱ་བ་ཐེག་པ་ཆེན་པོའི་མདོ།།
大乘無量壽宗要經 （8—8）

敦博 Db.t.0158 ཚེ་དཔག་དུ་མྱེད་པ་ཞེས་བྱ་བ་ཐེག་པ་ཆེན་པོའི་མདོ།།
大乘無量壽宗要經 （6—1）

敦博 Db.t.0158 ཚེ་དཔག་དུ་མྱེད་པ་ཞེས་བྱ་བ་ཐེག་པ་ཆེན་པོའི་མདོ།།
大乘無量壽宗要經 （6—2）

敦博 Db.t.0158 ཚེ་དཔག་དུ་མྱེད་པ་ཞེས་བྱ་བ་ཐེག་པ་ཆེན་པོའི་མདོ།།
大乘無量壽宗要經 （6—3）

敦博 Db.t.0158 ཚེ་དཔག་དུ་མྱེད་པ་ཞེས་བྱ་བ་ཐེག་པ་ཆེན་པོའི་མདོ།།
大乘無量壽宗要經 （6—4）

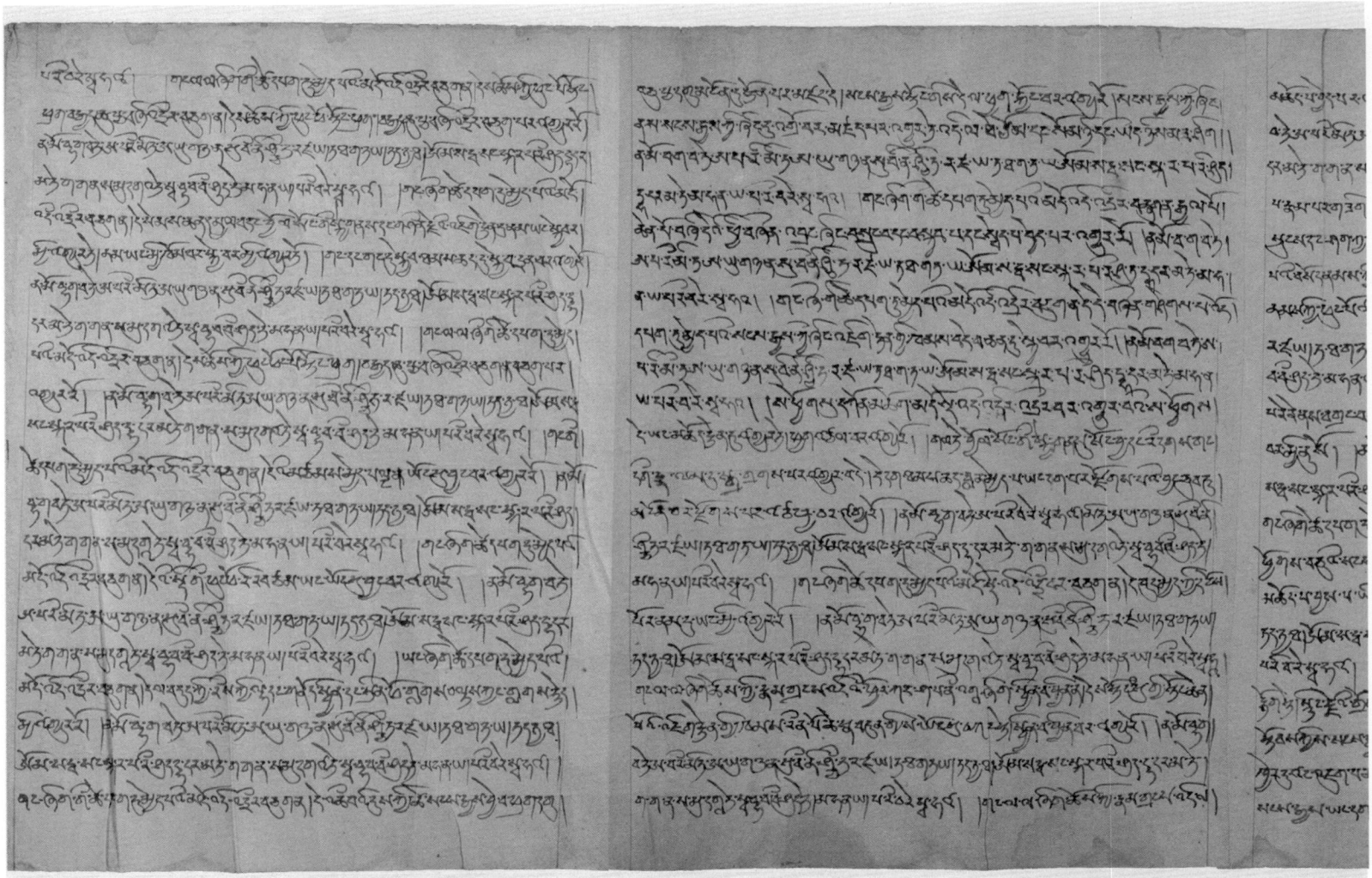

敦博 Db.t.0158 ཚེ་དཔག་དུ་མྱེད་པ་ཞེས་བྱ་བ་ཐེག་པ་ཆེན་པོའི་མདོ།།
大乘無量壽宗要經 （6—5）

敦博 Db.t.0158 ཚེ་དཔག་དུ་མྱེད་པ་ཞེས་བྱ་བ་ཐེག་པ་ཆེན་པོའི་མདོ།།
大乘無量壽宗要經 （6—6）

敦博 Db.t.0159 ཚེ་དཔག་དུ་མྱེད་པ་ཞེས་བྱ་བ་ཐེག་པ་ཆེན་པོའི་མདོ།།
大乘無量壽宗要經 （6—1）

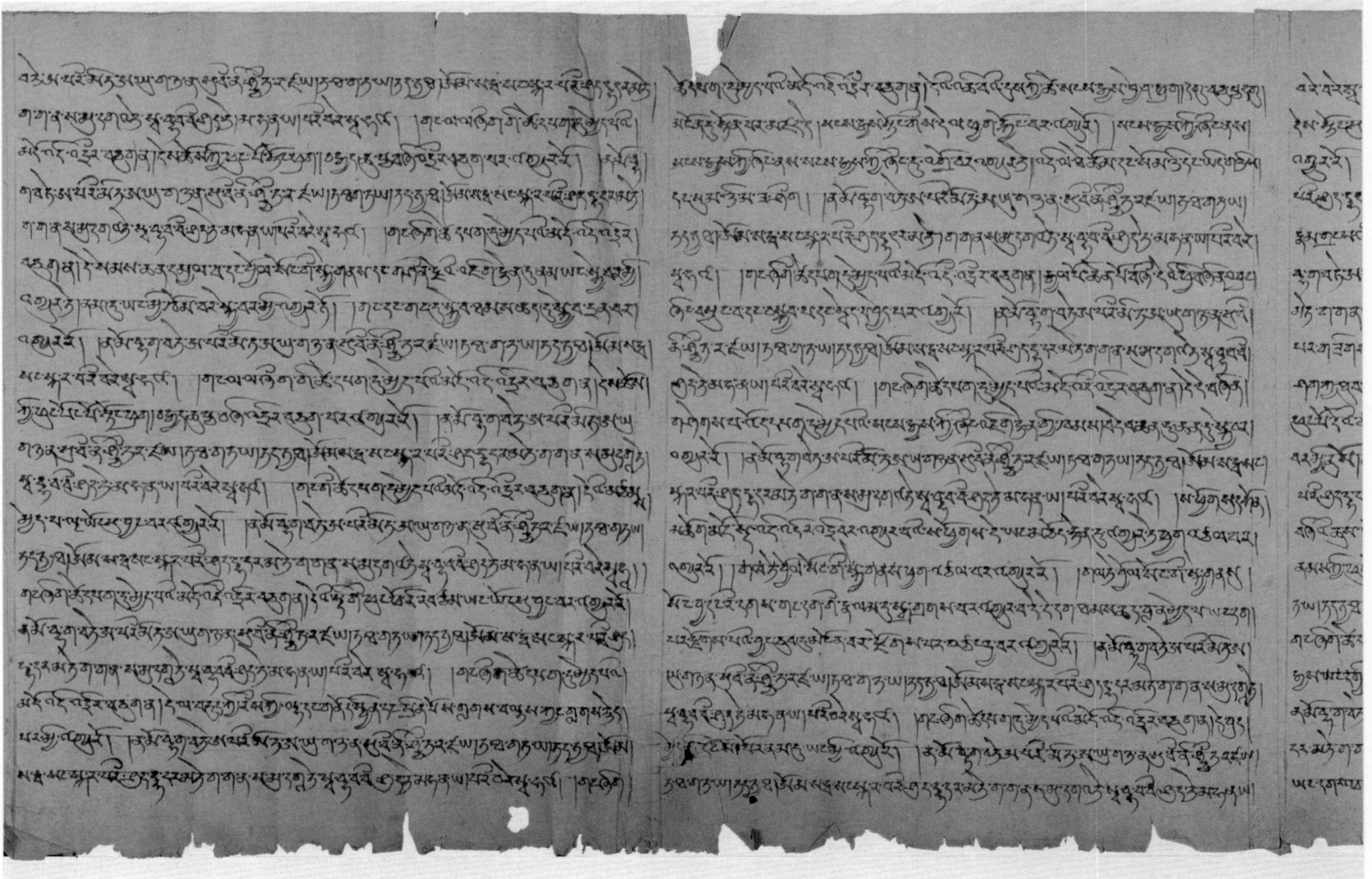

敦博 Db.t.0159 ཚེ་དཔག་ཏུ་མྱེད་པ་ཞེས་བྱ་བ་ཐེག་པ་ཆེན་པོའི་མདོ།།
大乘無量壽宗要經 （6—2）

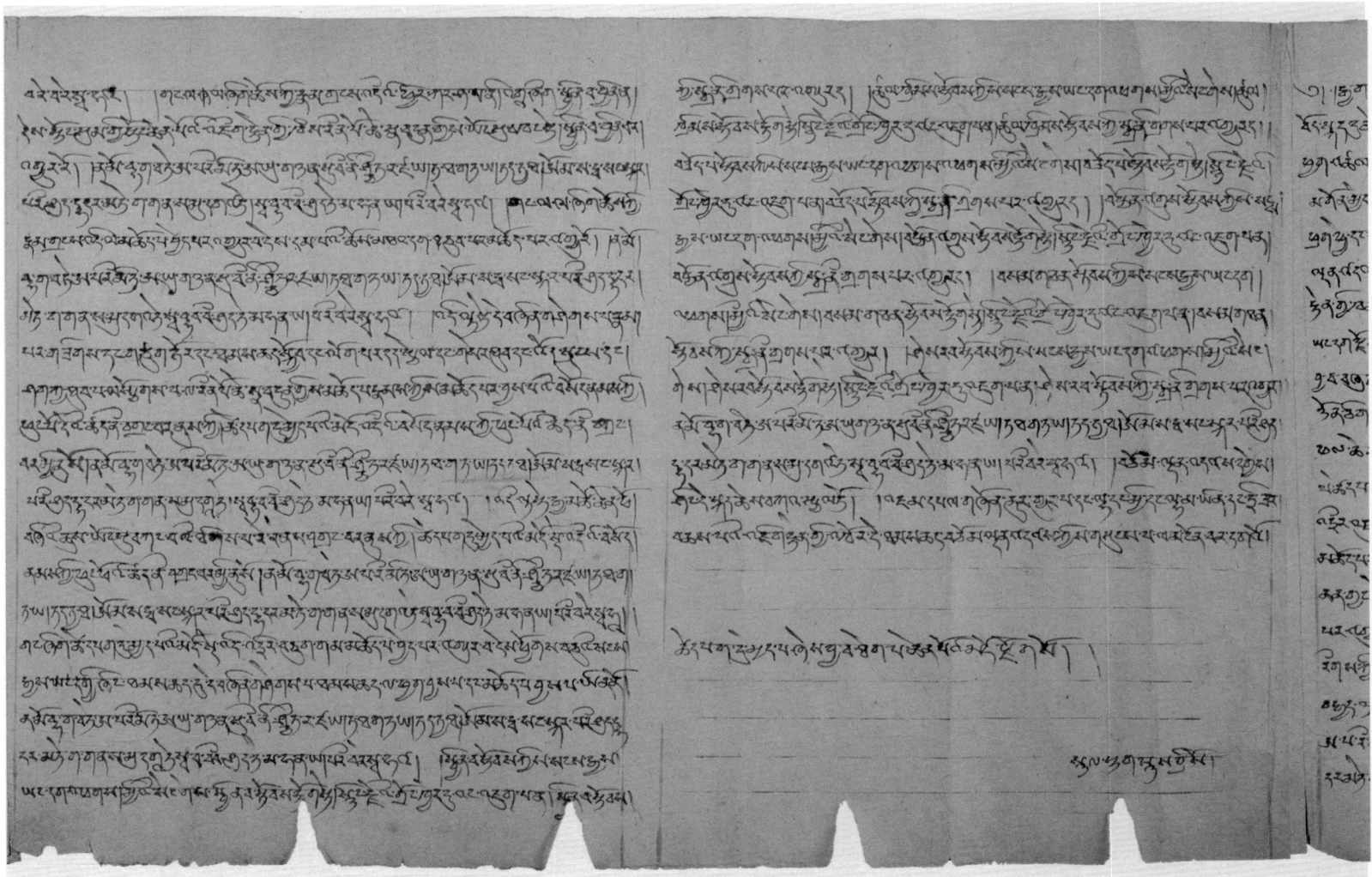

敦博 Db.t.0159 ཚེ་དཔག་ཏུ་མྱེད་པ་ཞེས་བྱ་བ་ཐེག་པ་ཆེན་པོའི་མདོ།།
大乘無量壽宗要經 （6—3）

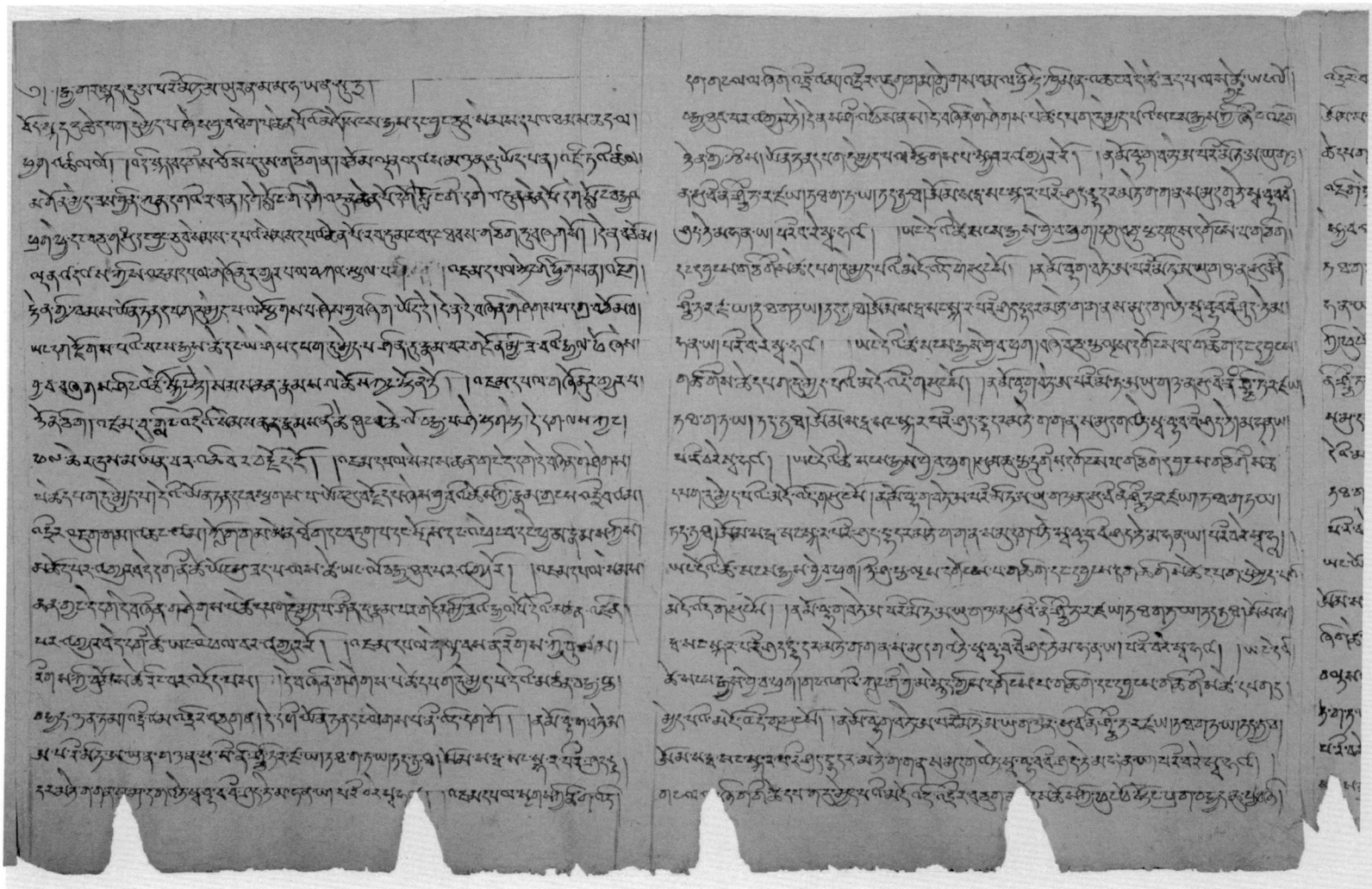

敦博 Db.t.0159 ཚེ་དཔག་དུ་མྱེད་པ་ཞེས་བྱ་བ་ཐེག་པ་ཆེན་པོའི་མདོ།།

大乘無量壽宗要經 （6—4）

敦博 Db.t.0159 ཚེ་དཔག་དུ་མྱེད་པ་ཞེས་བྱ་བ་ཐེག་པ་ཆེན་པོའི་མདོ།།

大乘無量壽宗要經 （6—5）

敦博 Db.t.0159 ཚེ་དཔག་ཏུ་མྱེད་པ་ཞེས་བྱ་བ་ཐེག་པ་ཆེན་པོའི་མདོ།།

大乘無量壽宗要經 （6—6）

敦博 Db.t.0160 ཚེ་དཔག་ཏུ་མྱེད་པ་ཞེས་བྱ་བ་ཐེག་པ་ཆེན་པོའི་མདོ།།

大乘無量壽宗要經 （6—1）

敦博 Db.t.0160 ཚེ་དཔག་དུ་མེད་པ་ཞེས་བྱ་བ་ཐེག་པ་ཆེན་པོའི་མདོ།།
大乘無量壽宗要經 （6—2）

敦博 Db.t.0160 ཚེ་དཔག་དུ་མེད་པ་ཞེས་བྱ་བ་ཐེག་པ་ཆེན་པོའི་མདོ།།
大乘無量壽宗要經 （6—3）

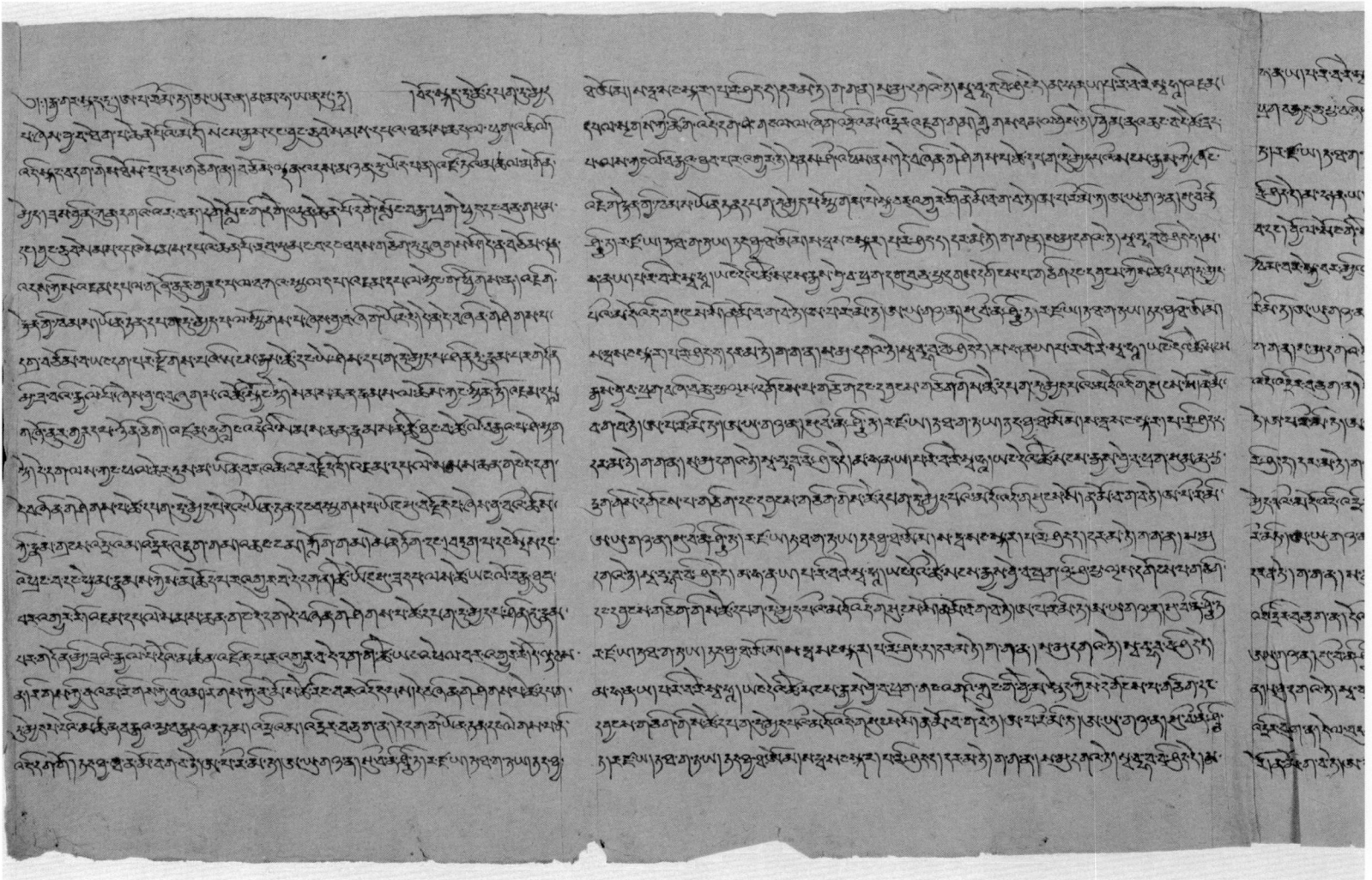

敦博 Db.t.0160 ཚེ་དཔག་དུ་མེད་པ་ཞེས་བྱ་བ་ཐེག་པ་ཆེན་པོའི་མདོ།།

大乘無量壽宗要經 （6—4）

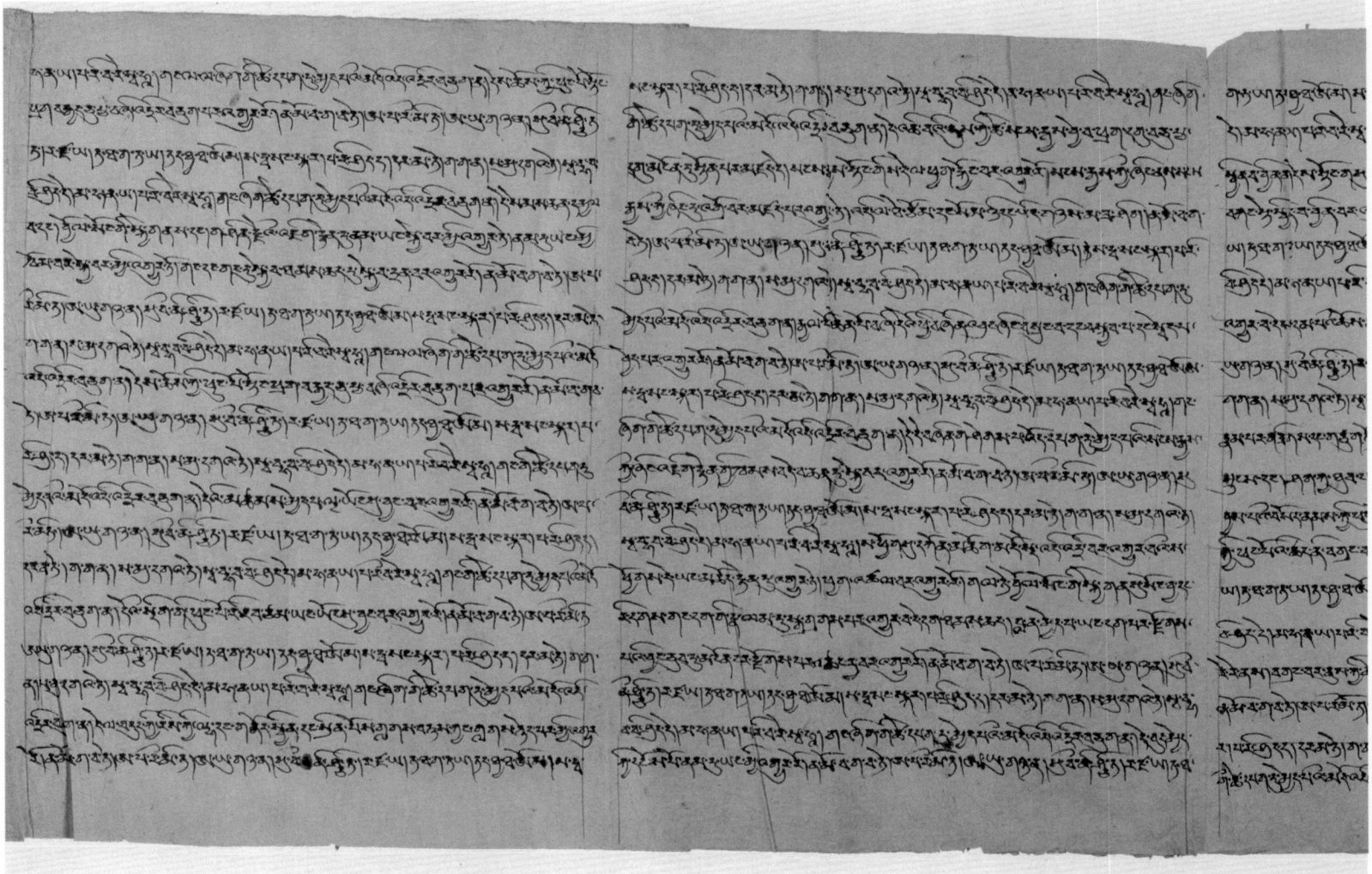

敦博 Db.t.0160 ཚེ་དཔག་དུ་མེད་པ་ཞེས་བྱ་བ་ཐེག་པ་ཆེན་པོའི་མདོ།།

大乘無量壽宗要經 （6—5）

敦博 Db.t.0160 ཚེ་དཔག་ཏུ་མེད་པ་ཞེས་བྱ་བ་ཐེག་པ་ཆེན་པོའི་མདོ།།
大乘無量壽宗要經 （6—6）

敦博 Db.t.0161 ཚེ་དཔག་ཏུ་ཁྱེད་པ་ཞེས་བྱ་བ་ཐེག་པ་ཆེན་པོའི་མདོ།།
大乘無量壽宗要經 （6—1）

敦博 Db.t.0161 ཚེ་དཔག་དུ་མྱེད་པ་ཞེས་བྱ་བ་ཐེག་པ་ཆེན་པོའི་མདོ།།
大乘無量壽宗要經 （6—2）

敦博 Db.t.0161 ཚེ་དཔག་དུ་མྱེད་པ་ཞེས་བྱ་བ་ཐེག་པ་ཆེན་པོའི་མདོ།།
大乘無量壽宗要經 （6—3）

敦博 Db.t.0161 ཚེ་དཔག་དུ་མྱེད་པ་ཞེས་བྱ་བ་ཐེག་པ་ཆེན་པོའི་མདོ།།
大乘無量壽宗要經 （6—4）

敦博 Db.t.0161 ཚེ་དཔག་དུ་མྱེད་པ་ཞེས་བྱ་བ་ཐེག་པ་ཆེན་པོའི་མདོ།།
大乘無量壽宗要經 （6—5）

274

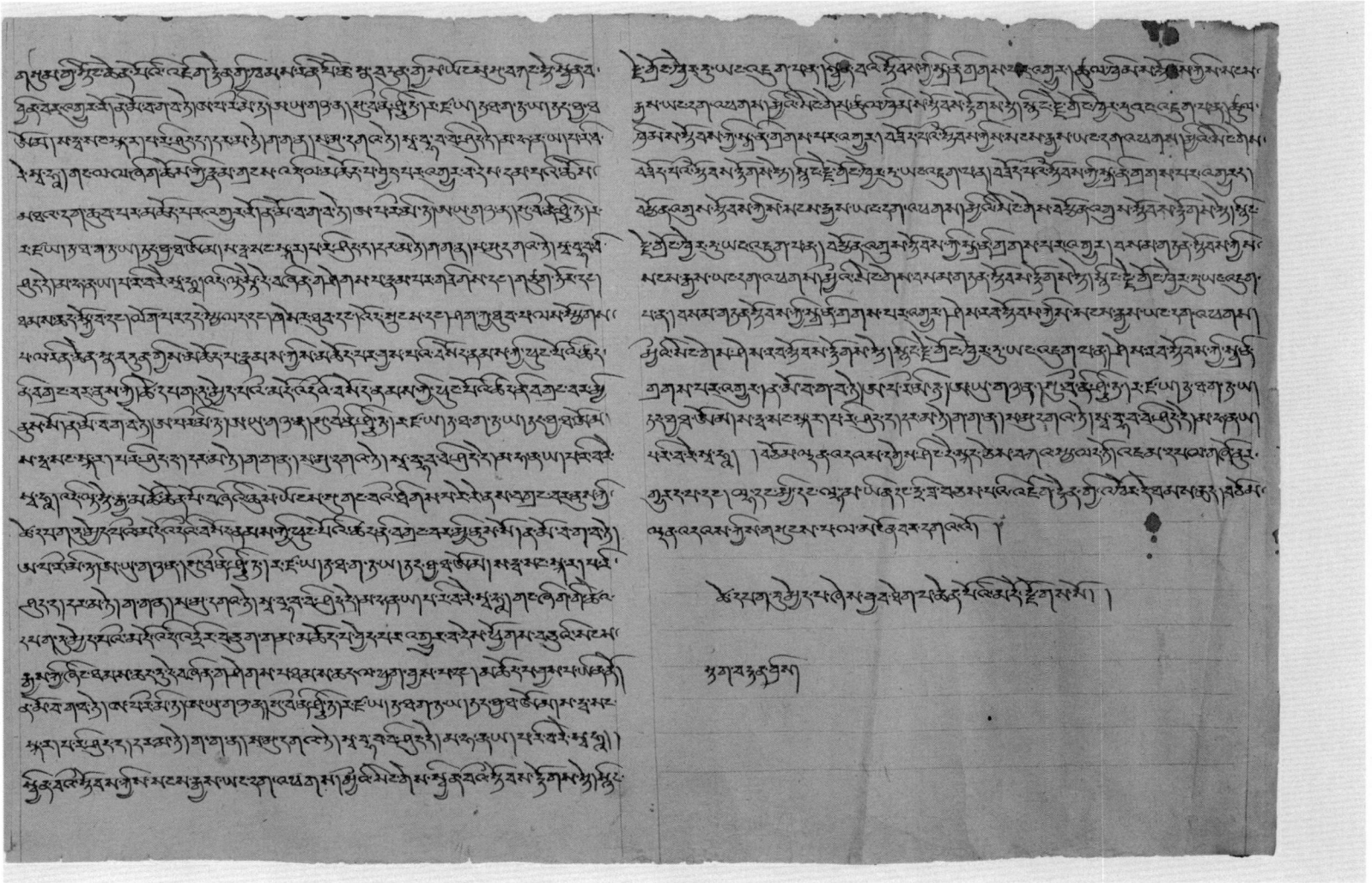

敦博 Db.t.0161 ཚེ་དཔག་དུ་མྱེད་པ་ཞེས་བྱ་བ་ཐེག་པ་ཆེན་པོའི་མདོ།།
大乘無量壽宗要經 （6—6）

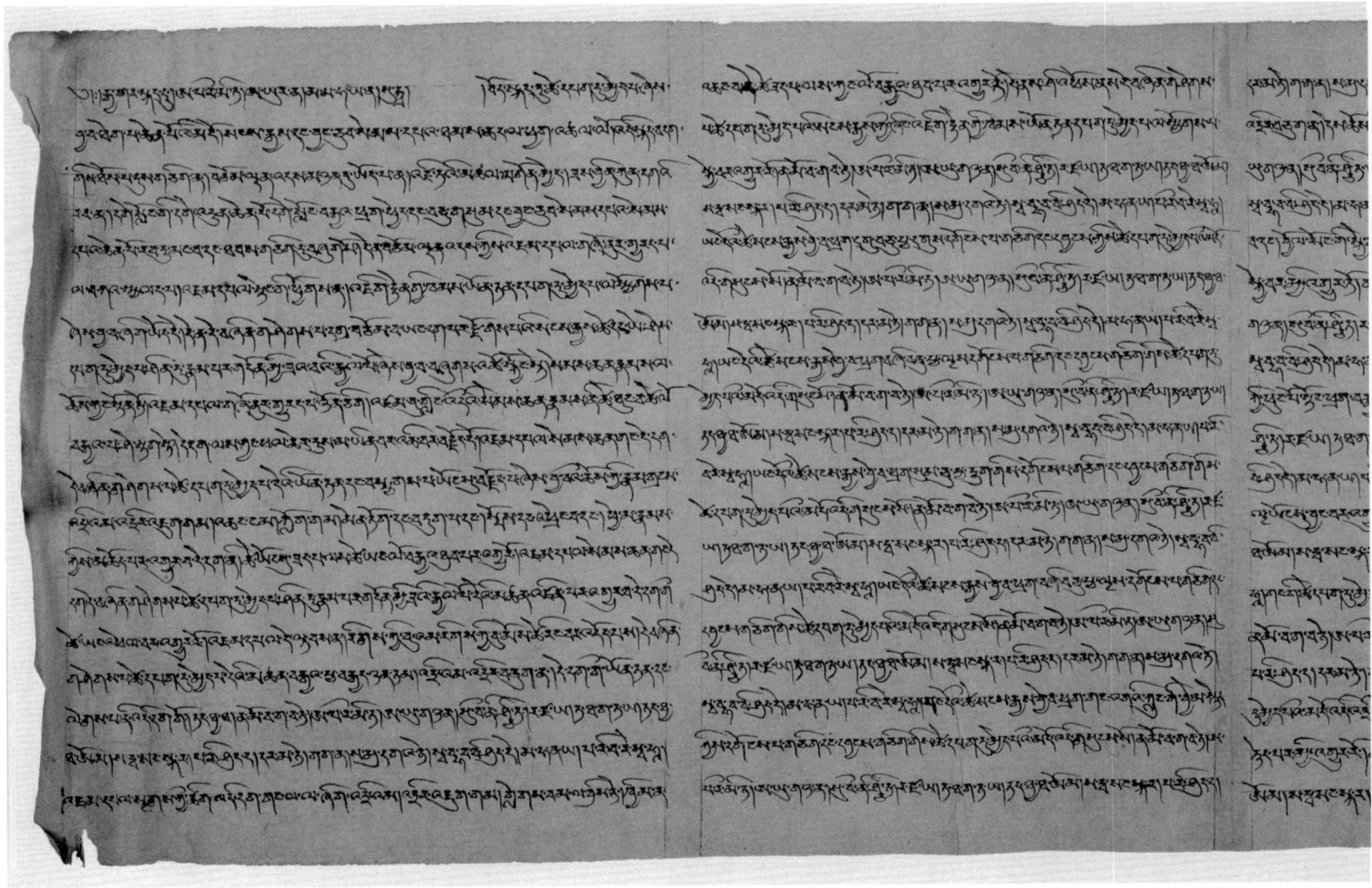

敦博 Db.t.0162 ཚེ་དཔག་དུ་མྱེད་པ་ཞེས་བྱ་བ་ཐེག་པ་ཆེན་པོའི་མདོ།།
大乘無量壽宗要經 （12—1）

敦博 Db.t.0162 ཚེ་དཔག་དུ་མྱེད་པ་ཞེས་བྱ་བ་ཐེག་པ་ཆེན་པོའི་མདོ།།
大乘無量壽宗要經 （12—2）

敦博 Db.t.0162 ཚེ་དཔག་དུ་མྱེད་པ་ཞེས་བྱ་བ་ཐེག་པ་ཆེན་པོའི་མདོ།།
大乘無量壽宗要經 （12—3）

敦博 Db.t.0162 ཚེ་དཔག་དུ་མྱེད་པ་ཞེས་བྱ་བ་ཐེག་པ་ཆེན་པོའི་མདོ།།

大乘無量壽宗要經 （12—4）

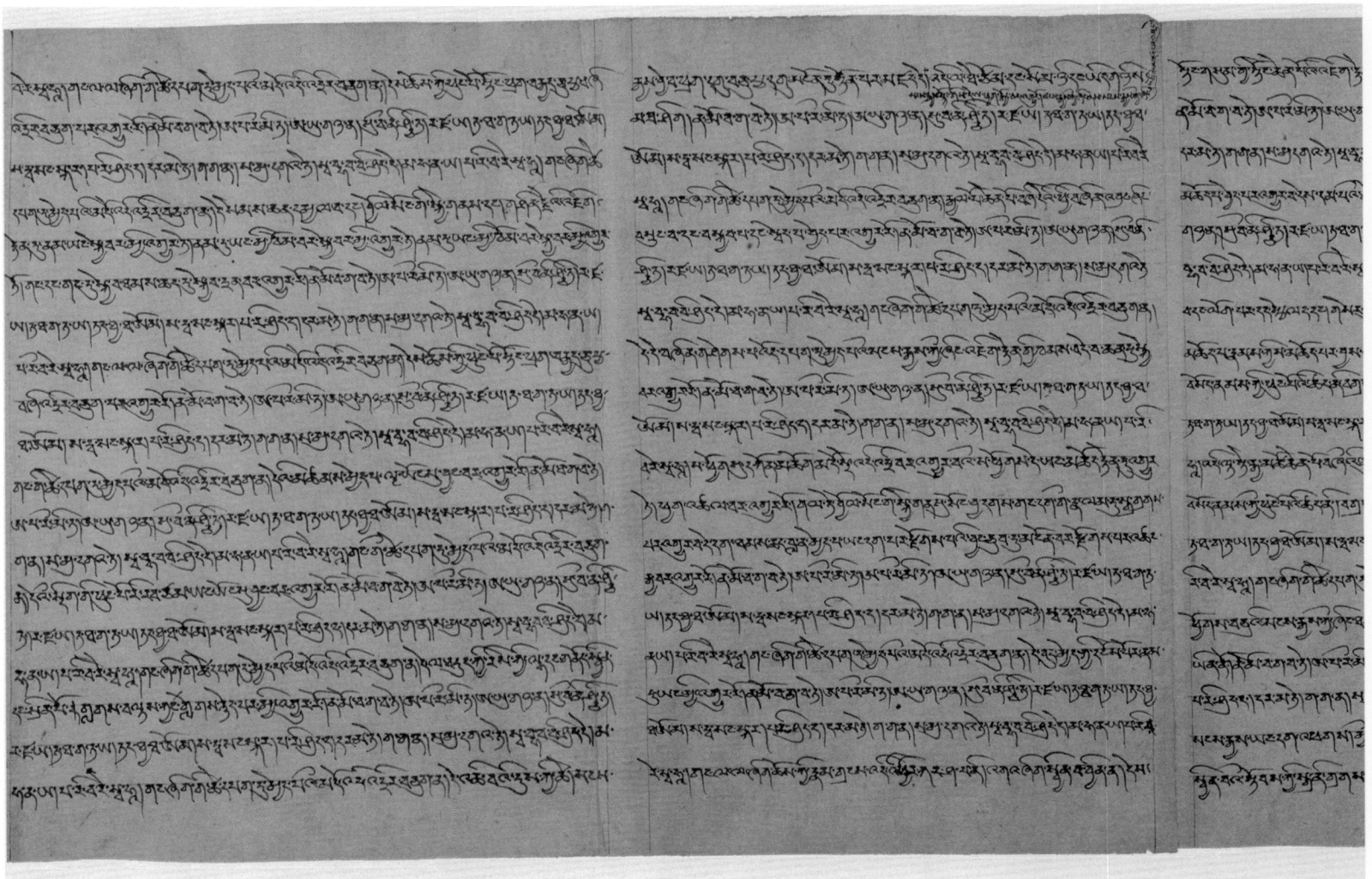

敦博 Db.t.0162 ཚེ་དཔག་དུ་མྱེད་པ་ཞེས་བྱ་བ་ཐེག་པ་ཆེན་པོའི་མདོ།།

大乘無量壽宗要經 （12—5）

敦博 Db.t.0162 ཚེ་དཔག་དུ་མྱེད་པ་ཞེས་བྱ་བ་ཐེག་པ་ཆེན་པོའི་མདོ།།
大乘無量壽宗要經 （12—6）

敦博 Db.t.0162 ཚེ་དཔག་དུ་མྱེད་པ་ཞེས་བྱ་བ་ཐེག་པ་ཆེན་པོའི་མདོ།།
大乘無量壽宗要經 （12—7）

敦博 Db.t.0162 ཚེ་དཔག་དུ་བྱེད་པ་ཞེས་བྱ་བ་ཐེག་པའ་ཆེན་པོའི་མདོ།།

大乘無量壽宗要經 （12—8）

敦博 Db.t.0162 ཚེ་དཔག་དུ་བྱེད་པ་ཞེས་བྱ་བ་ཐེག་པའ་ཆེན་པོའི་མདོ།།

大乘無量壽宗要經 （12—9）

敦博 Db.t.0162 ཚེ་དཔག་དུ་མྱེད་པ་ཞེས་བྱ་བ་ཐེག་པར་ཆེན་པོའི་མདོ།།

大乘無量壽宗要經　（12—10）

敦博 Db.t.0162 ཚེ་དཔག་དུ་མྱེད་པ་ཞེས་བྱ་བ་ཐེག་པ་ཆེན་པོའི་མདོ།།

大乘無量壽宗要經　（12—11）

敦博 Db.t.0162 ཚེ་དཔག་དུ་མྱེད་པ་ཞེས་བྱ་བ་ཐེག་པ་ཆེན་པོའི་མདོ།།
大乘無量壽宗要經 （12—12）

敦博 Db.t.0163 ཚེ་དཔག་དུ་མྱེད་པ་ཞེས་བྱ་བ་ཐེག་པ་ཆེན་པོའི་མདོ།།
大乘無量壽宗要經 （3—1）

敦博 Db.t.0163 ཚེ་དཔག་ཏུ་མྱེད་པ་ཞེས་བྱ་བ་ཐེག་པ་ཆེན་པོའི་མདོ།།
大乘無量壽宗要經 （3—2）

敦博 Db.t.0163 ཚེ་དཔག་ཏུ་མྱེད་པ་ཞེས་བྱ་བ་ཐེག་པ་ཆེན་པོའི་མདོ།།
大乘無量壽宗要經 （3—3）

敦博 Db.t.0164 ཚེ་དཔག་དུ་མྱེད་པ་ཞེས་བྱ་བ་ཐེག་པ་ཆེན་པོ་འི་མདོ༔།
大乘無量壽宗要經 （3—1）

敦博 Db.t.0164 ཚེ་དཔག་དུ་མྱེད་པ་ཞེས་བྱ་བ་ཐེག་པ་ཆེན་པོ་འི་མདོ༔།
大乘無量壽宗要經 （3—2）

敦博 Db.t.0164 ཚེ་དཔག་དུ་མྱེད་པ་ཞེས་བྱ་བ་ཐེག་པ་ཆེན་པོ་འི་མདོ༈།
大乘無量壽宗要經 （3—3）

敦博 Db.t.0165 ཚེ་དཔག་དུ་མྱེད་པ་ཞེས་བྱ་བ་ཐེག་པ་ཆེན་པོ་འི་མདོ༈།
大乘無量壽宗要經 （3—1）

敦博 Db.t.0165 ཚེ་དཔག་དུ་མྱེད་པ་ཞེས་བྱ་བ་ཐེག་པ་ཆེན་པོ་འི་མདོ༔།
大乘無量壽宗要經 （3—2）

敦博 Db.t.0165 ཚེ་དཔག་དུ་མྱེད་པ་ཞེས་བྱ་བ་ཐེག་པ་ཆེན་པོ་འི་མདོ༔།
大乘無量壽宗要經 （3—3）

敦博 Db.t.0166　ཚེ་དཔག་དུ་མྱེད་པ་ཞེས་བྱ་བ་ཐེག་པ་ཆེན་པོ་འི་མདོ༎

大乘無量壽宗要經　（4—1）

敦博 Db.t.0166　ཚེ་དཔག་དུ་མྱེད་པ་ཞེས་བྱ་བ་ཐེག་པ་ཆེན་པོ་འི་མདོ༎

大乘無量壽宗要經　（4—2）

敦博 Db.t.0166 ཚེ་དཔག་དུ་མྱེད་པ་ཞེས་བྱ་བ་ཐེག་པ་ཆེན་པོ་འི་མདོ།།
大乘無量壽宗要經 （4—3）

敦博 Db.t.0166 ཚེ་དཔག་དུ་མྱེད་པ་ཞེས་བྱ་བ་ཐེག་པ་ཆེན་པོ་འི་མདོ།།
大乘無量壽宗要經 （4—4）

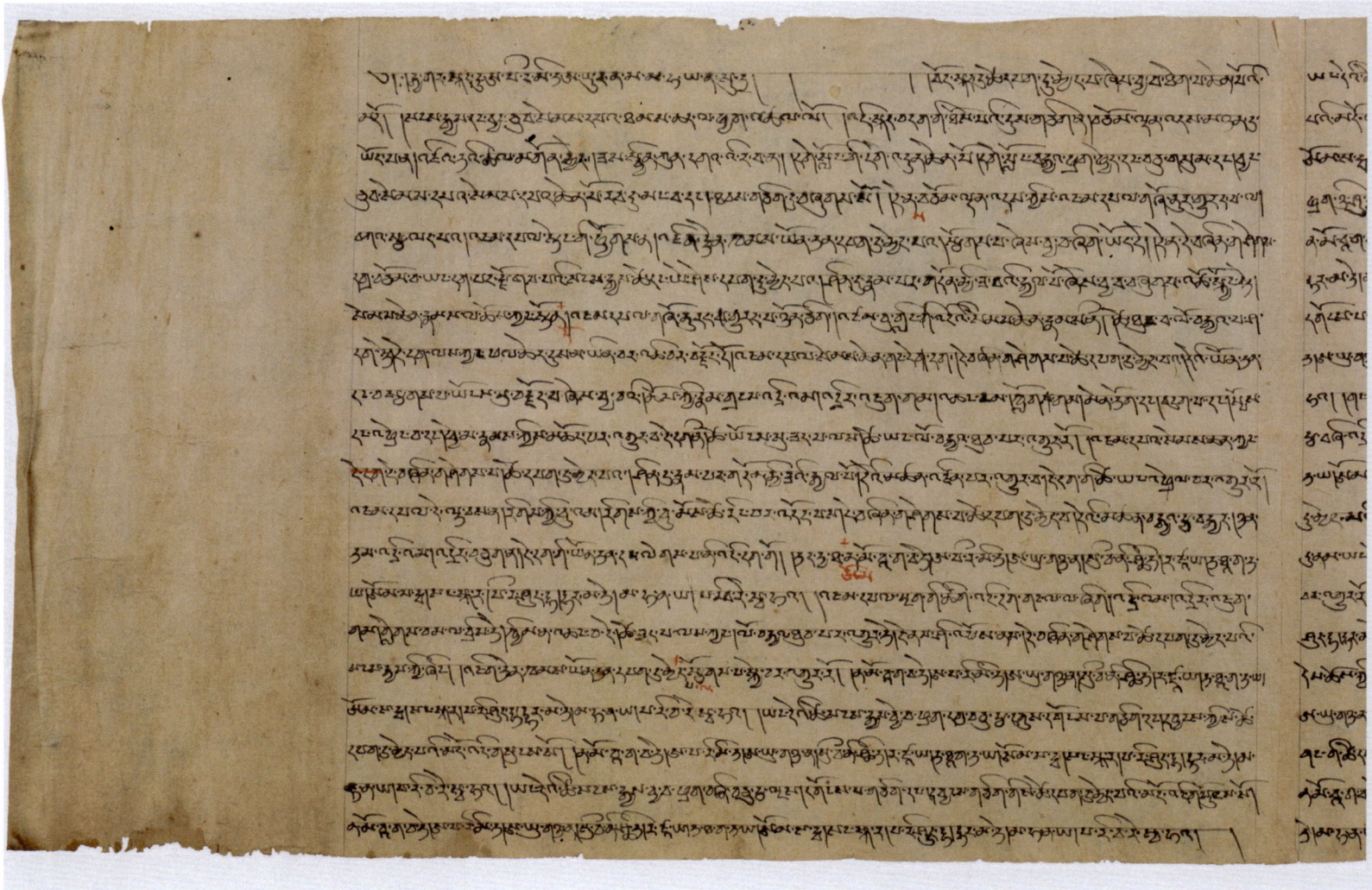

敦博 Db.t.0167 ཚེ་དཔག་དུ་མྱེད་པ་ཞེས་བྱ་བ་ཐེག་པ་ཆེན་པོའི་མདོ།།
大乘無量壽宗要經 （3—1）

敦博 Db.t.0167 ཚེ་དཔག་དུ་མྱེད་པ་ཞེས་བྱ་བ་ཐེག་པ་ཆེན་པོའི་མདོ།།
大乘無量壽宗要經 （3—2）

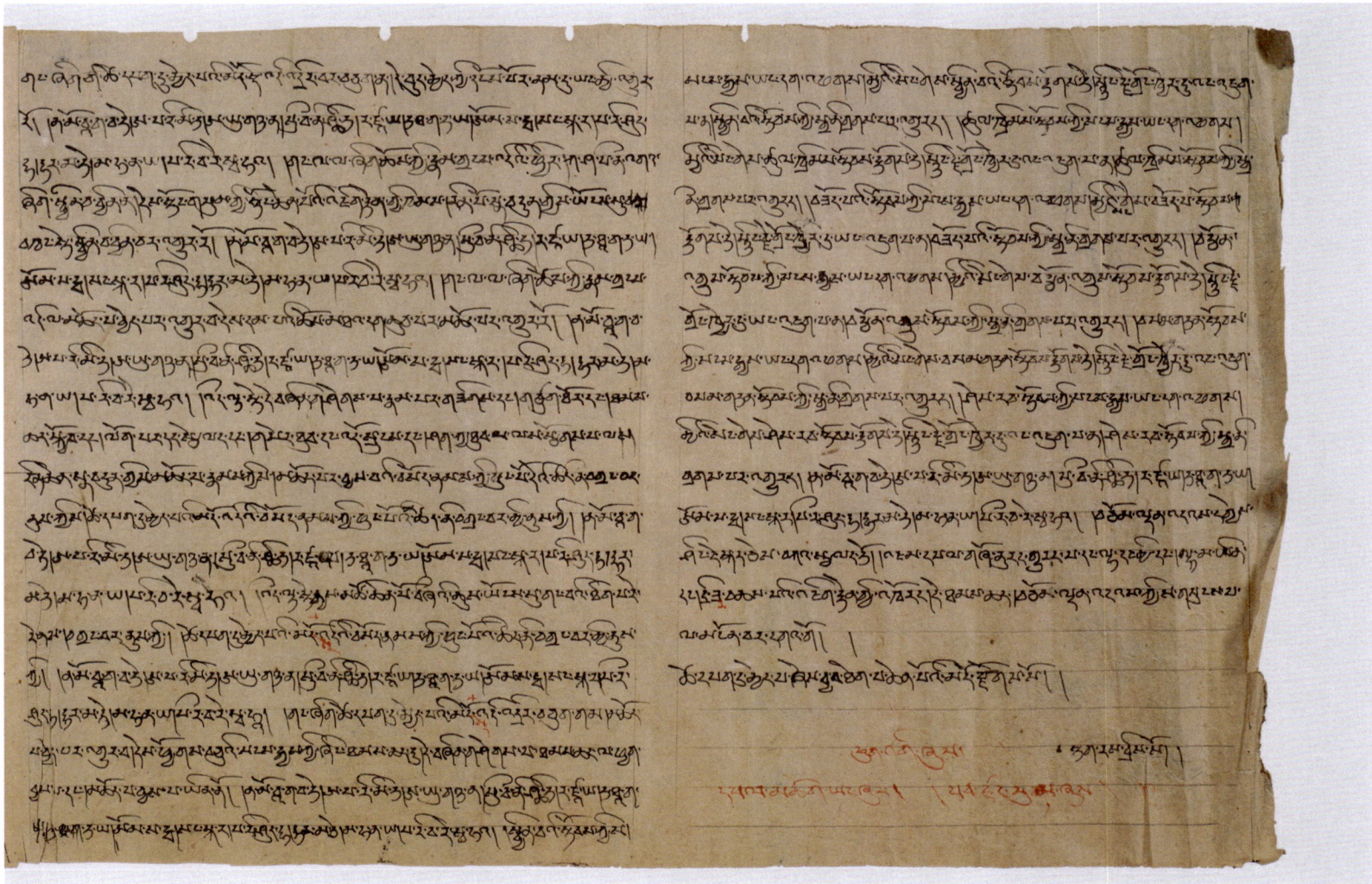

敦博 Db.t.0167 ཚེ་དཔག་དུ་མྱེད་པ་ཞེས་བྱ་བ་ཐེག་པ་ཆེན་པོའི་མདོ།།
大乘無量壽宗要經 （3—3）

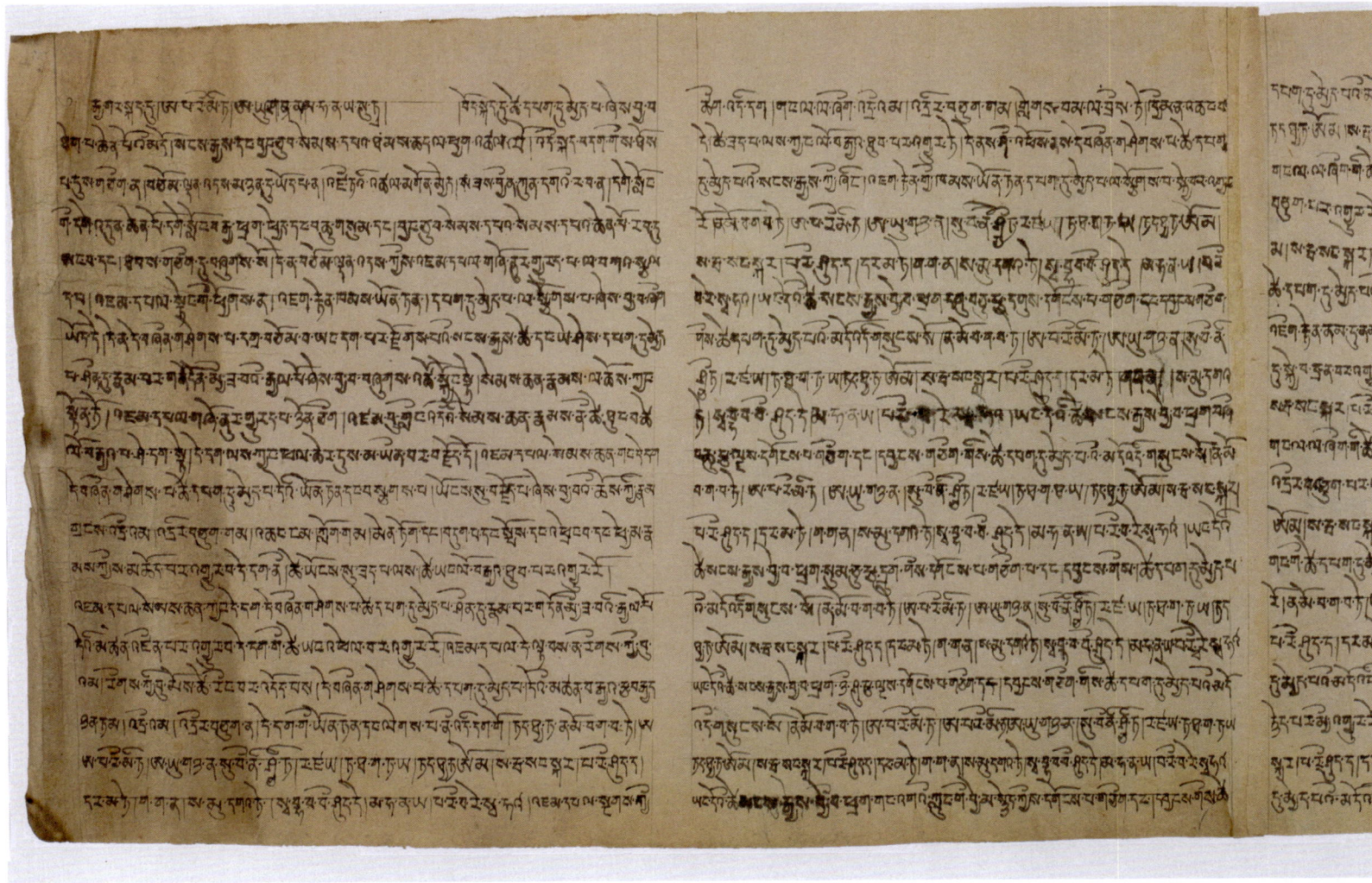

敦博 Db.t.0168 ཚེ་དཔག་དུ་མྱེད་པ་ཞེས་བྱ་བ་ཐེག་པ་ཆེན་པོའི་མདོ།།
大乘無量壽宗要經 （6—1）

敦博 Db.t.0168　ཚེ་དཔག་ཏུ་མྱེད་པ་ཞེས་བྱ་བ་ཐེག་པ་ཆེན་པོའི་མདོ།།
大乘無量壽宗要經　（6—2）

敦博 Db.t.0168　ཚེ་དཔག་ཏུ་མྱེད་པ་ཞེས་བྱ་བ་ཐེག་པ་ཆེན་པོའི་མདོ།།
大乘無量壽宗要經　（6—3）

敦博 Db.t.0168 ཚེ་དཔག་དུ་མྱེད་པ་ཞེས་བྱ་བ་ཐེག་པ་ཆེན་པོའི་མདོ།།
大乘無量壽宗要經 （6—4）

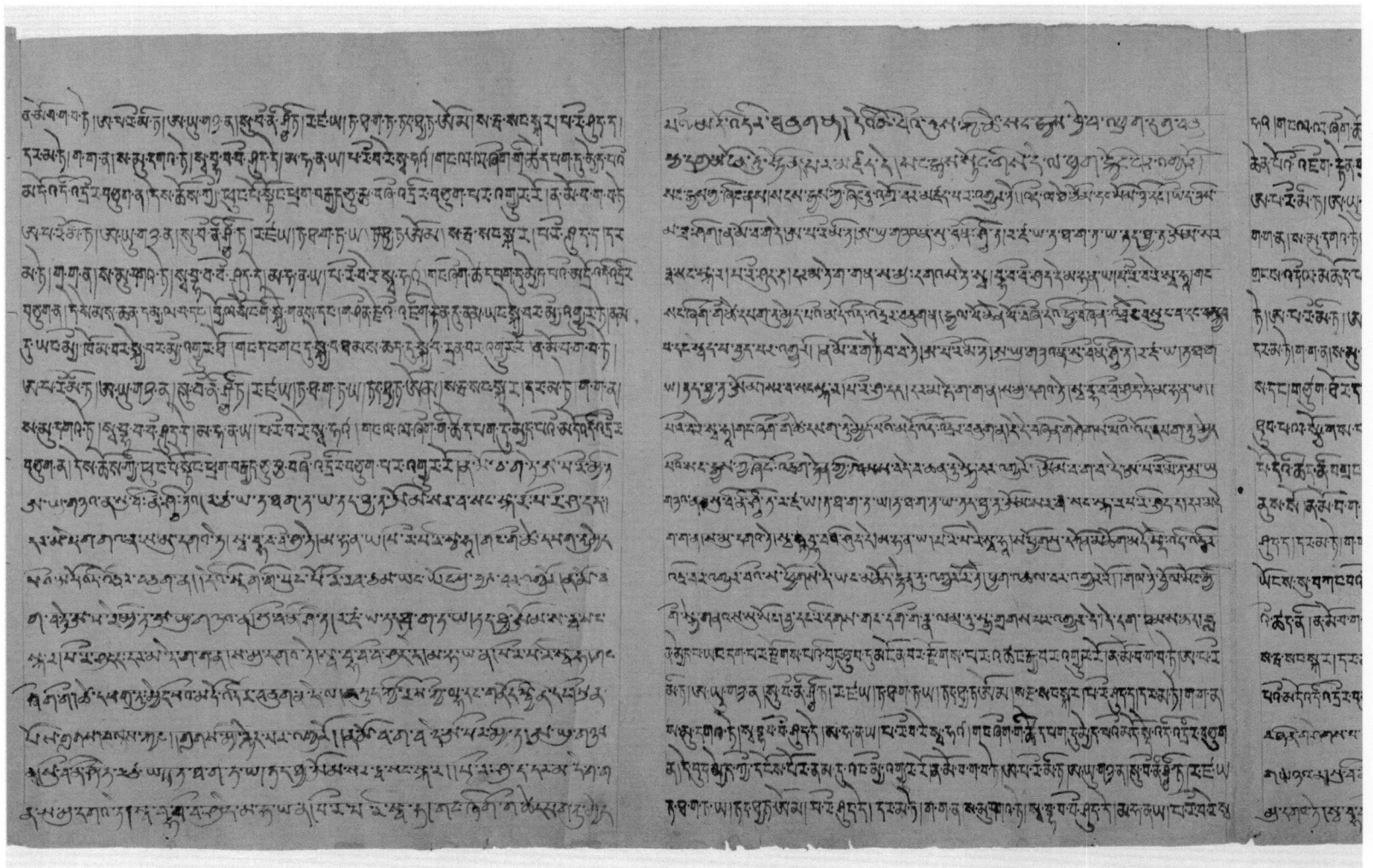

敦博 Db.t.0168 ཚེ་དཔག་དུ་མྱེད་པ་ཞེས་བྱ་བ་ཐེག་པ་ཆེན་པོའི་མདོ།།
大乘無量壽宗要經 （6—5）

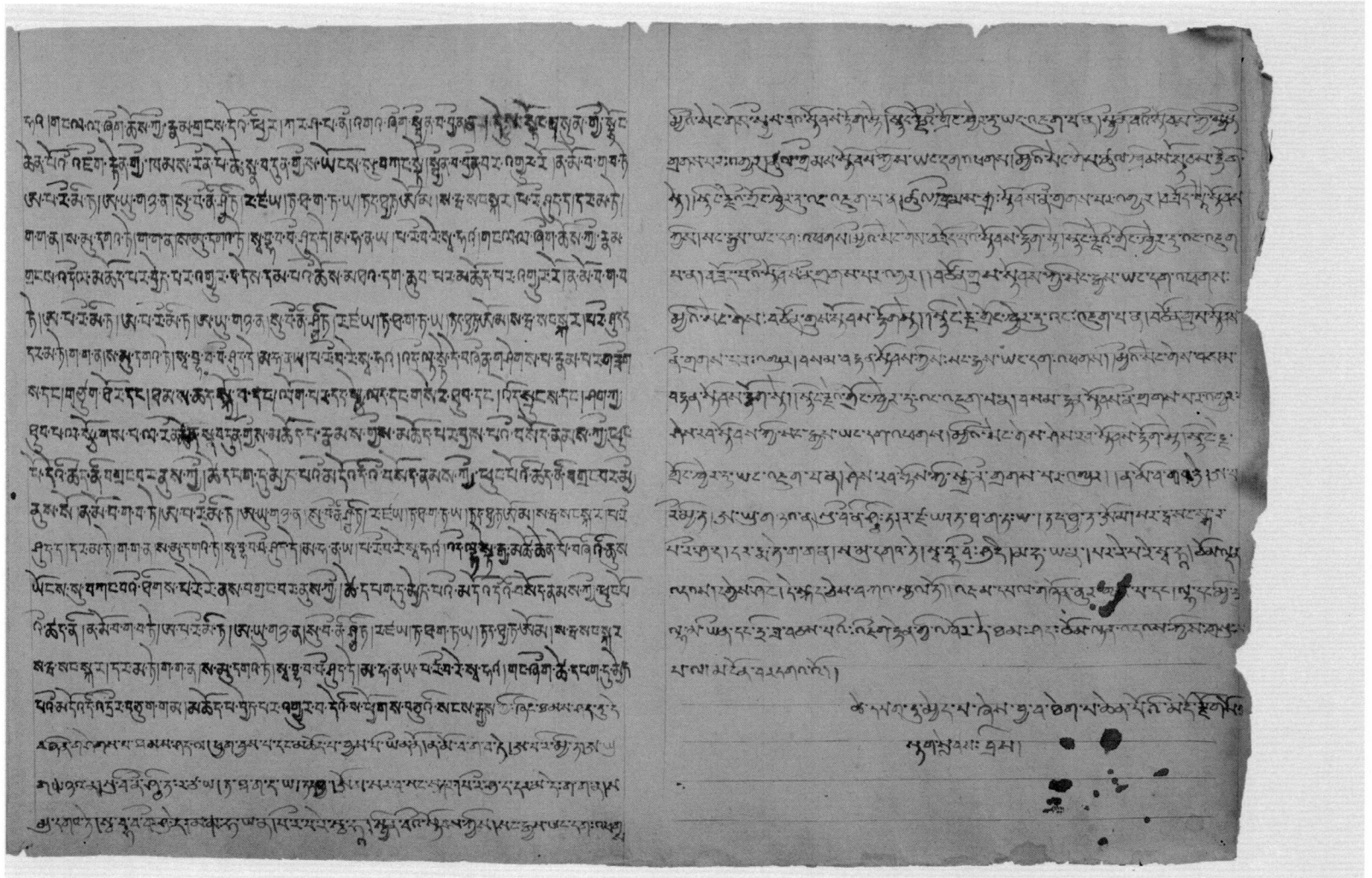

敦博 Db.t.0168　ཚེ་དཔག་དུ་མྱེད་པ་ཞེས་བྱ་བ་ཐེག་པ་ཆེན་པོའི་མདོ།།
大乘無量壽宗要經　（6—6）

敦博 Db.t.0169　ཚེ་དཔག་དུ་མྱེད་པ་ཞེས་བྱ་བ་ཐེག་པ་ཆེན་པོའི་མདོ།།
大乘無量壽宗要經　（6—1）

敦博 Db.t.0169 ཚེ་དཔག་དུ་མྱེད་པ་ཞེས་བྱ་བ་ཐེག་པ་ཆེན་པོའི་མདོ།།

大乘無量壽宗要經 （6—2）

敦博 Db.t.0169 ཚེ་དཔག་དུ་མྱེད་པ་ཞེས་བྱ་བ་ཐེག་པ་ཆེན་པོའི་མདོ།།

大乘無量壽宗要經 （6—3）

敦博 Db.t.0169 ཚེ་དཔག་ཏུ་མྱེད་པ་ཞེས་བྱ་བ་ཐེག་པ་ཆེན་པོའི་མདོ།།

大乘無量壽宗要經 （6—4）

敦博 Db.t.0169 ཚེ་དཔག་ཏུ་མྱེད་པ་ཞེས་བྱ་བ་ཐེག་པ་ཆེན་པོའི་མདོ།།

大乘無量壽宗要經 （6—5）

敦博 Db.t.0169 ཚེ་དཔག་དུ་མྱེད་པ་ཞེས་བྱ་བ་ཐེག་པ་ཆེན་པོའི་མདོ།།
大乘無量壽宗要經 （6—6）

敦博 Db.t.0170 ཚེ་དཔག་དུ་མྱེད་པའི། ཞི་ཞེས་བྱེ་བ་ཐེག་པ་ཆེན་པོའི་མདོ།།
大乘無量壽宗要經 （3—1）

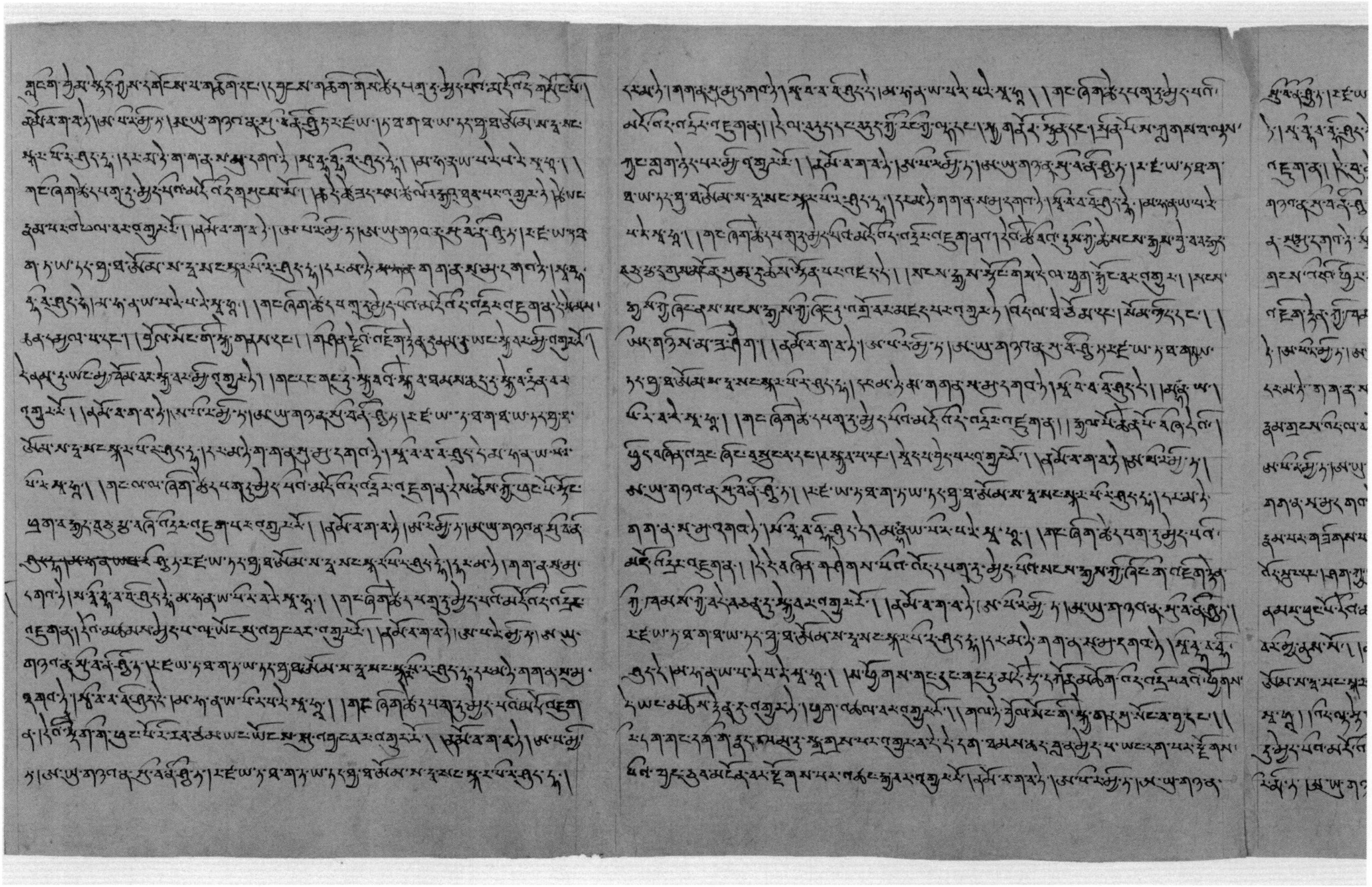

敦博 Db.t.0170 ཚེ་དཔག་ཏུ་མེད་པའི། ཞི་ཞེས་བྱ་བ་ཐེག་པ་ཆེན་པོའི་མདོ།།
大乘無量壽宗要經 （3—2）

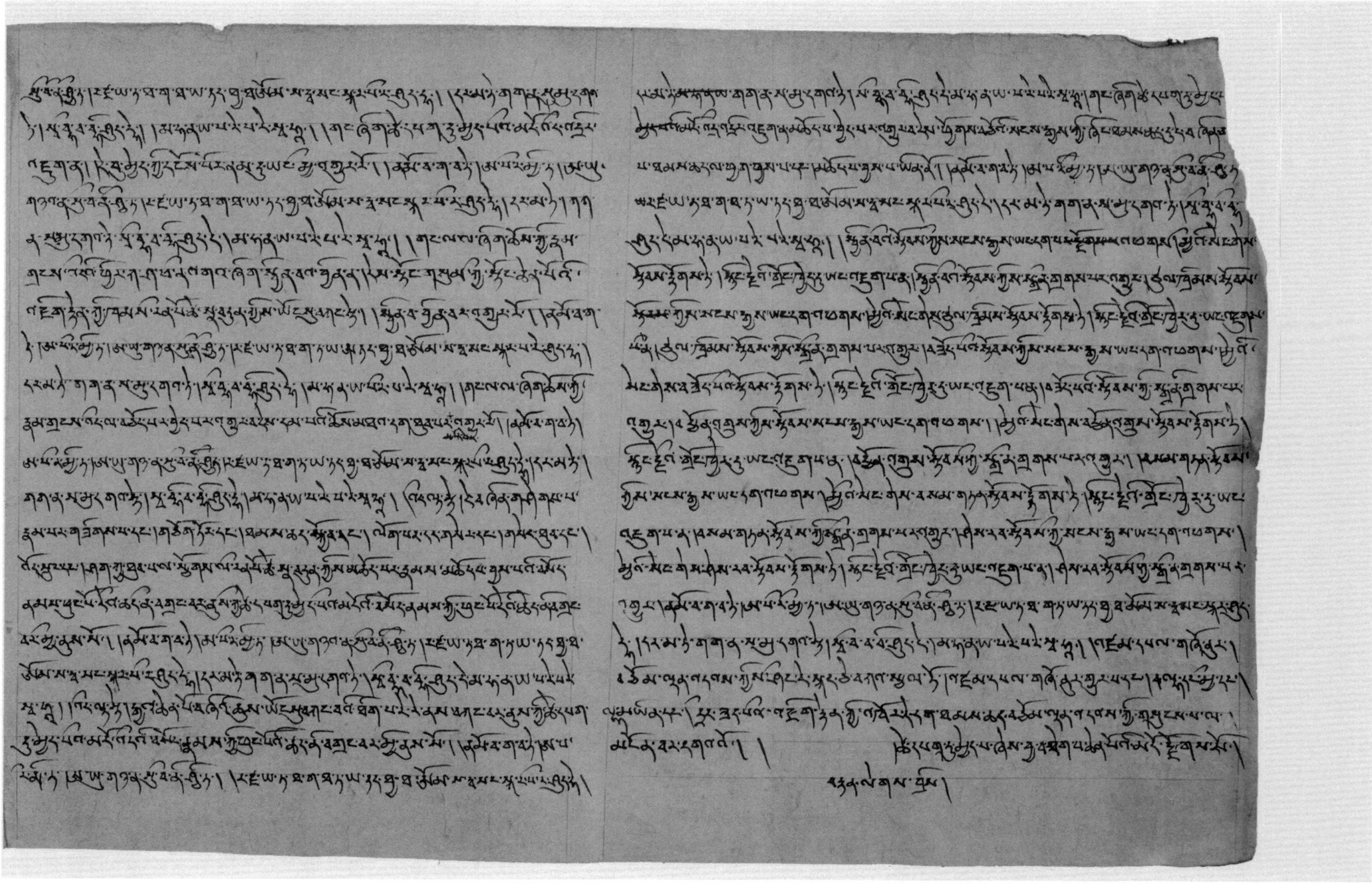

敦博 Db.t.0170 ཚེ་དཔག་ཏུ་མེད་པའི། ཞི་ཞེས་བྱ་བ་ཐེག་པ་ཆེན་པོའི་མདོ།།
大乘無量壽宗要經 （3—3）

敦博 Db.t.0171 ཚེ་དཔག་ཏུ་མྱེད་པའི་ཞི་ཞེས་བྱ་བ་ཐེག་པ་ཆེན་པོ་རི་མདོ།།
大乘無量壽宗要經 （12—1）

敦博 Db.t.0171 ཚེ་དཔག་ཏུ་མྱེད་པའི་ཞི་ཞེས་བྱ་བ་ཐེག་པ་ཆེན་པོ་རི་མདོ།།
大乘無量壽宗要經 （12—2）

敦博 Db.t.0171 ཚེ་དཔག་ཏུ་མྱེད་པའི་ཞི་ཞེས་བྱ་བ་ཐེག་པ་ཆེན་པོ་འི་མདོ༎
大乘無量壽宗要經 （12—3）

敦博 Db.t.0171 ཚེ་དཔག་ཏུ་མྱེད་པའི་ཞི་ཞེས་བྱ་བ་ཐེག་པ་ཆེན་པོ་འི་མདོ༎
大乘無量壽宗要經 （12—4）

敦博 Db.t.0171 ཚེ་དཔག་དུ་མྱེད་པའི་མི་ཤེས་བྱེ་བ་ཐེག་པ་ཆེན་པོའི་མདོ།།
大乘無量壽宗要經 （12—5）

敦博 Db.t.0171 ཚེ་དཔག་དུ་མྱེད་པའི་མི་ཤེས་བྱེ་བ་ཐེག་པ་ཆེན་པོའི་མདོ།།
大乘無量壽宗要經 （12—6）

敦博 Db.t.0171 ཚེ་དཔག་ཏུ་མྱེད་པའི་མདོ་ཞེས་བྱ་བ་ཐེག་པ་ཆེན་པོའི་མདོ།།

大乘無量壽宗要經 （12—7）

敦博 Db.t.0171 ཚེ་དཔག་ཏུ་མྱེད་པའི་མདོ་ཞེས་བྱ་བ་ཐེག་པ་ཆེན་པོའི་མདོ།།

大乘無量壽宗要經 （12—8）

敦博 Db.t.0171 ཚེ་དཔག་དུ་མྱེད་པའི་ཞི་ཞེས་བྱ་བ་ཐེག་པ་ཆེན་པོའི་མདོ།།
大乘無量壽宗要經 （12—9）

敦博 Db.t.0171 ཚེ་དཔག་དུ་མྱེད་པའི་ཞི་ཞེས་བྱ་བ་ཐེག་པ་ཆེན་པོའི་མདོ།།
大乘無量壽宗要經 （12—10）

敦博 Db.t.0171 ཚེ་དཔག་དུ་མྱེད་པའི་ཞི་ཞིས་བྱ་བ་ཐེག་པ་ཆེན་པོའི་མདོ།།
大乘無量壽宗要經 （12—11）

敦博 Db.t.0171 ཚེ་དཔག་དུ་མྱེད་པའི་ཞི་ཞིས་བྱ་བ་ཐེག་པ་ཆེན་པོའི་མདོ།།
大乘無量壽宗要經 （12—12）

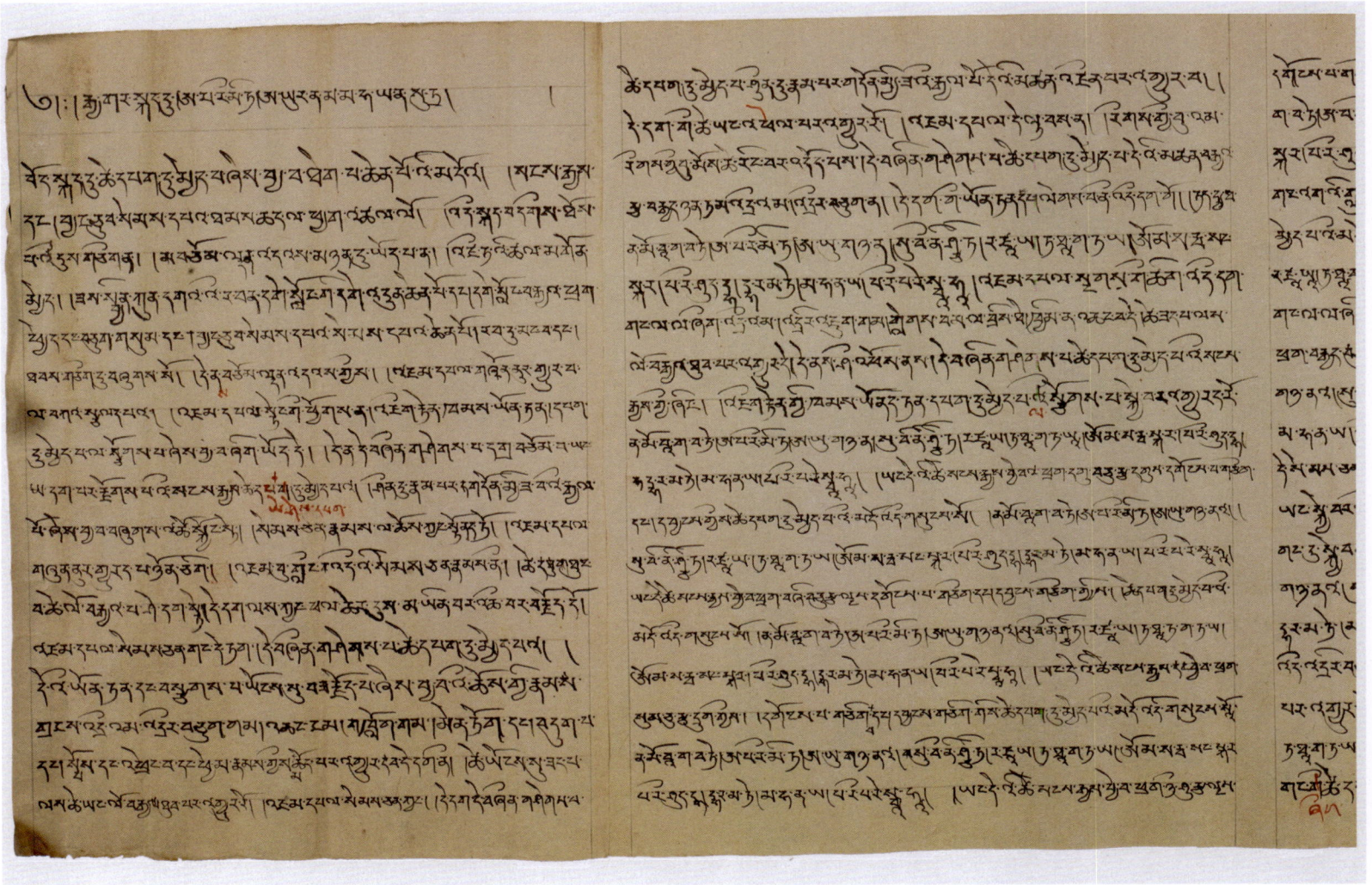

敦博 Db.t.0172 ཆོས་དཔག་ཏུ་མྱེད་པ་ཞེས་བྱ་བ་ཐེག་པ་ཆེན་པོའི་མདོ།།
大乘無量壽宗要經 （4—1）

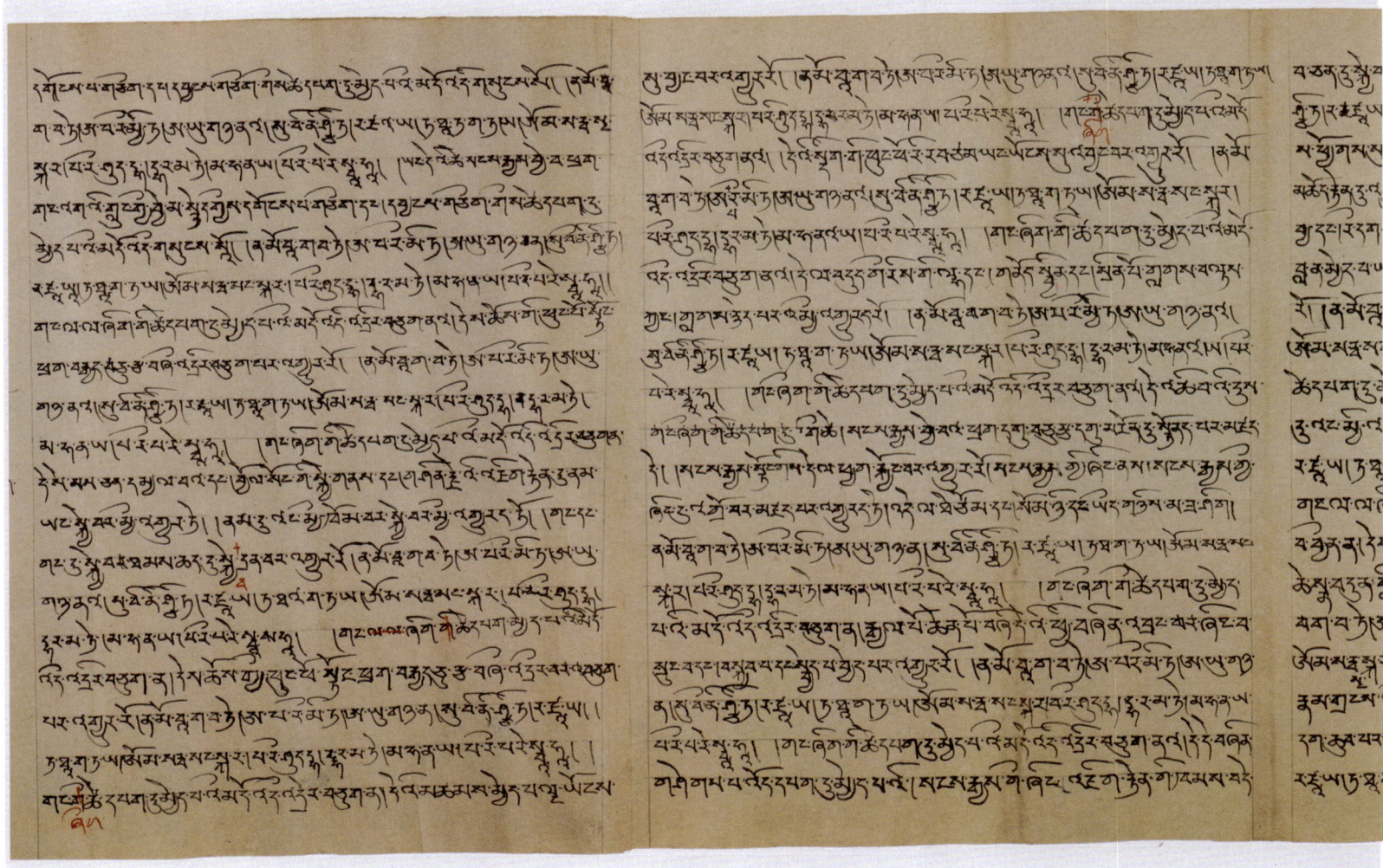

敦博 Db.t.0172 ཆོས་དཔག་ཏུ་མྱེད་པ་ཞེས་བྱ་བ་ཐེག་པ་ཆེན་པོའི་མདོ།།
大乘無量壽宗要經 （4—2）

敦博 Db.t.0172 ཚེ་དཔག་དུ་མྱེད་པ་ཞེས་བྱ་བ་ཐེག་པ་ཆེན་པོ་འི་མདོ།།
大乘無量壽宗要經 （4—3）

敦博 Db.t.0172 ཚེ་དཔག་དུ་མྱེད་པ་ཞེས་བྱ་བ་ཐེག་པ་ཆེན་པོ་འི་མདོ།།
大乘無量壽宗要經 （4—4）

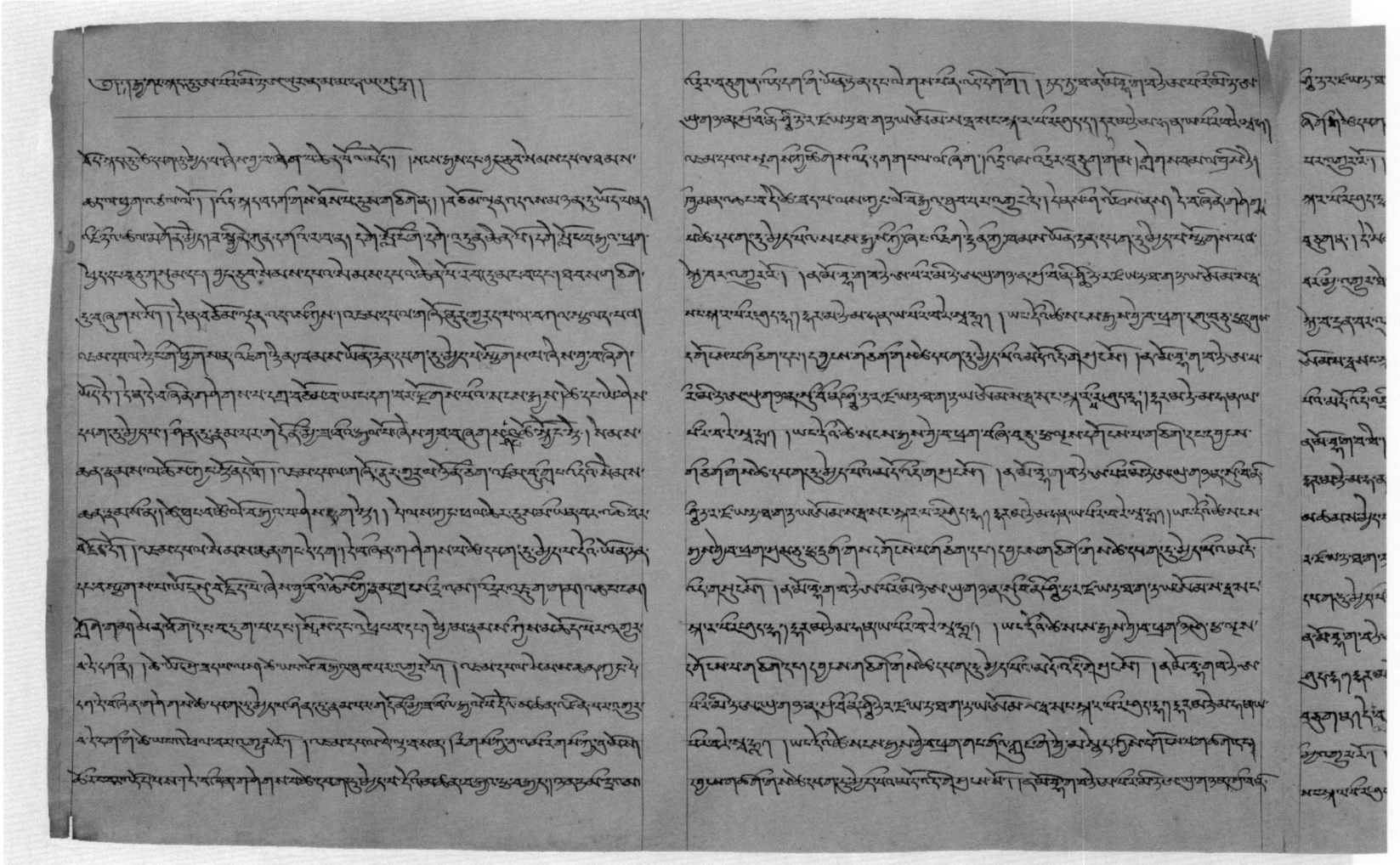

敦博 Db.t.0173 ཚེ་དཔག་དུ་མྱེད་པ་ཞེས་བྱ་བ་ཐེག་པ་ཆེན་པོའི་མདོ།།
　　　　大乘無量壽宗要經　（3—1）

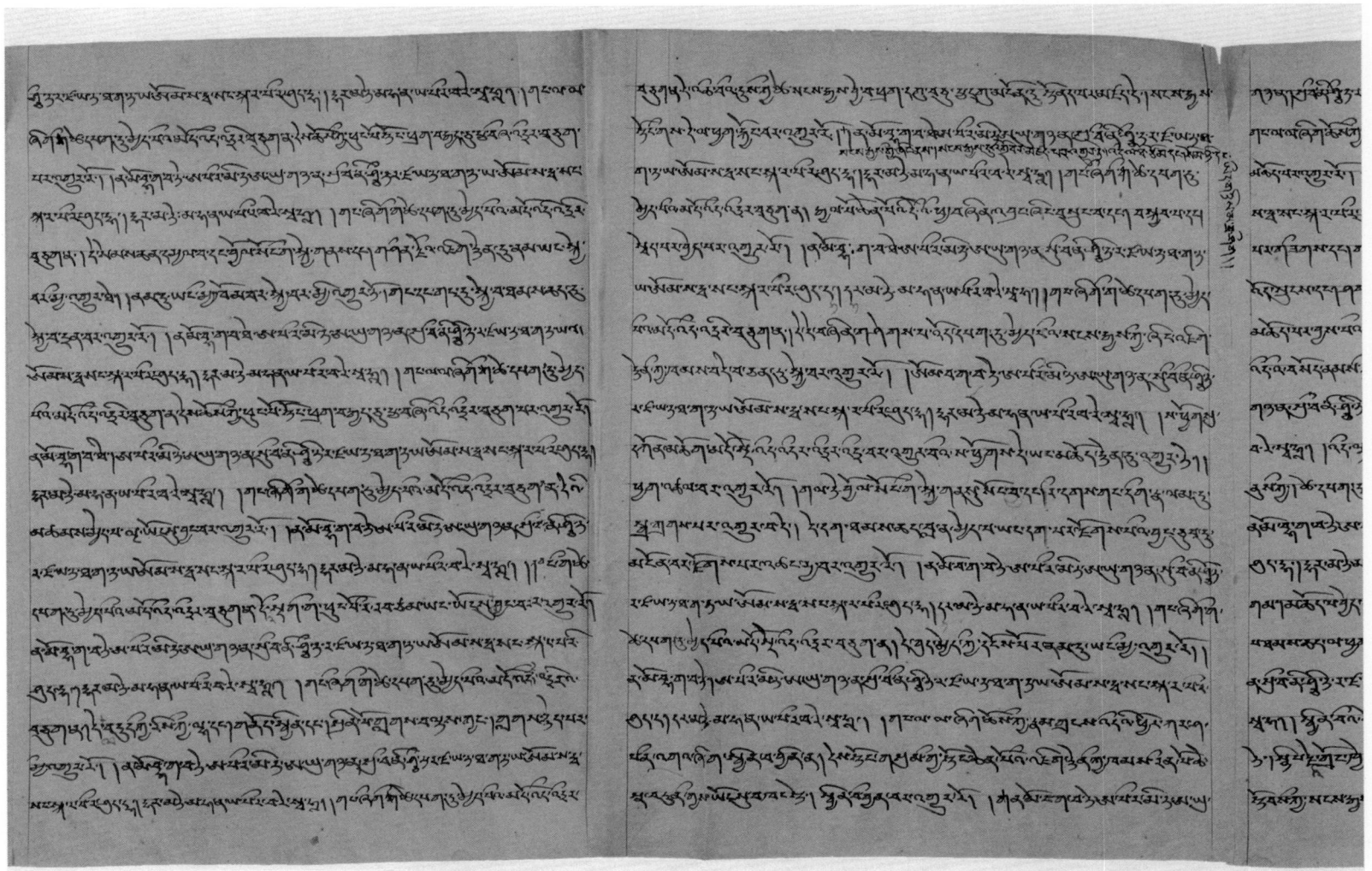

敦博 Db.t.0173 ཚེ་དཔག་དུ་མྱེད་པ་ཞེས་བྱ་བ་ཐེག་པ་ཆེན་པོའི་མདོ།།
　　　　大乘無量壽宗要經　（3—2）

敦博 Db.t.0173 ཚེ་དཔག་དུ་མྱེད་པ་ཞེས་བྱ་བ་ཐེག་པ་ཆེན་པོའི་མདོ།།
大乘無量壽宗要經 （3—3）

敦博 Db.t.0174 ཚེ་དཔག་དུ་མྱེད་པ་ཞེས་བྱ་བ་ཐེག་པ་ཆེན་པོའི་མདོ།།
大乘無量壽宗要經 （6—1）

敦博 Db.t.0174 ཚེ་དཔག་དུ་མྱེད་པ་ཞེས་བྱ་བ་ཐེག་པ་ཆེན་པོའི་མདོ།།

大乘無量壽宗要經 （6—2）

敦博 Db.t.0174 ཚེ་དཔག་དུ་མྱེད་པ་ཞེས་བྱ་བ་ཐེག་པ་ཆེན་པོའི་མདོ།།

大乘無量壽宗要經 （6—3）

敦博 Db.t.0174 ཚེ་དཔག་དུ་མྱེད་པ་ཞེས་བྱ་བ་ཐེག་པ་ཆེན་པོའི་མདོ།།
大乘無量壽宗要經 （6—4）

敦博 Db.t.0174 ཚེ་དཔག་དུ་མྱེད་པ་ཞེས་བྱ་བ་ཐེག་པ་ཆེན་པོའི་མདོ།།
大乘無量壽宗要經 （6—5）

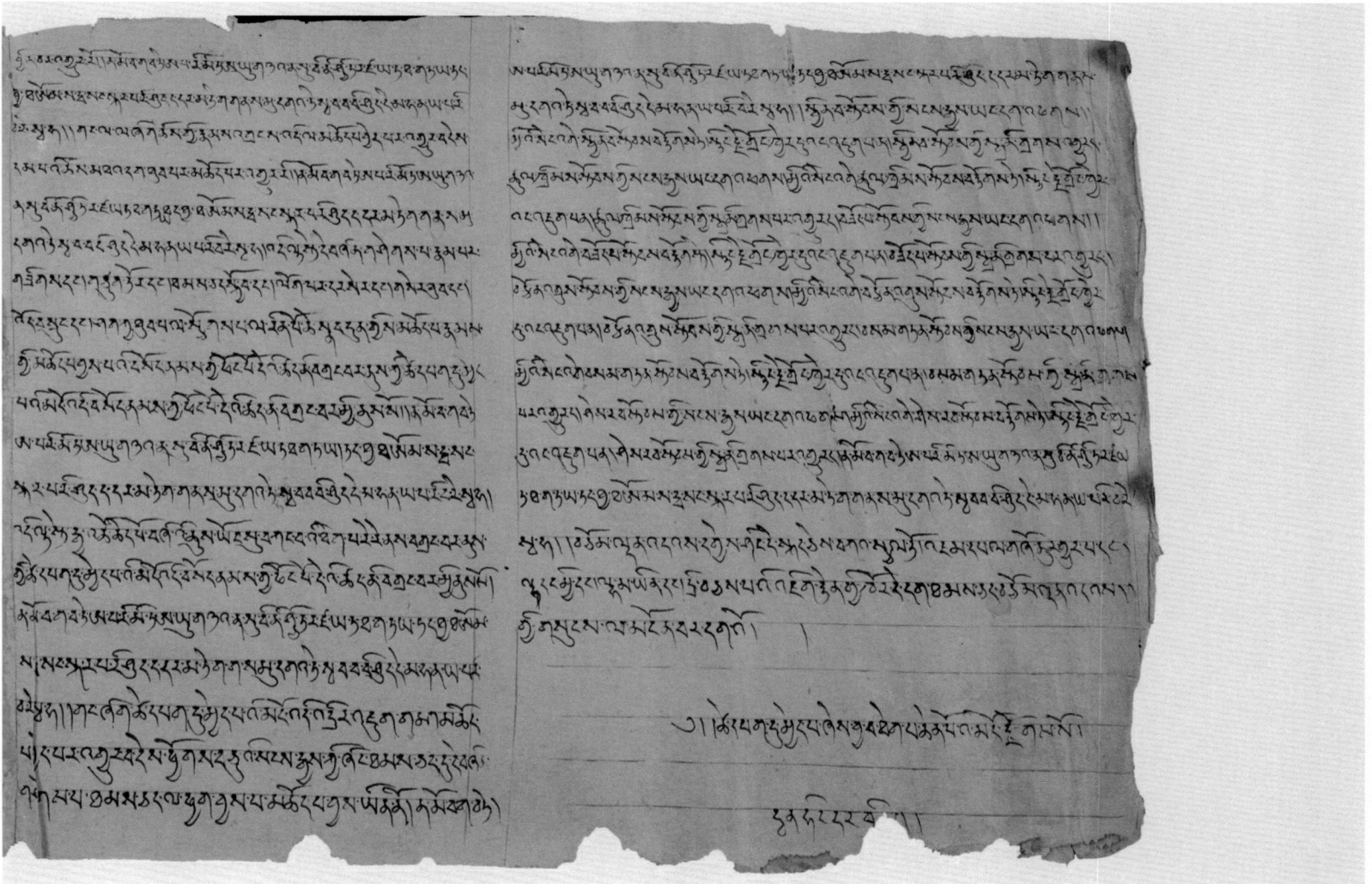

敦博 Db.t.0174 ཚེ་དཔག་དུ་མྱེད་པ་ཞེས་བྱ་བ་ཐེག་པ་ཆེན་པོའི་མདོ།།
大乘無量壽宗要經 （6—6）

敦博 Db.t.0175 ཚེ་དཔག་དུ་མྱེད་པ་ཞེས་བྱ་བ་ཐེག་པ་ཆེན་པོའི་མདོ།།
大乘無量壽宗要經 （9—1）

敦博 Db.t.0175 ཚེ་དཔག་དུ་མྱེད་པ་ཞེས་བྱ་བ་ཐེག་པ་ཆེན་པོའི་མདོ།།
大乘無量壽宗要經 （9—2）

敦博 Db.t.0175 ཚེ་དཔག་དུ་མྱེད་པ་ཞེས་བྱ་བ་ཐེག་པ་ཆེན་པོའི་མདོ།།
大乘無量壽宗要經 （9—3）

敦博 Db.t.0175 ཚེ་དཔག་དུ་མྱེད་པ་ཞེས་བྱ་བ་ཐེག་པ་ཆེན་པོའི་མདོ།།
大乘無量壽宗要經 （9—4）

敦博 Db.t.0175 ཚེ་དཔག་དུ་མྱེད་པ་ཞེས་བྱ་བ་ཐེག་པ་ཆེན་པོའི་མདོ།།
大乘無量壽宗要經 （9—5）

敦博 Db.t.0175　ཚེ་དཔག་དུ་མྱེད་པ་ཞེས་བྱ་བ་ཐེག་པ་ཆེན་པོའི་མདོ།།
大乘無量壽宗要經 （9—6）

敦博 Db.t.0175　ཚེ་དཔག་དུ་མྱེད་པ་ཞེས་བྱ་བ་ཐེག་པ་ཆེན་པོའི་མདོ།།
大乘無量壽宗要經 （9—7）

敦博 Db.t.0175 ཚེ་དཔག་དུ་མྱེད་པ་ཞེས་བྱ་བ་ཐེག་པ་ཆེན་པོའི་མདོ།།
大乘無量壽宗要經 （9—8）

敦博 Db.t.0175 ཚེ་དཔག་དུ་མྱེད་པ་ཞེས་བྱ་བ་ཐེག་པ་ཆེན་པོའི་མདོ།།
大乘無量壽宗要經 （9—9）

敦博 Db.t.0176 ཚེ་དཔག་ཏུ་མྱེད་པ་ཞེས་བྱ་བ་ཐེག་པ་ཆེན་པོའི་མདོ།།

大乘無量壽宗要經 （3—1）

敦博 Db.t.0176 ཚེ་དཔག་ཏུ་མྱེད་པ་ཞེས་བྱ་བ་ཐེག་པ་ཆེན་པོའི་མདོ།།

大乘無量壽宗要經 （3—2）

314

敦博 Db.t.0176 ཚེ་དཔག་དུ་མྱེད་པ་ཞེས་བྱ་བ་ཐེག་པ་ཆེན་པོའི་མདོ།།
大乘無量壽宗要經 （3—3）

敦博 Db.t.0177 ཚེ་དཔག་དུ་མྱེད་པ་ཞེས་བྱ་བ་ཐེག་པ་ཆེན་པོའི་མདོ།།
大乘無量壽宗要經 （3—1）

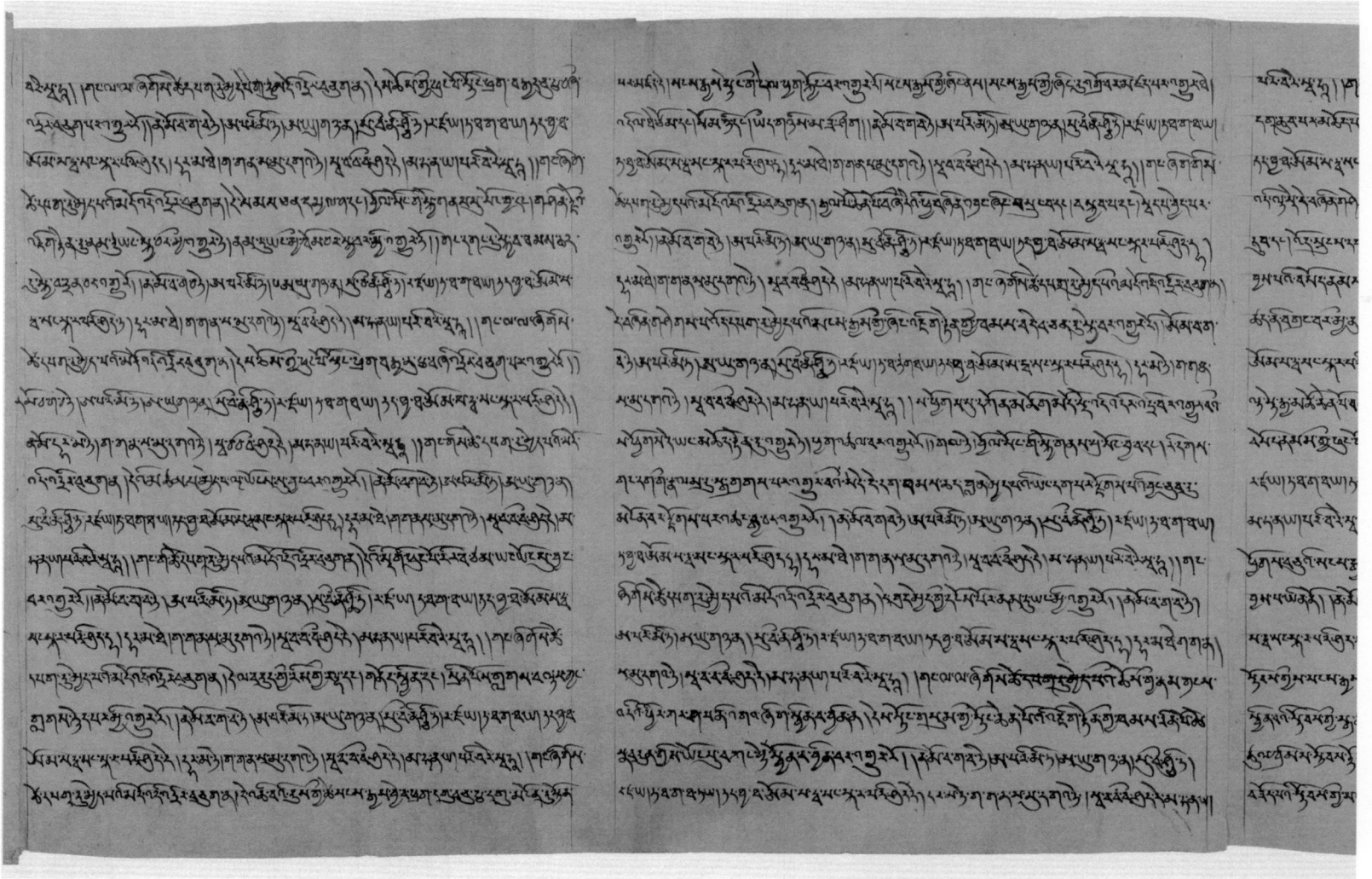

敦博 Db.t.0177 ཚེ་དཔག་དུ་མྱེད་པ་ཞེས་བྱ་བ་ཐེག་པ་ཆེན་པོའི་མདོ།།
大乘無量壽宗要經 （3—2）

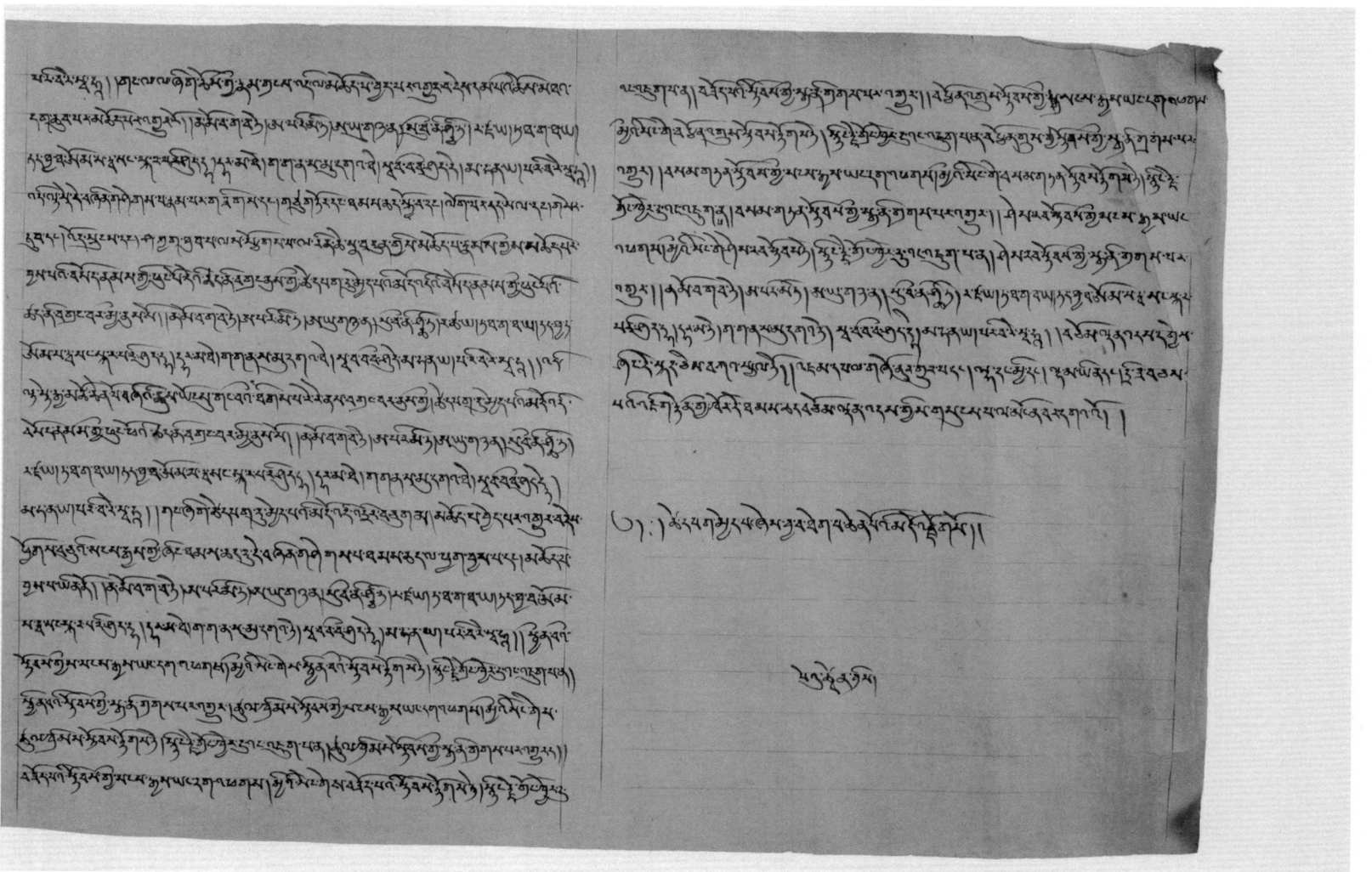

敦博 Db.t.0177 ཚེ་དཔག་དུ་མྱེད་པ་ཞེས་བྱ་བ་ཐེག་པ་ཆེན་པོའི་མདོ།།
大乘無量壽宗要經 （3—3）

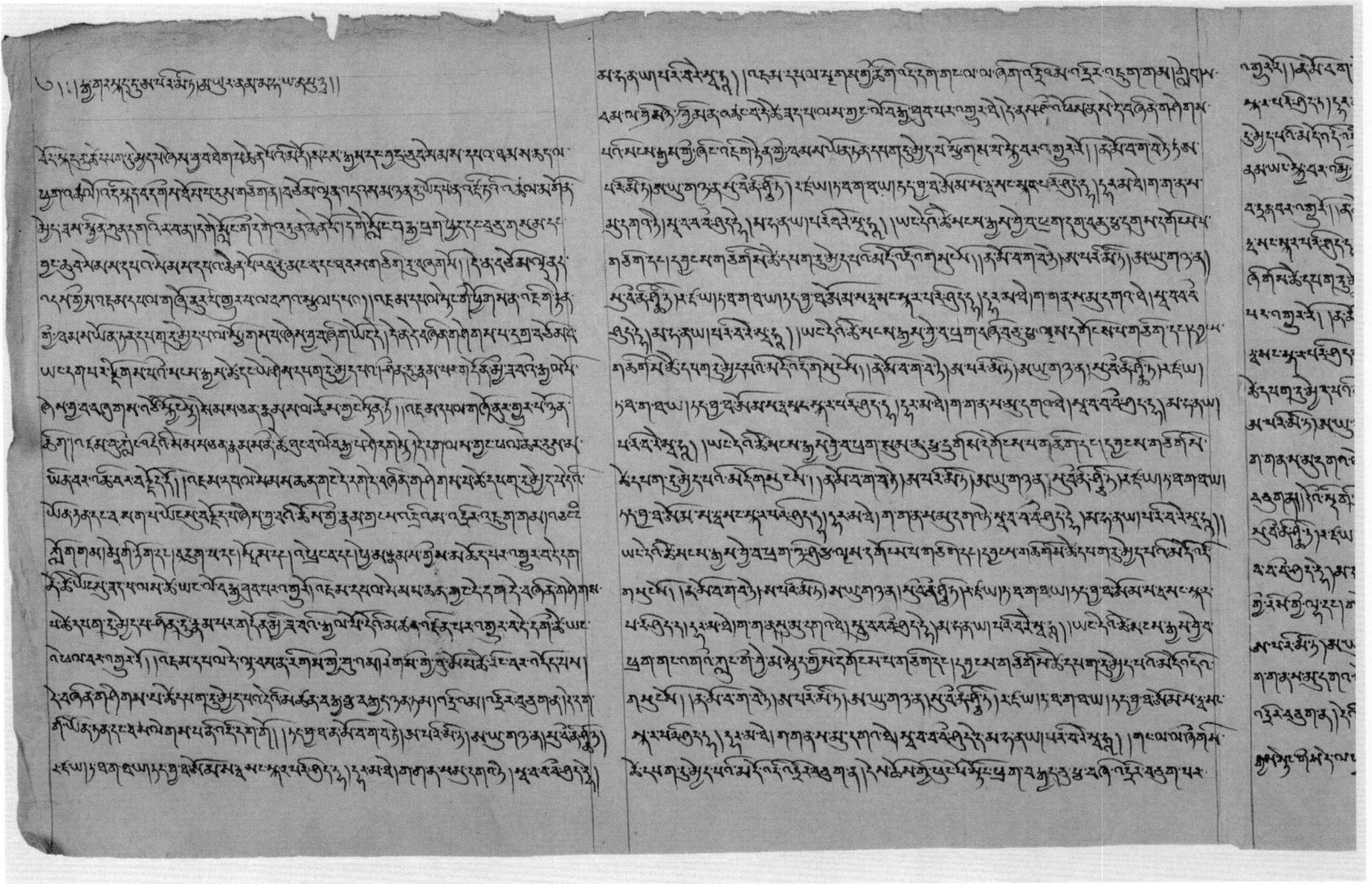

敦博 Db.t.0178 ཚེ་དཔག་དུ་མྱེད་པ་ཞེས་བྱ་བ་ཐེག་པ་ཆེན་པོའི་མདོ།།

大乘無量壽宗要經 （3—1）

敦博 Db.t.0178 ཚེ་དཔག་དུ་མྱེད་པ་ཞེས་བྱ་བ་ཐེག་པ་ཆེན་པོའི་མདོ།།

大乘無量壽宗要經 （3—2）

敦博 Db.t.0178 ཚེ་དཔག་དུ་མྱེད་པ་ཞེས་བྱ་བ་ཐེག་པ་ཆེན་པོའི་མདོ།།

大乘無量壽宗要經 （3—3）

敦博 Db.t.0179 ཚེ་དཔག་དུ་མེད་པ་ཞེས་བྱ་བ་ཐེག་པ་ཆེན་པོའི་མདོ།།

大乘無量壽宗要經 （3—1）

敦博 Db.t.0179 ཚེ་དཔག་དུ་མེད་པ་ཞེས་བྱ་བ་ཐེག་པ་ཆེན་པོའི་མདོ༎
大乘無量壽宗要經 （3—2）

敦博 Db.t.0179 ཚེ་དཔག་དུ་མེད་པ་ཞེས་བྱ་བ་ཐེག་པ་ཆེན་པོའི་མདོ༎
大乘無量壽宗要經 （3—3）

敦博 Db.t.0180 ཚེ་དཔག་དུ་མྱེད་པ་ཞེས་བྱ་བ་ཐེག་པ་ཆེན་པོའི་མདོ།།

大乘無量壽宗要經 （3—1）

敦博 Db.t.0180 ཚེ་དཔག་དུ་མྱེད་པ་ཞེས་བྱ་བ་ཐེག་པ་ཆེན་པོའི་མདོ།།

大乘無量壽宗要經 （3—2）

敦博 Db.t.0180　ཚེ་དཔག་དུ་མྱེད་པ་ཞེས་བྱ་བ་ཐེག་པ་ཆེན་པོའི་མདོ།།

大乘無量壽宗要經　（3—3）

敦博 Db.t.0181　ཚེ་དཔག་དུ་མྱེད་པ་ཞེས་བྱ་བ་ཐེག་པ་ཆེན་པོའི་མདོ།།

大乘無量壽宗要經　（4—1）

敦博 Db.t.0181 ཚེ་དཔག་དུ་མེད་པ་ཞེས་བྱ་བ་ཐེག་པ་ཆེན་པོའི་མདོ།།
大乘無量壽宗要經 （4—2）

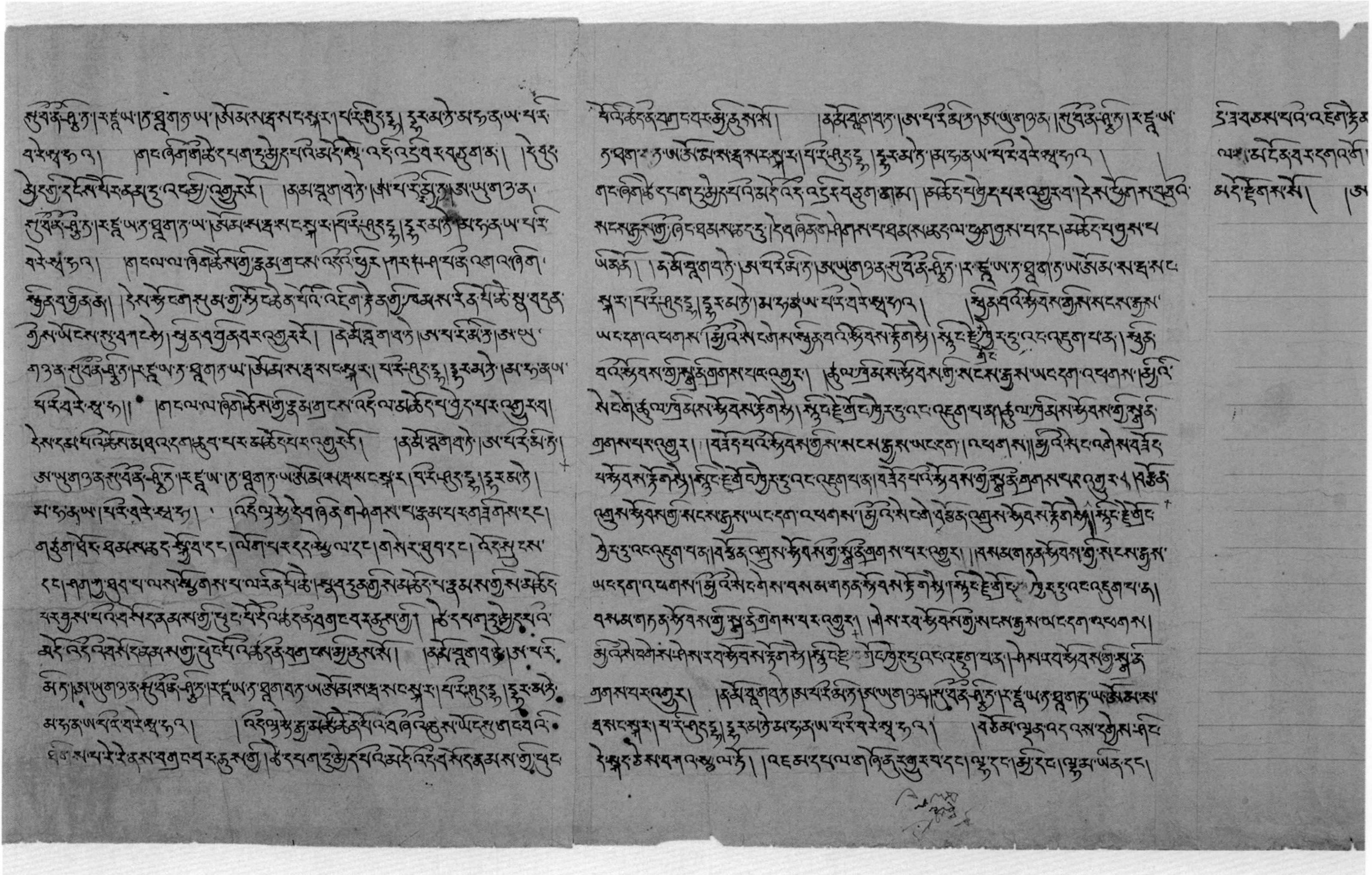

敦博 Db.t.0181 ཚེ་དཔག་དུ་མེད་པ་ཞེས་བྱ་བ་ཐེག་པ་ཆེན་པོའི་མདོ།།
大乘無量壽宗要經 （4—3）

ཀ་ཅ་ཆ་ས་པ་འདེ་སྟེ་སྒྱུར་ལེ་དེ་ཐ་མ་སཀ་ས་མ་བྱུར་བར་ས་བས་སྒ་མ་ག་བ་ས་ཏ་
ཤ་ན་ཅེ་ར་ར་ངག་རི། ཚ་པ་བ་ཅུ་རྒ་པ་ལ་ཞེ་མྱ་བ་ཐེ་བ་ས་མ་ས་ར་དཀ།
ན་ས་ཁྱུ་ས་སྐ། ཨ་མར་ཅུ་ར་ཆ་ཙྱུ་ཆྱ་བ་ས།

ཅ་བ་ཅེ་ན་སུ་ས་དཀ།། ལེ་ས་ས་ཙ་ས་ལུ་ཀ།

敦博 Db.t.0181 ཚོ་དཔག་ཏུ་བྱེད་པ་ཞེས་བྱ་བ་ཐེག་པ་ཆེན་པོའི་མདོ།།
大乘無量壽宗要經 （4—4）

敦博 Db.t.0182 ཚོ་དཔག་ཏུ་བྱེད་པ་ཞེས་བྱ་བ་ཐེག་པ་ཆེན་པོ་འི་མདོ།།
大乘無量壽宗要經 （4—1）

敦博 Db.t.0182 ཚེ་དཔག་ཏུ་མྱེད་པ་ཞེས་བྱ་བ་ཐེག་པ་ཆེན་པོའི་མདོ།།
大乘無量壽宗要經 （4—2）

敦博 Db.t.0182 ཚེ་དཔག་ཏུ་མྱེད་པ་ཞེས་བྱ་བ་ཐེག་པ་ཆེན་པོའི་མདོ།།
大乘無量壽宗要經 （4—3）

敦博 Db.t.0182 ཚེ་དཔག་དུ་མྱེད་པ་ཞེས་བྱ་བ་ཐེག་པ་ཆེན་པོའི་མདོ།།
大乘無量壽宗要經 （4—4）

敦博 Db.t.0183 ཚེ་དཔག་དུ་མྱེད་པའི་མདོ་ཞེས་བྱ་བ་ཐེག་པ་ཆེན་པོའི་མདོ།།
大乘無量壽宗要經 （16—1）

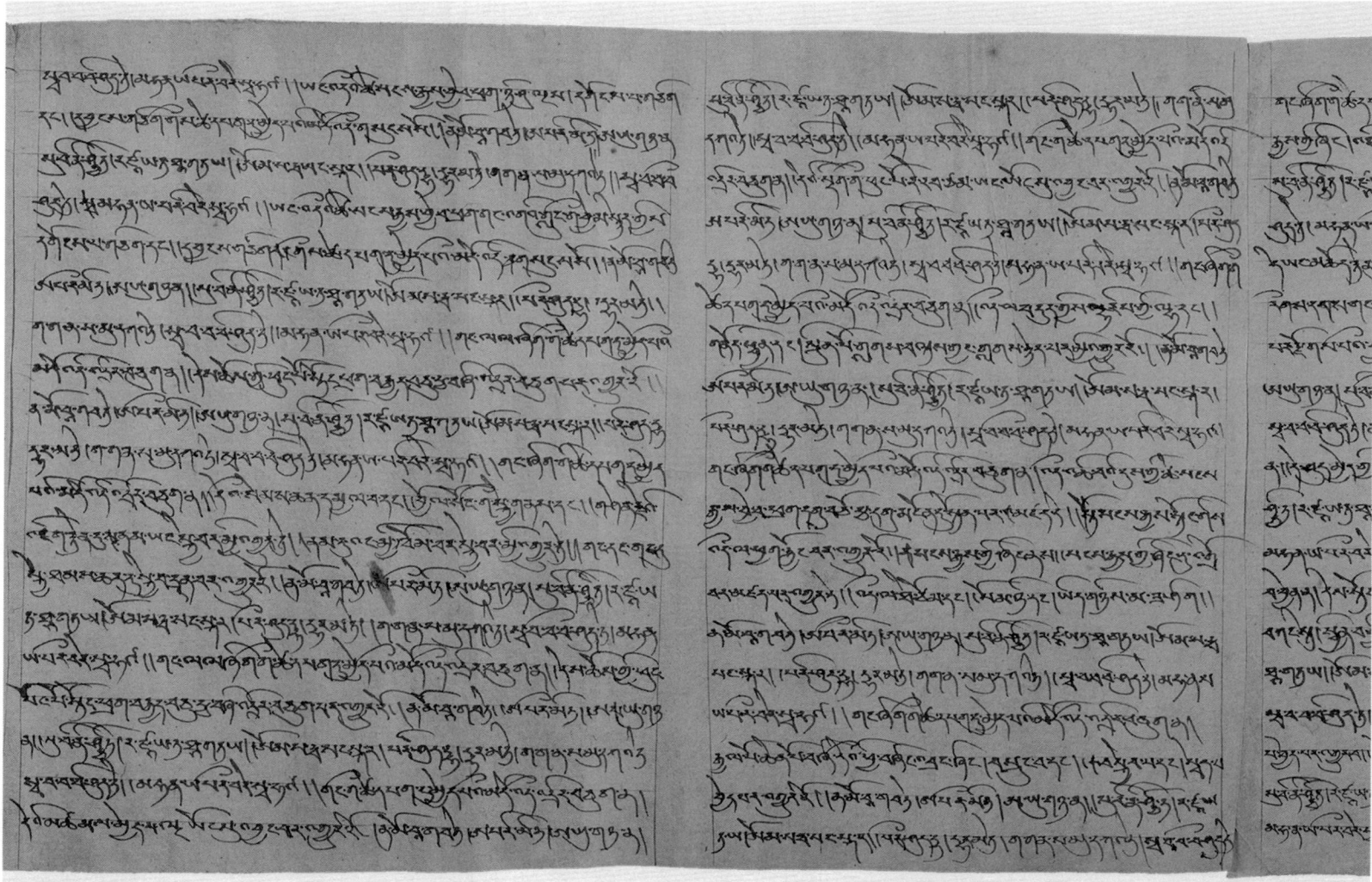

敦博 Db.t.0183 ཚེ་དཔག་དུ་མྱེད་པའི་མདོ་ཞེས་བྱ་བ་ཐེག་པ་ཆེན་པོའི་མདོ༔
大乘無量壽宗要經 （16—2）

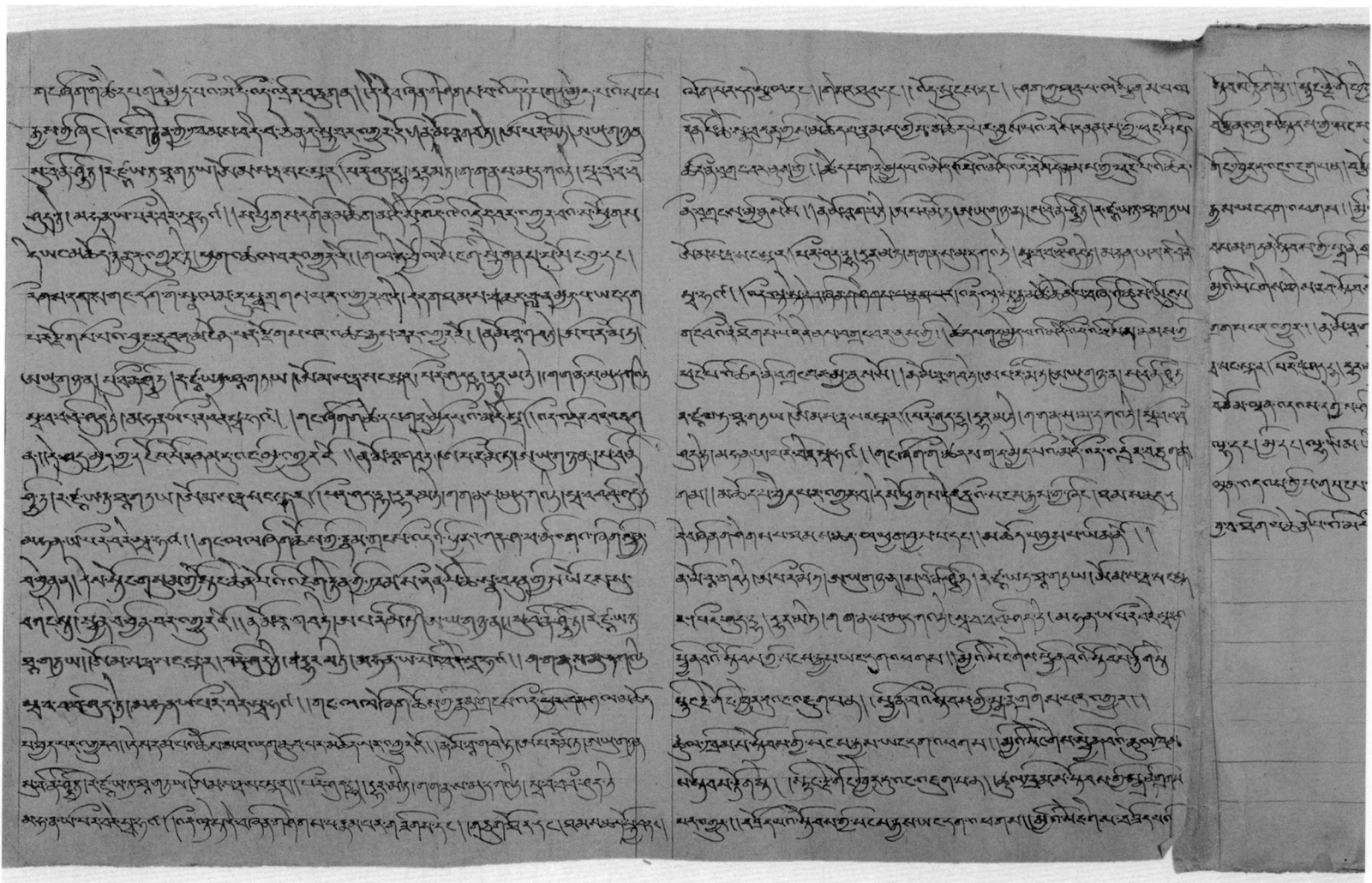

敦博 Db.t.0183 ཚེ་དཔག་དུ་མྱེད་པའི་མདོ་ཞེས་བྱ་བ་ཐེག་པ་ཆེན་པོའི་མདོ༔
大乘無量壽宗要經 （16—3）

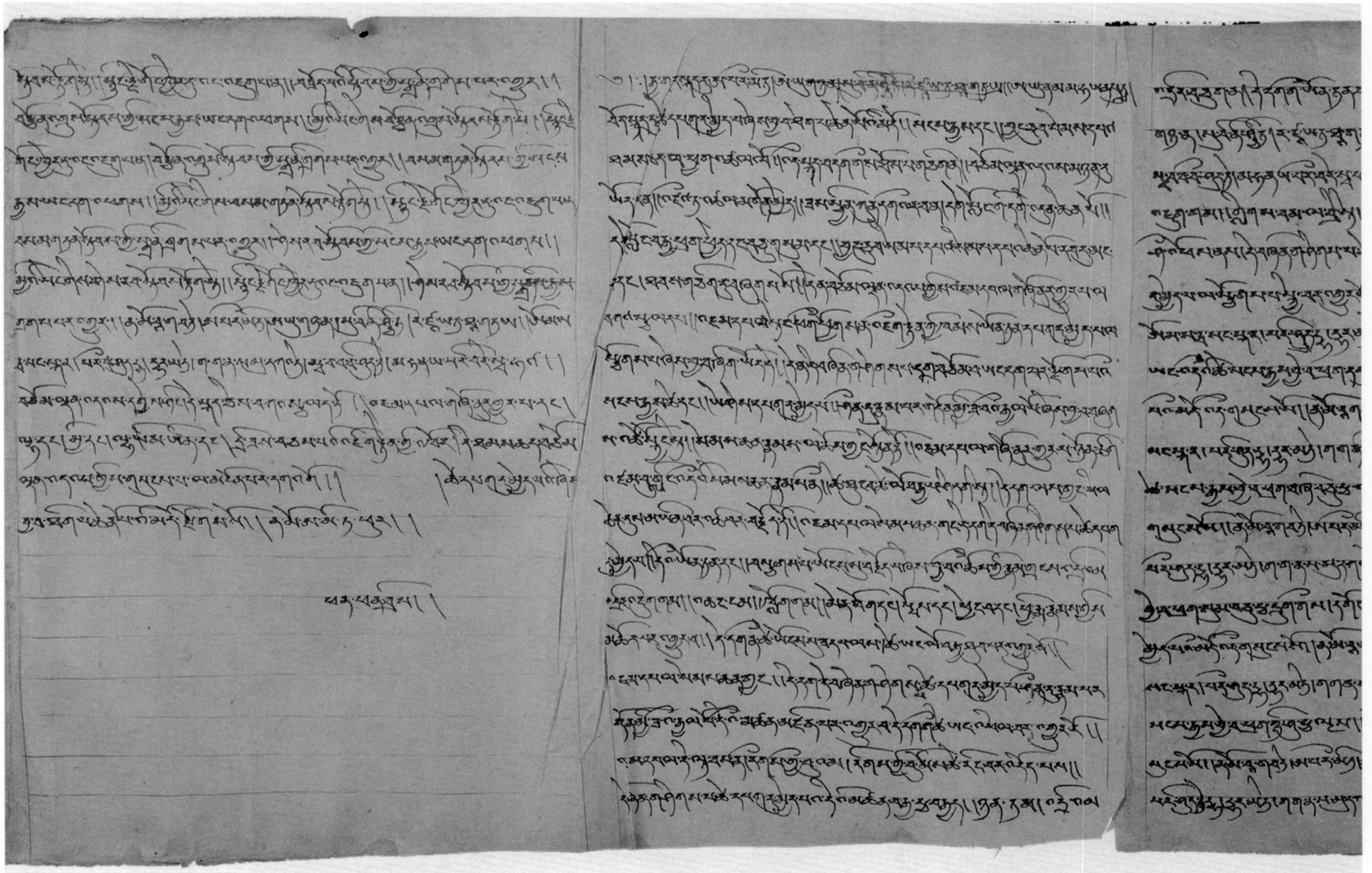

敦博 Db.t.0183 ཚེ་དཔག་དུ་མྱེད་པའི་མདོ་ཞེས་བྱ་བ་ཐེག་པ་ཆེན་པོའི་མདོ།།

大乘無量壽宗要經 （16—4）

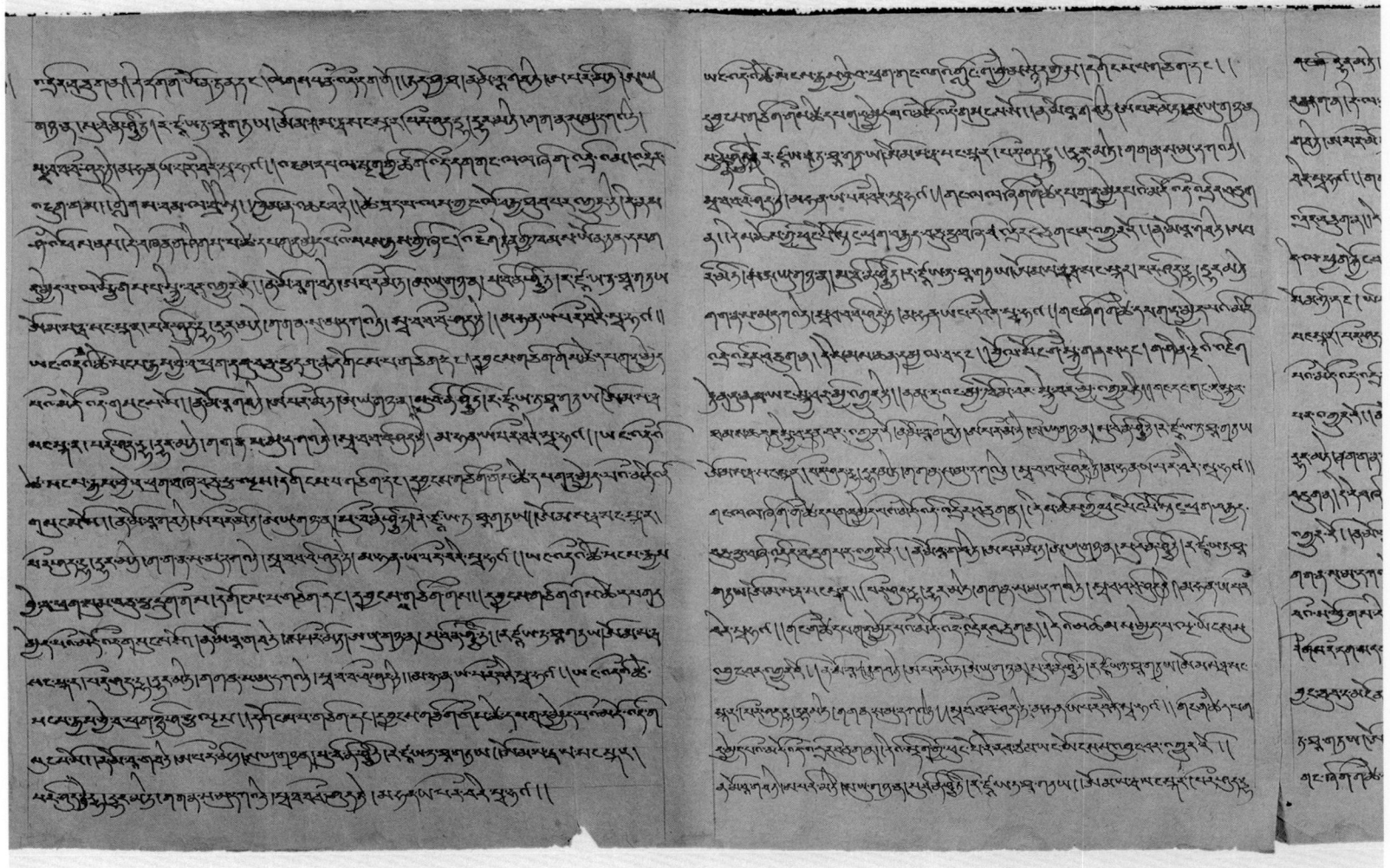

敦博 Db.t.0183 ཚེ་དཔག་དུ་མྱེད་པའི་མདོ་ཞེས་བྱ་བ་ཐེག་པ་ཆེན་པོའི་མདོ།།

大乘無量壽宗要經 （16—5）

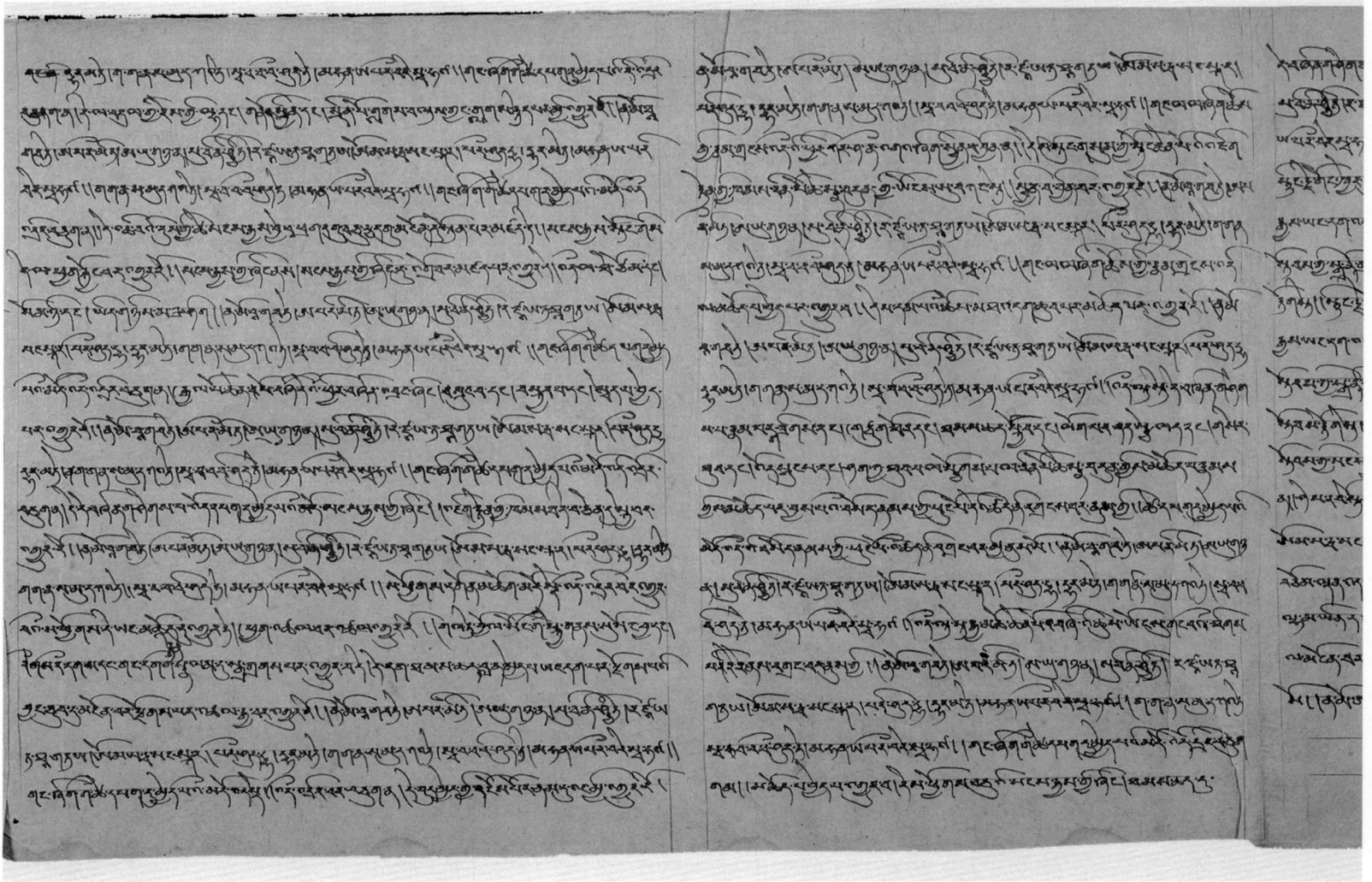

敦博 Db.t.0183 ཚེ་དཔག་དུ་མྱེད་པའི་མདོ་ཞེས་བྱ་བ་ཐེག་པ་ཆེན་པོའི་མདོ།།
大乘無量壽宗要經 （16—6）

敦博 Db.t.0183 ཚེ་དཔག་དུ་མྱེད་པའི་མདོ་ཞེས་བྱ་བ་ཐེག་པ་ཆེན་པོའི་མདོ།།
大乘無量壽宗要經 （16—7）

敦博 Db.t.0183 ཚེ་དཔག་དུ་མྱེད་པའི་མདོ་ཞེས་བྱ་བ་ཐེག་པ་ཆེན་པོའི་མདོ།།
大乘無量壽宗要經 （16—8）

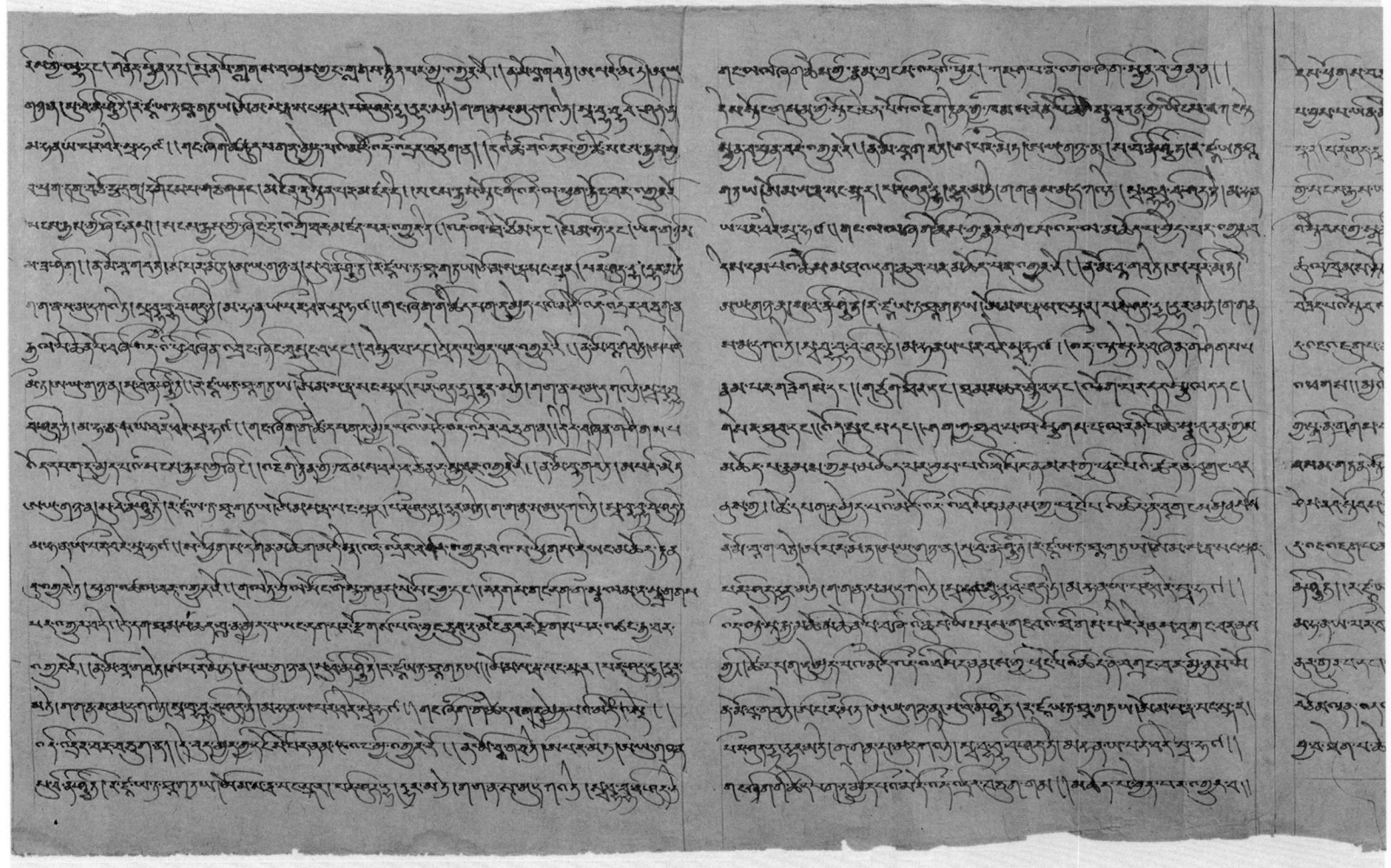

敦博 Db.t.0183 ཚེ་དཔག་དུ་མྱེད་པའི་མདོ་ཞེས་བྱ་བ་ཐེག་པ་ཆེན་པོའི་མདོ།།
大乘無量壽宗要經 （16—9）

敦博 Db.t.0183 ཚེ་དཔག་དུ་མྱེད་པའི་མདོ་ཞེས་བྱ་བ་ཐེག་པ་ཆེན་པོའི་མདོ།།
大乘無量壽宗要經 （16—10）

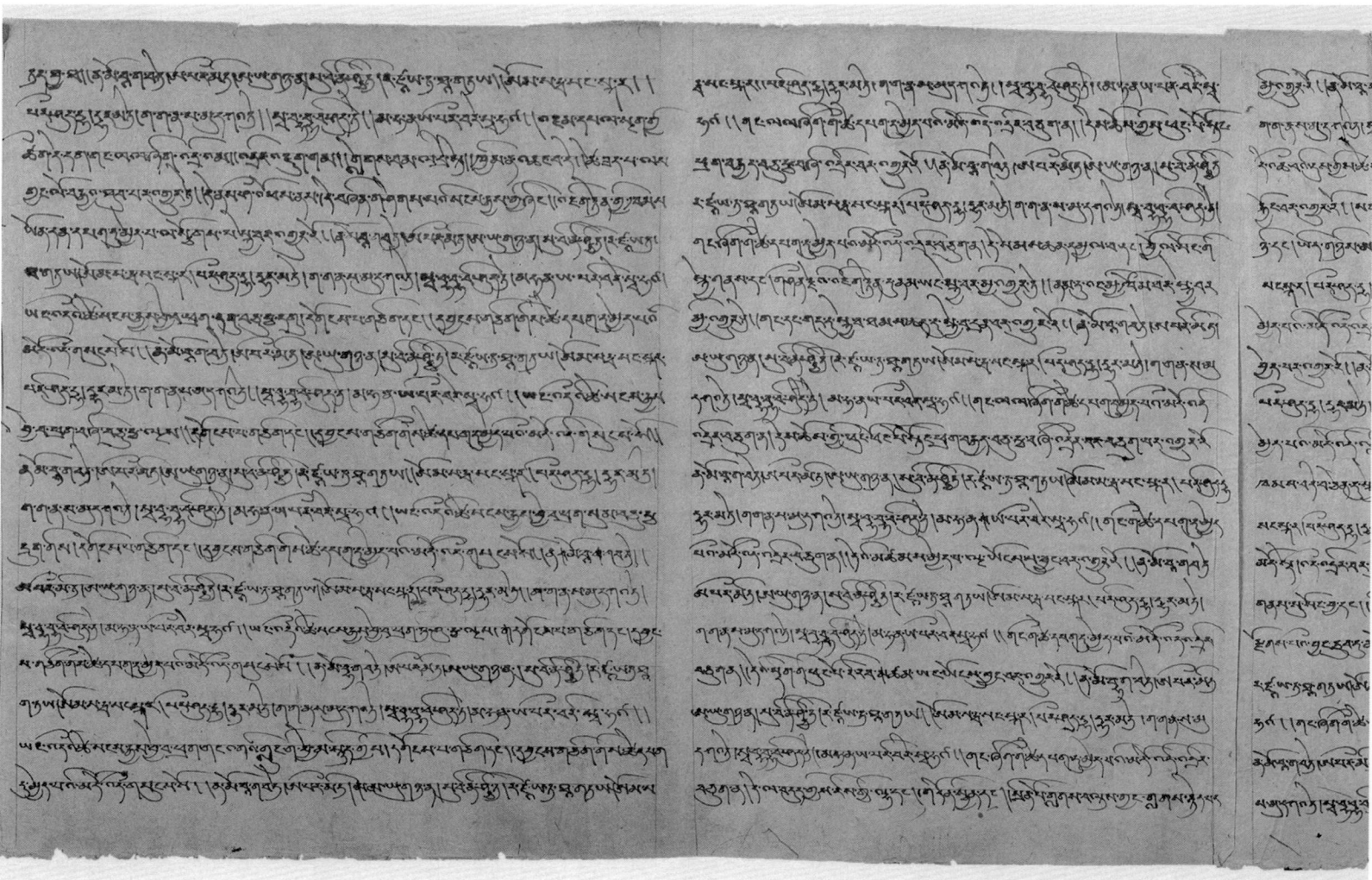

敦博 Db.t.0183 ཚེ་དཔག་དུ་མྱེད་པའི་མདོ་ཞེས་བྱ་བ་ཐེག་པ་ཆེན་པོའི་མདོ།།
大乘無量壽宗要經 （16—11）

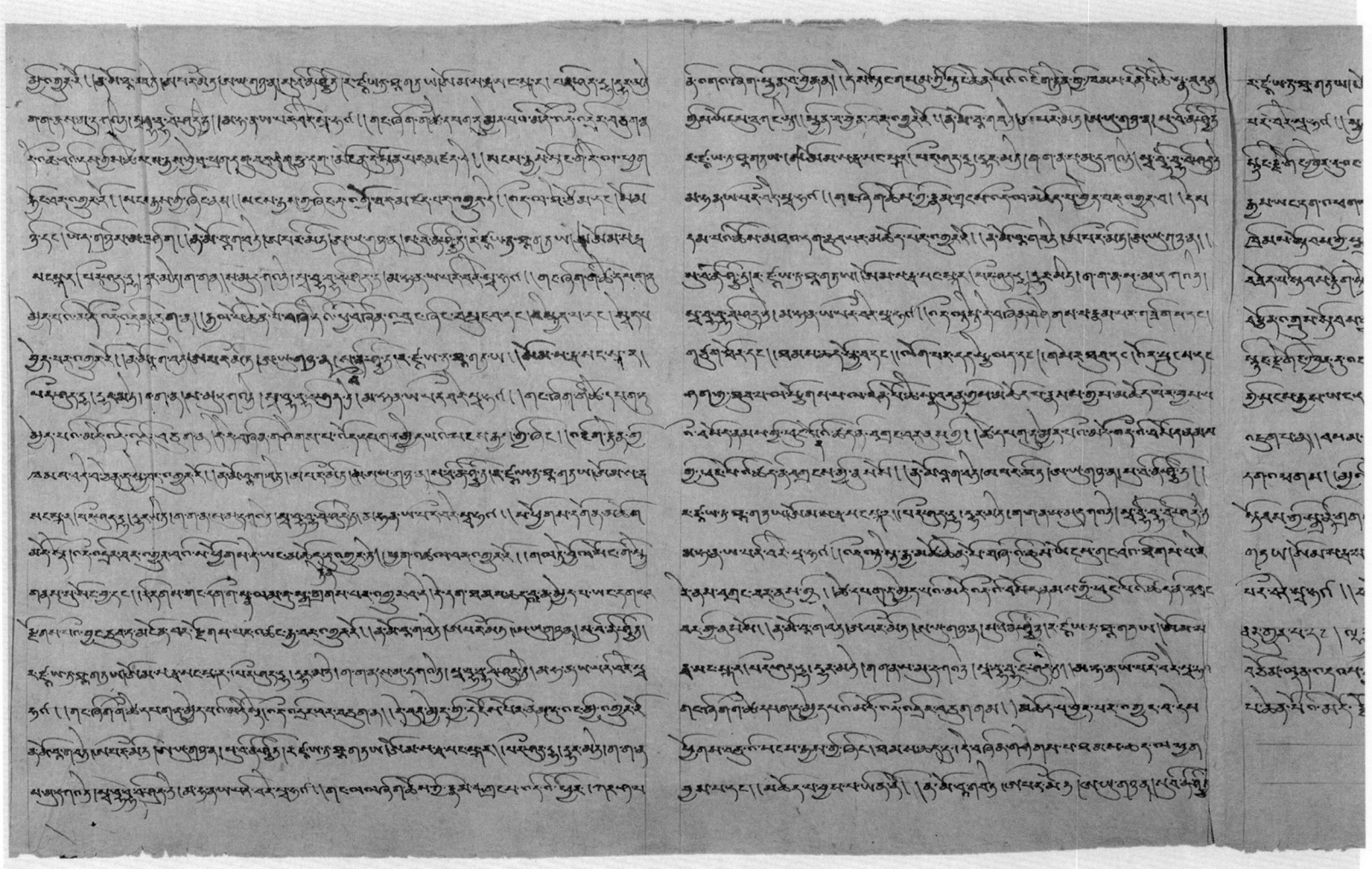

敦博 Db.t.0183 ཚེ་དཔག་དུ་མྱེད་པའི་མདོ་ཞེས་བྱ་བ་ཐེག་པ་ཆེན་པོའི་མདོ།།
大乘無量壽宗要經　（16—12）

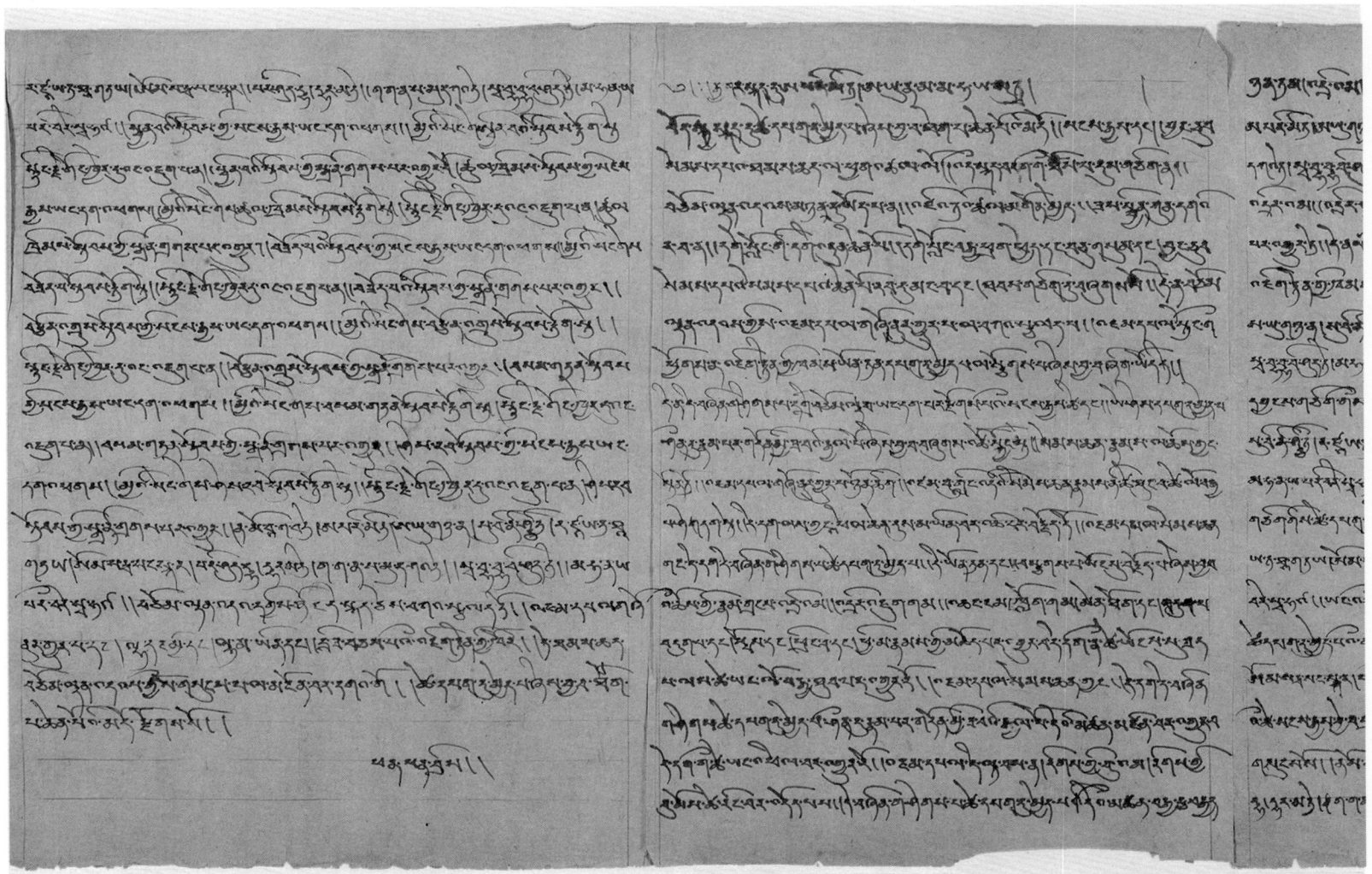

敦博 Db.t.0183 ཚེ་དཔག་དུ་མྱེད་པའི་མདོ་ཞེས་བྱ་བ་ཐེག་པ་ཆེན་པོའི་མདོ།།
大乘無量壽宗要經　（16—13）

敦博 Db.t.0183 ཚེ་དཔག་དུ་མྱེད་པའི་མདོ་ཞེས་བྱ་བ་ཐེག་པ་ཆེན་པོའི་མདོ།།
大乘無量壽宗要經 （16—14）

敦博 Db.t.0183 ཚེ་དཔག་དུ་མྱེད་པའི་མདོ་ཞེས་བྱ་བ་ཐེག་པ་ཆེན་པོའི་མདོ།།
大乘無量壽宗要經 （16—15）

敦博 Db.t.0183 ཚེ་དཔག་དུ་མྱེད་པའི་མདོ་ཞེས་བྱ་བ་ཐེག་པ་ཆེན་པོའི་མདོ།།
大乘無量壽宗要經 （16—16）

敦博 Db.t.0184 ཚེ་དཔག་དུ་མྱེད་པ་ཞེས་བྱ་བ་ཐེག་པ་ཆེན་པོའི་མདོ།།
大乘無量壽宗要經 （12—1）

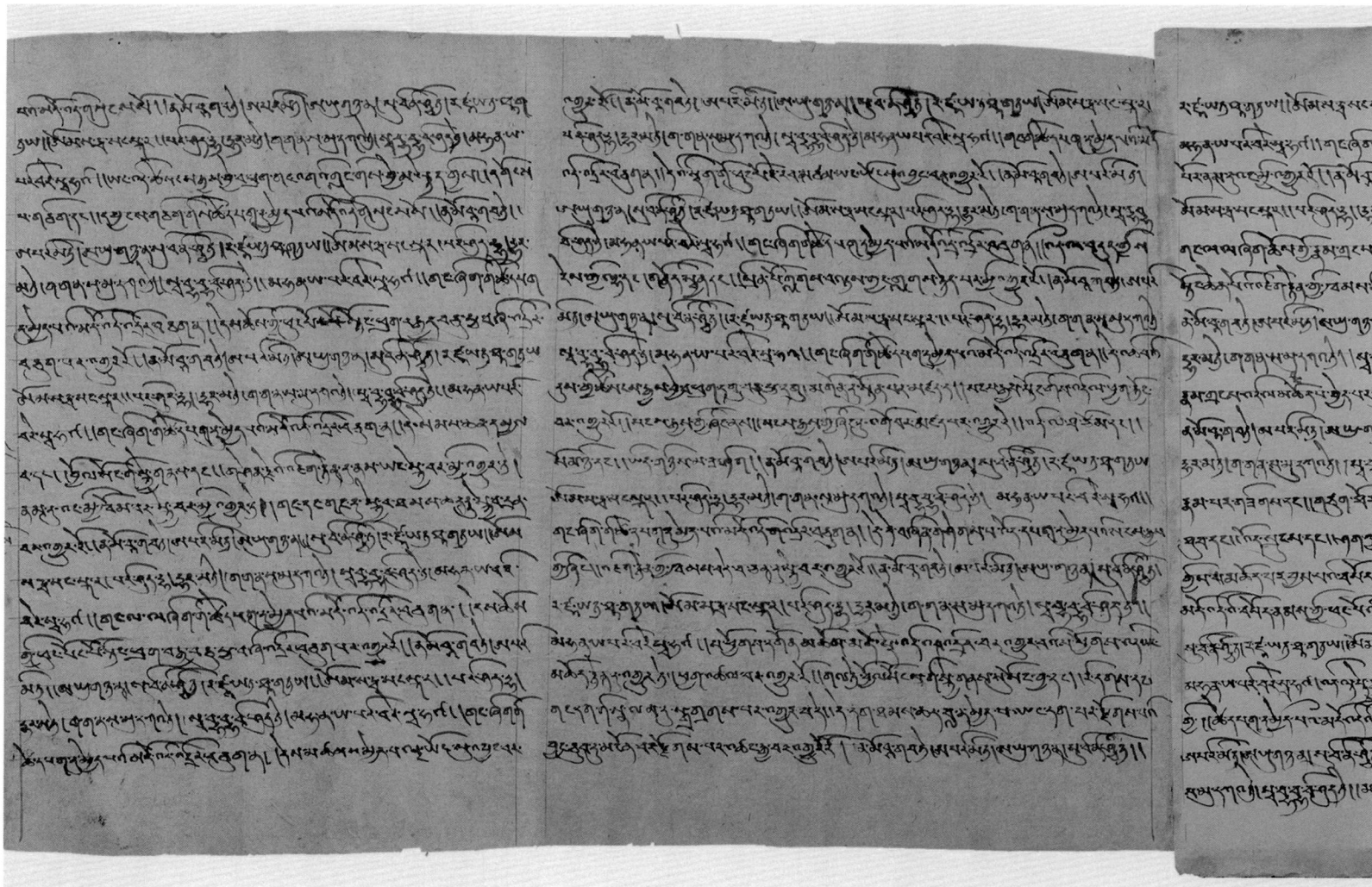

敦博 Db.t.0184 ཚེ་དཔག་དུ་མྱེད་པ་ཞེས་བྱ་བ་ཐེག་པ་ཆེན་པོའི་མདོ།།
大乘無量壽宗要經 （12—2）

敦博 Db.t.0184 ཚེ་དཔག་དུ་མྱེད་པ་ཞེས་བྱ་བ་ཐེག་པ་ཆེན་པོའི་མདོ།།
大乘無量壽宗要經 （12—3）

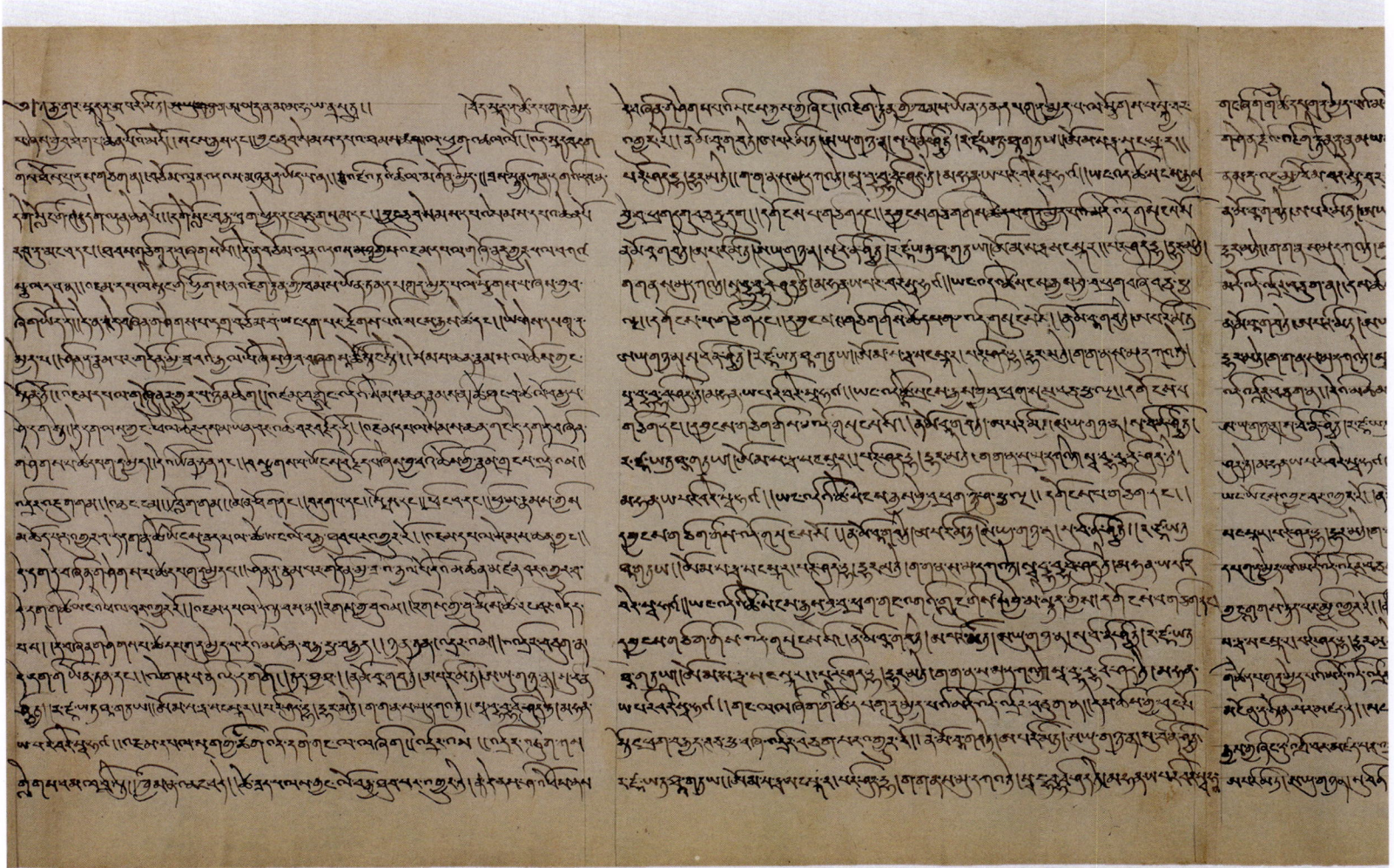

敦博 Db.t.0184 ཚེ་དཔག་དུ་མྱེད་པ་ཞེས་བྱ་བ་ཐེག་པ་ཆེན་པོའི་མདོ།།
大乘無量壽宗要經 （12—4）

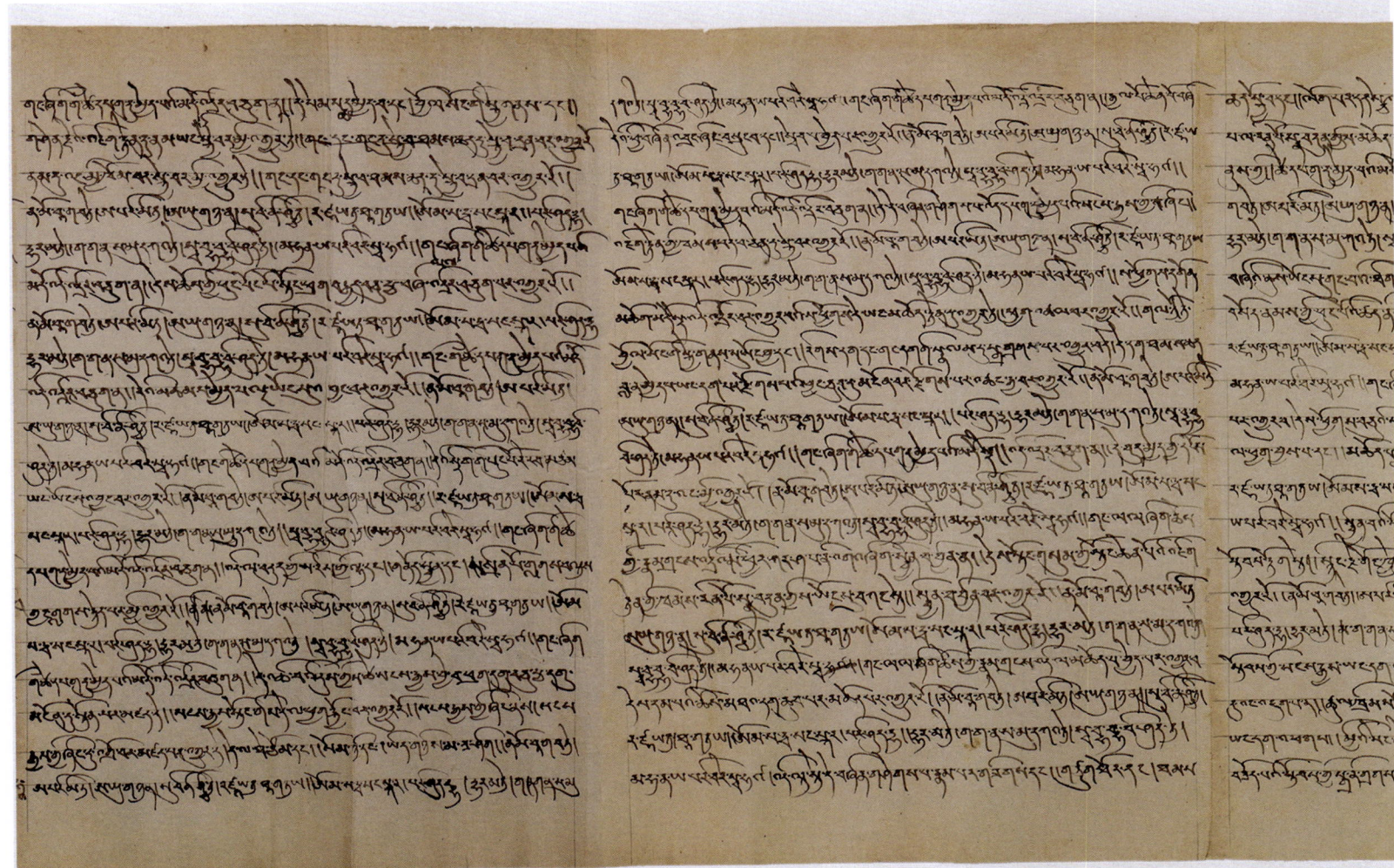

敦博 Db.t.0184 ཚེ་དཔག་དུ་མྱེད་པ་ཞེས་བྱེ་བ་ཐེག་པ་ཆེན་པོའི་མདོ།།
大乘無量壽宗要經 （12—5）

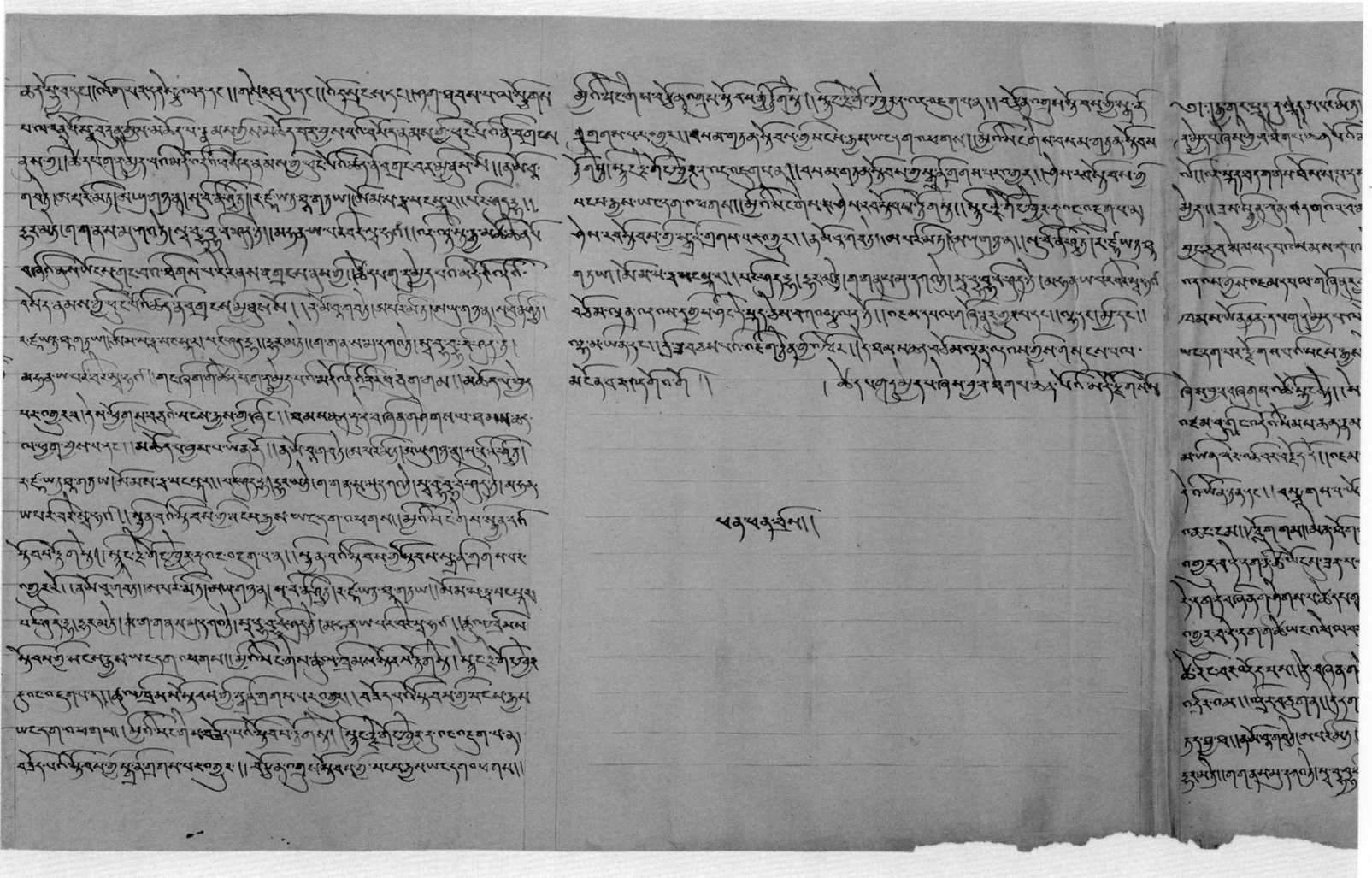

敦博 Db.t.0184　ཚེ་དཔག་དུ་མྱེད་པ་ཞེས་བྱེ་བ་ཐེག་པ་ཆེན་པོའི་མདོ།།
大乘無量壽宗要經　（12—6）

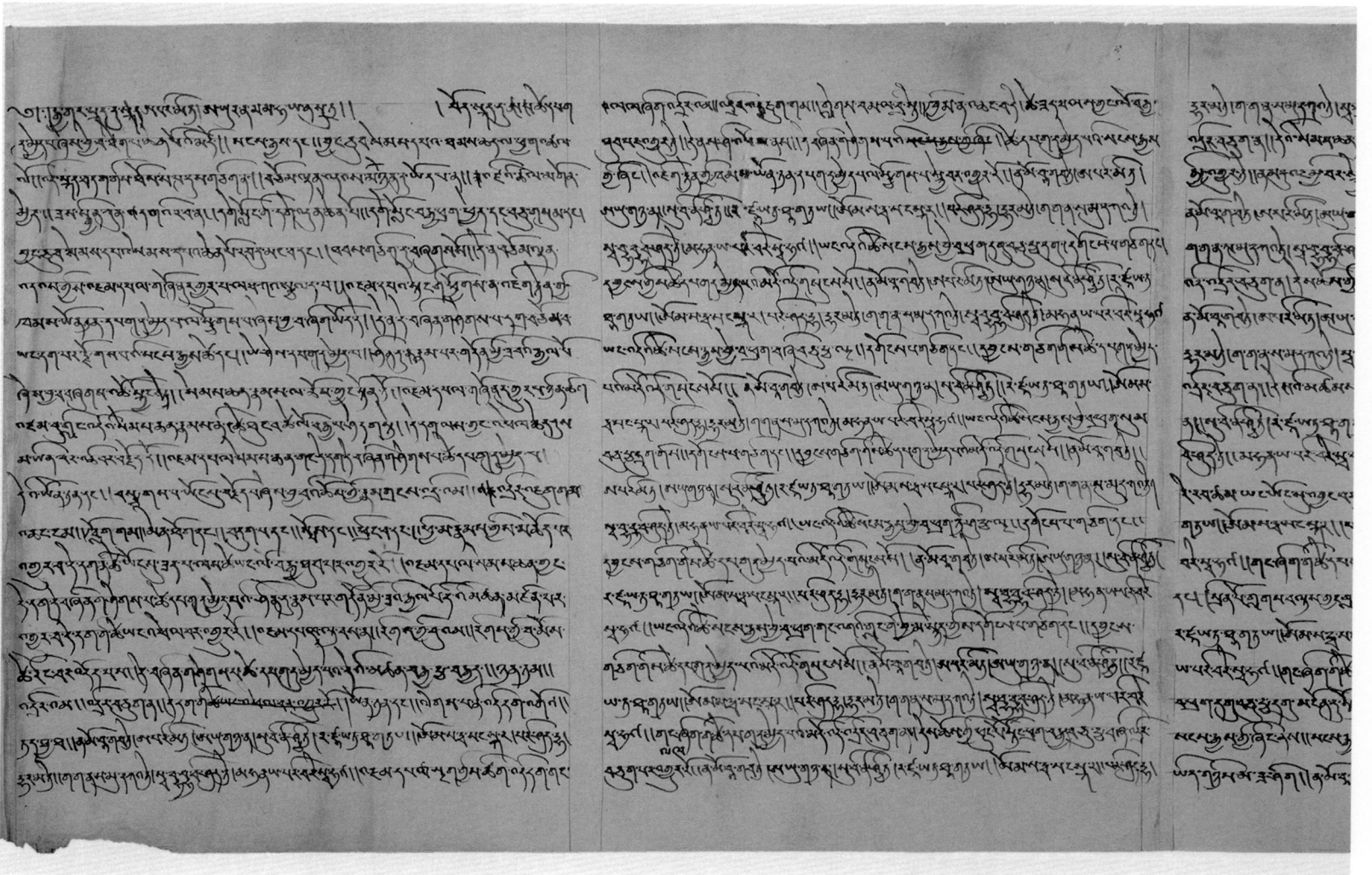

敦博 Db.t.0184　ཚེ་དཔག་དུ་མྱེད་པ་ཞེས་བྱེ་བ་ཐེག་པ་ཆེན་པོའི་མདོ།།
大乘無量壽宗要經　（12—7）

敦博 Db.t.0184 ཚེ་དཔག་དུ་མྱེད་པ་ཞེས་བྱེ་བ་ཐེག་པ་ཆེན་པོའི་མདོ།།
大乘無量壽宗要經 （12—8）

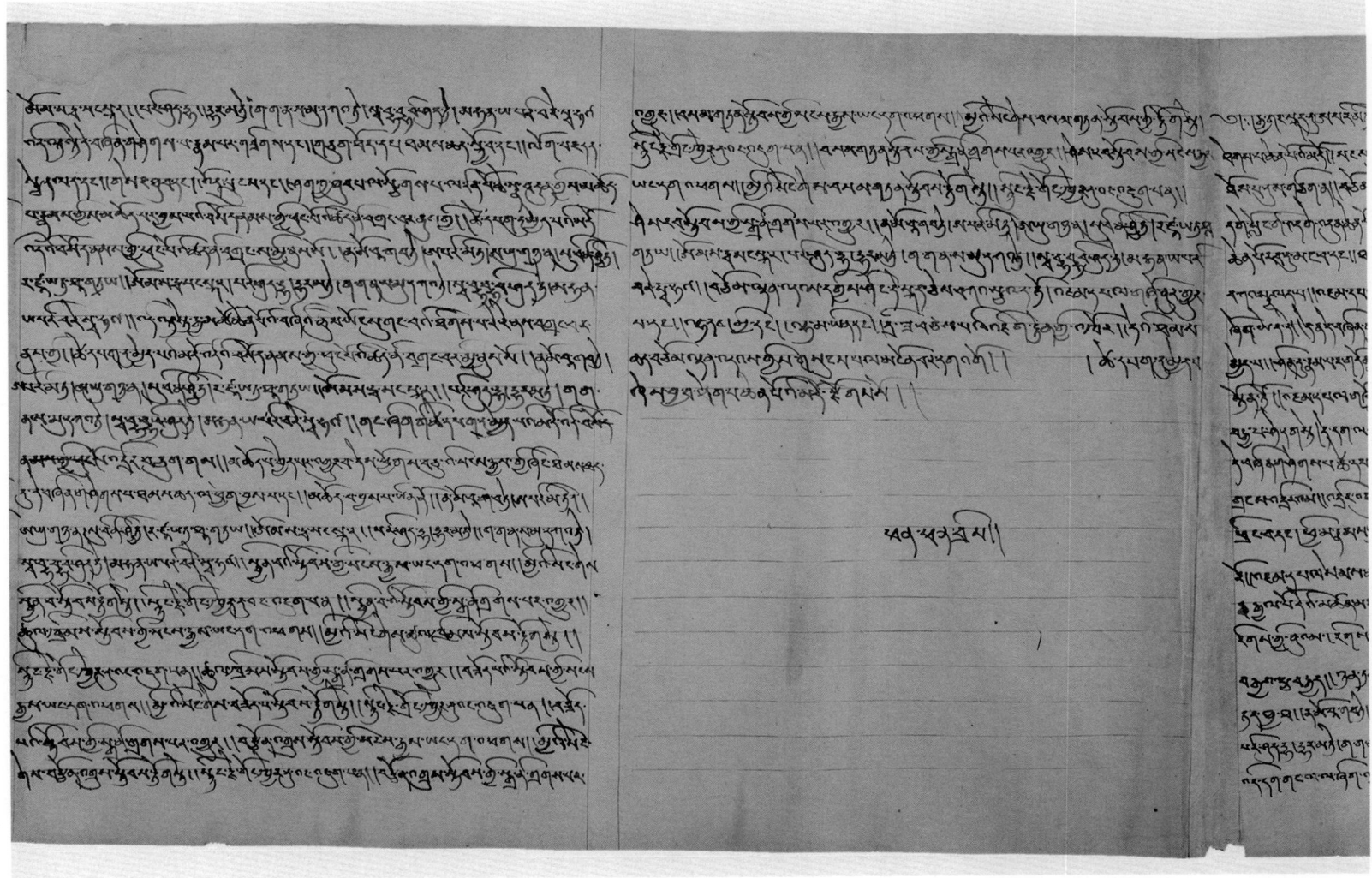

敦博 Db.t.0184 ཚེ་དཔག་དུ་མྱེད་པ་ཞེས་བྱེ་བ་ཐེག་པ་ཆེན་པོའི་མདོ།།
大乘無量壽宗要經 （12—9）

敦博 Db.t.0184　ཚེ་དཔག་དུ་མྱེད་པ་ཞེས་བྱེ་བ་ཐེག་པ་ཆེན་པོའི་མདོ།།
大乘無量壽宗要經　（12—10）

敦博 Db.t.0184　ཚེ་དཔག་དུ་མྱེད་པ་ཞེས་བྱེ་བ་ཐེག་པ་ཆེན་པོའི་མདོ།།
大乘無量壽宗要經　（12—11）

敦博 Db.t.0184　ཚེ་དཔག་དུ་མྱེད་པ་ཞེས་བྱེ་བ་ཐེགས་པ་ཆེན་པོའི་མདོ།།

大乘無量壽宗要經　（12—12）

敦博 Db.t.0185　ཚེ་དཔག་དུ་མྱེད་པ་ཞེས་བྱ་བ་ཐེག་པ་ཆེན་པོ་འི་མདོ།།

大乘無量壽宗要經　（3—1）

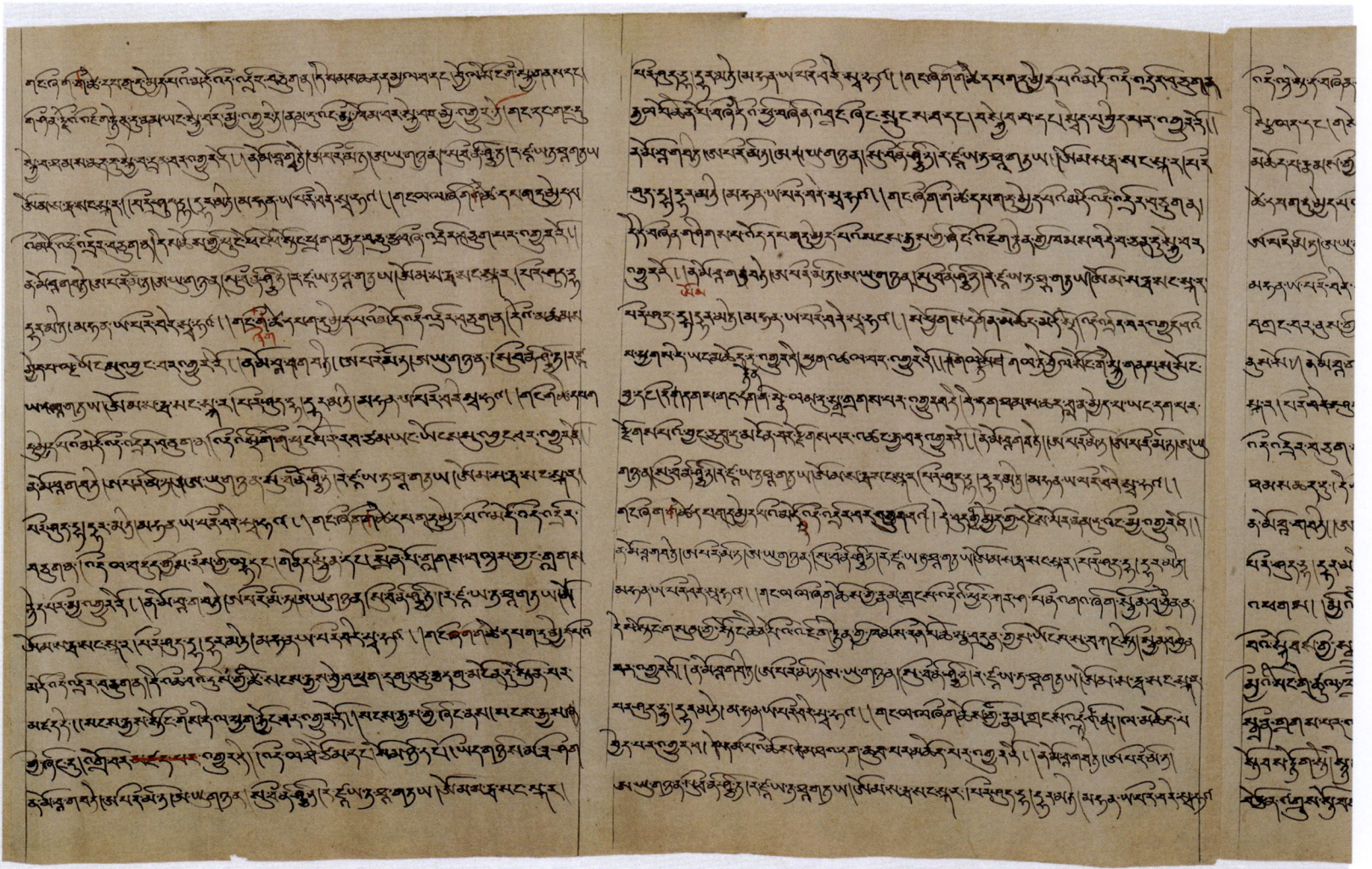

敦博 Db.t.0185 ཚེ་དཔག་དུ་མྱེད་པ་ཞེས་བྱ་བ་ཐེག་པ་ཆེན་པོའི་མདོ།།
大乘無量壽宗要經 （3—2）

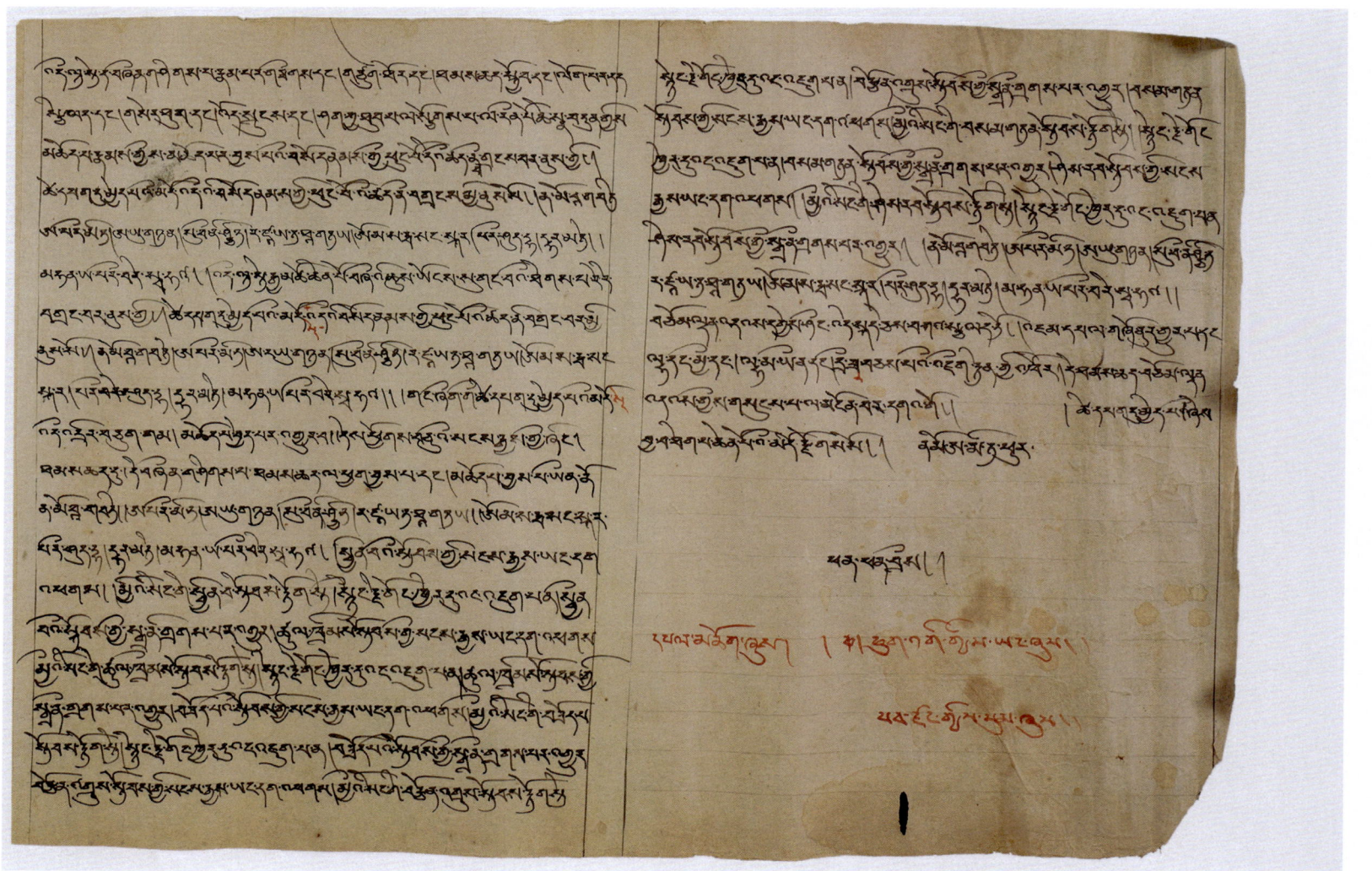

敦博 Db.t.0185 ཚེ་དཔག་དུ་མྱེད་པ་ཞེས་བྱ་བ་ཐེག་པ་ཆེན་པོའི་མདོ།།
大乘無量壽宗要經 （3—3）

敦博 Db.t.0186 ཚེ་དཔག་དུ་མྱེད་པ་ཞེས་བྱ་བ་ཐེག་པ་ཆེན་པོའི་མདོ།།

大乘無量壽宗要經 （3—1）

敦博 Db.t.0186 ཚེ་དཔག་དུ་མྱེད་པ་ཞེས་བྱ་བ་ཐེག་པ་ཆེན་པོའི་མདོ།།

大乘無量壽宗要經 （3—2）

敦博 Db.t.0186 ཚེ་དཔག་དུ་མྱེད་པ་ཞེས་བྱ་བ་ཐེག་པ་ཆེན་པོའི་མདོ།།
大乘無量壽宗要經 （3—3）

敦博 Db.t.0187 ཚེ་དཔག་དུ་མྱེད་པ་ཞེས་བྱ་བ་ཐེག་པ་ཆེན་པོའི་མདོ།།
大乘無量壽宗要經 （3—1）

敦博 Db.t.0187 ཚེ་དཔག་ཏུ་མྱེད་པ་ཞེས་བྱ་བ་ཐེག་པ་ཆེན་པོའི་མདོ།།

大乘無量壽宗要經 （3—2）

敦博 Db.t.0187 ཚེ་དཔག་ཏུ་མྱེད་པ་ཞེས་བྱ་བ་ཐེག་པ་ཆེན་པོའི་མདོ།།

大乘無量壽宗要經 （3—3）

敦博 Db.t.0188 ཚེ་དཔག་ཏུ་མྱེད་པ་ཞེས་བྱ་བ་ཐེག་པ་ཆེན་པོའི་མདོ།།
大乘無量壽宗要經 （3—1）

敦博 Db.t.0188 ཚེ་དཔག་ཏུ་མྱེད་པ་ཞེས་བྱ་བ་ཐེག་པ་ཆེན་པོའི་མདོ།།
大乘無量壽宗要經 （3—2）

敦博 Db.t.0188 ཚེ་དཔག་དུ་མྱེད་པ་ཞེས་བྱ་བ་ཐེག་པ་ཆེན་པོའི་མདོ༎

大乘無量壽宗要經 （3—3）

敦博 Db.t.0189 ཚེ་དཔག་དུ་མྱེད་པ་ཞེས་བྱ་བ། ཐེག་པ་ཆེན་པོའི་མདོ༎

大乘無量壽宗要經 （3—1）

敦博 Db.t.0189　ཚེ་དཔག་དུ་མྱེད་པ་ཞེས་བྱ་བའ། ཐེག་པ་ཆེན་པོ་འི་མདོ།:།

大乘無量壽宗要經 （3—3）

敦博 Db.t.0190 ཚེ་དཔག་དུ་མྱེད་པ་ཞེས་བྱ་བ་ཐེག་པ་ཆེན་པོ་འི་མདོ།།
大乘無量壽宗要經 （4—1）

敦博 Db.t.0190 ཚེ་དཔག་དུ་མྱེད་པ་ཞེས་བྱ་བ་ཐེག་པ་ཆེན་པོ་འི་མདོ།།
大乘無量壽宗要經 （4—2）

敦博 Db.t.0190 ཚེ་དཔག་ཏུ་མྱེད་པ་ཞེས་བྱ་བ་ཐེག་པ་ཆེན་པོའི་མདོ།།
大乘無量壽宗要經 （4—3）

敦博 Db.t.0190 ཚེ་དཔག་ཏུ་མྱེད་པ་ཞེས་བྱ་བ་ཐེག་པ་ཆེན་པོའི་མདོ།།
大乘無量壽宗要經 （4—4）

敦博 Db.t.0191 ཚེ་དཔག་དུ་མྱེད་པ་ཞེས་བྱེ་བ་ཐེག་པ་ཆེན་པོའི་མདོ།།
大乘無量壽宗要經 （4—1）

敦博 Db.t.0191 ཚེ་དཔག་དུ་མྱེད་པ་ཞེས་བྱེ་བ་ཐེག་པ་ཆེན་པོའི་མདོ།།
大乘無量壽宗要經 （4—2）

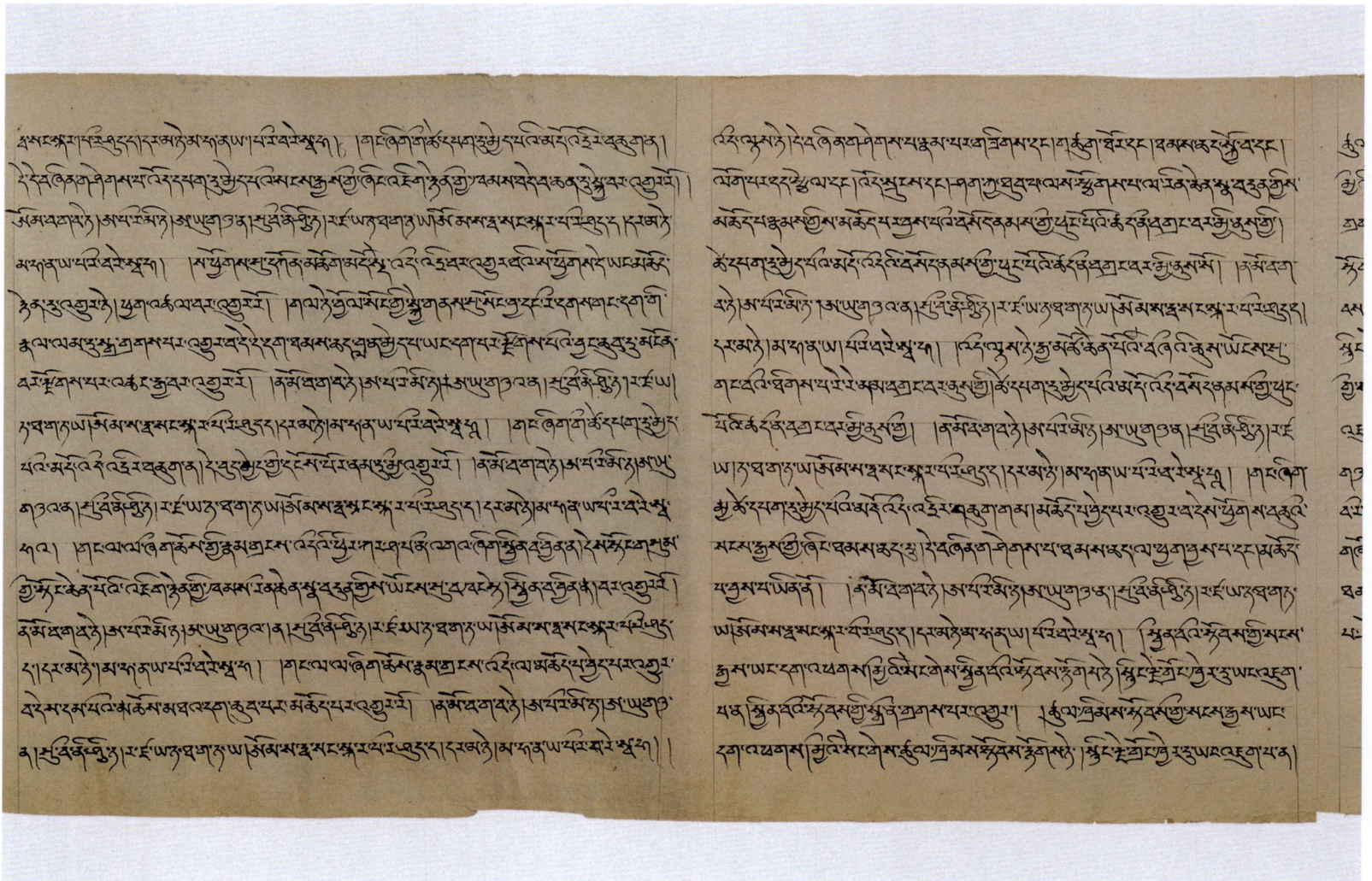

敦博 Db.t.0191 ཚེ་དཔག་དུ་མྱེད་པ་ཞེས་བྱེ་བ་ཐེག་པ་ཆེན་པོའི་མདོ།།
大乘無量壽宗要經 （4—3）

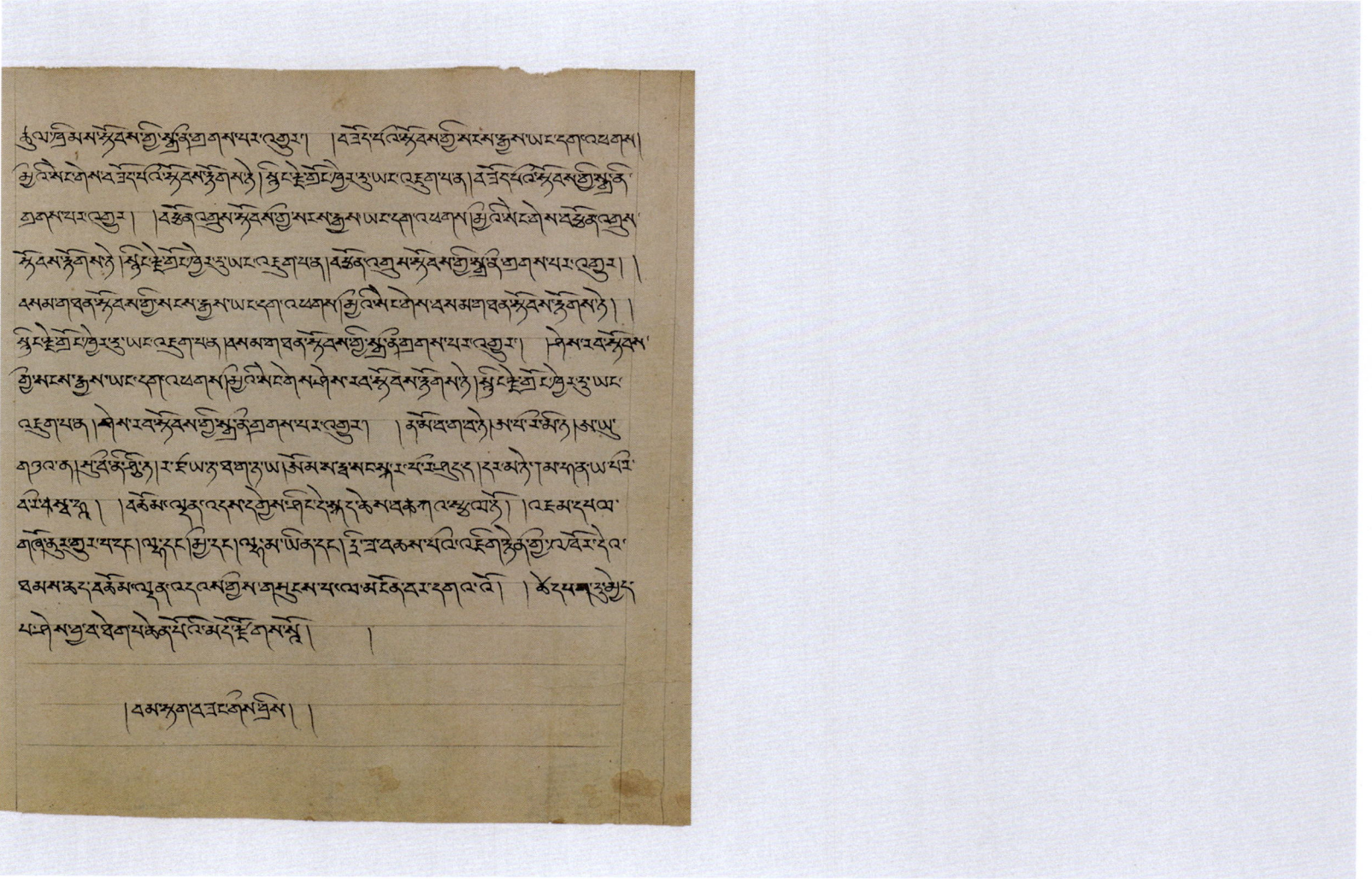

敦博 Db.t.0191 ཚེ་དཔག་དུ་མྱེད་པ་ཞེས་བྱེ་བ་ཐེག་པ་ཆེན་པོའི་མདོ།།
大乘無量壽宗要經 （4—4）

圖書在版編目（CIP）數據

甘肅藏敦煌藏文文獻：敦煌市博物館卷．2 /
甘肅省文物局，敦煌研究院編纂；馬德、勘措吉主編．
－上海：上海古籍出版社，2018.7（2023.7 重印）
ISBN 978-7-5325-8888-6

Ⅰ.①甘… Ⅱ.①甘… ②敦… ③馬…Ⅲ.①敦煌學－文獻－藏語 Ⅳ.①K870.6

中國版本圖書館 CIP 數據核字（2018）第 122036 號

本書爲
“十三五”國家重點圖書出版規劃項目
國家出版基金資助項目

甘肅藏敦煌藏文文獻 ②

主 編
馬 德 勘措吉
編 纂
甘肅省文物局 敦煌研究院
出版發行
上海古籍出版社
上海市閔行區號景路 159 弄 1-5 號 A 座 5F
郵編 201101 傳真（86－21）53201888
網址： www.guji.com.cn
電子郵件： guji1@guji.com.cn
易文網： www.ewen.co
印 刷
上海世紀嘉晉數字信息技術有限公司

開本：787×1092 1/8 印張：50.5 插頁：4
版次：2018 年 7 月第 1 版 印次：2023 年 7 月第 4 次印刷
ISBN 978-7-5325-8888-6/K.2502
定價：2800.00圓

ཆུན་ཏོང་མའི་ཀའི་བྲག་ཕུག་གི་བྱང་ཕྱལ་བྲག་ཕུག
敦煌莫高窟北區石窟

བྱམས་པ་འབུམ་སྐྱིང་དུ་བཤུགས་པའི་ཐང་རྒྱལ་རབས་དུས་ཀྱི་རྒྱལ་བ་བྱམས་པ།

永靖炳靈寺唐代彌勒大佛

ཇོ་མོ་གླང་མ།
珠穆朗瑪峰